Foto: Rowohlt Archiv

Michael Crichton, Schriftsteller, Wissenschaftler und Filmregisseur, wurde 1942 in Chi-
cago geboren. Er studierte
Philosophie und Medizin an
der Universität Harvard. Seine
Romane «Andromeda», «Der
große Eisenbahnraub» und
«Expedition Kongo» waren
internationale Bestseller.
Von Michael Crichton liegt
der Science-Thriller «Die Gedanken des Bösen» vor (Wun-
derlich 1988).

MICHAEL CRICHTON

IM KREIS DER WELT

Deutsch von Alfred Hans

Rowohlt

Die Originalausgabe erschien 1988 unter dem Titel
«Travels» im Verlag Alfred A. Knopf, New York

Deutsche Erstausgabe (gekürzt)
Veröffentlicht im Rowohlt Taschenbuch Verlag GmbH,
Reinbek bei Hamburg, September 1991
Copyright © 1991 by Rowohlt Taschenbuch Verlag GmbH,
Reinbek bei Hamburg
«Travels» Copyright © 1988 by Michael Crichton
Alle deutschen Rechte vorbehalten
Umschlaggestaltung Bernhard Kunkler
Gesetzt aus der Garamond und der Futura
(Linotronic 500)
Gesamtherstellung Clausen & Bosse, Leck
Printed in Germany
1480-ISBN 3 499 12946 9

Bei der Selbstanalyse ist die Gefahr der Unvollständigkeit besonders groß. Man gibt sich zu schnell mit einer Teilerklärung zufrieden.

Sigmund Freud

Die Kraft der Worte reicht nicht aus, die Existenz zu definieren.

Lao Tse

Was du siehst, ist das, was du siehst.

Frank Stella

VORWORT

Viele Jahre bin ich allein gereist und war nicht bereit, darüber zu schreiben. Ich habe meine Reisen auch nie so geplant, daß sie einem nützlichen Zweck dienten. Immer wieder fragten mich Bekannte, welche Forschungsarbeiten mich nach Malaysia, Neu-Guinea oder Pakistan geführt hatten, denn niemand suche solche Gegenden zur Erholung auf. Ich schon.

Mich erfüllte ein Bedürfnis nach Neuem, nach Erlebnissen, die mir etwas anderes boten als das, womit ich mich normalerweise beschäftigte, die mit meinem normalen Leben nichts zu tun hatten.

Häufig wurde mir bewußt, welche Zweckgebundenheit in meinem alltäglichen Leben auf alles einwirkte, was ich tat. Ob ich ein Buch las, einen Film sah, einer Mittags- oder Abendeinladung folgte – stets schien ein Anlaß oder Grund dahinterzustecken. So überkam mich von Zeit zu Zeit der Drang, etwas zu tun, das von keinerlei Zweck bestimmt war.

Meine Reisen waren als Urlaub gedacht – Atempausen meines Alltagslebens –, aber das wurden sie nicht. Schließlich begriff ich, daß viele der grundlegendsten Veränderungen, zu denen es in meinem Leben kam, auf meine Reiseerlebnisse zurückgingen. Denn wie harmlos auch immer diese Reisen im Vergleich zu denen wirklicher Abenteurer waren, für mich erwiesen sie sich als unverfälschte Abenteuer: Ich kämpfte gegen meine Ängste und meine Grenzen an und lernte, was mir möglich war.

Im Laufe der Zeit dann begann es mich auf sonderbare Weise zu belasten, daß ich nie über meine Reisen geschrieben hatte. Ein Autor hat beinahe die Pflicht, über wichtige Erlebnisse zu schreiben. Indem er über ein Erlebnis schreibt, macht er es sich zu eigen, erkennt die Bedeutung, die es für ihn hat, ergreift von ihm Besitz und läßt es schließlich wieder los. Ich merkte, daß es mich nach all den Jahren erleichterte, über verschiedene Orte zu schreiben, an denen ich gewesen war. Und es beeindruckte mich, wieviel mir dazu einfiel, ohne meine Notizen zu Hilfe zu nehmen.

Ich habe auch Erlebnisse beschrieben, die als außersinnlich oder übernatürlich angesehen werden. In ihnen sehe ich innere Reisen, Ergänzungen der äußeren, obwohl diese Unterscheidung – zwischen innerer Empfindung und äußerer Anregung – in meiner Vorstellung häufig verschwimmt. Doch hat sich die Bemühung, meine Wahrnehmungen zu entwirren, auf eine von mir nicht vorhergesehene Weise als nützlich erwiesen.

Häufig habe ich den Eindruck, daß ich ferne Welten aufsuche, um mich daran erinnern zu lassen, wer ich wirklich bin. Ohne die gewohnte Umgebung, die Bekannten, die täglichen Pflichten, den gefüllten Kühlschrank und den reichlich bestückten Kleiderschrank – ohne all das wird man zur unmittelbaren Erfahrung gezwungen. Solche unmittelbare Erfahrung sorgt zwangsläufig dafür, daß man sich darüber klar wird, wer sie macht. Das ist zwar nicht jedesmal angenehm, aber stets belebend.

Schließlich kam ich dahinter, daß die unmittelbare Erfahrung die wertvollsten Erkenntnisse liefert, die mir zugänglich sind. So viele Ideen wirken auf den westlichen Menschen ein, er wird mit Meinungen, Vorstellungen und Informationsstrukturen aller Art eingedeckt, daß es ihm schwerfällt, etwas ohne den dazwischengeschobenen Filter dieser Strukturen zu erleben. Dabei ist die natürliche Welt – die herkömmliche Quelle unserer unmittelbaren Erkenntnisse – im Begriff, rasch zu verschwinden. Stadtmenschen können heutzutage nicht einmal mehr nachts die Sterne sehen. Diese zur Demut erziehende Mahnung an seinen Stellenwert in größeren Zusammenhängen, die der Mensch früher vierundzwanzig Stunden am Tag vor Augen hatte, bleibt ihm heute versagt. Kein Wunder, daß er die Orientierung verliert und weder weiß, wer er eigentlich ist, noch, worum es in seinem Leben letztlich geht.

So haben mir Reisen zu unmittelbaren Erfahrungen verholfen, wie auch dazu, daß ich mehr über mich selbst weiß.

Viele Menschen haben mir bei diesem Buch geholfen. Zu denen, die frühe Fassungen des Manuskripts gelesen und mir Anregungen und Bestätigung gegeben haben, gehören Kurt Villadsen, Anne-Marie Martin, meine Schwestern Kimberly Crichton und Catherine Crichton, mein Bruder Douglas Crichton, Julie Halowell, meine Mutter Zula Crichton, Bob Gottlieb, Richard Farson, Marilyn Grabowski, Lisa Plonsker, Valery Pine, Julie McIver, Lynn Nesbit sowie Sonny Mehtar. Spätere Entwürfe des Textes haben die Beteiligten gelesen und dazu wertvolle Empfehlungen und Korrekturen beigesteuert.

All diesen Menschen bin ich dankbar, wie auch den über viele Jahre hin stark in Anspruch genommenen Reisebüro-Angestellten Kathy Bowman von World Wide Travel in Los Angeles und Joyce Small von Adventures Unlimited in San Francisco.

Außerdem hatten manche Menschen großen Einfluß auf mein Denken, auch wenn sie in diesem Buch nicht auftreten. Insbesondere gilt das für Henry Aronson, Jonas Salk, John Foreman und Jasper Johns.

Den Rahmen dieses Buches habe ich absichtlich eingegrenzt. Freud hat das Leben einmal als Arbeit und Liebe definiert; doch habe ich mich entschlossen, über keines dieser beiden Themen zu schreiben, sofern meine Reiseerlebnisse nichts mit ihnen zu tun haben. Auch habe ich meine Kindheit kaum berücksichtigt. Eigentlich ist es eher meine Absicht, über die ‹Schwellenerlebnisse› meines Lebens zu schreiben.

Es bleibt nur noch zu sagen, daß am ursprünglichen Text gewisse Eingriffe vorgenommen wurden. So wurden unter anderem auf Bitte der Betroffenen manche Namen und kennzeichnende Merkmale geschilderter Personen verändert.

BANGKOK

Ich gehe auf Reisen, seitdem ich denken kann. Meine Eltern, die ausgesprochen gern und viel reisten, nahmen ihre Kinder immer mit. Sie stopften uns alljährlich im Juni, wenn die Sommerferien begannen, ins Auto, und auf ging es zu irgendeinem fernen Ziel: in einem Jahr war das der Südwesten der Vereinigten Staaten mit Mexiko; in einem anderen die Nordwestküste am Pazifik, dann wieder lockten die Rockies in Kanada.

Als ich die Schule verließ, war ich in achtundvierzig Staaten der USA, in Kanada, in Mexiko sowie in fünf europäischen Ländern gewesen.

Mit einem Stipendium der Henry Russell Shaw-Stiftung, das ich nach dem College bekam, bereiste ich ein Jahr lang Europa und Nordafrika. Das war 1965. Ein ganzes Jahr reisen – welch eine Gelegenheit für einen Studenten! Ich ging mit besessener Gründlichkeit vor und betrat die Museen in Paris und Amsterdam schwer beladen mit Führern und Kommentaren. Wenn in einer Stadt ein wichtiges Museum geschlossen war, blieb ich einen Tag länger. Ich sah mir alles an. Ich aß alles. Ich probierte alles aus. In Ägypten kletterte ich auf die große Cheops-Pyramide, ging hinein und besuchte dann jede bedeutende archäologische Grabungsstätte zwischen Saqqara und Assuan. Nichts war mir zu klein oder zu fern; nirgendwo war es zu heiß oder zu verwanzt; nichts, an dessen Besichtigungswürdigkeit es auch nur den leisesten Zweifel gab, wurde ausgelassen. In Madrid suchte ich in obskuren Wohnblocks Beispiele für die frühen Arbeiten des Architekten Antoni Gaudí; in Frankreich hakte ich eine ganze Liste von Bauten Le Corbusiers ab. In Neapel quälte ich mich auf der Suche nach Caravaggio-Gemälden durch den Verkehr, und in Frankreich wie Spanien besuchte ich jede der Menschheit bekannte prähistorische Höhle mit Wandmalereien. Ich begann, mich für romanische Kreuzgänge zu begeistern. In Griechenland verbrachte ich volle zwei Wochen mit der Besichtigung der im *Guide Bleu* aufgeführten klassischen Stätten auf der Peloponnes. Den

Guide Bleu zog ich anderen Führern vor, obwohl ich mich mit meinem unzulänglichen Französisch durch seine Beschreibungen quälen mußte – er führte von allen mir bekannten Reiseführern die meisten Einzelheiten auf.

Ich konnte also, als ich mein Medizinstudium aufnahm, von ganz Nordamerika, Europa und Nordafrika behaupten: «Da war ich schon.» Ich kannte mich aus, kam mit mehreren Sprachen und mehreren Währungen zurecht. Mein Paß wie mein Gepäck sahen entsprechend mitgenommen aus.

Geldknappheit war der Grund dafür, daß ich in den vier Jahren meines Medizinstudiums nicht viel zum Reisen kam, und danach hatte ich es mir sozusagen abgewöhnt. Ich war nicht mehr neugierig auf fremde Länder. Ich führte mein Leben, kümmerte mich um meinen Beruf. Eines Tages dann fiel mir auf, daß ich seit nahezu einem Jahrzehnt nicht mehr gereist war.

Als ich anfing, unter Übellaunigkeit und Trübsinn zu leiden, beschloß ich, mich auf den Weg zu machen. Ich entschied mich für eine Reise nach Bangkok; mein Freund Davis Pike hatte mich schon immer gedrängt, ihn dort zu besuchen. Ich buchte einen Flug, setzte Davis telegrafisch von meiner Ankunft in Kenntnis und brach auf. Meine erste Zwischenstation war Hongkong.

Kaum etwas ist so eindrucksvoll wie der Anblick, der sich bei einer nächtlichen Landung auf Hongkongs Flughafen Kai Tak bietet. Die Berge, das Meer, die Lichter der Stadt lassen ihn wie verzaubert erscheinen. Es war, als fliege man in die Mitte eines leuchtenden Juwels. Beim Blick durch das Fenster war ich äußerst erregt. Als dann beim Verlassen des Flugzeugs Düfte auf mich einstürmten – jene ganz besonders asiatische Mischung aus dem Geruch nach Seewasser, getrocknetem Fisch und dichtgedrängten Menschenmassen –, verzehnfachte sich meine Erregung. Dann die Taxifahrt durch die Stadt, vorbei an offenen, taghell erleuchteten Verkaufsständen, Menschen, die auf dem Gehsteig hockten, arbeiteten, das ganze Leben auf der Straße – einfach hinreißend! Noch nie hatte ich so etwas gesehen!

Ich traf am Peninsula-Hotel ein, und es schien mir das großartigste auf der ganzen Welt zu sein. So etwas gab es in ganz Europa nicht. Alles war auf eigentümliche Weise anders. In jedem Stockwerk stand weißlivriertes Personal bereit, um dem Gast zu helfen. Die Zimmer waren üppig ausgestattet, und in dem eleganten Marmor-Badezimmer lag neben einer Karaffe mit Trinkwasser ein Zettel, auf dem stand, man solle das Leitungswasser nicht trinken. Phantastisch! Exotisch! Dieses Nebeneinander von teurem Marmor und der kleine Zettel! Dergleichen gab es in Europa nicht!

Selig und beglückt schlief ich ein.

Am nächsten Morgen erwachte ich, um Asien zu sehen. Mit dem Führer in der Hand durchstreifte ich die Straßen von Kaulun und nahm dann die Fähre hinüber nach Victoria. Zu Fuß nahm ich all das Leben auf den Straßen in mich auf. Da meiner Überzeugung nach Märkte immer interessant sind und einen Einblick in die Bräuche und Lebensweise der Menschen geben, ging ich zum Hauptmarkt. In den ländlichen Gebieten Frankreichs und Nordafrikas hatte ich mir Märkte stets gern angesehen.

Dieser Hauptmarkt war eine zweistöckige offene Betonkonstruktion mit gekachelten Wänden. Es roch dort wie in einem Leichenschauhaus. Hühner und Kleintiere wurden gleich auf der Straße geschlachtet. Ich sah, wie ein Mann auf dem Gehweg die Eingeweide eines Schweins aufschlitzte und ihre geriffelte Innenfläche mit einem Wasserschlauch sauberspritzte.

Mit einemmal fühlte ich mich erschöpft. Ich mußte mich hinlegen; die Auswirkungen der Zeitverschiebung beim Fliegen machten sich bemerkbar. Ich kehrte in mein Hotel zurück und schlief mehrere Stunden.

Am Nachmittag fuhr ich mit einer Taxe zum Stadtteil Aberdeen, auf der anderen Seite von Victoria. Er war damals etwas ganz Besonderes, ein riesiger Hafen, in dem Tausende von Menschen auf Hausbooten lebten. Mit einem gemieteten Boot erkundete ich das Hafenbecken. Es war eindrucksvoll, das Leben auf den Booten zu beobachten. Anschließend besuchte ich den Markt am Ufer von Aberdeen, auf dem die Bewohner der Hausboote ihre Lebensmittel kauften.

Chinesen legen großen Wert auf frische Nahrungsmittel. Häufig konnte ich sehen, wie eine Chinesin einen lebenden Fisch in einer wassergefüllten Plastiktüte heimtrug – wie ich erfuhr, eine durchaus übliche Methode, das Abendessen für die Familie bis zum letzten Augenblick frisch zu halten.

Der sehr ausgedehnte und stark besuchte Markt von Aberdeen wurde unter dunkelgrünen Zeltdächern abgehalten. Wegen meines hohen Wuchses wurden mir die gleichen Blicke und Scherze zuteil wie stets in Asien. Ich erfreute mich an der Frische und Vielzahl der Gemüsesorten, musterte die feilgebotenen Kleidungsstücke und sonstigen Gegenstände. Nicht ohne Bedenken näherte ich mich dem Teil des Marktes, auf dem Fleisch verkauft wurde. Aber ich war innerlich gewappnet. Der Markt von Aberdeen machte mir nichts aus. Ich schob mich durch die Fischstände, an denen Männer die Frische und Güte ihrer Ware laut anpriesen. Einer hatte seine Fische filetiert; etwa ein Dutzend lagen auf einer ansteigenden Schräge vor ihm. An jedem Fisch war ein pulsierender roter Fleck zu erkennen. Ich wußte nicht so recht, was es war, und sah näher hin.

Er hatte jeden der Fische so kunstfertig filetiert, daß das Herz unbeschädigt blieb. Jetzt schlugen diese offenliegenden Fischherzen als eine Art sichtbarer Beweis, daß seine Ware frisch war. Ich sah mich einem Dutzend schlagender Fischherzen gegenüber.

Wieder mußte ich ins Hotel und mich hinlegen.

Diese Erschöpfung, ein Reflex auf ungewohnte Anblicke, empfand ich in gewisser Hinsicht als demütigend. Ich war ein erfahrener Reisender. Diese kleinen Erlebnisse störten mich nicht weiter. Was beunruhigte mich eigentlich?

Bestimmt lag es an der durch den Flug bedingten Zeitverschiebung. Doch was auch immer der Grund dafür war, meine Symptome wurden schlimmer.

Einige junge Amerikanerinnen, die ich kennenlernte, nahmen mich zu einem großen chinesischen Essen mit. Es war angenehm, aber überaus sonderbar. Der erste Gang bestand aus Garnelen. Wir alle pahlten die kleinen Krabben mit den Händen aus und aßen sie. Als der zweite Gang kam, legten wir, um dafür Platz zu machen, die Garnelenschalen neben unseren Teller auf das Tischtuch. Da blieben sie den Rest des Abends liegen, in einem ordentlichen Häufchen neben dem Teller.

Dann kamen Trinksprüche. Da die Chinesen gern auf ihre und anderer Menschen Gesundheit anstoßen, wird ein solches Essen gewöhnlich durch Trinksprüche unterbrochen. Mir fiel auf, daß jeder trank, indem er das Glas mit einer Hand hielt und den Boden des Glases mit einem Finger der anderen berührte. Ich fragte eine

Australierin, die neben mir saß, was das zu bedeuten habe, und sie sagte, man muß das Glas mit beiden Händen halten, wenn man auf die Gesundheit eines Menschen trinkt, aber ein einziger Finger der anderen Hand genügt dafür.

Weitere Gänge wurden aufgetragen. Stundenlang. Man gewöhnte sich daran, daß etwas in die Mitte des Tisches gestellt wurde, man eine Weile darin herumstocherte und dann etwas anderes angeboten wurde.

Schließlich war ein gekochter Fisch an der Reihe, einer von vielen. Ich sprach mit jemandem, sah wieder hin – der Fisch war weg! Vollständig abgenagt. Dabei hatte er nur wenige Sekunden lang da gelegen. «Was ist mit dem Fisch passiert?» fragte ich. Er sei eine große Delikatesse, erfuhr ich. Alle Welt schätze diesen Fisch, der vierhundert Dollar koste.

Daß ich diesen Genuß verpaßt hatte, ließ mich nicht ruhen. Kaum wurde etwas Neues aufgetragen, fuhr ich mit meinen Stäbchen darauf zu. Bald gab es wieder einen Fisch, den alle mochten. In wenigen Augenblicken war die oben liegende Hälfte verzehrt. Man sah die Rückengräte und das Fleisch darunter. Nichts einfacher, als den Fisch umzudrehen und die Rückengräte herauszunehmen. Aber niemand am Tisch tat es. Der halbgegessene Fisch lag einfach da.

Schließlich hielt ich es nicht länger aus und fragte: «Kann ich den Fisch umdrehen?»

«Ich weiß nicht», sagte meine australische Nachbarin.

«Ich meine», fuhr ich fort, «darf man Fisch umdrehen?»

«Selbstverständlich.»

«Und warum tut es dann keiner?» fragte ich.

«Nun, ich vermute, wegen der Art, wie sie hergekommen sind.»

«Wie sie hergekommen sind?»

«Und natürlich, wie sie heimkehren werden.»

Ich verstand nicht. Wir schienen uns von der eigentlichen Frage, die dem Fisch gegolten hatte, entfernt zu haben. Ich ließ nicht locker: «Dann spricht also nichts dagegen, daß ich den Fisch umdrehe?»

«Wie kehren Sie denn anschließend heim?» fragte sie.

«Wohl genauso, wie ich gekommen bin, mit einer Taxe.»

«Aber müssen Sie auf dem Rückweg nicht über das Wasser?»

«Doch...» Wir waren mit einem kleinen Boot zu diesem Restaurant gekommen.

«Dann können Sie den Fisch nicht umdrehen», sagte sie. Sie erklärte, daß niemand den Fisch umdrehen durfte, der nach der Mahlzeit Wasser überqueren mußte.

«Und wenn ich einfach nur die Rückengräte rausnehme?» fragte ich hoffnungsvoll.

Sie schüttelte den Kopf. «Bedaure.»

Dann sagte sie rasch etwas auf chinesisch, ein Kellner kam herbei und drehte den Fisch um. Alle begannen erneut zu essen.

«Er wohnt hier», erklärte die Frau mit einem Nicken zu dem Kellner hin.

So ging es weiter, wir alle saßen neben unserem Häufchen Garnelenschalen, tranken auf die Gesundheit anderer, wobei wir den Boden unseres Glases mit einem Finger berührten, und niemand konnte den Fisch umdrehen. Man wußte nie, was als nächstes geschah. Schließlich, am Ende des Abends, gab der Ehrengast, ein älterer Mann, ein chinesischer Filmstar, eine Kampfsportdemonstration. Er wirbelte durch den Raum, leichtfüßig, schnell, anmutig, kraftvoll. Er war sechsundsiebzig Jahre alt.

Ich dachte: Es gibt eine Menge Dinge, von denen ich nichts weiß.

Vom Flughafen Bangkoks holte mich mein Freund Davis ab, der seit fünf Jahren in Thailand wohnte. «Was wolltest du bloß in Hongkong? Da ist es doch schrecklich langweilig, vollständig verwestlicht. Keine Spur von Asien. Hier wird es viel interessanter sein.»

Im Taxi gab er mir wichtige Ratschläge für das Leben in Bangkok. «Es gibt vier Regeln, die du nie brechen darfst, solange du dich in Thailand aufhältst», sagte er. «Erstens, klettere nie in einem Tempel auf eine Buddhastatue.»

«In Ordnung.»

«Zweitens, achte darauf, daß dein Kopf nie den einer Buddhastatue überragt.»

«In Ordnung.»

«Drittens, berühre nie einen Thai am Kopf.»

«In Ordnung.»

«Viertens, richte nie deine Füße, wenn sie nicht den Boden berühren, auf einen Thai. Das ist äußerst beleidigend.»

«In Ordnung», sagte ich. Ich dachte bei mir, diese Situationen seien äußerst unwahrscheinlich, und sagte Davis, daß ich mir zutraute, während meines Aufenthalts in Bangkok gegen keines seiner Gebote zu verstoßen.

«Das bezweifle ich», sagte er trübsinnig. «Ich will schon zufrieden sein, wenn du nicht alle vier brichst.»

Als nächstes unterwies er mich, wie ich meine Anschrift auf thai zu sagen hatte. Da ich in seinem Hause lebte, erklärte er, müsse ich imstande sein, einem Taxifahrer zu erklären, wohin er zu fahren habe. Da diese Männer weder Englisch verstünden noch Thai lesen könnten, gebe es keine andere Möglichkeit, als mir die Adresse einzuprägen. Ich weiß sie noch heute: *Sip-jet, Suk-humvit soi yie-sip.*

Davis' Haus war wunderschön, ein elegantes Gebäude aus poliertem Hartholz, mit einem herrlichen Garten und einem Schwimmbecken dahinter. Er stellte mich den Dienstboten vor und mahnte mich, die Schuhe vor der Haustür auszuziehen. Dann brachte er mich zu meinem im Obergeschoß liegenden Zimmer.

«Den Buddha in deinem Zimmer haben wir umgestellt», sagte Davis. «Wir haben ihn oben auf das Schränkchen gestellt, das höchste Möbelstück im Zimmer, aber bei dir weiß ich nicht, ob – na bitte, wenn du stehst, überragst du ihn immer noch. Das ist nicht gut. Ich werde mit den Dienstboten sprechen.»

«Worüber?»

«Nun, ich denke, sie werden bereit sein, in deinem Fall eine Ausnahme zu machen, weil du so groß bist. Aber es wäre entgegenkommend, wenn du dich hier im Zimmer ein bißchen krumm halten würdest, damit du den Buddha nicht unnötig überragst.»

Ich dachte: Ich wohne allein in dem Zimmer, kein Mensch wird mich hier drin zu sehen kriegen, und dann verlangt Davis von mir, daß ich mich wegen des Buddhas krumm hinstelle. Es kam mir ein wenig verrückt vor, aber ich versprach, es zu versuchen.

Ich nahm an, Davis mache sich einen Scherz mit mir. Das aber war nicht der Fall. Die Thai sind herrliche, äußerst umgängliche Menschen, aber ihre Religion nehmen sie ernst, und sie lassen Ausländern in dieser Hinsicht nichts durchgehen. Später sah ich eine von einem Thai-Zensor bearbeitete Version von Peter Sellers Film *Ein Mädchen in der Suppe.* Es war ein eigentümliches Erlebnis, den Film zu sehen: Peter Sellers erhob sich vom Tisch, und mit einemmal explodierte die Buddhastatue in der Wandnische ihm gegenüber wie ein riesiger schwarzer Tintenklecks, bis sich Sellers wieder setzte. Dann konnte man wieder den friedlichen Buddha sehen. Der Thai-Zensor hatte den Buddha immer dann Bild für Bild geschwärzt, wenn Peter Sellers' Kopf über den der Statue hinausragte.

Schön, die Thai nahmen die Sache ernst. Mein Freund sprach mit den Dienstboten, und ich hielt mich in der Abgeschiedenheit meines Zimmers gebückt. Aber eigentlich hatte ich eine der Regeln bereits gebrochen.

Am nächsten Tag kamen wir an einigen Kindern vorbei, als wir durch eine Straße in Bangkok gingen. Sie drängten sich um uns, waren nett und freundlich, und ich tätschelte einem den Kopf.

«Na, na, na», sagte Davis.

Zwei von vier Regeln gebrochen.

«Buddhisten sind der Überzeugung», erklärte Davis, «daß der Kopf als höchster Teil des Leibes heilig ist und daher nicht berührt werden darf. Bei Kindern mag es noch gerade so durchgehen, aber mach das bei Erwachsenen nie. Es ist mir ernst. Am besten faßt du einen erwachsenen Thai überhaupt nicht an.»

Zerknirscht versprach ich es. An jenem Abend waren wir zu einer Gesellschaft eingeladen, und ich sprach mit einem Thai-Kameramann, der für australische Firmen Werbefilme und für den Inlandsmarkt Spielfilme drehte. Er war sehr interessant, wir unterhielten uns über Arbeitsmethoden und Anforderungen, die man an seine Mitarbeiter zu stellen hatte. Dann rief uns die Gastgeberin zum Essen. Wir gingen nebeneinander her und kamen an eine Tür. Ich bedeutete ihm, er möge zuerst eintreten, und legte ihm herzlich eine Hand auf die Schulter. Es war eine ganz natürliche beiläufige Höflichkeitsgeste. Der Mann erstarrte den Bruchteil einer Sekunde lang, dann trat er durch die Tür.

Ich sah zu Davis hin. Er schüttelte den Kopf.

Diese zweite Regel einzuhalten war schwieriger, als ich angenommen hatte. Ich mußte meine Neigung, Menschen anzufassen, unterdrücken.

Nach dem Essen setzten wir uns um einen niedrigen runden Tisch auf Kissen. Mir gegenüber saß eine Thai-Frau. Sie wirkte unnahbar und unterhielt sich mit einem anderen Gast. Im Verlauf des Abends warf sie mir unverhüllte Blicke zu und unterbrach später sogar ihr

Gespräch, um mich wütend anzustarren. Ich begriff nicht, was sie wollte.

«Michael», sagte Davis. «Na, na, na.»

Ich sah an mir herunter. Mir fiel nichts auf.

«Die Füße», erklärte Davis.

Ich saß auf einem Kissen und stützte mich mit den Ellbogen auf dem Boden ab. Die Beine hatte ich übereinandergeschlagen. Mit meinen Füßen war alles in Ordnung. Keine Löcher in den Socken.

«Michael…»

Weil ich die Beine übereinandergeschlagen hatte, berührte ein Fuß den Boden nicht – und wies auf die Thai-Frau. Deshalb also hielt sie den Blick so unverwandt auf mich gerichtet.

Ich stellte meine Füße nebeneinander auf den Boden. Die Frau lächelte freundlich.

«Versuch, die Füße *auf* dem Boden zu lassen», riet mir Davis. «Anders geht es nicht.»

Drei der vier Regeln waren gebrochen.

Natürlich ließ ich mir auch allerlei kleinere Verstöße zuschulden kommen. Stets vergaß ich die Schuhe auszuziehen, wenn ich jemandes Haus betrat. Außerdem verliebte ich mich in den als *wai* bezeichneten Thai-Gruß. Dabei verneigt man sich und bildet mit den Fingern vor dem Gesicht einen Tempel. Ich tat das gern, und die Thai fanden es lustig. Eines Tages grüßte mich ein Kind in einem Schneiderladen auf diese Weise, und ich erwiderte den Gruß.

«Grüß nie ein Kind mit dem *wai*», sagte Davis.

«Ach du großer Gott», sagte ich, inzwischen an meine fortwährenden Taktlosigkeiten gewöhnt.

«Warum nicht?»

«Einem Erwachsenen gegenüber ist es ein Zeichen der Achtung, für ein Kind bedeutet es eine Verkürzung des Lebens.»

«Das wußte ich nicht.»

«Macht nichts. Den Eltern scheint es nicht besonders nahegegangen zu sein.»

Zumindest habe ich die vierte Regel nicht gebrochen, nie bin ich in einem Tempel auf eine Buddhastatue geklettert. Touristen müssen in Thailand für so etwas ins Gefängnis. Die Thai-Tempel sind herrlich und werden mit großem Aufwand ausgestattet und gepflegt.

Häufig stehen sie wie stille vergoldete Oasen inmitten einer häßlichen Welt aus dröhnendem Verkehr und grauen Betonbauten.

Thailand war das erste buddhistische Land, in dem ich mich je aufgehalten hatte. Alles überraschte mich – die Buntheit der Tempel, die Art, wie sich Menschen darin verhielten, die Blumen, der Weihrauch und die gelbgewandeten Priester.

Ich merkte aber auch, daß ich mich gern in jenen Tempeln aufhielt. Mir war nicht klar, was mir an ihnen gefiel, sicherlich nicht ihr überladenes Dekor, aber da war etwas. Mir gefiel der Eindruck. Mir gefiel die Art, wie sich Menschen in einem Tempel verhielten. Ich wußte überhaupt nichts vom Buddhismus. Weder kannte ich die Lehre noch die Grundsätze dieser Religion. In einem der Tempel sagte mir ein Thai, der Englisch konnte, Buddhisten glauben nicht an Gott. Das fand ich ziemlich übertrieben – eine Religion, die nicht an Gott glaubt.

Es berührte mich eigentümlich, daß mir diese Religion zusagte, denn ich hatte viele Jahre hindurch lautstark eine atheistische und antireligiöse Haltung vertreten. Aber hier in dem Tempel war es einfach... friedlich. Ich ging in eine Buchhandlung und begann Bücher über den Buddhismus zu lesen.

Davis gab eines Abends eine Gesellschaft für Peter Kann, damals Asienkorrespondent für *The Wall Street Journal*. Ich kannte ihn von einer viele Jahre zurückliegenden Tätigkeit am *Crimson* in Harvard. Er hatte nichts von seiner herzlichen und lustigen Art eingebüßt, war sehr klug und außerordentlich tüchtig und hatte eine Weltläufigkeit hinzugewonnen, die ich bewunderte. Über den Vietnamkrieg hatte er als Korrespondent berichtet und war nach dem Krieg in Asien geblieben. Er konnte Hemden mit Achselklappen tragen, ohne daß es anderen unangenehm auffiel.

An jenem Abend saß ich neben einer englischen Friseuse, die ihr Haar auf der einen Kopfseite rot und auf der anderen grün gefärbt hatte – möglicherweise in London der letzte Schrei. Aber ich war nicht sicher, wußte nicht einmal, ob ich sie darauf ansprechen sollte oder nicht. Also hielt ich den Mund.

Das Tischgespräch verlief nicht besonders angeregt, bis jemand beiläufig erwähnte, Peter sei in Hunsa gewesen. Sogleich schwirrten erregte Fragen durch die Luft. Wahrhaftig, in Hunsa? Unfaßbar.

Einmalig. Nick Spenser, der neben Davis saß, quoll vor Fragen förmlich über. «Waren Sie dann auch in Gilgit?»

«Ja», gab Peter zur Antwort.

«Mit dem Flugzeug?»

«Ja.»

«Wie lang hat das gedauert?»

«'ne Woche in 'Pindi.»

«Nicht schlecht.»

«Nein», gab Peter zur Antwort, «das war ganz gut.»

«Und waren Sie auch in Tschitral?»

«Nein, diesmal nicht», sagte Peter.

Ich versuchte mir vorzustellen, worum es ging. Hunsa. Gilgit. 'Pindi. Hunsa war offensichtlich ein geographischer Begriff. Aber mir war nicht klar, und ich konnte es mir auch nicht gut denken, wieso alle am Tisch so viel über einen Ort wissen konnten, von dem ich noch nie gehört hatte. Was es an Hunsa wohl Spannendes geben mochte? War das irgendeine Art Ferienort?

Ich erfuhr es nicht, das Gespräch ging weiter.

«Waren Sie auch in Bhutan?»

«Nein, noch nie», sagte Peter. «Kann man da denn hin?»

«Billy war da.»

«Tatsächlich! Hat er mir nie gesagt. Wie hat er das bloß geschafft?»

«Von Darjeeling aus. Er hat Beziehungen, kennt einen Freund der Herrscherfamilie.»

«Und was ist mit Nagir?»

«Kann man von Hunsa aus gleich mitnehmen.»

So ging die Unterhaltung weiter, ohne daß sich mir auch nur ein Ansatz zum Verständnis bot. Schweigend hörte ich etwa eine Viertelstunde lang zu. Als ich es nicht mehr aushielt, wandte ich mich der Friseuse mit den roten und grünen Haaren zu und fragte bescheiden: «Worum geht es da eigentlich?»

«Um Länder», sagte sie.

Ich war wie vom Donner gerührt. Hier wurde von *Ländern* gesprochen, deren Namen ich noch nie im Leben gehört hatte.

«Bhutan und Hunsa sind also Länder?»

«Ja. Im Himalaya.»

Die Antwort beruhigte mich ein wenig. Wer wußte schon, was in den Tälern des Himalaya verborgen lag? Meine Unwissenheit schien mir entschuldbar zu sein. Doch während das Gespräch weiterging, wurde mir klar, daß die Welt, in der ich lebte, eine Welt war, in der ich zumindest über die meisten Dinge etwas wußte, wenn ich schon nicht alles kannte.

Ed Bancroft, ein Bekannter von Davis, wohnte in Bangkok. Dieser gutaussehende Bankdirektor war ein Lebemann, der einzige Lebemann, dem ich je begegnet war. Während sich die Abendgäste auf den Heimweg machten, teilte Bancroft Peter und mir mit, er werde uns Bangkoks berühmtes Nachtleben zeigen. Davis entschuldigte sich und erklärte, er sei müde.

In Patpong, einst im Vietnamkrieg ein Erholungsgebiet für amerikanische Soldaten, gab es Klubs, die beispielsweise *The Playboy* und *The Mayfair* hießen. Im Playboy-Klub zeigten junge Thai-Frauen mit Hilfe von Zigaretten und Bananen verschiedene Arten der Muskelbeherrschung, alles unter ultraviolettem Licht, während die Zuschauermenge kreischte und grölte. Die Verlockung, solchen Darbietungen zuzusehen, erschien mir sehr gering, es sei denn, man war betrunken, was für die meisten Zuschauer zutraf.

Wir besuchten noch weitere Bars und dann einen Massagesalon. Er befand sich in einem riesigen modernen Gebäude, so groß wie ein Hotel. Ed Bancroft regte an, wir sollten die Vollmassage nehmen, bei der die Masseuse dem Kunden in einer Badewanne voll Seifenschaum über den ganzen Körper rutscht.

Man führte uns vor einen nur in einer Richtung durchsichtigen Spiegel, durch den wir in einen Raum voller junger Frauen in gestärkten weißen Trachten sehen konnten, an denen Nummern befestigt waren. Alle blickten in unsere Richtung, weil unmittelbar unterhalb des Spiegels ein Fernseher angebracht war. Der Sinn des Ganzen bestand darin, daß man die Nummer nannte, für deren Trägerin man sich entschieden hatte. Anschließend rief der Geschäftsführer das junge Mädchen heraus, das zum Massieren ausersehen war.

Da Ed der Landessprache mächtig war, verhandelte er mit dem Geschäftsführer und revidierte unsere anfängliche Entscheidung immer wieder. Offensichtlich kamen bestimmte Mädchen nicht in Frage; mir wurde nie klar, warum.

Vor dem Spiegel zu stehen, war eine merkwürdige Sache. Für meine Begriffe schmeckte es zu sehr nach Sklavenhandel, Auktion oder Prostitution. Doch niemand behandelte die Sache so. Keine Sekunde lang hatte man das Gefühl, etwas Schmutziges zu tun; das Ganze wirkte genau wie bei einer gewöhnlichen Massage, gesund und unkompliziert. Ich zog mich mit meinem Mädchen in einen vollständig gefliesten Raum zurück, in dessen Boden eine flache runde Wanne eingelassen war. Sie machte einen Eimer mit Seifenschaum zurecht, goß etwas heißes Wasser in die Wanne und gebot mir, mich hineinzusetzen. Dann schrubbte sie mich mit einer groben Bürste ab, was mir ein gewisses masochistisches Behagen verschaffte. Danach bedeutete sie mir mit Handbewegungen, ich möge mich auf den Bauch legen. Nunmehr entkleidete sie sich vollständig, seifte sich ein, legte sich mir auf den Rücken und verrieb die Seife mit schlängelnden Bewegungen.

Mir bereitete das gewisse Schwierigkeiten. Zum einen paßte ich nicht in die Wanne: meine Beine hingen über den Rand, so daß meine Schienbeine höllisch schmerzten, als sie sich auf mich legte. Außerdem stellte sich kein guter Kontakt ein, da mein Rücken durchgebogen war. Immer wieder versuchte sie mich kichernd in eine bessere Lage zu schieben, aber in der Wanne war einfach nicht genug Platz. Dann bekam ich Seifenschaum in die Nase und begann zu husten.

Wir beschlossen, es gut sein zu lassen. Sie spülte mich ab, ich trocknete mich ab, zog mich an und ging wieder nach oben.

«Na, wie war das?» wollte Ed wissen. «War das nicht unglaublich?»

«Unvergeßlich», stimmte ich zu.

Peter tauchte auf, und erneut zogen wir los, wobei Eds Augen in ganz besonderer Weise glänzten. Er führte etwas im Schilde. «Wie wär's mit 'nem Puff?» fragte er.

«Ich weiß nicht», sagte ich, «es ist schon ziemlich spät.»

Peter sagte nicht nein und nicht ja.

«Nur mal kurz reinschnuppern», sagte Ed.

«Na schön, sehen wir es uns mal kurz an.»

Aber die Hochstimmung im Wagen nahm ab. Meine Schienbeine schmerzten noch von der schlüpfrigen Massage, obwohl ich den anderen gegenüber nie zugegeben hätte, daß ich etwas anderes als das reinste Vergnügen dabei empfunden hatte. Peter sagte nichts, rauchte und sah zum Fenster hinaus. Wir kamen in den sonderbaren Bezirk der Stadt, in dem Männer, wenn sie unter sich sind, «den Weibern nachsteigen» oder «einen draufmachen». Das sagt weit mehr über Männer, die als Gruppe auftreten, als über irgendwelche Frauen. Wie die Dinge standen, wollte um zwei Uhr morgens in einer drückend schwülen Nacht keiner als erster sagen, daß er keine Lust mehr hatte.

Aber unser Bärenführer Ed deutete das Schweigen anders; er glaubte, das bisher Gesehene langweile uns. Er hielt uns wohl für besonders blasiert und nahm an, uns einen besonderen Sinnenkitzel bieten zu müssen.

«Ich hab 'ne Idee», sagte er und schnippte mit den Fingern. «Ein Kinderpuff!»

«Ed», sagte ich, «würde es ein normaler Puff nicht tun?»

«Nein, nein, nein. Es muß unbedingt ein *Kinderpuff* sein. Das ist wirklich unglaublich, ihr müßt das sehen.»

Und los ging es, in die dampfende Nacht.

Ich denke an Lawrence Durrells Justine, exotische Episoden in exotischen fernen Ländern.

Peter sieht nach wie vor aus dem Fenster. Erneut fallen mir die Achselklappen auf seinem Hemd auf. Ich frage ihn: «Hast du je ein Kinderbordell gesehen?»

«Nicht persönlich», gibt er zur Antwort. Sehr kühl.

Bancroft fährt durch ein schmales Hintergäßchen in eine der voneinander nicht unterscheidbaren grauen Betonburgen Bangkoks. Ein Wächter ist vor einem Innenhof postiert, auf dem Boxen aufgestellt sind, in denen man parken kann. Jede ist mit einem Vorhang versehen.

«Das ist für die Autos. Man zieht den Vorhang zu, damit niemand die Schilder lesen kann», sagt Ed. «Immerhin kommen hier Politiker hin, richtig hohe Tiere. Augenblick. Bin gleich wieder da.»

Er springt aus dem Wagen und rennt fort. Kurze Zeit später kehrt er zurück.

«Alles in Ordnung.»

Wir gehen von der Straße aus eine breite Treppe empor. Dann betreten wir Räume, die wie eine einzige große Wohnung aussehen. Ein langer Flur, von dem zu beiden Seiten Türen abgehen.

«Mal sehen, was hier heute nacht geboten wird», sagt Ed. Man führt uns den Flur entlang zur ersten Tür.

Der Raum ist mit schreiend bunten indischen Stoffen in Rosa- und Rottönen ausgekleidet. Grelles Licht. Auf Kissen sitzen grell hergerichtete Frauen und sehen fern. Mir kommen sie nicht wie Kinder vor.

«Ziemlich alt», sagt Peter mit provozierendem Grinsen zu Ed.

«Alt! Gott im Himmel! *Steinalt!*» Rasch sagt Ed etwas auf thai zu dem Mann neben ihm.

«Wie alt die wohl wirklich sein mögen?» sagt Peter. Jetzt kommt seine Reporterstimme, seine Korrespondentenstimme zum Vorschein. So und so viele Frauen, im Durchschnitt so und so alt.

Wir gehen durch den Korridor zu einer anderen Tür. Ein weiterer mit billigem Stoff ausgeschlagener Raum. Frauen im Négligé oder in Höschen, BH und Strumpfgürtel. Der Bordelleindruck leidet darunter, daß manche in einer Ecke des Raumes Essen kochen. Die hier sind etwas jünger.

Fragend sieht uns der Mann an.

«Ich weiß nicht, was der Kerl *hat*», sagt Ed. «Beim vorigen Mal, als ich hier war, mit –» er nennt einen bekannten Namen –, «hatten sie Sieben- und Achtjährige da. Ihr könnt es glauben, wenn ich es euch sage! Umwerfend.»

Wir gehen weiter den Flur entlang und betreten wieder ein anderes Zimmer. Mein Gefühl, eingesperrt zu sein, nimmt zu. Ich nehme sonderbare, von Weihrauch überlagerte Gerüche wahr. Der Gang wird immer schmaler. Kleinwüchsige Frauen drängen sich um uns, wollen, daß wir uns für sie statt für die Frauen in den Zimmern entscheiden. In ihrer schmutzigen Unterwäsche und mit ihrem knalligen Make-up ziehen und zupfen sie an uns herum. Wenn sie lächeln, sieht man, daß ihnen Zähne fehlen.

«Ah, *hier* ist das Zimmer», sagt Ed.

Die Tür öffnet sich. Wir sehen eine Handvoll Mädchen, die noch nicht in der Pubertät sind. Sie sehen aus wie zehn oder elf. Ihre Augen sind dunkel und verschmiert. Sie geben sich verschämt, gehen auf und ab, werfen Blicke über die Schulter. Eine von ihnen stakst unsicher in für sie zu großen hochhackigen Schuhen.

«Na, was sagt ihr, Jungs?» fragt Ed. Er grinst vor Begeisterung.

Ich habe keinen anderen Wunsch, als von hier zu verschwinden.

Mir ist es gleich, ob sie mich für verweichlicht halten, mir ist es gleich, was sie denken. Ich will einfach weg von diesen armen Kindern, diesen stinkenden Fluren, auf denen man an mir herumzerrt, mich anfaßt, kleine Finger nach mir greifen. «Mister… Mister…»

«Ich glaub, ich geh», sage ich. «Ich bin ziemlich müde.»

«Wenn Sie nichts sehen, was Ihnen gefällt, suchen wir weiter.»

«Nein, ich bin müde. Wirklich. Ich warte draußen.»

«Schön, wie Sie wollen.» Ed sieht zu Peter hin. «Peter?»

Ein weiterer klassischer Moment aus dem Spiel «Männer machen einen drauf»: einer hat sich gerade abgeseilt – weil er müde ist, ein schlechtes Gewissen hat, an seine Frau denkt, oder was auch immer. Wär doch gelacht, wenn wir den Rest der Nacht nicht kaputtkriegten. Machst du mit, oder was ist?

Peter sagt: «Ich möchte rauchen. Ich warte auch draußen.»

«Ach, ihr», sagt Ed und schüttelt über uns enttäuscht den Kopf. «Ihr ahnt ja nicht, was euch hier entgeht.»

«Das Risiko muß ich in Kauf nehmen», sagt Peter.

Er und ich gehen hinaus, setzen uns auf die Stoßstange von Eds Wagen, rauchen und unterhalten uns über das, was in den zehn Jahren, seit wir uns zuletzt gesehen haben, in unserem Leben vorgefallen ist. Mit einemmal spüren wir dieses Gefühl von Kameradschaftlichkeit, weil es mitten in der Nacht ist, weil wir müde sind und beide beschlossen haben, daß Kinderprostitution nicht unser Fall ist und wir sicher sein wollen, daß wir uns nicht gegenseitig für einen Feigling oder dergleichen halten. Wir führen wirklich ein angenehmes Gespräch. Dann kommt Ed zurück.

«Ach, ihr. Ihr habt euch wirklich was entgehen lassen. Die hatten da ganz ungewöhnliches Material.»

«Je nun.»

«Schön, was haltet ihr davon, wenn wir jetzt zu einer Kaffeebar fahren? Mal sehen, was da für Puppen sind? Was?»

Wir schützen Erschöpfung vor. Ed sagt, er fürchte, wir hätten nicht genug von der Nacht gehabt. Wir versichern ihm, daß zu dieser Befürchtung kein Anlaß sei. Es gelingt uns schließlich, in Davis' Haus zurückzukehren. Ich betrete mein Zimmer mit gesenktem Kopf, damit er den des Buddha nicht überragt, und schlafe sofort ein.

Am nächsten Abend ging ich zum Abendessen ins Haus eines Mannes, der in Bangkok eine Werbeagentur betrieb. Er war Australier und für seine Kochkunst berühmt; Einladungen zu seinen Mahlzeiten waren äußerst begehrt.

Vor dem Essen entrollte jemand ein Stück thailändisches Haschisch, verarbeitete es zu einer Zigarette und ließ sie kreisen. Einige Gäste nahmen ein paar Züge, andere nicht. Ich rauchte etwas. Wie konnte man in Thailand sein, ohne das dortige Haschisch ausprobiert zu haben?

Als die Zigarette erneut bei mir anlangte, nahm ich noch einige Züge.

«Paß bloß auf», sagte Davis, «das Zeug ist stark.»

«Mach dir keine Sorgen», sagte ich, «schließlich komme ich aus Los Angeles.»

Davis zuckte die Schultern. Ich trank vor dem Essen auch noch einige Wodka. Ich fühlte mich ziemlich gut, saß herum, redete mit Leuten. Ich war sogar froh, daß ich mich so gut fühlte, denn seit einigen Tagen machte sich bei mir das Empfinden bemerkbar, daß ich fern von zu Hause war. Das bedeutete, daß ich übermäßig angespannt war, einsam, mir mehr Sorgen über meine neuen Erlebnisse machte, als ich mir selbst eingestand.

Doch als wir aufstanden, um zum Eßtisch hinüberzugehen, merkte ich, daß ich die Sache falsch eingeschätzt hatte. Ich war ziemlich benebelt und hatte sogar Schwierigkeiten, mich in meiner unmittelbaren Umgebung zurechtzufinden. Ach was, dachte ich, wenn wir erst wieder sitzen, geht es mir besser. Sobald ich was in den Magen kriege, ist alles in Ordnung.

Wir setzten uns an den Tisch. Links von mir saß eine Inderin, die Gattin eines Diplomaten. Zu meiner Rechten saß ein Thai, der eine hohe Position in der Werbebranche innehatte. Die Gerichte wurden herumgereicht, die Unterhaltung war angenehm.

Mit einemmal wurde mir grau vor den Augen. Das Grau wurde dunkler. Dann sah ich nichts mehr.

Es war sonderbar. Ich konnte die Unterhaltung und das Klirren des Tischsilbers um mich herum hören, aber ich war vollständig blind.

Die Inderin bat mich, etwas weiterzugeben. «Tut mir leid», sagte ich. «Mir ist klar, daß das komisch klingt, aber ich bin blind.»

Sie lachte anmutig. «Sie sind so amüsant.»

«Nein, ernsthaft. Ich bin blind.»

«Sie meinen, Sie können nichts sehen?»

«Ja, genau das.»

«Wie merkwürdig. Wie das wohl kommt?»

Das fragte ich mich selbst. «Ich weiß es nicht.»

«Meinen Sie, es liegt an etwas, was Sie gegessen haben?»

«Ich glaube nicht.»

«Können Sie mich jetzt sehen?»

«Nein, ich bin immer noch blind.»

«Ich frage mich, was wir tun sollen», sagte sie.

«Ich weiß nicht», sagte ich.

Der Gastgeber wurde verständigt. Pläne wurden erwogen. Alle schienen den Vorfall als ganz normal zu behandeln. Ich überlegte, ob schon andere in diesem Haus blind geworden sind. Als nächstes spürte ich, wie mich mehrere Menschen nach oben trugen und in einem klimatisierten Raum auf ein Bett legten.

Einige Zeit verging. Ich öffnete die Augen. Immer noch konnte ich nichts sehen.

Jetzt machte ich mir allmählich Sorgen. Eine Zeitlang war es nicht so schlimm gewesen, blind zu sein, aber es hörte nicht auf. Ich überlegte, woran es liegen mochte, und tastete nach meiner Uhr. Ob das immer so bliebe? Würde ich eine Uhr mit Braille-Punkten brauchen? In was für einem Zimmer war ich hier eigentlich?

Wieder verging eine Weile. Jemand berührte mich an der Schulter. Ich drehte mich in die Richtung und sah eine ältere Thai-Frau, die mir zulächelte. Sie gab mir ein Glas Wasser, kicherte und ging fort. Nach einer Weile kam sie wieder. Inzwischen konnte ich wieder richtig sehen, fühlte mich aber entsetzlich. Irgendwann schlief ich ein. Später kam Davis, gab mißbilligende Laute von sich und fuhr mich nach Hause.

Am nächsten Morgen sagte ich zu Davis, ich wolle nichts besichtigen, sondern einfach herumsitzen, vielleicht im Garten am Schwimmbecken. Ich wolle ein Buch lesen und all die merkwürdigen Erlebnisse erst einmal verarbeiten.

«Guter Gedanke», sagte er. «Aber halt die Augen offen. Der Gärtner hat vorige Woche draußen eine Kobra gesehen.»

Ein paar Tage später fuhr ich zusammen mit Davis ins Landesinnere. Er mußte im Auftrag des Pharmazieunternehmens, für das er arbeitete, Verkaufszahlen kontrollieren. Da zu jener Zeit in Thailand rezeptpflichtige Arzneimittel völlig legal frei verkauft werden durften, war das Land in den Augen aller international tätigen Pharmaproduzenten ein wichtiger Markt.

Die Landschaft war eben, grün und schön. Wir stiegen in Hotels ab, die von Chinesen geführt wurden, und genossen das Leben. Schließlich kamen wir nach Ayutthaya. Davis erklärte, er wolle die Lagerbestände prüfen und sehen, wie es um sie stehe. «Gleich um die Ecke ist ein großer offener Markt», sagte er. «Ein großer ländlicher Markt. Sieh ihn dir ruhig an, du findest ihn bestimmt interessant.»

Ich machte mich auf den Weg.

Der Markt war riesig, beinahe einen halben Hektar groß. Die schöne, weite, offene Fläche war vollständig mit weißen Tüchern überspannt, um die Waren vor der Sonne zu schützen. Es gab dort alles, von landwirtschaftlichen Erzeugnissen bis zu Konfektionskleidung. Ich streifte umher und sah mir an, was angeboten wurde. Die Tücher waren so niedrig, daß ich mich ständig ducken mußte.

Wegen meiner Körpergröße rief ich wie so oft in Asien beträchtliche Aufmerksamkeit hervor. Die Menschen blieben stehen, starrten mich an und begannen zu lachen. Gelächter flackerte hier und dort auf, nahm zu, schwoll an und erfüllte schließlich den ganzen Markt. Alle lachten über mich. Sie wiesen mit den Fingern auf mich und lachten. Ich lächelte freundlich zurück. Mir war klar, daß sie es nicht böse meinten; sie überspielten damit ihre Verlegenheit.

Das Gelächter dauerte an. In meinen Ohren wurde ein Dröhnen daraus, wie eine Meereswelle. Menschen stürzten davon, um Bekannte zu benachrichtigen. Die ganze Stadt kam herbeigelaufen, um mich anzusehen. Das Gelächter nahm zu. Jetzt lachten schon vier- oder fünfhundert Menschen. Ich stand buchstäblich auf dem Präsentierteller. Überall sah ich lachende offene Münder. Schließlich senkte ich den Blick und sah, daß sich vor meinen Füßen eine alte Thai-Frau auf dem Boden wälzte und sich den Bauch vor Lachen hielt. Sie versperrte mir den Weg, ich konnte nicht über sie hinwegtreten.

Ich sah mich um und dachte: Wie ungewöhnlich. Hier hast du

eine Gelegenheit zu erleben, wie es ist, wenn fünfhundert Menschen über dich lachen. Was für ein Gefühl ist das?

Mit einemmal dachte ich: *Es ist nicht auszuhalten.* Ich wandte mich um und ging rasch davon.

Ich kehrte in den Laden zurück und traf dort Davis wieder. Er grinste von einem Ohr zum anderen. «War mir gleich klar, daß die sich königlich über dich amüsieren würden», sagte er.

«Gott im Himmel.»

«Sie meinen es nicht böse.»

«Ich weiß», sagte ich. «Aber trotzdem.»

Die Thai sind allgemein für ihre Freundlichkeit bekannt. Wegen ihrer Umgänglichkeit nennt man sie die Dänen Asiens. Einer ihrer Lieblingsausdrücke, *Mai pen rai*, bedeutet in etwa «Halb so schlimm». Man überspielt damit Enttäuschungen und Ärger. Häufig hatte ich Gelegenheit zu sagen, in wie großartiger Weise sich das Wesen der Thai von dem unterscheide, was ich von Amerika kannte.

Eines Tages beobachtete ich in Bangkok, wie eine Thai-Frau und eine Europäerin versuchten, sich mit ihren Autos in einer schmalen Straße aneinander vorbeizuzwängen. Beide beugten sich aus dem Fenster und keiften wütend aufeinander ein. Keine sagte «*Mai pen rai*».

Ich dachte: Es ist Zeit, heimzukehren. Am nächsten Tag brach ich auf.

Alles in allem sah ich die Reise als traumatisches Erlebnis an. Dann wurde mir klar, wie stark ich der westlichen Kultur verhaftet war. Obwohl ich mich als erfahrenen Reisenden einschätzte, hatte ich lediglich einen kleinen Teil der Welt bereist – Nordamerika und Westeuropa.

Mir gingen all die Orte durch den Kopf, die ich noch nicht kannte. Ich war noch nie in Afrika gewesen. Ich war noch nie richtig in Asien gewesen. Ich war nie in Australien gewesen. Ich war nie in Süd- oder Mittelamerika gewesen. Kurz gesagt, ich hatte vom größten Teil der Welt noch nichts gesehen.

Es war an der Zeit zu erkunden, was mir bisher entgangen war.

BONAIRE

Die sinkende Sonne glühte rot am Horizont, als wir mit unseren Preßluftflaschen und Lampen schwerfällig ins Meer wateten. Als das Wasser uns bis zur Hüfte reichte, blieben wir stehen, um uns die Tauchmaske aufzusetzen und Gurte nachzuziehen. Hinter uns, im Hotel Bonaire, kamen die Gäste zum Abendessen in den Speisesaal.

«Hast du Hunger?» fragte ich meine Schwester.

Sie schüttelte den Kopf. Sie hatte noch nie zuvor im Dunkeln getaucht und hatte ein wenig Angst davor.

Wir waren zu einem zweiwöchigen Tauchurlaub nach Bonaire gekommen. Kim hatte die ersten beiden Jahre ihres Jurastudiums hinter sich und ich die Rohfassung meines nächsten Romans fertig; beide freuten wir uns auf Erholung und schöne Taucherlebnisse.

Bonaire liegt achtzig Kilometer vor der Küste Venezuelas. Eigentlich ist diese in holländischem Besitz befindliche Insel ein vom Meer vereinnahmter Berg mit steil abfallenden Flanken. Bereits zwanzig Meter vom Sandstrand entfernt war das kristallklare Wasser dreißig Meter tief, und so war das Tauchen im Dunkeln einfach: man mußte lediglich bei Sonnenuntergang vom Hotelstrand ins Wasser gehen und sich auf dreißig Meter Tiefe sinken lassen. Man konnte eine Stunde lang im Dunkeln tauchen und trotzdem noch rechtzeitig zum Abendessen im Hotel sein.

So hatten wir es auch vor.

Meine Schwester steckte sich das Mundstück des Luftautomaten zwischen die Zähne, und ich hörte das Zischen, als sie die Luft einsog. Sie griff sich an die Schultern und bedeutete mir, daß ihr kalt war; sie wollte, daß es losging.

Wir ließen uns unter die Meeresoberfläche sinken.

Die Umgebung ist tiefblau, kleine Fische huschen wie Schatten über den Sand und die Kronen der Korallen. An meiner Wange höre ich die ausgeatmeten Luftblasen entlanggleiten. Ich blicke zu Kim hinüber, um zu sehen, was sie macht. Sie wirkt entspannt. Sie ist eine erfahrene Taucherin, und auch ich tauche seit mehr als zehn Jahren.

Wir lassen uns sinken, den Hang hinab in die Schwärze.

Wir schalten die Lampen ein und sehen sofort eine Welt unvorstellbarer bunter Farben. Die Korallen und Schwämme leuchten in kräftigen Grün-, Gelb- und Rottönen.

Wir gehen tiefer, durch das schwarze Wasser, sehen lediglich, was vom Lichtstrahl unserer Lampen getroffen wird. Wir stoßen auf große Fische, die unter überhängenden Korallenbänken schlafen. Wir können sie anfassen, was tagsüber unter keinen Umständen möglich ist. Nachttiere sind jetzt aktiv; eine schwarz-weiß gefleckte Muräne kommt aus ihrem Loch heraus und starrt uns, die machtvollen Kiefer gespannt, mit schwarzen Knopfaugen an. Eine Krake schiebt sich durch den Lichtstrahl meiner Lampe und wird vor Zorn leuchtend rot. In einer Korallennische stoßen wir auf einen winzigen rotgestreiften Krebs, nicht länger als mein kleiner Finger.

Da ich bei diesem Tauchgang fotografieren möchte, habe ich meine Kamera umgehängt. Ich mache einige Aufnahmen, dann stubst mich meine Schwester an und macht mir ein Zeichen, daß sie die Kamera haben möchte. Ich nehme den Riemen vom Hals und halte ihn ihr hin. Ich bewege mich langsam; mit einer Taschenlampe, die vom Handgelenk hängt, geht das alles recht schwerfällig. Kim zieht die Kamera zu sich her.

Mit einemmal spüre ich einen scharfen Ruck an meinem Kiefer, das Mundstück wird mir aus den Lippen gerissen. Ich bekomme keine Luft mehr.

Ich weiß sofort, was geschehen ist. Der Kameriemen muß sich in der Luftleitung verfangen haben.

Ich hänge in der Dunkelheit im tintenschwarzen Wasser und habe keine Luft mehr.

Ich bleibe ganz ruhig.

Wenn man das Mundstück des Luftautomaten verliert, fällt es grundsätzlich an der rechten Körperseite herunter und läßt sich im Wasser neben dem rechten Hüftknochen ertasten. Ich greife hin.

Es ist nicht da.

Ich bleibe ganz ruhig.

Ich taste weiter danach. Ich weiß, daß es irgendwo in der Nähe meiner Hüfte ist. Es muß einfach dort sein. Ich betaste meine Atemluftflasche. Ich betaste meinen Gewichtsgürtel. Ich betaste alles, was ich an Ausrüstung auf dem Rücken trage.

Das Mundstück ist nicht da. Ich bin jetzt ganz sicher: es ist nicht da. Das Mundstück ist nicht da.

Ich bleibe ganz ruhig.

Mir ist klar, daß das Mundstück nicht vom Luftschlauch abgerissen ist, denn dann würde ich laut das Ausströmen von Luft hören. Da mich aber unheimliche schwarze Stille umgibt, ist das Mundstück irgendwo in meiner Nähe. Wenn es nicht rechts von mir heruntergefallen ist, muß es hinter meinem Hals sein, irgendwo am oberen Ende der Luftflasche. Dort läßt es sich zwar etwas schwieriger finden, aber ich fahre mit der Hand hinter den Kopf und taste nach dem Luftschlauch. Ich kann den oberen Teil der Flasche spüren, das senkrecht stehende Metallventil. Ich ertaste Leitungen, weiß nicht, welche davon der Luftschlauch ist. Ich taste weiter.

Ich kann es nicht finden.

Ich bleibe ganz ruhig.

Wie tief bin ich? Achtzehn Meter sehe ich beim Blick auf den Tiefenmesser. Das ist in Ordnung. Ich kann die Luft, die sich in meiner Lunge befindet, langsam und gleichmäßig ausatmen und zur Oberfläche emporsteigen. Das schaffe ich bestimmt. Zumindest halte ich es für ziemlich sicher, daß ich es schaffen kann.

Aber es wäre besser, das Mundstück jetzt zu finden. Hier unten.

Meine Schwester hängt eineinhalb Meter über mir im Wasser; ihre Schwimmflossen bewegen sich sacht vor meinem Gesicht. Ich steige auf, neben sie, und sie sieht zu mir her. Ich zeige auf meinen Mund. Hier: da fehlt was. Kein Mundstück, Kim.

Sie winkt mir zu und signalisiert, daß bei ihr alles in Ordnung ist. Sie hängt sich die Kamera um, und ich begreife, daß sie mich in der Dunkelheit wahrscheinlich nicht besonders gut sehen kann.

Ich fasse sie am Arm. Ich zeige auf meinen Mund. Kein Mundstück! *Keine Luft!*

Sie schüttelt den Kopf, zuckt die Schultern. Sie versteht nicht. Worum geht es? Was versuche ich ihr klarzumachen?

Meine Lunge fängt an zu brennen. Ich stoße einige Luftblasen in ihre Richtung aus und zeige erneut auf meinen Mund. Sieh doch: mein Mundstück ist weg. Um Gottes willen!

Kim nickt langsam. Ich kann ihre Augen nicht sehen, weil das Glas ihrer Tauchmaske spiegelt. Aber sie versteht. Zumindest glaube ich, daß sie versteht.

Meine Lunge brennt jetzt entsetzlich. Ich muß schleunigst aufsteigen.

Ich bin nicht mehr so ruhig.

In der Dunkelheit pendelt Kim langsam hinter mir. Das Licht ihrer Lampe ist hinter meinem Kopf und läßt meinen Schatten auf die Korallen unter uns fallen. Sie sucht in der Nähe meines Halses um meine Luftschläuche herum. Jetzt ist sie links über mir. Nicht links, Kim! Es muß irgendwo rechts sein! Sie bewegt sich langsam, aufreizend bedächtig.

Meine Lunge brennt.

Ich weiß, daß ich nach oben muß. Ich mahne mich immer wieder: denk dran, daß du ausatmest, denk dran, daß du ausatmest. Falls ich vergesse, beim Auftauchen auszuatmen, gibt es einen Lungenriß. Eine Panikreaktion kann ich mir nicht leisten.

Kim nimmt meine Hand. Sie reicht mir auf ihre langsame, bedächtige Weise etwas. Meine Finger schließen sich um Gummi; sie hat mir das Mundstück in die Hand gedrückt! Ich stecke es mir zwischen die Zähne und blase das Wasser heraus.

Es gurgelt um mich herum, dann strömt mir Luft kalt in die Lunge. Kim sieht fragend zu mir her und beobachtet mich aufmerksam. Ich sauge die Luft ein und huste einige Male.

Mein Herz hämmert. Ich fühle mich benommen. Jetzt, da alles in Ordnung ist, überfällt mich die Panik, die ich unterdrückt hatte. Großer Gott, beinahe wäre es um mich geschehen gewesen! Kim sieht mich immer noch fragend an. Wieder alles im Lot?

Ich recke den Daumen. Ja, mir fehlt nichts. Wir setzen den Tauchgang fort, obwohl es mir schwerfällt, mich zu konzentrieren. Ich bin froh, als er vorüber ist. Am Strand breche ich zusammen. Ich zittere am ganzen Leib.

«Das war merkwürdig», sagt sie. Sie erzählt mir, daß sich der Luftschlauch irgendwie verdreht hatte, so daß das Mundstück hinter meiner linken Schulter herabhing. «Ich wußte gar nicht, daß so was passieren kann», sagt sie. «Es hat eine Weile gedauert, bis ich es gefunden hatte. Fehlt dir auch nichts?»

«Ich glaube nicht», sage ich.

«Du zitterst.»

«Das ist wohl nur die Kälte.»

Ich dusche heiß. Allein in meinem Zimmer, empfinde ich den unwiderstehlichen Drang danach, mit einer Frau zusammenzusein. Ich kann ihn nicht unterdrücken. Ich denke: Das ist ein Klischee – kaum dem Tod entronnen, befällt einen das Bedürfnis nach Fortpflanzung. Aber es stimmt. Ich spüre es. Und ich bin mit meiner Schwester da, großer Gott.

Nach dem Abendessen habe ich mich beruhigt. Die nächsten Tage verlaufen ohne Aufregungen. Wir unternehmen einen weiteren Tauchgang im Dunkeln. Nichts Gefahrvolles geschieht. Ich beschäftige mich mit den Romanen, die ich mitgebracht habe, und pflege meine Sonnenbräune. Wir genießen die nächste Woche und tauchen überall dort, wo alle Taucher in Bonaire tauchen.

Aber mir steht der Sinn nach größeren Taten.

«Ich sag Ihnen nicht, wo es ist», erklärte der Tauchlehrer auf meine Frage nach dem Wrack. Irgendwo am Nordufer der Insel, hatte ich gelesen, sollte es ein außergewöhnliches Wrack geben.

«Warum nicht?»

«Es ist Ihr Tod, wenn Sie da hintauchen», sagte der Tauchlehrer.

«Waren Sie schon da?» fragte ich.

«Klar.»

«Sie leben aber noch.»

«Ich wußte auch genau, was ich tat. Das Wrack liegt tief, es sind überall mindestens vierzig bis fünfundvierzig Meter. Ohne Druckausgleich kann man da höchstens vier Minuten tauchen.»

«Ist es tatsächlich ein Raddampfer?»

«Ja. Mit einem Metallrumpf. Niemand weiß, wann er gesunken ist, vielleicht um die Jahrhundertwende.»

Ich versuchte ihn dazu zu bringen, daß er mir mehr sagte, hoffte, genug Hinweise zu bekommen, um die Stelle zu finden.

«Ist das Schiff den Hang runtergerollt?» Auch das hatte ich gelesen. Rund um die Insel Bonaire fällt die Küste steil ins Meer ab, an manchen Stellen nahezu senkrecht gut sechshundert Meter tief.

«Ja. Es scheint in Ufernähe gescheitert und gesunken zu sein. Dabei ist es den Hang hinabgerollt. Jedenfalls gibt es nahe der Küste in etwa zehn Meter Wassertiefe ein paar Trümmerstücke. Jetzt liegt es über vierzig Meter tief auf der Seite.»

«Muß ein ziemlich eindrucksvoller Anblick sein.»

«Ach doch. Ist ja auch ein riesiges Wrack.»

«Auch nahe dem Ufer liegen also Stücke, in zehn Metern Wassertiefe?»

«Ja.»

«Wie sehen die aus?»

«Lassen Sie es gut sein», sagte er.

Schließlich sagte ich: «Hören Sie zu, ich weiß, was ich tu. Ich tauche seit über einer Woche mit euch Schurken, Sie wissen also, daß ich die Sache beherrsche. Sie sollen mich ja gar nicht unbedingt unterstützen, aber es ist nicht in Ordnung, daß Sie mir nicht sagen, wo diese berühmte Tauchstelle liegt.»

«Na ja», sagte er. «Meinen Sie wirklich, daß Sie der Sache gewachsen sind?» Er hielt inne und erklärte dann unwirsch: «Also schön. Sie fahren acht Kilometer nach Osten, da ist eine kleine Hafenanlage. Sie bepacken sich mit Ihrer Ausrüstung, springen rein und schwimmen etwa hundert Meter Richtung Norden, bis Sie an einem grünen Haus am Ufer vorbeikommen. Wenn das Haus etwa sechzig Grad rechts von Ihnen ist, achten Sie darauf, was Sie unter sich im Wasser sehen. In zehn Meter Tiefe genau unter Ihnen liegen Stahltrossen und eine Spiere. Schwimmen Sie zu der Spiere runter, gehen Sie über die Kante und sehen Sie zu, daß Sie den Absturz so schnell wie möglich runterkommen. Wenn Sie in ungefähr dreißig Metern Tiefe sind, schwimmen Sie vom Absturz weg ins offene Meer hinaus. Es kommt Ihnen zwar so vor, als ob Sie geradeaus schwimmen, in Wirklichkeit sinken Sie aber und werden daher in etwa vierzig Metern Tiefe auf das Wrack stoßen. Es ist riesig. Sie können es nicht verfehlen. Na? Wollen Sie immer noch hin?»

So, wie er die Sache erklärt hatte, klang es schwierig, aber nicht unmöglich. «Ja», sagte ich. «Klar.»

«Wie Sie wollen. Aber vergessen Sie nicht, wenn Ihnen was passiert, werde ich bestreiten, Ihnen gesagt zu haben, wo es ist.»

«Ist in Ordnung.»

«Und denken Sie dran, daß Sie da unten einen Tiefenrausch kriegen. Achten Sie also gut auf die Zeit. Ohne Deko können Sie da unten höchstens vier Minuten bleiben. Das Wrack ist so groß, daß Sie es in der kurzen Zeit unmöglich besichtigen können – probieren Sie es erst gar nicht. Achten Sie unbedingt darauf, daß Sie auf dem Rückweg die vorgeschriebenen Deko-Pausen auf den richtigen Austauchstufen einhalten. Die nächste Druck-Kammer ist mehr als acht Flugstunden von Bonaire entfernt. Es empfiehlt sich also, keinen Fehler zu machen. Wenn Sie erst Gliederzittern und Muskelzucken kriegen, haben Sie alle Aussichten abzukratzen. Alles klar?»

«Alles klar», sagte ich.

«Noch was – falls Sie sich entschließen sollten, das zu machen, lassen Sie Ihre Kamera besser zu Hause. Den Druck in fünfzig Metern Tauchtiefe hält Ihre Nikonos nie und nimmer aus.»

«In Ordnung», sagte ich. «Vielen Dank für Ihre Hilfe.»

«Hören Sie auf mich», sagte er, «und bleiben Sie da weg.»

Ich fragte meine Schwester, was sie davon hielt. «Warum nicht», sagte sie. «Klingt interessant.»

Am nächsten Tag fuhren wir hin, um uns die Stelle anzusehen.

Eine Art Industriekai, der ziemlich verfallen wirkte, reichte einige Meter ins Wasser hinein. Es sah ganz so aus, als sei er lange nicht benutzt worden. Am Ufer standen einige altersschwache Häuser, aber keins von ihnen war grün. Noch weiter nordwärts ließ sich eine Raffinerie oder Industrieanlage erkennen, vor der große Schiffe festgemacht hatten. Das Wasser am Kai war schmutzig und keineswegs einladend.

Ich war dafür, die Sache sein zu lassen, und fragte meine Schwester, was sie dazu meine. Sie zuckte mit den Achseln.

«Jetzt sind wir schon mal da.»

«Na schön», sagte ich. «Wir können ja zumindest mal nach dem Mast Ausschau halten.»

Wir legten unsere Ausrüstung an, bliesen unsere Tarierwesten auf und ließen uns nach Norden treiben. Es war ziemlich anstrengend. Ich behielt ständig die Häuser am Ufer im Auge. Als ich mehr oder weniger zu dem Ergebnis gekommen war, der Tauchlehrer müsse mir eine falsche Beschreibung geliefert haben, sah ich mit einemmal etwa sechzig Grad hinter meiner Schulter eine grüne Tür. Man hatte sie vom Kai aus nicht erkennen können.

Ich sah ins Wasser hinab. Unmittelbar unter uns war ein wuchtiger Mast mit einer Spiere zu erkennen, stählerne Trossen hingen von den Korallen herab. Das Ganze sah nicht besonders alt aus.

«Meinst du, das ist es?» fragte ich meine Schwester.

«Jedenfalls paßt es zu seiner Beschreibung.»

Ich fragte sie, was wir ihrer Ansicht nach tun sollten.

«Jetzt sind wir schon so nah dran», sagte sie.

«Na schön, also runter», sagte ich. Wir steckten den Luftautomaten in den Mund, ließen die Luft aus der Tarierweste ab und tauchten zur Spiere hinab.

Aus der Nähe besehen, war die Spiere gewaltig – über zehn Meter lang, dreißig Zentimeter Durchmesser. Sie war kaum bewachsen. Wir schwammen an ihr entlang vom Ufer fort. Dann ging es über den Rand, den Absturz hinab.

Über einen unter Wasser liegenden Steilhang abzutauchen, ist stets ein erregendes Erlebnis. Die Umgebung war häßlich, deutliche Spuren einer Verschmutzung durch die Industrieanlage ließen sich erkennen. Das Wasser war wolkig, die Sicht war schlecht; wir schwammen durch eine trübe Brühe. Viel sah man nicht, und es wurde immer dunkler, je weiter wir hinabkamen. Da wir aber mit unserer Luft sparsam umgehen mußten, hieß es schnell tauchen.

In dreißig Metern Tiefe sah ich zum offenen Meer hinaus und zweifelte wieder an den Anweisungen des Tauchlehrers. Es war ohnehin schwierig, von dem schmutzbedeckten Absturz geradewegs in das wolkige Wasser zu schwimmen. Ich beschloß, tiefer zu gehen, bevor ich hinausschwamm. In fünfunddreißig Metern Tiefe betrug die Sicht kaum einen Meter. Ich wußte nicht mehr so recht, worauf ich meinen Blick konzentrieren sollte. Außer den im Wasser schwebenden Schmutzstoffen gab es nichts zu sehen.

Ich fürchtete, wir würden das Wrack verpassen; in dieser Tiefe konnten wir unmöglich lange danach suchen. Dazu reichte weder die Luft noch die Zeit.

Mit einemmal war mein ganzes Gesichtsfeld mit einer verrosteten Metallfläche ausgefüllt.

Ich sah mich einer riesigen Stahlwand gegenüber.

Das Wrack.

Es war weit größer, als ich angenommen hatte. Wir waren am Rumpfboden, dort, wo der Kiel ansetzt. Die Tiefe betrug fast fünfzig Meter. Ich drückte auf den Knopf meiner Stoppuhr und schwamm zur Seite des Rumpfes empor, der dreiundvierzig Meter hoch lag. Seine Metallfläche war mit wunderbaren Schwämmen und zerbrechlich wirkenden Korallen bedeckt. Sie bildeten ein herrliches Muster, aber in so großer Tiefe war nicht viel Farbe zu sehen; wir bewegten uns in einer schwarzweißen Welt. Wir schwammen über die Rumpfseite zum Oberdeck, das nahezu senkrecht lag. Die Masten ragten am Absturz entlang abwärts. Ich machte einige Aufnahmen, dann waren unsere vier Minuten vorbei. Wir tauchten langsam wieder auf.

Wenn ein Taucher Druckluft einatmet, gelangt Stickstoff in seine Blutbahn. Dabei geschieht zweierlei. Zum einen wirkt er wie ein Betäubungsmittel und ruft den als Stickstoffnarkose bezeichneten Zustand hervor – den berühmten Tiefenrausch. Sie ist nicht nur um so intensiver, je tiefer man taucht, sondern auch gefährlich. Von dieser Narkose befallene Taucher waren schon ums Leben gekommen, weil sie sich unter ihrer Einwirkung den Luftautomaten aus dem Mund genommen hatten, um den Fischen Luft zu geben.

Als zweites ist zu beachten, daß man dem ins Blut gelangten Stickstoff Gelegenheit geben muß, sich beim Wiederaufsteigen allmählich wieder daraus zu lösen. Steigt ein Taucher zu rasch auf, entweicht der Stickstoff in Form von Bläschen aus dem Blut, wie Kohlensäure aus einer Sprudelflasche, wenn der Verschluß geöffnet wird. Diese Bläschen verursachen Muskelzittern und schmerzvolle Krämpfe und können eine Lähmung bewirken, ja, sogar zum Tod führen. Wieviel Zeit ein Taucher für ‹Deko›, also für den Druckausgleich beim Auftauchen, einkalkulieren muß, hängt einerseits davon ab, wie lange er sich unten aufgehalten, und andererseits von der Tiefe, die er erreicht hat.

Zwar hätten meine Schwester und ich nach den amtlichen Tauchtabellen ohne Dekompression auftauchen können, doch spielen auch noch andere Faktoren eine Rolle, wie beispielsweise die Wassertemperatur und der Gesundheitszustand des Tauchers. Es kann sogar fatale Folgen haben, wenn der Tauchanzug die Gliedmaßen einengt und damit die Stickstoffentsättigung des Blutes behindert. Diese Faktoren variieren so stark, daß wir uns entschlossen, auf den jeweiligen Austauchstufen vorsichtshalber doppelt so lange zu verharren – zwei Minuten in sechs Metern, sechs Minuten in drei Metern Tiefe. Wir waren beide in Hochstimmung; wir waren am Wrack gewesen, und es hatte uns nicht das Leben gekostet! Außerdem war das Wrack von bemerkenswerter Schönheit.

Wir beschlossen, erneut zum Wrack hinabzutauchen und es weiter zu erkunden. Bei einer Tauchdauer von vier Minuten für Bug und Heck brauchten wir zwei getrennte Tauchgänge.

Einige Tage später schwammen wir in etwa fünfundfünfzig Metern Tiefe um das Heck des Schiffes herum. Alles ging glatt; wir konnten die stählernen Schaufelräder sehen. Allmählich fühlten wir uns in der Nähe dieses Wracks durchaus wohl. Das Tauchen bereitete uns große Freude. Wir waren sehr mit uns zufrieden und kamen uns vor wie Kinder, die ungestraft immer wieder gegen ein Verbot verstießen. Auch gewöhnten wir uns an die Narkose, an die Trunkenheit, die uns jedesmal überfiel, wenn wir das Wrack erreichten.

Einige Tage später ging es zum drittenmal hinab. Wir wollten uns den Bug näher ansehen. Er lag vierundsechzig Meter tief, und als wir um ihn herum schwammen, spürte ich den Einfluß der Narkose stark. Ich faßte nach meinen Instrumenten und behielt das Finimeter, das den Luftdruck anzeigt, wie auch den Tiefenmesser besonders aufmerksam im Auge, um sicher zu sein, daß alles in Ordnung war. Ich merkte, daß es mir schwerfiel, mich zu konzentrieren. Wir begannen jeden Tauchgang mit einem Luftdruck von gut hundertfünfzig bar, und ich sah immer zu, daß ich den Rückweg spätestens dann antrat, wenn ich noch mindestens siebzig bar in der Flasche hatte, denn der Weg bis zur Wasseroberfläche nahm nahezu elf Minuten in Anspruch.

Das Wrack war wunderschön. Ich hatte reichlich achtzig bar Luft, und da es unser letzter Tauchgang hier hinab sein sollte und uns noch etwas Zeit blieb, wollte ich meiner Schwester in über sechzig Metern Tiefe an einem der Masten einen winzigen zarten Venusfächer, eine Korallenart, zeigen. Wir schwammen hin und sahen sie uns an. Dann war es Zeit zur Rückkehr. Ich sah auf die Uhr. Die vier Minuten waren um; wir hatten uns schon fast fünf Minuten dort unten aufgehalten. Ich warf einen prüfenden Blick auf das Finimeter: vierzig bar, vielleicht etwas darüber.

Panik überfiel mich: das genügte nicht für den Rückweg. Was war geschehen? Wahrscheinlich hatte ich die Anzeige falsch abgelesen.

Ich sah erneut hin. Fünfunddreißig bar.

Jetzt war ich ernsthaft in Schwierigkeiten. Rasch aufsteigen durfte ich nicht: damit würde ich die Gefahr von Muskelkrämpfen nur erhöhen. Die Luft anhalten durfte ich nicht; eine Embolie würde meinen sicheren Tod bedeuten. Die Abstände zwischen Ein- und Ausatmen vergrößern war ebenfalls keine Lösung; die einzige Möglichkeit, den Stickstoff aus seinem Blut herauszubekommen, besteht darin, daß man ihn ausatmet.

Die Wasseroberfläche, die ich nicht sehen konnte, lag fünfundfünfzig Meter über mir. Mit einemmal spürte ich den ganzen Druck des auf mir lastenden Wassers und die Gefahr, in der ich mich befand. Obwohl ich ganz von Wasser umgeben war, trat mir der kalte Schweiß aus. Ich hatte nicht gewußt, daß so etwas möglich war.

Keinesfalls durfte ich noch mehr Zeit vergeuden; je tiefer man ist, desto rascher verbraucht man die Luft. Wir machten uns also rasch an den Aufstieg.

Die Regel schreibt vor, daß man pro Minute etwa zwanzig Meter aufsteigt. Das bedeutete, wir würden bis nach oben drei Minuten brauchen. Nach einer Minute, in vierzig Metern Tiefe, betrug der Luftdruck noch gut zwanzig bar. Nach zwei Minuten, in zwanzig Metern Tiefe, waren es noch dreizehn, dabei lagen die Austauchstufen noch vor mir.

Nie hatte ich mich in einer solch entsetzlichen Lage befunden. Selbstverständlich konnte ich ohne Schwierigkeiten auftauchen – nur würde mir das nichts nützen. Ich hatte mich so lange unten aufgehalten, daß an der Wasseroberfläche Gefahren auf mich lauerten – unter Umständen der Tod. Ich mußte so lange wie möglich unter Wasser bleiben. Aber mit mageren dreizehn bar Luftdruck konnte ich keinesfalls weitere sieben Minuten durchhalten.

Die erste Austauchpause legten wir in sechs Metern Tiefe ein. Meine Schwester, die nie viel Luft verbrauchte, zeigte mir ihr Finimeter, das den Luftvorrat anzeigt. Sie hatte noch siebzig bar, bei mir waren es etwa zehn bis elf. Durch ein Zeichen bedeutete sie mir, daß sie mir etwas von ihrer Luft abgeben könne.

So etwas wird in Tauchkursen geübt, und ich hatte häufig mit anderen Luft getauscht. Jetzt aber war ich in Panik. Ich glaubte nicht, daß ich imstande wäre, mein eigenes Mundstück herauszunehmen, ihres zu nehmen und ihr zurückzugeben. Dazu hatte ich zuviel Angst.

Soviel zum Wert von Tauchstunden.

Ich schüttelte den Kopf. Nein.

Wir stiegen auf drei Meter. Unmittelbar unter der Oberfläche im Wasser hielten wir uns an Hornkorallen fest. Ich versuchte mir klarzumachen, daß wir die Aufenthaltsdauer auf den einzelnen Austauchstufen verdoppelt hatten, was nicht wirklich nötig war. Zwar hatten wir die Zeitgrenze für einen Tauchgang ohne Dekompression überschritten, aber nicht sehr. Vielleicht um eine Minute, vielleicht sogar weniger.

Ich brachte es aber nicht fertig, mir einzureden, mit mir sei alles in

Ordnung – ich konnte an nichts anderes denken als daran, wie dumm ich gewesen war, es so darauf ankommen zu lassen und mich in diese Gefahr zu bringen. Ich dachte an all meine Bekannten, die Muskelzittern oder -krämpfe bekommen hatten und wie es dazu gekommen war. In allen Fällen war die Geschichte dieselbe. Eines Tages nicht richtig aufgepaßt, ein bißchen unbekümmert gewesen, ein bißchen unaufmerksam. Nicht gewissenhaft genug.

Der Blick auf das Finimeter an meinem Handgelenk zeigte mir, daß die Nadel erkennbar zurückging. Das Instrument nahm in meiner Einbildung riesige Ausmaße an, wurde so groß wie eine Untertasse. Ich sah jeden Kratzer darauf, jede noch so kleine Kerbe im Metall. Bei jedem Atemzug sah ich die kaum wahrnehmbaren Ausschläge der Nadel. Noch dreieinhalb bar. Dann zwei. Noch nie hatte ich so wenig Luft gehabt. Ich sah auf der Skala eine winzige Anschlagschraube, die verhindern sollte, daß die Nadel unter Null sank. Ich atmete weiter, schlenkerte mit den Armen, um sicher zu sein, daß nichts das Entweichen des Stickstoffs aus dem Blut behinderte. Mit Hängen und Würgen schaffte ich die für die Dekompression nötigen sechs Minuten Austauchzeit. Die Nadel traf auf die Anschlagschraube.

Ich hatte die Flasche leergeatmet.

Oben fragte mich meine Schwester, ob alles in Ordnung sei, und ich nickte. Doch ich war ziemlich ängstlich. Gewißheit würde ich erst in einigen Stunden haben. Ich kehrte in mein Hotelzimmer zurück und legte mich ein wenig hin. Als ich am Nachmittag erwachte, spürte ich ein sonderbares Ziehen auf meiner Haut. Ein Anzeichen für das Einsetzen von Muskelzittern. Ich lag im Bett und wartete.

Das kitzelnde, ziehende Gefühl wurde stärker. Erst trat es an Armen und Beinen auf, dann auf der Brust. Ich spürte, wie es mir den Hals emporkroch, auf den Kopf überging ... sich meinem Gesicht näherte...

Ich hielt es nicht länger aus. Ich sprang aus dem Bett und ging ins Badezimmer. Ich hatte keinerlei Medikamente dabei, aber irgend etwas wollte ich tun. Irgend etwas.

Ich sah mich im Spiegel an.

Mein Körper war von Kopf bis Fuß mit einem eigentümlichen rosa Ausschlag bedeckt. Es war eine Art Berührungsdermatitis.

Ich legte mich wieder ins Bett und schlief von einer Sekunde zur anderen ein. Von Muskelzittern oder -krämpfen blieb ich verschont.

Die Dermatitis, vermute ich, ließ sich am ehesten auf die Seife des Hotels zurückführen.

In mehr als zehn Jahren des Tauchens hatte ich nie Schwierigkeiten gehabt. Aber während meines Urlaubs in Bonaire war ich zweimal in zwei Wochen in ernsthafte Bedrängnis gekommen.

Damals sah ich diese Zwischenfälle einfach als Pech an, unglückliche Umstände. Über ein Jahr verging, bis ich über das Muster nachzudenken begann, das meinem eigenen Verhalten zugrunde lag. Mehrfach hatte ich immer größere Gefahren auf mich genommen, bis ich schließlich in Not geraten war. Es verblüffte mich, als ich schließlich erkannte, was ich tatsächlich getan hatte. Die Schlußfolgerung war unausweichlich: aus irgendeinem Grund versuchte mich irgendein Teil meines Ichs aus dem Weg zu räumen.

Aber was konnte der Grund dafür sein? Zu jener Zeit konnte ich keine Erklärung dafür finden. Mit meiner Arbeit ging alles gut. Zwar hatte ich eine unglückliche Liebesbeziehung hinter mir, die aber lag Monate zurück und beschäftigte mich nicht länger. Alles in allem fühlte ich mich zufrieden und zukunftsfroh.

Dennoch war das Muster da. Ich hatte mich wiederholt auf waghalsige Unternehmungen eingelassen.

Aber war ich mir dessen wirklich nicht bewußt? Wenn ich zurückdachte, fielen mir einige merkwürdige und für mich nicht typische Sorgen ein, die ich mir während meines Aufenthalts in Bonaire gemacht hatte. Für jemanden, der Urlaub hatte, war ich ungewöhnlich unruhig gewesen. Ich fürchtete, man würde mir in der Füllstation die Tauchflasche mit schlechter Preßluft füllen. Ich hatte Angst, mir im Restaurant eine Lebensmittelvergiftung zu holen. Ich machte mir Sorgen, auf der Straße in einen tödlichen Verkehrsunfall verwickelt zu werden. Dabei waren die Straßen nahezu leer, die Restaurants pieksauber, der Laden für Taucherbedarf wurde einwandfrei geführt. Zu jener Zeit hatte ich mir klargemacht, daß diese Befürchtungen ganz und gar unbegründet waren. Jetzt mußte ich mir eingestehen, daß es sich keineswegs um Befürchtungen gehandelt hatte, sondern um geheime Wünsche.

Doch hatte ich mir diese Puzzlestückchen nicht während meiner Zeit auf Bonaire zurechtgelegt, und erneut flößte mir die ganze Episode große Achtung vor der Macht des Unbewußten ein. Zumindest mir selbst hatte ich gezeigt, daß meine übliche Annahme, ich wüßte auf eine beiläufige und automatische Weise genau, was ich tat, einfach nicht stimmt.

Eine unbewußte Motivation anzuerkennen, verlangte von mir, daß ich mein Verhalten mit Hilfe anderer Verfahren als denen des gewöhnlichen introspektiven Bewußtseins einschätzte, denn was ich damals zu tun meinte, war nahezu mit Sicherheit nicht das, was ich tat. In gewisser Hinsicht mußte ich mir selbst gegenüber einen anderen Blickwinkel gewinnen.

Ein übliches Verfahren besteht darin, daß man sich die Wahrnehmungen Außenstehender anhört – von Bekannten, Kollegen, Therapeuten. Es gibt auch Möglichkeiten, diese Perspektive dadurch zu gewinnen, daß man das Bewußtsein verlagert, zu dem übergeht, was bisweilen der «Zeugenzustand» genannt wird. Solch meditative Zustände interessierten mich zu jener Zeit nicht. Wohl aber stieß ich aus gänzlich anderen Gründen auf ein anderes nützliches Verfahren.

Ab etwa 1974 ging man daran, dem Tagesrhythmus des menschlichen Körpers und seiner Hormone besondere Aufmerksamkeit zu widmen. Es hatte sich gezeigt, daß dieser bei den meisten Menschen nicht genau vierundzwanzig Stunden beträgt, sondern gewöhnlich etwas länger oder kürzer ist, so daß wir manchmal mit dem Tag synchronisiert sind und manchmal nicht.

Außerdem beschäftigte man sich erneut mit den Auswirkungen des Menstruationszyklus auf die Psyche. In England, so hörte man gerüchtweise, werde vor Gericht bereits ein als PMS (Prämenstruales Syndrom) bezeichneter Zustand anerkannt. Ganz allgemein wurde eingeräumt, daß viele Frauen, was Stimmung und Verhalten betrifft, gewissen, im Laufe des Monats schwankenden Einflüssen unterliegen.

Ich begann mich zu fragen, ob es unter Umständen auch eine Art männlichen «Menstruationszyklus» oder etwas Vergleichbares gab. Immerhin bestehen körperliche Entsprechungen zwischen den Geschlechtern – nicht nur zwischen dem Skrotum des Mannes und den Schamlippen der Frau, sondern auch zwischen Hoden und

Eierstöcken, Penis und Klitoris und so weiter. Mir kam es unwahrscheinlich vor, daß es ausschließlich bei Frauen einen komplexen hormonalen Monatszyklus geben sollte, beim Mann hingegen keine Spur davon.

Solche Zusammenhänge herauszubekommen war Aufgabe der Endokrinologen, aber mir war es nicht um die Hormone zu tun. Ich hätte gern gewußt, ob es in meinem eigenen Verhalten Muster gab, derer ich mir nicht bewußt war. Wie konnte man sich über sie klar werden?

Ich fragte meinen Freund Arnold Mandell, einen Neurobiologen, auf welche Weise man subjektive Stimmungen objektiv aufzeichnen könne. Denn natürlich besteht die Gefahr, daß man in seinen eigenen Angaben unabsichtlich ein Muster erzeugt. Arnold bezeichnete es als beste Möglichkeit, am Rande eines neutralen Tagebuchblattes täglich eine Markierung anzubringen, und zwar so, daß die beste Stimmung oben und die schlechteste unten verzeichnet wurde. Das tat ich.

Nachdem ich damit begonnen hatte, regelmäßig eine solche Markierung im Tagebuch anzubringen, zeichnete ich auch einzelne Gedanken für den jeweiligen Tag auf. Bis dahin war mir das Führen eines Tagebuchs stets als mühseliges Relikt aus dem achtzehnten Jahrhundert erschienen. Da ich es aber aus anderen Gründen tat als beispielsweise der berühmte Tagebuchschreiber Benjamin Franklin, schien es mir in Ordnung.

Nach einigen Wochen ging ich erstaunt meine Notizen durch. Tag für Tag hatte ich kritische Äußerungen von mir gegeben! Ein negativer Kommentar nach dem anderen, über Gott und die Welt.

Zwar hielt ich mich eigentlich nicht für einen jener Menschen, die alles und jedes bekritteln, schien aber gleichwohl ein solcher Zeitgenosse zu sein. Also begann ich, noch sorgfältiger meinen Gemütszustand von Tag zu Tag zu beobachten. Es war tatsächlich so, daß ich häufig kurz angebunden war und Urteile über andere abgab, obwohl das gar nicht meine Absicht war. Daher beschloß ich, mein Verhalten im Auge zu behalten und zu ändern. Dies Vorhaben erwies sich als überraschend schwierig.

Obwohl ich es später immer wieder versucht habe, vermochte ich nie einen Monatszyklus meiner Stimmungsschwankungen zu erkennen. In späteren Jahren schrieb ich ein Computerprogramm, das meine Reaktionen auf einen leeren Bildschirm übertrug. Ich vermute nach wie vor, daß es ein solches Muster gibt. Unter Umständen ist es kein Monats-, sondern ein Zweimonatszyklus, umfaßt sieben oder acht Wochen. Aber ihn nachzuweisen ist mir nie gelungen.

Wohl aber habe ich nachgewiesen, daß Tagebuchschreiben von großem Wert ist, und seither führe ich ein Tagebuch. Ich habe Franklins Autobiographie noch einmal gelesen und gemerkt, daß er solche Aufzeichnungen aus genau denselben Gründen machte wie ich. Dieser überaus praktische und gewissenhaft beobachtende Mensch war zu dem Ergebnis gekommen, daß es nur eine Möglichkeit gab, festzustellen, was er wirklich tat. Sie hieß: alles genauestens notieren.

PAHANG

Ich fing an, mich für den Sultan von Pahang zu interessieren, den Herrscher über den größten und reichsten Staat in Malaysia. Ich wollte über ihn schreiben und hatte gehört, daß die zu seinem Geburtstag veranstalteten Feierlichkeiten sehenswert seien – Pferderennen auf dem Palastgelände, Eingeborenentänze und eine rituelle Zeremonie, bei der die Untertanen Fische im Fluß vergiften, sie fangen und für ein spezielles Mahl zubereiten. All das klang sehr exotisch. Vom malaysischen Konsulat in Los Angeles erfuhr ich, daß der Sultan seinen Geburtstag Ende Mai feierte, und so flog ich eine Woche vorher nach Singapur. Ich hoffte, dort jemanden zu finden, der mir als Journalisten einen Zugang zu der Feier verschaffen könnte. Sofern das nicht klappte, war ich bereit, mich einfach ohne Einladung einzuschleusen.

Der Gedanke, beim Geburtstag des Sultans von Pahang als ungeladener Gast aufzutauchen, gefiel mir. Ich erzählte allen Bekannten von meinen tollkühnen Plänen.

Leider erfuhr ich bei meiner Ankunft in Singapur, daß der Sultan nicht im Mai Geburtstag hatte. Das sei der *vorige* Sultan gewesen, der aber schon vor einigen Jahren das Zeitliche gesegnet habe. Sein

Sohn, der derzeitige Sultan von Pahang, feiere seinen Geburtstag am 22. Oktober. Ich war fünf Monate zu früh gekommen. Ich kam mir wie ein Idiot vor.

Die Frage erhob sich, was ich tun sollte, da ich nun schon in Singapur war. Ich beschloß, mir die Provinz Pahang näher anzusehen, und erfuhr, daß es dort inmitten des Taman Negara genannten Dschungels einen Nationalpark gebe. Die malaysische Regierung brauchte eine Woche zur Bearbeitung meines Antrags für den Besuch des Nationalparks, weil sie in dieser Region gegen die kommunistischen Guerillas kämpfte.

Mein Freund Don, bei dem ich wohnte, erläuterte mir, was es mit diesen Guerillakämpfen auf sich hatte. Zwar war er von Beruf Spezialist für internationales Recht, hatte sich aber während des Krieges in Vietnam aufgehalten. «Wenn du in einen Hinterhalt gerätst», sagte er jetzt, «weißt du ja, was du zu tun hast.»

Nein, sagte ich, das wisse ich eigentlich nicht.

«Wenn du mit deinem Fahrzeug in einen Hinterhalt gerätst, mußt du unbedingt auf das Feuer zulaufen.»

«Tatsächlich?» Das wollte mir nicht einleuchten.

«Ja», sagte Don. «Sieh zu, daß du aus dem Wagen rauskommst, und renn auf das Feuer zu.»

«Warum?»

«Weil sie zwei Leute auf eine Seite der Straße stellen, die das Feuer eröffnen. Alle anderen sind auf der gegenüberliegenden Straßenseite, weil sie damit rechnen, daß du auf der Seite aussteigst. Dabei bietest du ein gutes Ziel, und sie können losballern.»

Ich nahm mir vor, mir zu merken: in Richtung auf das Feuer laufen.

«Wahrscheinlich kommt es nicht soweit, aber es ist gut, so was zu wissen», sagte Don. «Hast du deinen Kompaß?»

«Nein, ich will mir einen Führer nehmen», antwortete ich.

«Großer Gott, geh bloß nie ohne Kompaß in den Dschungel», sagte Don. «Und besorg dir unbedingt 'ne anständige Karte. Es wird zwar nicht einfach sein, aber versuch in Kuala Lumpur eine zu kriegen.»

Ich versprach, mich darum zu kümmern.

«Nun, und was weißt du über Blutegel?»

Don wußte ungeheuer viel. Er instruierte mich bis spät in die

Nacht. Ich kaufte einen Kompaß, eine Karte und flog nach Kuala Lumpur, um mich mit meinem Führer zu treffen. Er war ein junger chinesischer Biologe mit Namen Dennis Yong. Wir brachen noch am selben Tag auf.

Und so kommt man nach Taman Negara: Man steigt in Kuala Lumpur, Malaysias moderner Hauptstadt, in einen Geländewagen und fährt los. Während der ersten drei Stunden geht es auf einer zweispurigen befestigten Fernstraße durch gebirgiges Dschungelgebiet. Dann fährt man auf einer einspurigen befestigten Straße, schließlich auf einer unbefestigten und später auf einer Schlammpiste. Sie endet nach einem halben Tag an einer Stelle namens Kuala Tembeling an einem Flußlauf. Kuala bedeutet «Flußmündung», und die meisten Dörfer liegen dort, wo Wasserläufe aufeinandertreffen.

In Kuala Tembeling steigt man in ein langes, schmales Boot um, das von einem Außenbordmotor angetrieben wird, und fährt den Tembeling flußaufwärts. Der Fluß ist ganz ruhig; man kommt an kleinen Dörfern vorbei, zwischen denen ausgedehnte Dschungelareale liegen. Allmählich werden die Dörfer weniger und der Dschungel mehr. Schließlich gibt es keine Dörfer mehr, nur noch Dschungel.

Nach drei Stunden auf dem Fluß legt das Boot an einem Ort namens Kuala Tahan an. Ich stehe vor verschiedenen einfachen Betonbauten – ein Restaurant mit Flachdach und vier oder fünf kleine Anbauten für die Gäste. Das ist Taman Negara, einst privates Refugium des Sultans von Pahang, jetzt dem Volk als Park überlassen.

Ich war noch nie zuvor im Dschungel und ganz bestimmt noch nie so weit von der Zivilisation entfernt. Der Ort ist recht behaglich, und Dennis wirkt zuverlässig. Doch ist alles, was ich kenne, so fern. Ich würde zwar nie zugeben, daß ich Angst habe, aber es ist wohl so.

Wir gehen sogleich zum nächstgelegenen Beobachtungspunkt, nicht weit von den Unterkünften. Dennis sagt mir, daß es in Taman Negara zwar Tiger, Nashörner und Elefanten gebe, die Tiere aber scheu seien und sich nur selten zeigten. Wir dürften keinerlei Geräusch machen, oder sie würden nicht kommen.

Auf dem Dschungelpfad bedeutet er mir durch Gesten, daß ich schweigen soll. Wir ersteigen einige hölzerne Stufen und sitzen in der Beobachtungshütte, die ein Stück über dem Erdboden liegt.

Durch schmale Fenster kann man auf die Lichtung hinausblicken. Um eine Salzlecke herum sind im Schlamm Huf- und Fußabdrücke zahlreicher Tiere zu sehen.

Wir warten, reden nicht.

Ich mag es, wenn ich nicht reden muß. Ich habe Jahre mit Schreiben verbracht, nie geredet. Schweigen stört mich nicht.

Bald trifft ein englisches Paar ein. Sie setzen sich zu uns in die Beobachtungshütte, aber sie reden. Ich lege einen Finger an die Lippen. Sie flüstern «Ach, Entschuldigung» und sagen eine halbe Minute lang nichts. Dann beginnen sie zu wispern. Sie plauschen einfach drauflos und reden über unwichtige Dinge. Ich mische mich nicht gern in die Angelegenheiten anderer Leute ein, aber ich bitte sie, doch still zu sein. Dennis erklärt ihnen, daß keine Tiere kommen werden, wenn es in der Hütte nicht völlig ruhig ist. Sie sagen verärgert, dort draußen seien sowieso keine Tiere. Eine Weile sind sie still. Dann trommelt einer von ihnen mit den Fingern auf der Bank herum und der andere beginnt, an der Verkleidung der Hütte herumzuzupfen. Dann rauchen sie. Bald flüstern sie wieder miteinander, schließlich sprechen sie leise und dann in normaler Lautstärke.

Als ich ihnen einen Blick zuwerfe, schweigen sie erneut, und der Kreislauf beginnt von vorn. Mir wird klar, daß diese Menschen nicht still sein können. Sie sind unfähig zu schweigen. Sie wollen Tiere sehen, sind aber nicht imstande, lange genug still zu sein, daß die Tiere kommen können. Es verblüfft mich, ihnen zuzusehen: sie scheinen an einer Art verbaler Inkontinenz zu leiden.

Schließlich gehen sie. Dennis und ich bleiben eine weitere Stunde allein in der Hütte. Tiere zeigen sich keine.

□□□

Nach dem Abendessen kehren wir zu der Hütte zurück. Die Nacht ist geradezu theatralisch, denn am bedeckten Himmel erglühen hin und wieder stumme Ausbrüche von Hitzegewittern und werfen zuckendes bläuliches Licht auf das grasbewachsene Stück Land vor unseren Augen.

Der Dschungel um uns herum ist voller Geräusche. Grillen zirpen schrill, Frösche quaken und Kröten lärmen. Eine Eule stößt eine

Art abgehacktes Geheul aus, dem von der anderen Seite des Tales her geantwortet wird.

Gegen zehn lassen die Geräusche nach. Um Mitternacht ist alles still. Keine Tiere kommen. Wir gehen schlafen.

Ich habe das Häuschen mit der Nummer fünf. Dennis sagt mir, der Sultan habe es benutzt, als er noch in Amt und Würden war. Ich denke: Immerhin etwas. Ich schlafe im Häuschen des Sultans.

Am nächsten Tag ziehen wir zu Fuß in den Dschungel. Die Wege im Nationalpark sind über drei Meter breit. Dennis erklärt, daß sie so breit gehalten werden müssen, weil sie so rasch wieder zuwachsen. Wir kommen an blühendem rotem Ingwer vorbei, an dornigem Rotang. Von Zeit zu Zeit stoßen wir auf kleine Orchideen, meist aber ist die Umgebung von eintönigem Grün, sehr dunkel und heiß.

Dennis hat mir versprochen, daß ich Gibbons sehen werde. Wir hören sie im Baumdach über uns schreien. Es ist ein unverkennbares Geräusch und klingt so ähnlich wie «Kau-wau». Ich höre sie auch durch die Äste brechen, sehe sie aber nicht wirklich. Schließlich sehe ich im Fernglas vier schwarze Gestalten, die sich in großer Ferne vor dem Himmel abzeichnen. Sie schütteln die Äste und sind fort. Das waren meine Gibbons; besser bekomme ich sie nicht zu sehen.

Beim Versuch, sie deutlicher zu sichten, sind wir einige Meter vom Wege abgekommen. Wie ich mich auch drehe – mich umgeben Farne und Pflanzen, die ebenso hoch sind wie ich selbst. Ich kann in jeder Richtung nur knapp einen Meter weit sehen, weiß nicht mehr, wo ich bin.

Lachend führt mich Dennis zum Weg zurück.

Während wir weitergehen, berichtet er mir, daß die *Orang asli*, die Eingeborenen des malayischen Waldes, wochenlang durch den Dschungel ziehen können, ohne sich zu verirren. Er war mit ihnen auf langen Expeditionen, mehrere Hunderte Kilometer zu Fuß, und Wochen später suchten die Eingeborenen auf dem Rückweg jeden Abend dieselben Lagerplätze auf wie auf dem Hinweg.

Ich frage Dennis, wie er sich diese Fähigkeit erkläre. Er schüttelt den Kopf. Er weiß es nicht. Er ist lange und oft im Dschungel gewesen, kann ihn aber nicht ergründen, sagt er. Man müsse hier aufgewachsen sein, erklärt er. Man müsse darin aufwachsen, so wie wir uns in der Stadt auskennen, in der wir aufwachsen.

Er weist mich auf winzige Gefahren hin – auf einen kleinen Skorpion in einem verfaulenden Baum, Blutegel, die sich wie dünne Würmer über den Pfad winden. Dennis selbst geht barfuß. Für den ersten einer Gruppe bedeuten die Blutegel keine Gefahr, wie er sagt, sie reagieren auf Schwingungen. Wenn der erste vorüber ist, machen sie sich an den zweiten und dritten. Ich senke den Blick und sehe, wie einer von ihnen in meine Schuhe kriecht. Dennis sagt, ich solle mir keine Sorgen machen; wenn er später noch da sei, werde er mir zeigen, was ich tun soll.

Unter den Bäumen ist die Luft feuchtheiß. Ich bin völlig durchgeschwitzt. Von Zeit zu Zeit öffnet sich der Blick auf ein freieres Stück Dschungel. Alle Bäume sind dünn mit Farben bestäubt – Rot, Gelb, Weiß und Rosa. Dennis erklärt, es liege an der Trockenzeit und daran, daß die Bäume blühen. Das sei der Grund für diese staubigen Farben. Ich sehe Tausende winziger Blüten.

Wir gehen eine Stunde lang und erreichen schließlich den Aussichtspunkt, zu dem wir wollten. Ich bin atemlos, entsetzlich müde und froh, mich ausruhen zu dürfen. Wir bleiben stehen, und ich erfahre in dem Moment, was es mit all den blühenden Bäumen auf sich hat.

Bienen.

Dieser ganze riesige Dschungel steht in Blüte, und Tausende und Abertausende von Bienen halten sich in ihm auf. Während des Gehens sind sie mir nicht aufgefallen, aber jetzt, als ich stehe, lassen sie sich auf mir nieder. Sie kriechen mir, während ich fotografiere, über Kamera und Hände. Ich sehe nach unten und erkenne, daß sie meine Arme bedecken und über mein T-Shirt wandern.

Dennis erklärt, mein salziger Schweiß locke die Tiere an. Ich müsse ruhig bleiben und dürfe nur langsame Bewegungen machen, dann würden sie nicht stechen. Mehr wollte ich nicht hören. Ich entspanne mich sofort. Ohnehin habe ich keine besondere Angst vor Bienen und reagiere auch nicht allergisch auf ihr Gift. Ich spüre, wie die Bienen mir über Wangen und Stirn laufen. Ich spüre sie in meinen Ohren und höre das Summen der zahllosen Flügel. Sie krabbeln über mein Brillengestell, laufen über die Augenlider. Ich fühle sie in Klumpen auf meinen Lippen. Ich bin nicht mehr entspannt.

Am liebsten möchte ich schreien.

Mit aller Gewalt nehme ich mich zusammen. Die Bienen sitzen

jetzt in so dichten Schwärmen auf meinen Brillengläsern, daß ich Dennis kaum sehen kann. Auch auf ihm tummeln sich zahllose Bienen, aber er lächelt mir zu.

«Sie sind ihnen lieber», sagt er. «Schön salzig.»

Ich versuche, meinen Atem unter Kontrolle zu halten. Ich halte mich wacker, habe aber den Eindruck, daß ich jeden Augenblick anfangen könnte zu schreien.

«Stören die Bienen Sie?» fragt Dennis.

«Ein bißchen», sagt ich.

«In dem Fall», sagt Dennis, «können wir weitergehen. Dann fliegen sie gleich weg.» Aber dazu bin ich jetzt zu müde. Ich muß die Bienen noch einige Augenblicke ertragen. Während sie über mich laufen, in mein Hemd hinein, zu meinen Achselhöhlen empor, während ich sie überall spüre, auf dem Nacken und zwischen den Fingern, wird mir klar, daß ich darauf warte, gestochen zu werden. Wenn ich wirklich davon überzeugt wäre, daß sie nicht stechen, könnte ich mich entspannen.

«Die tun Ihnen nichts», sagt Dennis. «Die wollen Sie nur belecken. Es sind sehr freundliche Tiere.»

Es scheint mir unvorstellbar, daß sie mich nicht stechen werden. Ich bin jetzt über und über mit Bienen bedeckt; es sind so viele, daß ich ihr Gewicht auf dem Körper spüre.

Immer noch bin ich nicht gestochen worden. Beim Blick nach unten sehe ich, wie sich meine mit Bienen bedeckte Brust hebt und senkt. Ich möchte keine Bilder mehr machen – ich kann ohnehin durch all die Bienen hindurch nicht mehr gut genug sehen.

Schließlich fragt Dennis: «Bereit zum Rückweg?»

«Ja», sage ich.

Wir machen uns langsam auf den Weg. Die Bienen verschwinden, eine nach der anderen. Nach wenigen Augenblicken bin ich wieder auf dem Dschungelpfad, von Bienen befreit.

Keine einzige hat mich gestochen.

An jenem Nachmittag treffe ich einige *Orang asli* vom Stamm der Semai. Es sind kleinwüchsige, negroide Männer mit gelocktem Haar; sie wirken ganz anders als Malaien und Chinesen, die den größten Teil der Bevölkerung ausmachen. Wegen meiner Größe finden sie mich lustig.

Einer scheint Nägel in einem Topf zu kochen. Ich erfahre, daß er Gift herstellt. Die Semai nehmen den Saft des Ipoh-Baums und kochen ihn zusammen mit Nägeln und Schlangenköpfen. Allerdings sind die Schlangenköpfe, wie Dennis sagt, für die Wirkung nicht nötig, sie würden lediglich genommen, weil das Ritual es so verlange. Das dabei entstehende Gift ruft, auf einen Blasrohrpfeil gestrichen, bei Tieren bis Affengröße Krämpfe und den Tod hervor.

Ein anderer verrührt in einer Bratpfanne chinesischen Tabak mit Zucker. So rauchen ihn die Semai am liebsten.

Die Männer wirken unruhig. Dennis sagt, sie fühlten sich stets verfolgt, weil die Malaien sie noch bis weit ins zwanzigste Jahrhundert hinein zum Vergnügen abschossen. Es gibt Geschichten, wie malaiische Sultane von den Motorhauben ihrer Bentleys aus auf die kleinen Waldmenschen im Dschungel feuerten.

Dennis erklärt, daß die Schamanen bei den Eingeborenen große Achtung genössen und auch prominente Malaien sie bei Erkrankungen häufig zu Rate zögen. Die Semai nennen ihre Schamanen *berbalak*, was soviel bedeutet wie ‹einer, der in Trance geraten kann›. Da die Semai glauben, jeder Angehörige ihres Stammes könne in Trance geraten, ist jeder bis zu einem gewissen Maße Schamane. Manchen aber gelingt die Trance besonders gut, und daher werden sie geachtete Schamanen, die gegen böse Geister kämpfen und Menschen heilen. Wenn man von einem Tiger träumt, kann das heißen, daß man zu einem *berbalak* berufen ist. Die Malaien glauben, die mächtigsten Schamanen seien Tigermenschen, so etwas Ähnliches wie Werwölfe.

Die Semai geben viel auf Träume. Selbst die Träume kleiner Kinder werden ausführlich besprochen, man gibt Ratschläge und Ermutigungen für spätere Träume. Die Semai sind davon überzeugt, ihre Träume beeinflussen zu können.

In jener Nacht schlafen wir in einer knapp einen Kilometer von Kuala Tahan entfernten Beobachtungshütte. Bestimmt werde ich heute nacht einen Tiger sehen. Ich spüre es. Ich bleibe stundenlang wach, sehe zu, wie die Blitze des Wärmegewitters über die Landschaft zucken. Ich bekomme keinen einzigen Tiger zu Gesicht.

Am Morgen erwache ich mit steifen Gliedern und frierend in der Beobachtungshütte. Dennis ist fort. Ich sehe aus dem Fenster zur Salzlecke hinüber. Er untersucht dort tiefgebückt Abdrücke im Schlamm.

«Die Fährte eines Wildschweins», sagt er. «Wir haben es verpaßt.»

‹Wildschwein› klingt nicht besonders aufregend. Insgeheim bin ich froh, daß ich geschlafen habe, statt die ganze Nacht auf den Anblick eines Wildschweins zu warten. «Keine Tiger?»

«Nicht heute nacht.»

Mit einem Boot fahren wir Stromschnellen hinauf nach Kuala Trengganu, wo wir in der Nähe des Flußufers einen Waran sehen. Ein Hornrabe fliegt über uns hinweg. Dann entdecken wir im feuchten Boden des Flußufers Tigerspuren. Alle anderen sind davon begeistert, aber ich bin eigentlich noch enttäuschter als zuvor: ich sehe Spuren von allem möglichen, das aber, was ich sehen will, bekomme ich nicht zu sehen.

Von Kuala Trengganu wollen wir einen kleineren Fluß hinauffahren, aber die Bootsleute sagen, daß die Wasserläufe so spät in der Trockenzeit zuwenig Wasser führen.

Immer noch verärgert, daß ich noch keinen Tiger gesehen habe, sage ich, wir könnten es versuchen.

Sie erklären, es sei nicht möglich, man werde nicht sehr weit kommen.

Ich bestehe darauf, daß wir es versuchen.

Achselzuckend lächeln sie, und wir machen uns auf den Weg flußaufwärts. Schon bald stoßen wir auf eine trockengefallene Stromschnelle. Das Boot muß um sie herumgetragen werden. Wir steigen aus, zerren es ein Stück flußaufwärts, steigen wieder ein, schurren über den felsigen Boden, schaffen wieder etwa hundert Meter, bis zur nächsten trockenen Stromschnelle. Wieder steigen wir aus und tragen das Boot. Das tun wir noch dreimal, bis ich erkläre, es habe keinen Sinn weiterzumachen, der Wasserstand sei zu niedrig.

Achselzuckend lächeln die Männer. Wir kehren um. Keiner sagt etwas.

An jenem Abend gehe ich nach dem Essen mit Dennis durch die Dunkelheit zurück zu meinem Häuschen. Er leuchtet mit der Taschenlampe den Wald ab und sagt: «Mat ist da.»

«Mat?» Ein Paar leuchtende Augen, ein dunkler Umriß am Boden.

«Ja. Und eins ihrer Kinder.»

Ich sehe ein zweites Augenpaar.

Dennis geht auf den Wald zu. Ich folge ihm. Bald sehe ich, daß Mat eine trächtige Hirschkuh ist, die seelenruhig am Boden liegt. Während wir uns nähern, erhebt sie sich. Sie ist einen Meter achtzig hoch, ein schönes Tier, und sie bleibt auch dann noch reglos stehen, als wir uns ihr weiter nähern.

Dennis erklärt, daß «Mat» das malaiische Wort für «Freitag» ist und diese Hirschkuh an einem Freitag vor vielen Jahren aus dem Dschungel in die Siedlung kam. Die Dorfbewohner fütterten sie, sie blieb, und als sie Nachwuchs bekam, blieb der zum Teil auch.

«Wegen Mat haben die Leute hier keine Ziegen», sagt Dennis. «In jedem Dorf halten die Malaien Ziegen, um sie zu schlachten, aber es hat sich gezeigt, daß Mat Ziegen nicht mag und sie zu Tode trampelt.»

«Und was haben die Dorfbewohner getan?»

«Die Ziegenhaltung aufgegeben.»

«Aber wenn sie doch gern welche haben…»

«Sicher. Aber seit Mat da ist, haben sie eben keine mehr.»

Schließlich verdichtete sich die Geschichte mit Mat und den Dorfbewohnern für mich zu einem Symbol der Reise. Die Dorfbewohner waren einer Hirschkuh begegnet. Sie blieb, und deswegen aßen sie ihre Lieblingsnahrung nicht mehr. Das ist alles.

Ich konnte mir ein Dutzend andere Möglichkeiten denken. Ich hätte eine Einfriedigung für die Ziegen gebaut. Ich hätte versucht, Mat dazu zu bringen, daß sie Ziegen um sich duldete. Ich hätte Ziegen in einem Dorf in der Nähe aufgezogen und erst im letzten Augenblick hergebracht. Ich hätte mir eine Tiefkühltruhe zugelegt und tiefgefrorenes Ziegenfleisch gegessen. Vielleicht hätte ich dafür gesorgt, daß Mat nicht mehr kam.

Die Dorfbewohner nahmen jedoch die Lage einfach hin und führten ihr Leben weiter.

Allmählich begriff ich, wie häufig sich diese Lektion im Lauf meiner Reise wiederholt hatte.

Da waren die Bienen – ich mochte sie nicht, mußte sie aber gewähren lassen. Ich konnte nichts daran ändern.

Das Niedrigwasser – ich wollte stromaufwärts, aber ich konnte nichts daran ändern.

Die Tiere, die sich nicht zeigten – ich ärgerte mich, daß ich sie nicht zu sehen bekam, aber ich konnte nichts daran ändern.

Ich konnte es weder regnen lassen, noch den Wasserstand der Flüsse erhöhen, konnte weder dem Dschungel das Blühen verbieten, noch wilde Tiere auftreten lassen. All diese Dinge unterlagen meinem Einfluß nicht, ich war gezwungen, mich damit abzufinden. Ebenso, wie ich mich mit den unaufhörlich redenden Engländern hatte abfinden müssen.

Mir wurde allmählich klar, daß meine Schwierigkeiten weit größer waren als ihre, obwohl sie unaufhörlich redeten. Ich hatte das Bedürfnis, über alles um mich herum zu bestimmen – einschließlich der beiden Engländer. Ich konnte nichts einfach in Ruhe lassen. Ich war ein von der Technik geprägter Stadtmensch und gewohnt, Dinge zu bewegen. Zahllose Male hatte man mir eingetrichtert, ich müsse selbst tätig werden, Passivität sei schändlich. Ich hatte mein ganzes Leben in Städten zugebracht, mich Schulter an Schulter mit anderen sich abrackernden Menschen abgerackert. Jeder rackerte sich ab, damit dabei etwas herauskam: eine Ehe, eine Anstellung, eine Gehaltserhöhung, ein Kind, ein neues Auto, ein neues Leben, Anerkennung, ein neuer Status, das nächste Ereignis.

Über dreißig Jahre lang hatte ich mit dieser hektischen tätigen Lebensweise verbracht, und als ich schließlich dem Druck nachzugeben begann, nachdem ich versucht hatte, an meinem Leben, meiner Arbeit und den Menschen um mich herum alles zu bestimmen, geriet ich irgendwie in den Dschungel Malaysias und erlebte eine Woche voller Ereignisse, über die ich in keiner Weise bestimmen konnte, und ich würde es auch nie können. Sie zeigten mir meine Grenzen auf, und das waren im großen Plan der Dinge recht enge Grenzen. Nichts und niemand verlangte, daß ich den Versuch unternahm, über so vieles zu bestimmen, wie ich das tat – selbst wenn ich es könnte.

Nach meiner Heimkehr fiel mir auf, daß ich mich sehr viel wohler fühlte. Zwar war ich nicht besonders ausgeruht, aber ich fühlte mich buchstäblich besser. Eine ganze Weile war mir der Grund dafür nicht klar.

In Los Angeles wußte niemand, wo Malaysia lag, und immer wieder fragte man mich, was mich veranlaßt habe, dorthin zu reisen. Ich erzählte allen die Geschichte von der Hirschkuh namens Mat und wie die Dorfbewohner aufgehört hatten, Fleisch zu essen. Sie wurde nicht als spannend empfunden, niemand reagierte darauf, und ich fragte mich, warum ich sie immer wieder erzählte. «Was ist das nur mit der Hirschkuh und den Dorfbewohnern?» fragte ich mich. Und eines Tages kam ich dahinter.

□□□

Zehn Jahre nach meiner Reise nach Pahang schrieb ich diese Notizen in Los Angeles nieder. Dann zog ich mich um und ging zu einem Fitneßkurs.

Dort fiel mir auf, daß ich dasselbe blaue T-Shirt anhatte, das ich zehn Jahre zuvor im Dschungel getragen hatte, als sich die Bienen auf mich gesetzt hatten. Ich hatte es immer sehr gern gehabt, und es war schon sehr verblaßt. Es war eins meiner ältesten Kleidungsstücke.

Als ich nach Hause zurückkehrte, warf ich es fort.

Genug ist genug. Einer der Mechanismen, mit denen ich mich selbst steuere, besteht darin, daß ich zu lange an den Dingen hänge. In meinem Leben ist die Vergangenheit zu sehr gegenwärtig. Also warf ich das T-Shirt fort. Ich hatte den Eindruck, daß das ein Schritt in die richtige Richtung war.

EIN ELEFANT GREIFT AN

Im Jahre 1975 besuchte ich zusammen mit Loren den Besitz der Familie Craig, ein hundertfünfzig Quadratkilometer großes Gelände im Norden Kenias. Loren und ich hatten uns ein Jahr zuvor kennengelernt und liebten einander leidenschaftlich. Da schien eine Afrikareise genau das Richtige. Auf das Wildreservat der Craigs waren wir verfallen, weil ich mich frei bewegen wollte, was in den Nationalparks unter Regierungsverwaltung nicht gestattet ist.

Am College hatte ich unter anderem Anthropologie studiert und hoffte jetzt, nach so vielen Jahren der theoretischen Arbeit etwas über die Lebensumstände frühzeitlicher Jäger in der afrikanischen Savanne aus eigener Anschauung zu erfahren. Ich stellte mir vor, wie ich mich nah an Wildtiere heranschlich, ihr Verhalten genauestens beobachtete, ihnen dabei gefährlich nahe kam, so nahe, daß ich die Muskeln unter ihrer Haut zittern sah. Dann würden ohne ersichtlichen Grund – vielleicht durch meine eigene Schuld, weil unter meinem Fuß ein trockener Zweig geknackt hatte – die Tiere ängstlich herumfahren und in wilder Flucht davonstieben.

Ganz so wurde es nicht.

Sobald mich die Tiere aus einem halben Kilometer Entfernung sahen, gingen sie davon. Wenn ich ihnen nachschlich, zogen sie einfach ein Stückchen weiter. Nie gelang es mir, näher als rund vierhundert Meter an sie heranzukommen. Nie sah ich sie beunruhigt, geschweige denn verängstigt. Ihre Köpfe zuckten nie, statt dessen sahen sie von Zeit zu Zeit gelangweilt zu mir herüber, nahmen meine laienhaften Versuche, mich ihnen zu nähern, zur Kenntnis und machten sich davon.

William Craig, der mich begleitete, erklärte mir, daß sich jedes Tier in einer für seine Art typischen Entfernung vom Menschen hält. Es sei eine Art unsichtbarer Zaun; überschreite man die Grenze, ziehe sich das Tier zurück, bis der Fluchtabstand wieder hergestellt sei, der bei den meisten Tieren einige hundert Meter betrage.

Wir verbrachten den Tag damit, zwischen Zebras, Giraffen und Antilopen über die offenen Flächen zu ziehen. Der schneebedeckte Gipfel des Mount Kenya leuchtete im Hintergrund. Zwar war die ganze Sache ziemlich spannend, aber auch enttäuschend.

Offensichtlich war es weit schwieriger, eine Giraffe zu beschleichen, als ich es mir gedacht und in Filmen über Pygmäen gesehen hatte. Giraffen sind nicht so dumm, wie sie uns vorkommen mögen. Sie sehen ausgezeichnet und befinden sich gewöhnlich in der Gesellschaft von Zebras – Tieren mit einem ausgeprägten Geruchssinn.

Ich begriff allmählich, daß das Beschleichen von Tieren eine Fertigkeit ist wie beispielsweise der Stabhochsprung – es sieht leicht aus, wenn andere es tun, aber sobald man es selbst versucht, erlebt man eine Überraschung. Nichts gelang mir an dem Tag so, wie ich es erwartet hatte. Es zeigte sich, daß Zebras wie Pferde galoppieren, aber wie Hunde bellen: an diesem Bellen erkennt man sie. Besonders viele verschiedene Tiere bekamen wir nicht zu sehen. Weder Elefanten noch Löwen – überhaupt keine wirklich aufregenden Tiere.

Die Tiere ließen sich von mir nicht irritieren. Es war zum Verrücktwerden: ich jagte ihnen keine Angst ein, ich langweilte sie einfach. Ich fühlte mich gekränkt. Alles, was an jenem Tag geschah, nahm ich persönlich, und die Tiere wirkten in ihrer natürlichen Umgebung so zurückhaltend und völlig uninteressiert an mir.

In dieser Stimmung kehrte ich am Abend ins Lager von Lamu Downs zurück, um meine erste Nacht unter den Sternen Afrikas zu verbringen. Ich hatte noch nie zuvor in einem Lager genächtigt, außer einmal als Elfjähriger in einem Pfadfinderlager auf Long Island. Das hatte mit Afrika nicht viel zu tun gehabt.

Die Craigs zeigten Loren und mir, wie alles funktionierte: die Feldbetten, die zischenden Gaslampen, die Freiluftdusche hinten am Zelt, und so weiter. Es war alles recht luxuriös, und ich fühlte mich äußerst behaglich.

Dann gab es Abendessen im Speisezelt, und die Craigs berichteten von ihrer Viehzucht und den Wildtieren. Es war Trockenzeit, und sie machten sich Sorgen, weil die Dürre schon sehr lange andauerte und die Elefanten verschwunden waren. Gewöhnlich gebe es ziemlich viele Elefanten dort, sagten sie, aber man habe sie schon seit Wochen nicht mehr gesehen. So aßen und redeten wir, bis es dunkel wurde.

Bevor ich mit Loren zu unserem Zelt zurückkehrte, kamen mir noch einige Fragen über die wilden Tiere in den Sinn. Ich fürchtete, daß mich die Tiere, denen ich tagsüber nicht nähergekommen war, in der Nacht heimsuchen könnten.

Die Craigs lachten. Ach was, sagten sie, Tiere kämen nachts nie ins Lagergelände. Natürlich sei es schon vorgekommen, daß sie morgens in der Asche des Feuers vom Vorabend ein riesiges schlafendes Nashorn gefunden hätten, aber dergleichen sei ungewöhnlich.

Wie ungewöhnlich? wollte ich wissen.

Ich hatte noch nicht begriffen, auf welch einfache Weise diese Leute ihre Gäste gleichzeitig zu beruhigen und wieder zu beunruhigen vermochten.

Sehr ungewöhnlich, sagten sie. Tiere belästigten Menschen so gut wie nie. Natürlich komme es von Zeit zu Zeit vor, daß Affen in den Bäumen kreischten, so daß man nicht schlafen könne. Aber Tiere auf dem Boden, nein.

Ob ein Tier wohl ins Zelt komme? Das Zeltmaterial schien mir recht dünn.

Auf keinen Fall, sagten sie. Natürlich habe man schon erlebt, daß ein Leopard mit der Pranke auf das Zeltdach geschlagen und die im Zelt schlafende Dame aufgeweckt und zu Tode erschreckt habe. Aber irgend etwas an der Sache sei außergewöhnlich gewesen. Sie konnten sich allerdings nicht recht besinnen, was es gewesen war. Die Leute hätten Lebensmittel in dem Zelt gehabt, oder die Frau hätte gerade ihre Periode gehabt. Ein Leopard komme nicht so mir nichts, dir nichts und zerfetze grundlos ein Zelt.

Wirklich nicht? fragte ich.

Aber nein, sagten die Craigs, die ihres eigenen Spielchens müde wurden. Nachts kommen bestimmt keine Tiere ins Lager. Sie meiden die Nähe des Menschen. Außerdem, sehen Sie die Lampen da?

Sie wiesen auf drei Sturmlaternen, die zwischen den Zelten standen. Sie würden die ganze Nacht brennen, erklärten sie, und Licht halte die Tiere fern. «Sie können sich drauf verlassen. Nie kommen Tiere in die Nähe der Zelte. Sehen Sie den Wasserlauf da? Manchmal verirrt sich ein Tier und taucht auf der anderen Seite auf. Aber hierher, auf die Seite mit den Zelten, den Laternen und Menschen, hat sich noch nie eins gewagt.»

«Schlafen Sie gut», sagten sie munter und verabschiedeten sich bis zum nächsten Morgen.

Loren und ich zogen den Reißverschluß unseres Zeltes zu und legten uns schlafen.

Loren war als Mädchen häufig in Lagern gewesen und fand nichts dabei, in einem Zelt in den Wäldern zu schlafen. Ich aber war viel zu unruhig, um schlafen zu können. Ich las eine Weile in der Hoffnung, müde zu werden.

Ich blieb hellwach und lauschte auf die Geräusche von draußen.

Es gab keine Geräusche. Draußen war es völlig lautlos. Eine Zikade, ein Windstoß, der leicht durch die Akazien fuhr. Sonst herrschte Stille.

Loren drehte sich vom Licht weg. Ich sah, wie sich ihre Schulter rhythmisch hob und senkte, und dachte: sie kann doch nicht einfach so schlafen.

«He!» flüsterte ich. «Schläfst du?»

«Schließlich ist es Nacht, oder?»

«Bist du müde?»

«Schlaf einfach, Michael.»

«Ich bin nicht müde!» flüsterte ich.

«Mach die Augen zu und tu, als ob du müde wärst.»

Ich hörte draußen etwas, irgendein Geräusch.

«He! Hast du das gehört?»

«Es ist nichts. Ich schlaf jetzt, Michael.»

Schon bald schnarchte sie. Ich beneidete sie um ihre Fähigkeit, kurzerhand ins Reich des Unbewußten zu entschwinden.

Ich hingegen mußte austreten.

Ich achtete nicht darauf. Keinesfalls würde ich in der Nacht ins Freie gehen. Das Toilettenzelt stand auf der anderen Seite des Lagers.

Bald hielt ich es nicht mehr länger aus. Ich mußte etwas unternehmen. Ich sah unter das Feldbett, ob dort vielleicht ein Nachttopf stand. Immerhin waren es Briten, man weiß ja nie. Kein Nachttopf. Ich sah mir die Verschlußklappen des Zeltes an und überlegte, ob es irgendeine Möglichkeit gab, mich zu erleichtern, ohne das Zelt zu verlassen. Es gab keine.

Inzwischen sagte mir eine innere Stimme: Um Gottes willen, reiß dich zusammen, Michael. Wovor hast du Angst? Vor der Dunkelheit? Was glaubst du, was sich da draußen tut? Du bist albern. Nur gut, daß Loren schläft, sonst würde sie jede Achtung vor dir verlieren. Ein erwachsener Mann, der Angst hat, im Dunkeln sein Zelt zu verlassen!

Eine andere Stimme sagte: Schau mal, du hast es doch gar nicht weit. Nur einen Schritt nach draußen, dann kannst du es an Ort und Stelle erledigen. Überleg nur, wieviel besser du dich anschließend fühlen wirst!

Ich zog also meine Schuhe an, öffnete den Reißverschluß des Zeltes und steckte mit angehaltenem Atem den Kopf hinaus.

Es war stockdunkel. Die Sturmlaternen, die die ganze Nacht brennen sollten, waren ausgegangen. Dabei war es nicht einmal Mitternacht!

Ich kam mir ein wenig lächerlich vor, wie ich da den Kopf zum Zelt hinaussteckte, die Nackenmuskeln angespannt, wartete, lauschte, spähte...

Es gab nichts da draußen. Keine Geräusche, keine Tiere, nichts. Meine Augen gewöhnten sich an die Dunkelheit, und immer noch sah ich nichts. Ich merkte, daß ich den Atem angehalten hatte. Ich sprang hinaus, verließ den Bereich der Zeltschnüre kaum, erleichterte mich, stürzte wieder ins Zelt und zog den Reißverschluß hinter mir zu.

In Sicherheit!

Ich sah mich im Zelt um. Loren schlief und atmete leise. Sie schlief so ruhig, als sei sie irgendwo in einem sicheren Hotelzimmer.

Ich beneidete sie, andererseits aber war es wichtiger, daß hier draußen im Busch wenigstens einer von uns wach blieb. Ich löschte das Licht und lauschte, auf dem Rücken liegend, hellwach.

Es war völlig ruhig. Fast Mitternacht.

Allmählich wurde ich trotz aller Anspannung doch müde. Dann hörte ich mit einemmal ein lautes Knacken. Zweige wurden zertreten. Dann folgte ein Krachen. Etwas Großes bewegte sich durch trockenes Unterholz.

Mir kam es wie ein Elefant vor.

Ganz in der Nähe.

Loren schlief noch immer friedlich.

Ich lauschte weiter. Eine Weile trat Stille ein, dann ertönte das Krachen erneut, in einem trägen Rhythmus. Es klang genau wie ein Elefant, der sich langsam bewegt. Was auch immer es sein mochte, es war unheimlich groß und unheimlich nah.

Ich lauschte noch eine Weile und flüsterte, als ich es nicht länger aushielt: «He! Schläfst du?»

«Hmm», stöhnte sie benommen und drehte sich auf den Rücken.

«He», sagte ich, «hör doch! *Da draußen ist jemand!*»

Sie war sofort wach, stützte sich auf einen Ellbogen und fragte beunruhigt: «Wo?»

«Da draußen! Was Großes! Es klingt wie ein Elefant!»

Sie ließ sich wieder aufs Bett fallen. «Ach, Michael. Du hast doch gehört, was sie gesagt haben. Sie haben schon seit Wochen keinen Elefanten gesehen.»

«Aber hör doch nur!»

Gemeinsam lauschten wir.

«Ich höre nichts.» Sie klang verärgert. «Warum flüstern wir eigentlich?» fragte sie jetzt mit normaler Lautstärke.

«Ich schwöre dir», sagte ich, «ich hab was gehört.»

Genau in dem Augenblick krachte es wieder. Ganz deutlich und laut.

Loren setzte sich kerzengerade auf und flüsterte: «Was glaubst du, was das ist?»

Ich flüsterte: «Ein Elefant!»

«Hast du ihn denn gesehen?»

«Nein.» Ehrlich gesagt war mir der Gedanke noch gar nicht gekommen, nach der Geräuschquelle Ausschau zu halten. «Ich glaub auch nicht, daß wir ihn sehen können. Die Sturmlaternen sind aus. Es ist da draußen pechschwarz.»

«Nimm die Taschenlampe.» Wir hatten eine starke Taschenlampe im Zelt.

«Schön. Wo ist sie?»

«Gleich neben dem Bett.»

«In Ordnung.»

Es krachte weiter. Wenn mir meine Ohren keinen Streich spielten, war das Krachen jetzt ganz nahe, höchstens einen oder zwei Meter entfernt.

Ich schlich mich mit der Taschenlampe an den Reißverschluß heran. Ich öffnete eine kleine Lüftungsklappe, deren Öffnung mit einem Stück Moskitonetz verschlossen war, und leuchtete hindurch. Da das Netz das Licht zurückwarf, konnte ich nichts sehen.

«Was siehst du?»

«Nichts.»

«Du mußt den Reißverschluß aufmachen!»

«Ich denk nicht dran.»

«Hast du etwa Angst?»

«Ja!»

«Na schön», seufzte sie. «Dann mach ich es eben.»

Sie stieg vom Bett herunter, nahm die Taschenlampe und schob sich zur vorderen Zeltöffnung. Sie zog den Reißverschluß etwa fünfzehn Zentimeter hoch.

Wieder ertönte das Krachen von draußen.

«Klingt ganz nah», flüsterte sie zögernd.

Ich wartete.

Sie zog den Reißverschluß weitere fünfzehn Zentimeter hoch, leuchtete einige Sekunden nach draußen, zog den Reißverschluß wieder zu und machte die Taschenlampe aus.

«Nun?» fragte ich.

«Ich hab nichts gesehen. Ich glaub auch nicht, daß da draußen was ist.»

«Und woher kommt das Geräusch?»

Das Krachen, das Knacken der Äste dauerte an. Immer noch nahe.

«Ich glaube nicht, daß es was ist», sagte Loren. «Es ist der Wind.»

«Das ist nicht der Wind», sagte ich.

«Von mir aus. Sieh doch selbst nach.»

Ich nahm die Lampe.

«Wofür hältst du es?» fragte sie und horchte hinaus.

«Für einen Elefanten.»

«Aber du hast doch gehört, was sie gesagt haben. Es kann kein Elefant sein. Es muß was anderes sein, ein großer Vogel in den Bäumen oder so was.»

Ich zog den Reißverschluß fast einen Meter auf und leuchtete hinaus. Der runde Strahl stieß in die Schwärze. Ich fuhr mit ihm herum. Ich sah die Äste von Bäumen. Dann sah ich im Lichtstrahl einen runden braunen Umriß, von dessen Vorderseite fellige Zotten herunterhingen. Zuerst wußte ich nicht, was es war.

Dann begriff ich: *Ich sah mich einem riesigen Auge gegenüber.* Die felligen Zotten waren Wimpern. Der Elefant war so nahe, daß sein Auge den Lichtkreis der Taschenlampe anfüllte. Er stand nur drei Meter von mir entfernt. Er war gewaltig. Er fraß im Unterholz und rupfte Gras aus.

«Es ist ein verdammter Elefant», flüsterte ich und schaltete die Lampe aus. Ich empfand eine seltsame Gelassenheit.

«Du machst Witze!» flüsterte sie. «Ein Elefant? Hast du ihn denn gesehen?»

«Ja.»

«Warum hast du die Lampe ausgemacht?»

«Ich will ihn nicht reizen.»

Ich dachte: Vielleicht mag der Elefant es nicht, wenn ich ihm ins Auge leuchte. Ich wollte nicht, daß er wütend oder nervös wurde und das Zelt niedertrampelte. Ich wußte nichts über die Regungen von Elefanten, aber der da schien gerade friedlich gestimmt zu sein, und ich sah keinen Anlaß, ihn davon abzubringen.

Loren sprang aus ihrem Bett und nahm die Taschenlampe. «Laß mich sehen. Wo ist er?»

«Keine Sorge, du kannst ihn nicht übersehen.»

Sie leuchtete hinaus. Sie erstarrte. «Er ist ja gleich da vorne.»

«Hab ich dir doch gesagt.» Ich konnte diese Bemerkung nicht unterdrücken. Ich hatte die ganze Zeit recht gehabt. Es war ein Elefant.

«Aber es hieß doch, sie kommen nie über den Wasserlauf und so weiter?»

«Keine Ahnung. Ich weiß nur, daß genau vor unserem Zelt ein riesiger Elefant steht.»

«Und was sollen wir tun?»

«Was weiß ich?»

«Meinst du, er tut uns was? Ich glaube nicht.» Loren hatte die Angewohnheit, Fragen, die sie stellte, gleich zu beantworten, ohne zu warten, ob die Antwort Ja oder Nein hieß.

«Ich weiß nicht, was er vorhat.»

«Sollen wir versuchen wegzulaufen?»

«Ich glaube nicht», sagte ich. «Das beste ist wohl, wir bleiben hier im Zelt.»

«Vielleicht hinten, wo die Dusche ist?»

«Ich glaube nicht.»

«Wir könnten um Hilfe rufen – die anderen Zelte sind ja nicht weit weg.»

«Das könnte ihn nervös machen», sagte ich. «Was sollen wir außerdem sagen?»

«Wir sagen, vor unserem Zelt ist ein Elefant!»

«Und was würden die anderen dann tun?»

«Ich weiß nicht. Aber sie müssen doch wissen, was zu tun ist, wenn vor einem Touristenzelt ein Elefant auftaucht.»

«Wahrscheinlich würde Schreien ihn unruhig machen.»

«Vielleicht können wir ihn verscheuchen.»

«Er ist viel größer als wir.»

«Was können wir also tun?» fragte sie.

Während wir so miteinander sprachen, krachte der Elefant in aller Seelenruhe durch das Unterholz vor dem Zelt, fraß und zog langsam und schwerfällig weiter. Er schien in keiner Weise beunruhigt.

Ich legte mich aufs Bett.

«Was tust du?» fragte sie.

«Schlafen gehen.» Ich war ganz gelassen.

«Einfach so? Während da draußen ein gefährlicher Elefant ist?»

«Wir können nichts daran ändern», sagte ich, «also können wir ebensogut schlafen.»

Und das tat ich. Ich schlief beinahe augenblicklich ein, und noch im Einschlafen hörte ich das Tier draußen durchs Unterholz brechen.

Am nächsten Morgen sagte ich nach dem Frühstück: «Übrigens, vor meinem Zelt war heute nacht ein Elefant.»

Ach was, sagte man mir. Das sei gar nicht möglich. Sie hätten wegen der Dürre schon eine ganze Weile keine Elefanten mehr gesehen, und außerdem kämen Tiere nie auf diese Seite des Wasserlaufs.

«Vor meinem Zelt war aber einer.»

Ein unbehagliches Schweigen trat ein. Immerhin sorgt der Amateur-Naturforscher ja dafür, daß die Rechnungen gezahlt werden können, ganz gleich, wie wenig er weiß, und außerdem muß man höflich sein. Irgend jemand hüstelte und fragte, ob ich mich vielleicht irrte.

«Nein», sagte ich. «Es war ein Elefant. Ein großer.»

«Nun», sagte der Reiseleiter, Mark Warwick, ein brillanter vierundzwanzigjähriger Naturforscher, «wollen wir uns die Sache mal ansehen, was?»

Wir alle gingen hinaus und besahen uns den Boden vor unserem Zelt. Es lag ziemlich viel Elefantenlosung da, die man nicht gut übersehen kann, und im weichen Boden erkannte man runde Fußabdrücke. Jeder hatte den Umfang einer großen Servierschüssel.

«Was soll man da sagen», hieß es da. «Da war doch heute nacht tatsächlich ein Elefant da!»

«Und noch dazu ein verdammt großer», sagte ein anderer.

«Und ist bis dicht ans Zelt gekommen. Hat er Sie irgendwie belästigt?»

«Nein, in keiner Weise», antwortete ich.

«Sie haben also ruhig geschlafen und so weiter?»

«Aber ja, ich hab gut geschlafen», sagte ich. «Es hat mir überhaupt nichts ausgemacht.»

□□□

Und das war die Wahrheit. Ich hatte wirklich gut geschlafen, nachdem ich endlich aufgehört hatte, mir Sorgen zu machen. Mich beeindruckte der blitzartige Wechsel von kaum beherrschter Hysterie zu distanzierter Gelassenheit, nachdem ich das riesige Auge gesehen hatte. Wie war das geschehen?

Lange dachte ich, es habe daran gelegen, daß ich ein praktisch veranlagter Mensch bin, der angesichts eines Elefanten vor seinem Zelt alle Möglichkeiten durchgeht – davonlaufen, um Hilfe rufen, den Elefanten verscheuchen – und nachdem er sie alle verworfen hat, vernünftigerweise beschließt zu schlafen.

Aber später ging mir auf, daß wir alle so sind. Jeder von uns kann sich in den Zustand der Hysterie hineinsteigern, wenn er sich problematische Situationen ausmalt. Und wenn ich nun Krebs bekomme? Und wenn mein Arbeitsplatz gefährdet ist? Und wenn meine Kinder drogenabhängig sind? Und wenn meine Haare ausfallen? Und wenn mit einemmal ein Elefant vor meinem Zelt steht?

Und wenn man tatsächlich mit etwas Schrecklichem konfrontiert wird, von dem man nicht weiß, was man dagegen unternehmen kann?

Diese Hysterie legt sich, wenn wir bereit sind, uns der Antwort zu stellen, selbst wenn es das ist, wovor wir all die Angst hatten. Ja, du hast Krebs. Ja, deine Kinder sind drogenabhängig. Ja, da hält sich ein Elefant vor deinem Zelt auf.

Jetzt heißt die Frage: Was gedenkst du dagegen zu tun? Die Empfindungen mögen nicht angenehm sein, aber die Hysterie hört auf. Hysterie hindert einen daran, den Dingen ins Auge zu sehen. Wir haben den Eindruck, daß wir Angst haben, hinzusehen, während in

Wirklichkeit die Angst daher stammt, daß wir nicht hinsehen. In dem Augenblick, da wir hinsehen, verschwindet die Angst.

Allerdings ist es nicht so einfach, im voraus zu wissen, was man in einem bestimmten Fall tun wird. Ich erinnere mich an das Jahr 1968, als ich von einer bestimmten Stelle vor den Jungfraueninseln tauchen wollte. Ich beobachtete, wie mein Tauchlehrer eine komplette Ausrüstung anlegte, was für einen Tauchlehrer eher ungewöhnlich ist. Schließlich schnallte er sich ein Messer an die Wade. Mein Leben lang hatte ich Taucher gesehen, die sich Messer anbanden, und nie verstanden, warum.

«Entschuldigung, aber warum nehmen Sie ein Messer mit?» fragte ich ihn.

«Ach», sagte er, «einfach so. Man weiß nie.»

«Was weiß man nie?»

«Nun ja, ob was passiert.»

«Was zum Beispiel?»

«Die Leitungen könnten sich verheddern; dann muß man sich losschneiden.»

«Wie soll das gehen?»

«Nun, wenn man zum Beispiel in einem Wrack taucht. Da können sich die Leitungen schon mal verheddern.»

«Aber hier liegen doch gar keine Wracks.»

«Ich weiß. Aber es ist immer gut, ein Messer mitzuhaben. Wenn man was Hübsches sieht, zum Beispiel ein Stück Koralle oder so, schneidet man es ab und bringt es mit.»

«Aber das hier ist doch ein geschütztes Unterwassergebiet; da dürfen Sie nichts abschneiden.»

«Ich weiß, aber es gibt noch andere Gründe.»

«Beispielsweise?»

«Verteidigung.»

«Gegen was?»

«Was es da unten so gibt, beispielsweise Haie.»

Es war kein besonders großes Messer. Seine Klinge war gut zwanzig Zentimeter lang. Ich versuchte mir den Unterwasserkampf vorzustellen. «Das Messer würde Ihnen helfen, einen Hai abzuwehren?»

«Auf jeden Fall.»

«Meinen Sie, es würde durch die Haut schneiden? Haie haben eine ziemlich feste Haut.»

«Aber ja. Unbedingt.»

«Sie meinen also, Sie könnten den Hai mit dem Messer umbringen?»

«Ohne weiteres, klar.»

«Natürlich müßten Sie verdammt nahe am Hai dran sein, wenn Sie ihn abstechen wollen, was? Und er müßte auch nah an Ihnen dran sein?»

«Nun, die kommen nah, das wissen Sie doch.»

«Ich weiß. Aber Sie müßten doch, wenn Sie den Hai sehen, statt sich in Sicherheit zu bringen, näher an ihn ranschwimmen, damit Sie ihn mit dem Messer angreifen können?»

«Das würde ich keinesfalls tun.»

«Nein?»

«Natürlich nicht. Ich würde wegschwimmen. Klar. Das Messer ist doch nur für alle Fälle. Wenn er hinter mir herkommt.»

«Und dann würden Sie versuchen, ihn abzustechen?»

«Eigentlich nicht. Wahrscheinlich würde ich ihm mit dem Griff eins auf die Nase geben. Sie wissen ja, Haie haben eine sehr empfindliche Nase. Man haut ihnen eins drauf, dann drehen sie ab und verschwinden.»

«Aber warum würden Sie ihm nicht einfach damit eins draufgeben?» fragte ich und wies auf die riesige Filmkamera zu seinen Füßen. «Die hätten Sie sowieso in den Händen, und es ist viel einfacher, einem Hai mit einer großen Filmkamera eins auf die Nase zu geben als mit einem kleinen Messer.»

«Ja, das würde ich wahrscheinlich tun», bestätigte er.

«Warum also haben Sie das Messer dabei?»

«Man weiß nie», sagte er und sprang ins Wasser.

Dagegen konnte ich nichts vorbringen.

Später, nach dem Tauchen, als wir wieder im Boot saßen, nahm er das Messer ab, das er nicht benutzt hatte, und sagte: «Wissen Sie, ich hab über das nachgedacht, was Sie gefragt haben, warum ich das Messer mitnehme. Wollen Sie wissen, warum?»

«Nun?» sagte ich.

«Weil ich mich dann sicherer fühle.»

Auch dagegen konnte ich nichts vorbringen.

«Ich hab einfach den Eindruck, daß ich mit dem Messer am Bein auf alles vorbereitet bin.»

«Na», sagte ich, «jeder Hai, den ich gesehen hab, ist mir so groß, stark und schnell vorgekommen, daß ich nicht glaube, ich würde mich besser fühlen, bloß weil ich weiß, daß ich ein kleines Messer dabei habe.»

Er hob mit einemmal den Blick. «Sie haben Haie gesehen?» fragte er.

Einmal bin ich von Bora-Bora aus mit meinem Bruder getaucht. Es waren noch zwei andere Taucher im Boot, ein Mann mit seinem zehn Jahre alten Sohn. Weil der Junge noch so klein war, tauchten wir in der Lagune und nicht an der Außenseite des Riffs.

Der Vater des Jungen konnte von nichts anderem als von Haien reden. Immer wieder fragte er: «Gibt es hier in der Nähe Haie?»

Wir sagten dann: «Nichts Gefährliches, kein Grund zur Sorge.» In Wirklichkeit wimmelte die Lagune von Riffhaien. Man sah sie ständig; sogar, wenn man sechs Meter vom Hotelstrand entfernt schnorchelte.

«Mach dir also keine Sorgen um Haie, mein Junge», sagte der Mann daraufhin. Er war nervös, sprach schnell, seine Hände zitterten. Der kleine Junge aber machte sich keinerlei Sorgen um die Haie. Er tauchte einfach.

Die beiden sprangen zuerst ins Wasser.

«Ich hoffe nur, daß der Kamerad nicht ausflippt», meinte mein Bruder. Mit großer Wahrscheinlichkeit würde der Mann da unten Haie zu sehen bekommen.

Wir ließen uns über den Bootsrand ins Wasser fallen, entfernten uns von den anderen und erforschten die Korallen. Eine Weile später sahen wir, wie der Mann seinen Sohn an die Oberfläche brachte. Der Kleine hatte keine Luft mehr. Dann tauchte der Mann wieder in die Tiefe und fotografierte zwischen den Korallen mit seiner Nikonos und der Blitzlampe.

Schon bald kam ein Riffhai vorbei. Ich hielt den Atem an, fest davon überzeugt, daß der Mann die Nerven verlieren würde. Aber er sah das Tier überhaupt nicht, konzentrierte sich ganz und gar auf seine Aufnahmen.

Weitere Haie kamen. Links und rechts von ihm waren Haie, Haie waren über ihm, Haie glitten unter ihm vorbei – in zehn Minuten war es mindestens ein Dutzend. Als wir wieder im Boot saßen, sagte er: «Zauberhaft da unten, was?»

«Zauberhaft», stimmten wir zu.

«Nur gut, daß ich keinen Haien begegnet bin», sagte er. «Ich weiß nicht, was ich in dem Fall getan hätte.»

KILIMANDSCHARO

«Die Aussichten stehen sieben zu eins dagegen», sagte der Führer.

«Wovon reden Sie?»

«Von der Frage, ob Sie raufkommen. Ich hab die Leute gefragt. Sie sind sieben zu eins davon überzeugt, daß Sie es nicht schaffen.»

Es war Spätnachmittag in unserem Lager im Ngorongoro-Krater in Tansania; die zweiwöchige Safari, die ich mit meinem Führer Mark Warwick durch Afrika unternommen hatte, näherte sich dem Ende. Als nächstes wollte ich den Kilimandscharo ersteigen. Bis jetzt hatte ich mir noch nicht besonders viele Gedanken über den Berg gemacht.

«Und wie haben *Sie* gestimmt?» fragte ich neugierig.

«Dagegen.»

«Sie meinen also auch, daß ich es nicht schaffe?»

«Ja.»

«Waren Sie schon mal auf dem Kilimandscharo?»

Er schüttelte den Kopf. «So verrückt bin ich nicht. Ich kenn die Geschichten von denen, die wiedergekommen sind.»

«Ich hab mir sagen lassen, daß es ziemlich einfach sein soll», sagte ich. «Man marschiert einfach nach oben.»

«Nun, eine ganze Menge Leute kommen nicht oben an», sagte er. «Machen Sie sich nichts vor. Trekking in fast 5500 Metern Höhe ist verdammt gefährlich.»

Den Eindruck hatte ich Monate zuvor nicht gehabt, als ich die Reiseführer über Afrika gelesen und meine Reise vorbereitet hatte. Dort stand lediglich, der berühmte Kilimandscharo sei ein erloschener Vulkan in der Nähe des Äquators mit einem breiten, nicht besonders steilen Aschekegel, so daß man ohne technische Ausrüstung oder besonderes bergsteigerisches Können einfach hinaufgehen könne, obwohl es sich um Afrikas höchsten Berg handele. Da er nahe dem Äquator liege, seien die klimatischen Bedingungen günstiger als anderswo in vergleichbarer Höhe. Der Aufstieg sei Routinesache; Tausende von Menschen unternähmen ihn jedes Jahr. Auf der üblichen Route dauere er fünf Tage und lasse sich durch ein beliebiges Reisebüro ohne weiteres arrangieren. Das klang verlockkend.

In meinem Haus in Los Angeles hatte ich inmitten der aufgeschlagenen Reiseführer auf dem Fußboden gesessen und zu Loren gesagt: «Hör mal, wir können auf den Kilimandscharo steigen. Hast du Lust?»

«Klar», hatte sie gesagt. «Warum nicht?»

So hatte ich also im Reisebüro angerufen und erklärt, ich würde gern den Kilimandscharo besteigen. Die Angestellte hatte gemeint, das gehe ohne Schwierigkeiten, sie werde das im Anschluß an die Safari vorsehen; wir sollten lediglich festes Schuhwerk und einen Parka einpacken. Damit war der Fall erledigt gewesen.

Ich war im Leben noch auf keinen Berg gestiegen, besaß aber ein Paar feste Schuhe, die man mir ein paar Jahre zuvor für die Dreharbeiten zu einem Film gegeben hatte. Eine Woche lang hatte ich sie in der Wüste getragen, und soweit ich wußte, saßen sie ganz ordentlich. Aus meiner Zeit in Boston hatte ich noch einen alten Parka. Ich packte einen Pullover und ein weiteres Paar Jeans mit ein; die Dame im Reisebüro hatte gesagt, für alles andere werde gesorgt.

Wenn es lediglich darum geht, eine bestimmte Strecke zu Fuß zurückzulegen, dachte ich, müßte ich das schaffen. Ich spielte etwa einmal die Woche Tennis, was mich nicht besonders ermüdete. Aber sicherheitshalber schränkte ich während der letzten beiden Tage der Safari meinen Zigaretten- und Bierkonsum ein. Einfach sicherheitshalber.

Und jetzt kam mein Reiseleiter, der weiße Berufsjäger, der Loren und mich zwei Wochen lang durch Afrika begleitet hatte, und sagte mir im wunderschönen afrikanischen Dämmerlicht, während sich um uns herum die Luft abkühlte, die Sonne sank und Weißschwanzgnus gemächlich hintereinanderher über den Boden des Ngorongoro-Kraters zogen, er und die Männer, die sich im Lager um alles kümmerten, seien zu dem Ergebnis gekommen, daß ich es auf keinen Fall bis auf den Gipfel des Kilimandscharo schaffen würde.

Ich sah ihn etwas schief an. «Ich glaub nicht, daß es da Schwierigkeiten gibt», sagte ich.

«Waren Sie je in so großer Höhe?»

«Klar», sagte ich, in Erinnerung an meine Kindheit. Damals war ich in Kanada auf Gletschern gewesen. Ich war zu Besuch bei Bekannten in Boulder, im Bundesstaat Colorado, gewesen. Natürlich hatte ich mich in großer Höhe aufgehalten.

Mir kam das nicht wie eine besondere Leistung vor.

«Fünfeinhalbtausend Meter ist ziemlich hoch», sagte Mark und schüttelte den Kopf. «Da oben ist alles anders.»

«Aha», sagte ich gedehnt. Entweder ging er von falschen Voraussetzungen aus, oder er hatte etwas nicht richtig verstanden. Offensichtlich wirkte ich jetzt besorgt auf ihn.

«Machen Sie sich bloß keine Gedanken», sagte er lachend und schlug mir auf die Schulter. «Es war nur ein Scherz.»

«War es nicht.»

«Doch, bestimmt.»

«Was wollen Sie wetten, daß ich es schaffe?» fragte ich.

«Lassen Sie es gut sein, Mike», sagte er. «Es war nur ein Scherz. Sie nehmen die Sache viel zu ernst.»

Ich ließ nicht locker. «Ich wette um ein Abendessen mit Ihnen, wenn ich wieder in Nairobi bin», sagte ich und nannte ein französisches Restaurant, das er als teuer und gut bezeichnet hatte.

Mark schlug ein. «Na schön», sagte er. «Wie wollen wir aber feststellen, daß Sie wirklich oben waren?»

«Meinen Sie, ich würde lügen?»

Er hob die Hände. «Ich will doch nur wissen, wie ich es erfahre. Eine Wette ist eine Wette. Wie werden Sie es beweisen?»

«Nun, mit den Fotos», sagte ich. «Ich mach Aufnahmen.»

«Die sind bis dahin nicht entwickelt.»

«Ich laß sie für Sie in Nairobi entwickeln.»

Er erklärte, daß man Farbfilme in Nairobi nicht entwickeln lassen konnte; sie wurden nach England geschickt, das dauerte Wochen.

«Ich laß es mir von dem Führer oder sonst jemand bestätigen.»

«Das könnte man auch hinbiegen.»

«Na schön. Loren sagt Ihnen, ob ich es geschafft habe oder nicht.»

«Stimmt», sagte er nickend. «Sie wird mir sagen, ob Sie es geschafft haben.»

Wir einigten uns also darauf, daß er das Abendessen bezahlen würde, wenn ihm Loren in Nairobi sagte, daß ich auf dem Kilimandscharo gewesen sei.

Dann kam mir ein Gedanke. «Und was ist, wenn Loren nicht bis oben kommt?»

Mark schüttelte den Kopf. «Die Leute sind sechs zu zwei der Ansicht, daß sie es schafft. Über Loren machen wir uns keine Sorgen, nur über *Sie*.»

«Ist ja großartig», sagte ich.

Das Hotel Marangu stand am Fuß des Berges. Es war einst ein Bauernhaus gewesen und wurde von einer reizenden, tüchtigen älteren Deutschen geleitet. Es war spartanisch eingerichtet und schien lediglich als Etappenort für Touristen zu dienen, die auf den Berg wollten. Ich erfuhr, daß es in der Gegend mehrere solcher Hotels gebe.

Loren nahm ein Bad und staunte, wieviel heißes Wasser zur Verfügung stand.

«Ja», sagte ich, «das müssen sie wohl bieten. Wenn die Leute vom Berg wieder runterkommen, wollen die bestimmt jede Menge heißes Wasser.»

Während sie ihr Bad nahm, trat ich in den Garten hinter dem Hotel hinaus. Es war früher Abend. Obwohl wir während der letzten beiden Tage ganz in der Nähe des Kilimandscharo herumgefahren waren, hatte ich ihn wegen des Dunstes noch nicht zu sehen bekommen. Auch jetzt konnte ich ihn nicht sehen, aber zwischen den Rosen im Garten stand ein kleines Schellackfoto auf einem hölzernen Podest. Es zeigte sowohl den Berg wie auch die Route des Aufstiegs.

Ich kehrte in mein Hotelzimmer zurück und sagte zu Loren, ich sei ziemlich enttäuscht darüber, den Berg nicht sehen zu können, den ich am nächsten Tag besteigen würde. Dieser abstrakte Aspekt des ganzen Abenteuers schien ihr nichts weiter auszumachen.

An jenem Abend hielt sich im Speisesaal mit seinem dunklen

polierten Fußboden lediglich eine einzige weitere Gruppe auf, eine amerikanische Familie. Sie saßen an einem Tisch in der Nähe – Mann, Frau und ihr halbwüchsiger Sohn. Sie redeten nicht viel; ihre Gesichter waren blaß und stumpf. Ihre Handbewegungen wirkten sogar noch abgemessen, als sie ihre Suppe löffelten: es waren Menschen, die etwas durchgemacht haben mußten.

Bestimmt waren sie auf dem Berg gewesen.

«Frag sie doch einfach, wie es war», ermunterte mich Loren. Am Vorabend des Aufstiegs beschäftigte uns diese Frage sehr. Die Aussicht auf das, was vor uns liegen mochte, machte uns ein wenig schwindlig. Dieses Gefühl schien sich mit der gemessenen Haltung der zurückgekehrten Amerikaner nicht ganz vereinbaren zu lassen. Ich wartete, bis sie aufstanden, und fragte, als sie an unserem Tisch vorbeikamen, ob sie auf dem Berg gewesen waren.

«Ja», sagten sie. Sie waren an jenem Nachmittag zurückgekehrt.

«Sie waren alle oben?» fragte Loren.

Ja, sie waren alle oben gewesen.

«Hat es jemand in Ihrer Gruppe nicht geschafft?»

Sie hatten von einer Gruppe englischer Studenten aus einem anderen Hotel gehört, die zur gleichen Zeit aufgestiegen waren, und erklärten, sie seien nicht sicher, aber einige von ihnen hätten es nicht geschafft und seien umgekehrt. Höhenkrankheit.

Während sie sprachen, wich der stumpfe Ausdruck nicht aus ihren Gesichtern. Es war nicht zu erkennen, ob sie müde oder enttäuscht waren, oder ob ihnen irgend etwas Sonderbares begegnet war, über das sie nicht redeten.

«Na», fragte ich munter, «wie war's denn? Der Aufstieg?»

Sie schwiegen. Keiner von ihnen schien die Frage beantworten zu wollen. Sie sahen einander an. Schließlich sagte die Frau: «Es war gut. Es war ein guter Anstieg.»

«Schwierig?»

«An manchen Stellen. Der vierte Tag war nicht einfach. Sonst war es ganz in Ordnung.»

Mich beunruhigte ihre nach innen gewandte tonlose Sprechweise. So neugierig wir auf das waren, was sie erlebt hatten, so wenig Neugier legten sie uns gegenüber an den Tag. Weder wollten sie wissen, woher wir kamen, noch fragten sie, ob wir auf den Berg wollten; sie gaben uns keinerlei Hinweis, bemühten sich nicht, uns zu beruhigen. Sie antworteten einfach auf unsere Fragen, ohne von sich aus etwas hinzuzufügen. Danach ließen sie das Gespräch versickern, sagten gute Nacht und zogen sich zurück.

«Hm», sagte Loren und sah ihnen nach.

«Worauf wir uns da wohl eingelassen haben?» fragte ich.

«Die waren bestimmt nur müde», sagte sie.

Ich schlief unruhig und erwachte kurz nach Tagesanbruch. Ich ging in den empfindlich kühlen Garten hinaus. Der Dunst war nicht mehr so dicht, und zum erstenmal sah ich über den Rosen den breiten weißen Kegel des Kilimandscharo. Angesichts der Entfernung zwischen seinen Hängen war ich enttäuscht; ich hatte mir etwas Aufregenderes als diese nichtssagende schneebedeckte Erhebung vorgestellt, die da vor mir lag. Fast hätte ich kein Foto gemacht, so unscheinbar sah das Ganze aus.

Andererseits wirkte der Kilimandscharo sicher, beruhigend wie eine Krankenschwester. Eher eine Mutterbrust als ein Berg. Das machte mir Mut.

Wie schlimm konnte das schon sein?

Die deutsche Geschäftsführerin des Hotels wies uns ein. Überrascht merkten wir, daß wir nicht die einzigen waren, die hinauf wollten: es gab noch sechs weitere Aspiranten. Wir wurden in Vierergruppen eingeteilt, da die Übernachtungshütten für jeweils vier Personen vorgesehen waren. Loren und ich bildeten eine Gruppe mit einem kalifornischen Anwalt namens Paul Myers und einem Schweizer Chirurgen namens Hans Neumeyer. Beide waren erfahrene Bergsteiger, aber auch zehn Jahre älter als ich. Ich war sicher, mit ihnen Schritt halten zu können. Loren machte sich keine Sorgen; sie war erst zweiundzwanzig und gut beieinander.

Die Deutsche hantierte mit Schautafeln, Fotos und Karten; offenbar hatte sie den Einführungsvortrag schon zahllose Male gehalten, und sie erledigte ihre Aufgabe glatt und routiniert. Heute, am ersten Tag, würden wir durch Regenwald bis auf 2700 Meter Höhe aufsteigen, am zweiten Tag durch Grasland auf knapp 3700 Meter Höhe gelangen und am dritten Tag den hochgelegenen kalten und windigen Abschnitt zwischen den beiden Gipfeln des Kilimandscharo überqueren. Die Nacht würden wir am Fuß des Aschekegels in einer Wellblechhütte verbringen, um zwei Uhr morgens würden unsere

Führer uns wecken, damit wir noch in der Dunkelheit den Anstieg zum Gipfel beginnen konnten. Erreichen sollten wir ihn am frühen Morgen, weil dann die Wetterbedingungen und die Sicht am besten seien. Wenn wir es ruhig angingen, würde jeder den Gipfel erreichen; vor nicht allzu langer Zeit, sagte sie, habe ein Sechzigjähriger den Anstieg bewältigt – er sei etwas später als die übrigen angekommen, habe es aber ohne Schwierigkeiten geschafft. Wir sollten daran denken, daß die Atemluft dort oben nur halb soviel Sauerstoff enthalte wie auf Meereshöhe. Das Entscheidende in großer Höhe, betonte sie, sei, daß wir uns Zeit nähmen. Und sie fügte hinzu, wir sollten uns von den Führern nicht schieben lassen – zwar böten diese eine solche Hilfe mitunter an, aber es sei für jeden besser, in seinem eigenen Tempo voranzukommen. Sie wies uns auf die Gefahren der Höhenkrankheit hin und ermahnte uns, unverzüglich umzukehren, wenn sich trockener Husten einstellte.

Vom Gipfel aus würden wir auf 3700 Meter Höhe absteigen und dort in Hütten übernachten. Am nächsten Tag gehe es dann zurück zum Hotel. Alles in allem würden wir fünf Nächte fort sein und hundertfünfzehn Kilometer zu Fuß zurücklegen. Führer wie Träger seien äußerst erfahren; sofern wir zusätzliche Kleidung brauchten, werde man sie uns ins Zimmer bringen, während wir packten. Zum Schluß sagte sie, sie sei sicher, es werde ein angenehmer Ausflug, und sie wünschte uns Glück.

In flottem Schritt bricht die Gruppe vom Hotel auf. Kleine Kinder aus nahe gelegenen Dörfern begleiten uns, plappern in gebrochenem Englisch und betteln. Die Sonne scheint; im warmen Morgen liegt ein Hauch von Erwartung und Abenteuer. Ich bin entsetzlich aufgeregt. In meinem Leben habe ich noch nichts Vergleichbares unternommen, und ich bin sicher, daß es der Mühe wert sein wird.

Nach weniger als einer Stunde ist meine Begeisterung verflogen. Die bettelnden Kinder erinnern uns daran, daß wir keine Pioniere sind, sondern eher Pendler auf dem Weg zu einem regelmäßig angelaufenen Touristenziel. Mich ärgert ihre Schlauheit, denn sie haben sie an meinen Vorgängern verfeinert, und das läßt mich daran denken, daß schon Tausende vor mir hier waren.

Der Dunst ist wieder dichter geworden; wir können den Gipfel, zu dem wir unterwegs sind, nicht mehr sehen. Wir folgen einer staubigen Straße durch ärmliche Bauerndörfer. Der Anblick bietet nichts Verlockendes. Es ist jetzt nicht mehr warm, sondern heiß. Ich schwitze stark. Meine Kleidung scheuert an der Hüfte, zwischen den Beinen und in den Achselhöhlen. Vor allem aber spüre ich Blasen an meinen Füßen, obwohl ich noch keine Stunde unterwegs bin.

Ich halte neben der Straße an, ziehe die Stiefel aus und untersuche meine Füße. Loren sagt, ich hätte zwei Paar Socken anziehen sollen, innen dünne und außen dicke. Ich winke bei dieser Pfadfinderweisheit ab. Meine Füße halten schon durch. Ich werde abends einfach Pflaster draufkleben. Paul kommt vorüber und sagt, daß er Moleskin hat, falls ich etwas brauche. Ich winke dankend ab und überlege, was Moleskin sein mag. Ich habe noch nie davon gehört.

Ich marschiere weiter.

Wir treten in den Regenwald an den unteren Hängen des Kilimandscharo. Er bietet ein schönes und üppiges Bild. Bäche gluckern, Moos hängt von riesigen Bäumen, deren Äste sich über uns wölben und die Sonne aussperren. Hier ist es kühler, der Weg folgt einem Bach. Affen schnattern in den Bäumen. Ich spüre meine Begeisterung wiederkehren. Doch bald schon geht mir die Feuchtigkeit auf die Nerven, die unter dem Laubdach gefangene Nässe, das Tropfen von Wasser, als ob es beständig regne. Meine Kleidung ist erneut vollständig durchnäßt. Ich kann der Schönheit nichts mehr abgewinnen, freue mich nicht mehr am Anblick des klaren Wassers, das über die glatten Felsen stürzt. Meine Füße schmerzen immer mehr.

Den Regenwald zu betreten war eine Erleichterung, und es ist eine Erleichterung, als wir ihn am frühen Nachmittag wieder verlassen, auf eine offene Fläche treten, die mit einem Meter achtzig hohem Gras bewachsen ist. Inzwischen bin ich sehr müde, und der Weg, der die Grasfläche emporführt, ist steil. Ich frage mich, wie weit ich noch gehen muß. Es gibt keine Wegmarken, denen ich entnehmen kann, wieviel wir schon geschafft haben, wie weit es noch bis zu den Hütten ist. Nicht imstande, meinen Weg zu planen, nicht imstande, festzustellen, wie weit wir schon sind, spüre ich meine Müdigkeit extrem. Muß ich noch eine Stunde gehen? Zwei? Dann sehe ich an einem Kamm oberhalb des hohen Grases die braunen geometrischen Umrisse der Hütten von Mandara in Form eines großen A. Sie sind ganz nah. Es ist erst vier Uhr am Nachmittag. Eigentlich bin ich doch nicht besonders müde.

Wir setzen uns zum Nachmittagstee. Paul und Hans sind bereits seit einer Stunde da, so viel schneller waren sie. Die Hütten von Mandara liegen 2700 Meter hoch, was mir die Gelegenheit bietet, einen Eindruck von der Höhe zu gewinnen. Es kommt mir nicht sehr viel anders vor als anderswo auch. Ich fühle mich gut, während ich zwischen den Hütten umhergehe und mich umsehe.

Die einzige Schwierigkeit sind meine Füße. Sie schmerzen entsetzlich, und als ich die Schuhe ausziehe, sehe ich, daß ich große Blasen an der Ferse und dem kleinen Zeh beider Füße habe. Ich klebe Pflaster darauf, esse früh zu Abend, Brot und Rindfleischeintopf aus der Dose, und lege mich schlafen. Paul sagt, daß er in größeren Höhen nie gut schläft. Ich schlafe schlecht.

Ich sehe dem nächsten Tag mit Unruhe entgegen.

Der zweite Tag ist verblüffend anders. Am ersten Tag war die Landschaft abwechslungsreich – aus der Dornsavanne ging es durch den Regenwald zu hochgelegenen Matten hinauf – aber nirgendwo hatte man einen weiteren Ausblick. Man konnte sich an nichts orientieren, wußte nie, an welcher Stelle des Berges man sich befand. Man ging einfach aufwärts.

Am zweiten Tag besteht die Landschaft durchgehend aus Bergmatten. Eine Stunde von den Hütten entfernt sehen wir mit einemmal den Gipfel des Kilimandscharo völlig klar vor uns. Die Hänge des Vulkans sind mit Schnee bedeckt. Erregung erfaßt mich. Wir bleiben stehen und machen Fotos. Hier, auf einer mit niedrigem Gras bedeckten Fläche, in offenem Land, kann ich sehen, wo ich bin. Wir bewegen uns über die Flanke eines riesigen Kegels. Der Vulkan aber ist so groß, seine Hänge sind so sanft geneigt, daß wir bald den Gipfel nicht mehr sehen können; er ist irgendwo vor uns, hinter trügerisch niedrig wirkenden Graten verborgen. Wieder einmal bin ich entmutigt, da mir der Anblick meines Zieles entzogen ist, und frage die Führer, wann wir den Kilimandscharo werden sehen können.

Sie weisen immer wieder auf den Boden zu meinen Füßen und sagen: «*Das* ist der Kilimandscharo.» Als ich ihnen klargemacht habe, was ich meine, zucken sie die Schultern. Sie scheinen nicht zu verstehen, warum ich unbedingt den Berg sehen möchte, während ich an seinem Hang entlanggehe. Schließlich sagt unser Führer Julius: «Sie werden den Schneegipfel morgen sehen, den ganzen Tag. Heute nicht, aber ab morgen.»

Ich gehe weiter. Es ist zu keiner Zeit wirklich heiß, es geht sich angenehm, der Boden ist dunkel und federnd. Gelegentlich besteht der Weg aus einem knietief eingetretenen Graben, so viele Füße sind schon vor uns hier gegangen. Wir sehen weitere Menschen auf anderen Wegen: offensichtlich Leute, die aus anderen Hotels emporgestiegen kommen. Menschen aller Art, aller Altersgruppen. Ihre Vielfalt macht mir Mut.

Es ist ein angenehmer Tag. Meine einzige Sorge sind meine schmerzenden Füße. Heute trage ich statt der schweren Wanderstiefel Turnschuhe, aber das ändert nicht mehr viel. Außerdem geht mir oft die Luft aus; ich bleibe alle Viertelstunde oder zwanzig Minuten stehen, um mich auszuruhen. Loren scheint nie müde zu werden, aber ich bin auch dreiunddreißig, und sie ist zweiundzwanzig. Doch merke ich, daß sie gegen Ende des Tages meine vielen Pausen zu schätzen weiß.

Da der Gipfel nicht zu sehen ist, halte ich Ausschau nach Lobeliensträuchern, denn ich habe gehört, daß sie üblicherweise in 3300 Metern Höhe auftreten. Da ich nicht weiß, wie sie aussehen und wir uns bereits oberhalb der Baumgrenze befinden, betrachte ich jede ungewohnt aussehende Pflanze. Ich frage die Führer: «Lobelien? Lobelien?»

Sie aber schütteln nur den Kopf.

Als wir schließlich eine späte Mittagspause machen, sitzen wir in der Nähe einer gut einen Meter hohen hellgrünen Pflanze mit fiedrigen runden Blüten. Julius erklärt, das sei eine Lobelie.

Bei jeder Rast setzen sich Führer und Träger hin und rauchen Zigaretten. Ich kann es nicht fassen. Keuchend und nach Luft schnappend bleibe ich alle Viertelstunde stehen. Die Lobelien auf 3300 Metern Höhe bedeuten, daß ich erst die Hälfte hinter mir habe.

Allmählich frage ich mich, ob ich es überhaupt bis oben hin schaffen kann.

Während des übrigen Tages gibt es für mich nichts mehr, wonach ich Ausschau halten könnte, außer den Hütten von Horombo, in denen wir die Nacht verbringen werden. Als wir dort ankommen, bin ich todmüde, und meine Füße schmerzen entsetzlich.

Die Hütten mit ihrem A-förmigen Umriß liegen hinreißend, an

einem Grat aus dunkler Lava in 3750 Metern Höhe. Von dort sieht man auf eine Wolkenschicht hinab. Beim Sonnenuntergang leuchtet der Himmel rosa und lila. Mir ist bewußt, daß ich mich in einer Höhe aufhalte, die sonst nur von Flugzeugen erreicht wird. Es ist ein erhebendes Gefühl, das mir zu Kopf steigt. Jetzt, da ich nur durchs Lager schlendere und mich nicht den Weg entlang voranarbeite, merke ich, wie sehr mir die Höhe zu schaffen macht. Nicht einmal, wenn ich mich hinsetze, kann ich normal atmen. Ein Begriff, den ich in der ärztlichen Ausbildung gelernt habe, kommt mir in den Sinn: «Ruhe-Dyspnoe», Atemlosigkeit im Sitzen. Nie habe ich mir Gedanken darüber gemacht, welches Panikgefühl damit verbunden sein kann, daß man nicht richtig zu atmen vermag.

Ich denke an die Höhenkrankheit, die hier oben einsetzen kann und bei der Wasser in die Lunge gelangt. Die Ursache dafür ist unbekannt, doch ist sicher, daß man sofort umkehren muß, wenn man trockenen Husten oder Kopfschmerzen bekommt, weil die Sache sonst tödlich verlaufen kann. Ich huste probehalber. Ich habe die Höhenkrankheit nicht.

Meine Füße machen mir wirklich Sorgen. Ich mag meine Turnschuhe gar nicht ausziehen und nachsehen, wie groß der Schaden ist. Als ich es schließlich doch tue, sehe ich, daß sich die Pflaster verschoben und kaum noch etwas geschützt haben. Die Blasen sind größer als am Vortag. Sie sind aufgeplatzt, so daß rotes, entzündetes und ungeheuer empfindliches Fleisch offenliegt.

Die Sache ist so schlimm, daß ich meinen Stolz in den Wind schlage und Paul um Hilfe bitte. Nach einem Blick ruft er Hans – schließlich ist er der Chirurg. Er holt sein Moleskin heraus. Es erweist sich als dünnes, gepolstertes Baumwollgewebe mit einer Klebeschicht auf der einen Seite – und schneidet für meine Blasen passende Stücke zurecht. Um mich zu verarzten, braucht er seinen gesamten Vorrat auf. Er tritt einen Schritt zurück und erklärt sich mit dem Verband zufrieden.

Ich danke ihm.

«Ja», sagt er bekümmert, «aber es ist wirklich schade.»

«Wieso?»

«Nun», sagt er mit einem Blick auf meine Füße, «jetzt müssen Sie umkehren.»

«Nein», sage ich.

«Ich bin der Ansicht», sagt er unerschütterlich, «daß Sie mit Ihren Füßen so nicht weitermachen können. Sie müssen morgen absteigen.»

«Nein», sage ich. «Ich mache weiter.» Ich bin selbst erstaunt, wie überzeugt ich das sage, während ich mit verbundenen Füßen dasitze und nur gequält atmen kann. Aber es hat eigentlich nicht wirklich mit Überzeugung zu tun, sondern mit Logik. Zwei Tage bin ich bereits unterwegs. Wenn ich jetzt umkehre, dauert der Rückweg ebenfalls zwei Tage. Macht vier Tage. Halte ich hingegen nur noch einen einzigen Tag durch, werde ich in insgesamt fünf Tagen den Gipfel erreicht haben und zurückgekehrt sein.

Ich bin zu weit gegangen, um umzukehren, jedenfalls meiner Ansicht nach.

Hans geht fort. Kurze Zeit später kommt Loren herüber. «Ich hab mit Hans gesprochen. Er macht sich große Sorgen um deine Füße.»

«Hmm.»

«Er sagt, sie könnten sich schlimm entzünden. Der Schmutz von dem Weg drückt sich ins offene Fleisch, und du kannst eine ernsthafte Entzündung bekommen.»

Ich frage mich, worauf sie hinaus will.

«Ich hab bereits mit dem Führer gesprochen», sagt sie, «es ist überhaupt kein Problem. Sie machen es dauernd. Sie schicken einen Träger mit dir zurück. Du brauchst dir also keine Sorgen darum zu machen, daß du dich verirren könntest. Um mich brauchst du dir keine Sorgen zu machen; Paul und Hans passen auf, dann passiert mir nichts.»

Sie wirkt so beiläufig. Diesen Berg zu besteigen, bedeutet ihr nicht besonders viel. Ich frage mich, warum es mir so viel bedeutet.

«Ich kehre nicht um», sage ich. Noch während ich diese Worte ausspreche, wird mir klar, wie unrealistisch ich bin. Wir sind 3750 Meter hoch am Hang eines Berges. An den Füßen habe ich sehr schlimme Blasen. Sie hat recht: ich sollte umkehren.

«Deine Füße sehen entsetzlich aus. Bist du sicher?»

«Ganz sicher.»

«Na schön», sagt sie. «Ich nehme an, daß du weißt, was du tust.»

«Aber ja.»

«Sie sagen, der schlimmste Tag ist morgen», sagt sie.

«Von mir aus», sage ich. «Ich bin bereit.»

Am dritten Tag brechen wir früh auf. Das Gelände wird mit einemmal steil; eine Stunde lang quälen wir uns auf Händen und Füßen über vorspringende Lavabänder empor. Die Luft wird spürbar kälter. Schon bald tragen wir unsere Parkas, später Handschuhe, dann setzen wir die Kapuzen auf.

Nach zwei Stunden sind wir durch die schmalen Lavagrate hindurch und gelangen auf den Sattel zwischen den Gipfeln. Mit einem Schlag ändert sich die Aussicht in verblüffender Weise; endlich kann ich sehen, wo wir sind.

Der Kilimandscharo hat zwei Hauptgipfel. Der Kibo ist ein breiter Aschekegel, dessen südliche Flanken mit Schnee bedeckt sind. Der elf Kilometer weiter östlich liegende ältere Gipfel vulkanischen Ursprungs, der Mawensi, sieht deutlich anders aus – gezackte, schroffe, senkrechte Linien mit Schneestreifen über zerfallenden Felszinnen. Der Mawensi ist etwa 5150 Meter hoch, und der Kibo knapp 5900. Zwischen beiden Gipfeln liegt eine geneigte öde Hochfläche, im Durchschnitt annähernd 4000 Meter hoch, eben dieser ‹Sattel›.

Hier also, am Fuß des Mawensi, sind wir herausgetreten und sehen jetzt über den vom Wind gepeitschten Sattel zum Kibo hinüber, dessen stumpfer Gipfel am frühen Morgen wolkenlos daliegt. Der Anblick ist auf eine düstere Weise spektakulär. Zum erstenmal während dieser Unternehmung spüre ich meine Verwundbarkeit in einer feindseligen Umgebung. Ich stehe auf einer öden Hochfläche in vier Kilometern Höhe. Es gibt keine Bäume und keine sonstigen Pflanzen, überhaupt kein Leben, nichts als rote Felsen, Sand und eiskalten Wind. Vor mir, am Fuße des Kibo, sehe ich einen blitzenden Fleck – das Blechdach der winzigen Kibo-Schutzhütte, in der wir die Nacht zubringen werden, bis wir am folgenden Morgen im Dunkeln den Anstieg auf den Aschekegel beginnen.

Die Kleidung, die ursprünglich zu heiß war, am Leibe klebte und scheuerte, ist jetzt unter dem Anprall des Windes so dünn wie Papier. Ich bin bis auf die Knochen durchgefroren und ziehe alles an, was ich im Rucksack finde. Dann machen Loren und ich uns auf, den Sattel zu durchqueren.

In dieser Höhe fällt sogar das Gehen auf ebenem Gelände schwer, und Loren verlangt nach einer Pause. Es ist das erste Mal, daß sie rasten will. Am Nachmittag zeigen sich um die Gipfel herum Wolken und werfen Schatten auf den vegetationslosen Boden. Wir befinden uns jetzt auf einem sanften Anstieg, der uns zur 4720 Meter hoch gelegenen Hütte führt. Entfernungen täuschen hier. Obwohl es so aussieht, als liege die Hütte nur eine Wegstunde vor uns, scheint sie nach einer Stunde noch nicht nähergekommen zu sein.

Wir gehen immer langsamer. Als wir schließlich die Hütte erreichen und Paul und Hans begrüßen, die schon eine ganze Weile dort sind, kommt es uns so vor, als hätten wir uns in Zeitlupe bewegt. Sonderbarerweise führt die dünne Luft dazu, daß wir uns ebenso bewegen wie unter Wasser, in einem dichten Medium.

Von Pauls und Hans' sonstiger guter Laune ist nichts zu erkennen. Jeder, der sich zur Hütte schleppt, ist erkennbar gereizt. Alle beklagen sich – über den Wind, die Kojen, die Verpflegung, das Wetter. Alle wirken verbittert. Paul sagt: «Ich kenn das schon. Es liegt an der Höhe. Sie verdirbt einem die Stimmung. Außerdem ist jeder neugierig.»

«Neugierig?»

«Darauf, ob er es bis oben schafft.»

Ich bin auf jeden Fall neugierig darauf, aber Paul ist ein erfahrener Bergsteiger, der an mehreren Trekking-Expeditionen in Nepal teilgenommen hat. «*Sie* machen sich darüber Sorgen?»

«Eigentlich nicht. Aber es kommt einem so in den Sinn. Das bleibt nicht aus.»

Die Art der Unterbringung in der Hütte am Kibo läßt an ein sibirisches Straflager denken. Dreistöckige Betten an allen vier Blechwänden und in der Mitte des Raumes eine Eßgrube. Der Wind pfeift durch die Ritzen in den Wänden. Niemand legt drinnen auch nur ein Kleidungsstück ab. Wir essen um fünf Uhr zu Abend, die Mahlzeit besteht aus Haferbrei und Tee. Niemand bringt viel hinunter. Uns alle beschäftigt der Anstieg. Wir müssen den Gipfel vor zehn Uhr am nächsten Vormittag erreicht haben, weil danach das Wetter höchstwahrscheinlich umschlägt. Erstens kann man dann nicht viel sehen, und zweitens wird der Aufenthalt da oben gefährlich. Wenn wir zu langsam aufsteigen, laufen wir Gefahr, wegen des Wetters kurz vor unserem Ziel umkehren zu müssen.

Einer der Führer erläutert uns den Plan. Man wird uns um zwei

Uhr morgens wecken, dann gibt es Tee (in diesen Höhen keinen Kaffee), und wir beginnen den Anstieg. Da es noch dunkel sein wird, bekommen je zwei Personen eine Sturmlaterne. Die Gruppe bleibt zusammen, damit sich niemand in der Dunkelheit verirrt. Von hier bis zum Gipfel muß man sechs Stunden rechnen; nach drei Stunden kommt eine Höhle, in der wir eine Ruhepause einlegen können, ansonsten gibt es bis zum Gipfel und zum Kibo hinunter keinerlei Obdach oder Zuflucht. Es wird sehr kalt sein. Wir sollen alles anziehen, was wir haben.

Ich trage bereits alles, was ich habe: eine lange Unterhose, drei Hosen, zwei T-Shirts, zwei Hemden, einen Pullover und einen Parka. Auf dem Kopf habe ich eine wollene Sturmhaube. All das behalte ich im Bett an, ziehe lediglich meine schweren Stiefel aus, bevor ich mich in den Schlafsack lege. Auch die anderen legen sich vollständig bekleidet schlafen. Um sieben Uhr liegen wir in den Kojen und hören schweigend auf den jaulenden Wind.

An Schlaf ist nicht zu denken. Jedesmal, wenn ich im Begriff bin einzuschlafen, werde ich ruckartig wach, mit einemmal voller Angst zu ersticken, bis mir wieder klar wird, daß es lediglich an der großen Höhe liegt.

Ich bin nicht der einzige, der unter diesem Phänomen leidet. In der dunklen Hütte höre ich die ganze Nacht hindurch Stöhnen und Flüche in einem halben Dutzend Sprachen. Es ist beinahe eine Erleichterung, als mich der Führer wachrüttelt, mir einen Plastikbecher mit heißem Tee in die Hand drückt und mich auffordert, ich möge mich anziehen.

Um mich herum ziehen die anderen Schuhe und Handschuhe an. Niemand spricht. Die Stimmung ist eher noch verbissener als zuvor. Paul kommt vorbei und wünscht uns Glück für den Aufstieg; er sagt, er hofft, daß wir es schaffen. Ich frage mich, ob das ein Bergsteigerbrauch ist, dieser in letzter Minute ausgesprochene Wunsch, es möge gelingen. Schließlich sind wir schon so weit gekommen, haben nur noch so wenig vor uns – wer würde jetzt umkehren? Niemand, der bei klarem Verstand ist. Wie schlimm kann es denn schon werden? denke ich.

Wir nehmen unsere Laternen, verlassen die Wellblechhütte und machen uns in der Dunkelheit an den Aufstieg.

Sehr bald wird er zum Alptraum. Die Sturmlaternen sind nutzlos; der Wind bläst sie aus; wir sind von rabenschwarzer Finsternis umgeben. Ich vermag nichts zu sehen und stolpere ständig über Steine und andere kleine Hindernisse. Ich bin davon überzeugt, daß das schmerzen würde, wenn ich in meinen Füßen überhaupt etwas spüren könnte, aber sie sind gefühllos vor Kälte. Ich spüre nicht einmal dann etwas, wenn ich die Zehen hin und her bewege. Während ich aufwärts stolpere, kriecht die Kälte meine Beine empor: erst bis zu den Waden, dann zu den Knien, schließlich bis in die Mitte der Oberschenkel. Der Weg, der auf den Gipfel führt, ist steil, doch die Kälte ist so durchdringend, daß wir jeweils nur wenige Augenblicke stehenbleiben, gerade genug, um in der Finsternis zu Atem zu kommen, dann stolpern wir weiter. Ich spüre die Nähe der Führer, der Träger und der Gefährten mehr, als daß ich sie sehe. Gelegentlich höre ich ein Knurren oder eine Stimme, aber meist ziehen alle schweigend voran; ich höre nur den Wind und mein eigenes schweres Atmen. Während ich mich voranarbeite, habe ich reichlich Zeit, mich zu fragen, ob ich in meinen empfindungslosen Füßen Frost bekommen werde. Es ist meine eigene Schuld – ich war für diese Unternehmung gänzlich unvorbereitet und habe nicht die richtige Ausrüstung mitgebracht, nicht einmal die richtigen Schuhe. Es war eine schwere Unterlassungssünde, für die ich jetzt möglicherweise werde büßen müssen. Jedenfalls habe ich ernsthafte Schwierigkeiten – Frostbeulen hin oder her. Ich glaube nicht mehr daran, daß ich es schaffen werde. Eine Weile kann ich noch, aber lange wohl nicht mehr.

Irgendwo in meiner Nähe höre ich Loren. «Bist du das?»

«Ja», sage ich. «Kannst du deine Füße spüren?»

«Schon seit einer Stunde nicht mehr», sagt sie. Nach einer kleinen Pause fragt sie: *Sag mal, was tun wir eigentlich hier?*

Das überrascht mich. Ich habe keine richtige Antwort darauf. «Wir bestehen ein Abenteuer», sage ich und lache munter.

Sie lacht nicht zurück.

«Das ist verrückt», sagt sie, «auf den Berg hier zu klettern ist verrückt.»

Ihre Worte dringen unmittelbar in mein Bewußtsein. Ich zweifle nicht im geringsten daran, daß sie recht hat. Die ganze Unternehmung ist verrückt. Dennoch habe ich den Eindruck, daß ich die

Entscheidung, den Berg zu besteigen, verteidigen muß, so, als handele es sich um einen Freund, von dem ich nicht möchte, daß man ihn kritisiert.

Ich schleppe mich in der Dunkelheit weiter, müde, empfindungslos, keuchend vor Atemnot, vollständig durchgefroren, ein Sträfling auf einem Gewaltmarsch. Ich setze einen Fuß vor den anderen. Einen Fuß vor den anderen. Ich versuche, einen Rhythmus zu finden, in diesem Rhythmus voranzugehen.

Die Überlegung, ob das verrückt ist oder nicht, tut meinem Rhythmus nicht gut. Ich achte nicht weiter auf Lorens Bemerkung und konzentriere mich darauf, in meinem Rhythmus weiterzugehen. Ich bin nicht sicher, wie lange wir unterwegs sind; es ist zu umständlich, jetzt auf die Uhr zu schauen: mühselig müßte man mehrere Schichten Kleidung beiseite schieben, bis man die grünlich leuchtenden Ziffern sieht, die man mit vor Kälte tränenden Augen kaum erkennen kann. Nach einer Weile spielt die Zeit keine Rolle mehr. Ich gehe einfach weiter.

Die Rasthöhle auf halbem Weg ist eine Überraschung. Dort ist es zwar nicht warm, aber sie liegt vor dem Wind geschützt und wirkt daher wärmer als draußen. Jetzt können wir unsere Laternen anzünden, so daß wir Licht haben. Wir können einander anschauen. Menschen drängen sich aneinander, reden leise. Ich sehe das Entsetzen auf vielen Gesichtern. Ich bin nicht der einzige, der diesen Anstieg als Alptraum empfindet.

Loren sitzt neben mir und flüstert: «Ich hab gehört, daß die beiden Engländer umkehren.»

«Ach?»

«Ihr ist nicht gut. Sie muß sich wegen der Höhe übergeben.»

«Ach.» Ich weiß nicht, von wem sie redet. Es ist mir auch gleichgültig.

«Wie fühlst du dich?» fragt sie.

«Entsetzlich.»

«Und wie geht es deinen Füßen?»

«Die reinsten Eisklötze.»

Nach einer Pause sagt sie: «Hör zu, laß uns umkehren.»

Ich bin entsetzt. Diese Frau, die so viel Energie hat, ihren Körper so beherrscht, möchte jetzt aufgeben. Sie hat genug gehabt und möchte aufhören.

«Hör zu», sagt sie. «Es macht mir nichts aus, zu sagen, daß wir es bis 5200 Meter geschafft haben und dann umgekehrt sind. Wir sind nicht in besonders guter Verfassung. Über fünftausend Meter, das ist verdammt gut.»

Ich weiß nicht, was ich sagen soll. Sie hat recht. Ich überlege es mir.

Rasch fährt Loren fort: «Es ist unsinnig, weiterzumachen. Dafür gibt es keinen Grund. Es ist irgendeine Art verrückte Selbstbestätigung – wozu? Wem liegt daran? Ehrlich, laß uns umkehren. Wir sagen einfach allen, daß wir oben waren. Niemand wird es wissen. Es spielt schließlich auch keine Rolle. Niemand wird je davon erfahren.»

Ich kann nur denken: *Ich werde es wissen*.

Und ich denke noch manches andere: daß ich nicht der Mensch bin, der aufgibt, daß Aufgeben ansteckend ist, und daß es sich durch das ganze Leben ausbreitet, wenn man erst einmal damit angefangen hat. Aber das ist nur Sporttrainer-Gerede. Ich bin nicht sicher, daß ich es glaube.

Aber ich glaube: *Ich werde es wissen*. Ich fühle mich durch eine Selbstachtung gebunden, von der ich nicht wußte, daß ich sie besaß.

«Ich mach weiter», sage ich.

«Warum nur?» fragt sie. «Warum ist es dir so wichtig, es bis auf den Gipfel eines blöden Berges zu schaffen?»

«Ich bin nun schon mal da, dann kann ich es auch zu Ende bringen», sage ich. Es klingt wie eine Ausflucht. Tatsächlich habe ich keine bessere Antwort. Ich habe viel Schmerz und Ängste ertragen, so weit zu gelangen, jetzt sitze ich wenige Stunden vom Ziel in der Dunkelheit vor der Morgendämmerung in einer Höhle. Es gibt keinen Grund, warum ich jetzt aufgeben sollte.

«Michael, das ist verrückt», sagt sie.

Die anderen verlassen die Höhle und machen sich erneut an den Anstieg. Ich stehe ebenfalls auf.

«Nur noch eine Stunde», sage ich. «Eine Stunde schaffst du es noch. Wenn du dann immer noch umkehren willst, komm ich mit.» Ich nehme an, daß es in einer Stunde hell wird und ihr all das weniger schrecklich erscheinen wird, sie dann genug Mut haben wird, weiterzumachen. Ich nehme an, daß sie auf keinen Fall aufgeben wird, wenn sie weiß, daß ich durchhalte.

Und ich halte durch. Ich überrasche mich mit meiner eigenen Stärke und Überzeugung.

Die Morgendämmerung ist ein wunderschönes Prismenband, das den gezackten Gipfel des Mawensi deutlich hervortreten läßt. Ich sage mir, daß ich einen Augenblick stehenbleiben sollte, um den Anblick zu genießen. Ich kann nicht. Ich sage mir, daß ich stehenbleiben und eine Aufnahme machen sollte, damit ich das Bild später genießen kann. Nicht einmal dazu bin ich imstande. Ich habe meine Fähigkeit verloren, irgend etwas anderes zu tun als das, was ein animalischer Teil meines Hirns für die Vorwärtsbewegung als wichtig erachtet. Es ist nicht wichtig, ein Foto zu machen. Ich mache keins.

Dennoch dringen einige Gedanken bis in mein Bewußtsein vor. Noch nie habe ich einen so indigoblauen Himmel gesehen. Er sieht aus wie der Himmel auf Aufnahmen aus dem Weltraum – und mir wird klar, daß es auch so sein muß. Immerhin bin ich jetzt mehr als fünf Kilometer oberhalb des Meeresspiegels, und der übliche blaue Himmel, für den die Atmosphäre und der in ihr enthaltene Staub verantwortlich sind, ist nicht mehr da.

Der andere Eindruck ist der des gekrümmten Horizonts. Es kann keinen Zweifel daran geben. Der Sonnenaufgang ist ein Bogen, der an den Seiten abwärts weist. Ich kann mit eigenen Augen sehen, daß ich auf einem kugelförmigen Planeten stehe. Aber ich empfinde Unbehagen dabei, so, als nähme ich die Welt durch ein gekrümmtes Weitwinkelobjektiv wahr. Ich sehe beiseite.

Ich setze einen Fuß vor den anderen, einen Fuß vor den anderen, auf meinen Bergstock gestützt. Ich atme, achte darauf, daß ich meinen Rhythmus beibehalte. Ich warte darauf, daß die Luft wärmer wird, und schließlich erwärmt sie sich ein wenig. Immerhin kann ich sehen, wo ich gehe. Aber als ich den Blick hebe, wirkt der Gipfel fern. Die meisten sind weit voraus, und ihre leuchtend bunten Jacken bilden einen scharfen Kontrast zu der gelblichen vulkanischen Asche. Knöcheltief darin watend gehen wir weiter bergan. Es kommt einem vor, als gehe man über einen senkrecht ansteigenden Strand. Man tut zwei Schritte und rutscht einen zurück. Immer zwei Schritte voran und einen zurück. Das Ziel kommt nicht näher.

Zwei Stunden nach dem Sonnenaufgang beginnt für mich die schlimmste Zeit. Ich bin völlig erschöpft und sehe, wie die anderen weiter oben am Hang wie Bergsteiger in einem Sonderheft von *National Geographic* gehen. Wie in einem der Filme, in denen unerschrockene Kletterer durch den Schnee stapfen, den Kopf gesenkt, in immer gleichem entschlossenem Rhythmus. Schritt, atmen, atmen. Schritt, atmen, atmen.

So gehen die Leute, die weiter vorn sind. Und so gehe auch ich. Aus mir ist eine Gestalt aus einem Fernsehbericht geworden. Ich bin vollständig außerhalb meines Elements. Loren hat recht – nie hätte ich geglaubt, daß es so schlimm sein würde. Für derlei bin ich nicht geschaffen. Ich bin nicht in Form dafür. Ich bin nicht daran interessiert, das zu tun, weder jetzt noch sonst je wieder. Wem liegt überhaupt an dieser Kletterei? Eine Million Leute waren schon auf dem Kilimandscharo; es gibt nichts Besonderes daran. Es ist keine wirkliche Leistung. Nichts Großartiges.

Mein Führer Julius erkennt, daß ich ermattet bin. Er bietet mir an, mir zu helfen. Ich lehne ab. Er bietet Loren seine Hilfe an, sie stimmt zu, er stellt sich hinter sie, mit den Armen auf ihren Hüften, und schiebt sie bergauf. Ich habe aber nicht den Eindruck, daß er ihr damit hilft. Mir scheint, man müsse das allein schaffen.

Schon bald bittet Loren Julius, sie nicht weiter zu schieben. Sie geht allein weiter. Sie scheint meine Gegenwart gar nicht mehr wahrzunehmen, obwohl der Abstand zwischen uns nur einen bis zwei Meter beträgt. Sie ist in eine eigene Welt konzentrierter Anstrengungen entschwunden.

Ich versuche zu erfassen, was in meinem Kopf vor sich geht. Allmählich begreife ich, daß das Klettern in großer Höhe ein mentaler Prozeß ist, eine Konzentrations- und Willensleistung. Ich merke, daß einige Gedanken an meiner Energie zehren, andere mir aber gestatten, fünf oder zehn Minuten lang ohne Pause weiterzumachen. Ich versuche dahinterzukommen, welche Gedanken dafür am besten sind.

Zu meiner Überraschung nützen die Selbstanfeuerungssprüche («Du schaffst es, du liegst gut im Rennen, weiter so») überhaupt nichts. Sie bewirken lediglich das Gegenteil; ich sage mir, daß ich mir etwas vormache und es letztlich doch nicht schaffen werde.

Auch nützt es nichts, daß ich mich auf meinen Rhythmus konzentriere, mein Tempo, meine Schritte zähle oder meine Atemzüge, mich um eine Art mechanischer Stumpfheit bemühe. Das ruft eine

Art mentaler Unbeteiligtheit hervor, die zwar nicht schlecht ist, aber auch nicht besonders guttut.

Ebenso überrascht es mich, daß es sich nicht negativ auswirkt, wenn ich mir meine Erschöpfung klarmache. Ich kann ohne weiteres denken, Gott, meine Beine schmerzen. Ich glaube nicht, daß ich sie auch nur noch ein einziges Mal hochheben kann. Trotzdem gehe ich nicht langsamer. Es ist die Wahrheit, und meine Beine fühlen sich nicht schlechter an, nur weil ich die unangenehme Wahrheit denke.

Was letzten Endes zu nützen scheint, ist der Gedanke an ein hübsches warmes Schwimmbecken in Kalifornien. Oder das angenehme Abendessen mit Curry und Bier, das ich mir genehmigen werde, wenn ich in die Zivilisation zurückgekehrt bin. Palmen und Brandung auf Hawaii. Tiefseetauchen. Etwas, das weit entfernt ist. Ein angenehmes Gedankenspiel, ein Tagtraum.

So beschäftigt sich meine Phantasie mit Schwimmbecken und Palmen, während ich durch die vulkanische Asche stapfe. Gegen acht Uhr morgens zeigt sich Julius allmählich besorgt. Manche kommen bereits vom Gipfel herab – ich ärgere mich schrecklich über sie –, und Julius möchte sicher sein, daß wir oben ankommen, bevor das Wetter umschlägt. Ich frage ihn, wie weit es noch zum Gipfel ist. Er sagt, eine Dreiviertelstunde.

Das sagt er schon seit zwei Stunden.

In gewisser Hinsicht ist er nicht schuld daran. Die oberen Hänge des Kilimandscharo bieten einen sonderbar unbedeutenden Anblick. So etwa würde eine Ameise die Außenseite einer umgedrehten Salatschüssel wahrnehmen, über die sie krabbelt – man sieht nichts als eine gekrümmte Fläche. Sie wird zwar schmaler, während man sich ihrem oberen Rand nähert, aber ansonsten sieht sie fortwährend ziemlich gleich aus.

Dort zu *sein* aber ist durchaus eindrucksvoll, denn der Körper spürt die Steilheit des Anstiegs, und der Anblick der Kletterer, die man vor sich sieht, ist schwindelerregend. Aber es *wirkt* nicht besonders eindrucksvoll.

Julius beginnt uns anzutreiben, besticht uns mit Schokolade, droht uns mit Wolken. Er braucht sich keine Sorgen zu machen. Wir gehen so rasch wir nur irgend können und erreichen schließlich gegen neun in 5700 Metern Höhe Gillmans Spitze, die von einer kleinen Betontafel gekennzeichnet wird. Obwohl der eigentliche Gipfel, die Uhuru-Spitze, 5895 Meter hoch liegt, begnügen sich die meisten mit dem Erreichen von Gillmans Spitze; sie sehen damit ihre Ehre als gerettet an. Für mich gilt das auf jeden Fall.

Ich stehe auf dem Gipfel, stelle mich in Positur für Fotos, lese, was auf der Betontafel steht, und sehe mir die Fähnchen und Erinnerungsstücke an, die frühere Gruppen von Kletterern hinterlassen haben. Teilnahmslos sehe ich auf das Panorama, das sich mir bietet. Ich bin nicht begeistert, klopfe mir nicht innerlich auf die Schulter, empfinde nichts. Ich stehe einfach auf dem Gipfel. Ich hab ihn schließlich erreicht und bin jetzt da.

Loren sagt, ich hätte sie auf den Gipfel gebracht, und ich sage ihr, daß sie es selbst geschafft hat. Wir fotografieren uns gegenseitig. Und fortwährend gibt es in meinem Kopf nur einen Gedanken: Ich bin hier. Ich hab es geschafft.

Ich stehe auf dem Gipfel des Kilimandscharo.

Aus voller Lunge schreiend gleiten wir in unseren Schuhen wie auf Skiern den Hang hinab, fallen und rutschen lachend auf dem Hosenboden durch die vulkanische Asche weiter. Sieben Stunden hat der Aufstieg von der Hütte am Kibo gedauert; den Abstieg schaffen wir in einer. Von dort legen wir weitere fünfzehn Kilometer über den Sattel zurück. Schließlich setzt mit Schnee und Hagel der erwartete Wetterumschlag ein. Schließlich erreichen wir die Hütte von Horombo. Dort verbringen wir die Nacht. Alles in allem haben wir seit zwei Uhr morgens an die dreißig Kilometer zurückgelegt.

In der Hütte betrachte ich meine Füße näher. Ich ziehe die Schuhe aus und sehe rote Flecken auf den Socken. Rasch ziehe ich die Schuhe wieder an. Meine Verletzungen spielen jetzt ohnehin keine Rolle mehr. Morgen abend werden wir wieder im Hotel sein. Loren kommt mit einem kleinen Spiegel, lacht und fragt, ob ich mal hineinschauen möchte. Vier Tage lang habe ich mich nicht gesehen. In dem winzigen Spiegel erkenne ich ein verdrecktes stoppelbärtiges Gesicht mit roter Haut und blutunterlaufenen Augen. Es ist das Gesicht eines Fremden.

Ein unternehmerisch denkender Mensch aus der Gegend verkauft in der Hütte von Horombo Tusker-Bier zu fünf Dollar je Flasche. Er braucht über mangelnden Absatz nicht zu klagen. Paul und Hans trinken eine Flasche, und ich auch. Ich schlafe fast auf der Stelle ein. Es ist fünf Uhr nachmittags.

Am nächsten Tag merke ich, daß der Abstieg von einem Berg ganz andere Muskeln beansprucht als der Aufstieg. Meine Beine zittern schon vor dem Mittagessen. Außerdem merke ich, daß die Blasen an meinen Zehen jetzt entsetzlich schmerzen, während die an der Ferse Ruhe haben. Daß es jetzt abwärts geht, bedeutet für meine Füße also keine Erleichterung.

Obwohl wir auf genau demselben Weg zurückkehren, den wir gekommen sind, bin ich überrascht festzustellen, wie unterschiedlich jetzt alles wirkt. Einerseits ist das klar, weil jeder Weg in der Gegenrichtung anders aussieht als auf dem Hinweg. Andererseits aber hat es auch mit meinem Bewußtsein zu tun, daß ich den Berg bewältigt habe. Ich fühle mich anders als beim Anstieg.

Als ich der Wanne im Hotel entsteige, ist das Badewasser von durchscheinendem Schwarz. Um sauber zu werden, baden wir beide zweimal. Ich setze mich auf die Bettkante, ziehe mir die Sokken aus, nehme das Moleskin ab und besehe gründlich meine Füße. Die Blasen sind offen. Große Fetzen blutender, roher, schmutziger Haut reichen von der Ferse bis hinauf zum Knöchel. Meine Füße sehen so schlimm aus, daß ich Loren bitte, sie zu fotografieren. Da sich später zeigte, daß sie wie Bilder aus einem medizinischen Fachbuch aussahen, habe ich sie fortgeworfen.

Noch Jahre später war die Haut meiner Füße verfärbt, und wenn ich am Strand war oder barfuß lief, fragte man mich: «Was ist denn mit Ihren Fersen los? Die haben ja eine komische Farbe.» Wenn ich dann erklärte, was es mit dem Anstieg auf den Berg auf sich hatte, schauten sie mich mit einem ganz merkwürdigen Blick an, und ich wechselte das Thema.

Gelernt hatte ich eines: daß ich mich als einen Menschen gesehen hatte, dem große Höhen und Kälte nicht zusagen, der Schmutz verabscheut, als jemanden, dem körperliche Anstrengungen zuwider sind. Und dann hatte ich fünf volle Tage frierend, schmutzig und erschöpft zugebracht; ich hatte neun Kilo abgenommen und war um ein wunderbares Erlebnis reicher.

Anschließend begriff ich, daß ich mich selbst in zu enge Grenzen gezwängt hatte.

Eine so machtvolle Wirkung hatte das Erlebnis der Kilimandscharobesteigung auf mich, daß ich noch lange danach bewußt gerade das tat, wovon ich geglaubt hatte, ich täte es nicht gern. Im allgemeinen merkte ich bei solchen Gelegenheiten, daß ich mich selbst falsch eingeschätzt hatte – mir gefiel, wovon ich gedacht hatte, es gefalle mir nicht. Und selbst, wenn mir etwas Bestimmtes nicht gefiel, lernte ich, daß ich zumindest gern neue Erfahrungen machte.

Zweitens hatte ich mich trotz meines hohen Wuchses stets insgeheim als körperlich schwach und eher kränklich gefühlt. Nachdem ich auf dem Kilimandscharo war, mußte ich mir eingestehen, daß ich seelisch und körperlich zäh bin. Ich sah mich gezwungen, mich selbst neu zu bestimmen. Der Aufstieg auf den Berg war das Härteste, was ich körperlich in meinem Leben je getan hatte, aber ich hatte es geschafft.

Sicherlich war es teilweise deshalb so hart, weil ich die Sache wie ein Idiot angegangen war. Ich war weder in Form noch auf das Unternehmen vorbereitet, und ich war nicht bereit gewesen, auf jemanden zu hören.

Jetzt scheint es mir unvorstellbar, daß ich nicht gewußt hatte, was mich erwartete, ahnungslos gewesen war, welche Anstrengungen mit dem Aufstieg auf einen 5700 Meter hohen Berg verbunden sind oder wie man sich ordnungsgemäß darauf vorbereitet und dafür ausrüstet. Mein Verhalten war unbewußt auf ein erschütterndes, schweres Erlebnis angelegt. Das war es auf jeden Fall. Es war eine Erfahrung, die ich erst Jahre später vollständig einzuschätzen vermochte.

Aber damals war ich einfach abgekämpft. Loren und ich hatten uns nach dem Bad und nachdem sie meine Fersen für die Nachwelt fotografiert hatte, angezogen und waren in den prächtigen Speisesaal gegangen. Paul und Hans aßen schweigend an einem Tisch, weitere Gefährten an anderen Tischen. Wir spürten eine kameradschaftliche Stimmung, als wir uns zum Essen setzten. Zwar waren wir sehr müde, unsere Müdigkeit war weit stärker als unser Hunger, befanden uns aber zugleich in einer besonderen Welt, die erschöpften Athleten vorbehalten ist. Es ist eine Welt des gedämpften Triumphes, eine Welt, in der die Kosten mit dem Gewinn aufgerechnet werden.

Von einem anderen Tisch sah eine Familie neugierig zu uns her. Ich wußte, daß sie am nächsten Tag aufsteigen wollten. Sicher wollten sie wissen, wie es war.

Ich dachte: Was könnte ich ihnen sagen? Wie es wirklich ist, kann ich ihnen keinesfalls sagen. Welchen Sinn hätte das? Ich merkte, wie ich beiseite sah, in der Hoffnung, daß sie nicht fragen würden.

Der Vater: «Waren Sie auf dem Berg?»

«Hmm», sagte ich.

«Sie beide?»

«Hmm.»

Ein Schweigen. «Wie ist es da?»

«Schön», sagte ich. «Hart, aber schön. Manche Tage sind ziemlich hart, aber es ist schön. Gehen Sie einfach einen Tag nach dem anderen an. Es ist schön.»

Sie sahen mich an. Den Blick kannte ich. Sie versuchten zu begreifen, warum ich so wenig Begeisterung zeigte. Es war mir gleich. Am nächsten Tag würden sie es selbst merken, und der Anstieg würde jedem seine eigene Lehre erteilen.

Als wir nach dem Abendessen wieder auf unser Zimmer gingen, verblaßte die Sonne gerade. Der Kilimandscharo hing wie ein rötliches, körperlos bleiches Gespenst über dem Garten. Unirdisch. Unwirklich. Bereits unwirklich.

Am nächsten Tag flogen wir nach Nairobi.

DIE WAHRSAGERPYRAMIDE

Wie ein gelb leuchtendes Band liegt die Morgendämmerung über dem Dschungel von Yucatán. Ich steige die Stufen der steilen Wahrsagerpyramide empor und lasse den Blick über die ausgedehnten Ruinen von Uxmal schweifen, die aus der Maya-Zeit stammen.

Es ist ein eindrucksvolles Bild, wie die steigende Sonne die blassen Gebäude jener alten Stadt erhellt. Mit dem Reiseführer in der Hand suche ich die Sehenswürdigkeiten. Unmittelbar vor mir erhebt sich das weiße um einen großen Hof gruppierte Nonnenviereck. Westlich davon liegt der großartige Gouverneurspalast mit seinen eindrucksvollen Friesen, nach Überzeugung vieler der glänzendste je in ganz Amerika errichtete Einzelbau. Nicht weit entfernt sind das Schildkröten- und das Taubenhaus. Dahinter liegen, schon im Dschungel, die höckerförmigen grün bewachsenen Umrisse weiterer Ruinen, die noch nicht erforscht sind.

Im Morgengrauen liegt Uxmal verlassen da. Noch ruhen die Touristen in ihren Betten. Nur gelegentlich kreischt ein Papagei. Trotz dieser Stille, die die Stadt umfängt, empfinde ich Unruhe.

Der Blick von der Wahrsagerpyramide mit ihren nahezu senkrecht abfallenden Stufen ist schwindelerregend. Noch schwindelerregender aber ist das Bewußtsein, sich an diesem Ort zu befinden, denn Uxmal ist ein großes Geheimnis.

Die Pyramide, auf der ich stehe, ist ein ovaler Bau von achtunddreißig Metern Höhe. Sie wird manchmal als Wahrsagerpyramide und dann wieder als die Pyramide des Zwerges bezeichnet – warum, ist nicht ganz klar. Die Namen Nonnenviereck und Gouverneurspalast gehen auf eine alte Überlieferung zurück; so hießen die Ruinen bereits im Jahre 1841, als sich der Archäologe John Lloyd Stephens hier aufhielt.

Das Schildkrötenhaus verdankt seinen Namen einigen Schildkrötenskulpturen an seiner Vorderfront, und das Taubenhaus heißt so, weil sein Dach an einen Taubenschlag erinnert. Aber niemand weiß, als was diese Gebäude einst wirklich bezeichnet wurden.

Weit um mich her sehe ich Ruinen, die niemand versteht. Die Stadt Uxmal liegt achtzig Kilometer vom Meer und hundertsechzig Kilometer von Chichén Itzá entfernt. Warum hat man sie hier errichtet? Welche Beziehung bestand zwischen ihr und anderen Maya-Städten? Wie viele Menschen lebten in diesem riesigen Komplex, dessen Entstehung wir auf Grund verschiedener Belege auf das Jahr 987 unserer Zeitrechnung datieren? Was war die Bestimmung dieser Stadt?

Am Vorabend war ich bei der Ton- und Lichtschau in Uxmal gewesen. Sie lief ähnlich ab wie solche Veranstaltungen überall auf der Welt, nur daß der Text den Zuhörern kunstvoll vorenthielt, wie gering unser Wissen von Uxmal wirklich ist. Es ist weder ein französisches Schloß noch eine ägyptische Pyramide, und so vermochte man weder eine plausible Chronologie noch einen uns nachvollziehbaren Zweck zu nennen. Man kannte die Namen keines der

Herrscher, keinen ihrer Erlasse, konnte nichts über die Baugeschichte berichten. Uxmal ist eine äußerst rätselhafte Ruinenanlage. Während ich dort saß und dem bunten Lichterspiel des *son et lumière* zusah, spürte ich, wie das Publikum zu einer Art verschworener Gemeinschaft wurde, in der sich niemand das Ausmaß seiner Unwissenheit eingestand. Es war beinahe unerträglich, angesichts dieses gigantischen Komplexes zugeben zu müssen, nichts über ihn zu wissen. Uxmal ist schließlich keine Nebensache, keine Fußnote der Geschichte. Es ist eine riesige eindrucksvolle Stadt.

Wie ist es möglich, daß wir nichts von ihr wissen?

Ich sah, wie die Sonne über den Gebäuden aufging. Im Dschungel wurde es warm. Eine Stunde später kamen die ersten Touristen, zogen durch die Ruinen, den Reiseführer in der Hand. Vertrauensvoll lasen sie, was er ihnen über die Regeln der auf den Ballhöfen gespielten Ballspiele und über den Sinn der verschiedenen Feierlichkeiten und Menschenopfer mitteilte. Sie lasen das Gründungsdatum Uxmals, und auch, daß man seinen spätklassischen Baustil als dekadent einstuft. Keine dieser Informationen sind mit Quellenangaben belegt. Niemand erinnert die Besucher daran, daß es den Gelehrten keineswegs leichtfällt, die Hieroglyphen zu entziffern, deren Bedeutung die Reiseführer so leichthin zusammenfassen. Auch weist niemand sie darauf hin, daß die Gelehrten weder wissen, auf welche Weise diese alte Kultur der Maya entstand, noch, aus welchen Gründen sie zur Blüte gedieh oder warum sie unterging. Solche Erwägungen wären störend. Niemand möchte im Urlaub durch eine riesige Ruinenstadt ziehen und zu hören bekommen: «Wir wissen nichts darüber.»

Aber die Wahrheit ist, daß wir tatsächlich nichts wissen.

☐☐☐

Je gründlicher man die uns überlieferte Historie betrachtet, desto weniger zusammenhängend wirkt sie. Aus der Entfernung, in Kapitelüberschriften, in Schulbüchern, erweckt Geschichte den Eindruck eines über alle Maßen geordneten Zusammenhangs. Bei näherer Betrachtung aber stürzt das ganze kunstvolle Gebäude in sich zusammen. Das angeblich finstere Mittelalter war keineswegs fin ster; ohnehin läßt sich nicht so recht sagen, in welcher Mitte es gestanden haben soll; die Renaissance war ebensosehr Geburt wie Wiedergeburt. Ohnehin beziehen sich all diese Etiketten nur auf die Geschichte Europas, die lediglich einen winzigen Bruchteil der Gesamtgeschichte ausmacht. In anderen Teilen des Erdballs und in anderen kulturellen Überlieferungen hat sich alles anders verhalten.

Die Modelle, die wir für unsere eigene Vergangenheit konstruieren, sind uns größtenteils unsichtbar. Die Deutungen verwandeln sich in Wirklichkeit. Die Ansichten über die Ruinen aus der Antike beruhen ganz und gar auf unserer eigenen Erfindung. Bei Knossos auf der Insel Kreta ist Arthur Evans auf eine Ruinenanlage gestoßen, die er den Palast des Königs Minos nannte, und seither ziehen Touristen folgsam hindurch. Doch gibt es weder einen eindeutigen Hinweis darauf, daß es sich bei Knossos um einen Palast handelte, noch daß König Minos – sofern er eine historische Gestalt war – irgend etwas mit diesem Bau zu tun gehabt oder ihn bewohnt hatte. In ähnlicher Weise wird immer wieder erzählt, wie Heinrich Schliemann Troja entdeckt hat. Dabei ist er lediglich auf eine zuvor unbekannte Stadt in Kleinasien gestoßen. Es gibt keinerlei Zeichen, daß er wirklich Troja gefunden hat, keinen zwingenden Nachweis dafür, daß diese Stadt außer in der Vorstellung eines Dichters existiert hat.

Schliemann grub weiter in Mykene, einer bekannten historischen Stätte auf der Peloponnes, und kam zu dem Ergebnis, daß er das Grab des Agamemnon gefunden habe. Nichts weist darauf hin, daß das tatsächlich stimmt. Er hat ein Grab gefunden und es Agamemnons Grab genannt. Es gibt allerdings keinen Beleg dafür, daß Agamemnon wirklich existierte.

Der Mensch ist von dem Wunsch durchdrungen, eine Geschichte zu erfinden und die Ruinen zu erklären, die er sieht. Das war der Schock, den ich oben auf der Wahrsagerpyramide empfand, als ich zusah, wie sich die Morgensonne über das Gesicht der alten Stadt ausbreitete. Schon bald hielt auch ich meinen Reiseführer fest in der Hand und ging durch die Ruinen von Uxmal, und erweckte den Eindruck, weit mehr zu verstehen, als ich tatsächlich verstand.

Als ich die höheren Klassen der Schule besuchte, blieb meine Mutter abends immer auf, bis ich von meinen Verabredungen mit Mädchen zurückkam – selbstverständlich eine überkommene Form elterlicher Schikane gegen Heranwachsende. Fragte ich sie, warum sie das tue, bekam ich zur Antwort: «Ich hab mir Sorgen um dich gemacht. Es könnte dir ja was passieren.»

Man konnte nicht mit ihr darüber reden. Es war sinnlos, sie zu fragen, warum sie meine, ihr Aufbleiben könne für den unwahrscheinlichen Fall von Nutzen sein, daß mir *tatsächlich* etwas geschehen wäre. Es gehört sich nicht, die Liebe einer Mutter oder die Folgerichtigkeit ihres Denkens in Frage zu stellen.

In ganz sonderbarer Weise wurde ich am 27. Dezember 1977 auf Virgin Gorda daran erinnert, einer der britischen Jungferninseln, wo ich die Weihnachtsfeiertage verbrachte. Als ich nach einem Tauchgang zum siebenundzwanzig Meter tief liegenden Wrack eines Raddampfers namens *Rhône* wieder ins Boot kletterte, sah mich der Tauchlehrer Bert Kilbride an und sagte mit bedeutungsvoller Stimme: «Du sollst zu Hause anrufen.»

«Was gibt's denn?» fragte ich ihn. Mein erster Gedanke war, daß mein Haus abgebrannt sein könnte. So etwas kommt in Kalifornien des öfteren vor. Da ich Bert schon seit vielen Jahren kannte, hätte er mir bestimmt gesagt, was er wußte.

«Keine Ahnung», sagte er. «Vom Hotel aus haben sie vorhin rübergefunkt. Sie wollten wissen, ob du im Boot bist, und haben gesagt, es hätte jemand von euch zu Hause angerufen.»

Das klang nicht nach einem Feuer.

«Kann ich vom Boot aus sprechen?»

«Nein. Warte besser, bis du wieder im Hotel bist.»

«Kann man mich nicht über Funktelefon zum Festland rüber verbinden?»

«Das funktioniert nicht besonders gut. Warte lieber, bis du wieder im Hotel bist.»

Das klang ganz und gar nicht nach einem Feuer.

Ich versuchte mir zu überlegen, was es sein konnte. Es war ein Tag nach Weihnachten, und die meisten meiner Angehörigen waren bei meinen Eltern in Connecticut.

Vom Hotel aus rief ich gleich an. Meine jüngere Schwester nahm ab und fragte: «Ach, Michael, wann kommst du nach Hause?»

«Was ist denn los?»

«Haben sie es dir nicht gesagt?»

«Kein Mensch hat mir was gesagt!»

«Papa ist tot.»

Ich kam mir mit einemmal sehr töricht vor. Schwer von Begriff, müde und töricht. «Papa ist tot?»

Mit seinen siebenundfünfzig Jahren war mein Vater noch jung. Er war gesund.

«Er hatte heute morgen im Büro einen Herzanfall», sagte meine Schwester. «Kimmy und Dougie sind hingefahren, um ihn zu identifizieren. Wann kommst du nach Hause?»

Sobald ich einen Flug bekommen könne, sagte ich. Ich würde mich sofort darum kümmern und versuchen, am nächsten Tag bei ihnen zu sein.

Nachdem ich aufgelegt hatte, fragte Loren: «Was ist passiert?»

«Mein Vater ist gestorben.»

«Ach, Michael, das tut mir leid.»

«Ja», sagte ich, sah mich in der Hotelhalle um und betrachtete die Palmen. «Er hat mir den Urlaub ganz schön versaut.»

Mit einemmal war ich richtig wütend, daß er mir das angetan hatte. Wie konnte er mich in einem so unpassenden Augenblick verlassen?

Loren sagte, sie würde für mich bei den Fluggesellschaften anrufen. Ich setzte mich an die Bar. Trauer empfand ich nicht. Ich empfand gar nichts, blickte mich einfach im Hotel um: sah den Leuten zu, die vom Strand heraufkamen, dem Mann hinter der Bar, der Gläser wusch und Schalen mit Nüssen für den Nachmittag bereitstellte. Und ich ärgerte mich. Ich mußte fort, obwohl ich lieber bleiben wollte.

Und ich dachte: *Aufgepaßt. Es fällt schwerer zu trauern, wenn man sich nicht gut versteht.* Mein Vater und ich waren nämlich nicht besonders gut miteinander ausgekommen. Wir hatten nie dem typischen Bild von Vater und Sohn entsprochen. Das war auch im Laufe der Jahre nicht besser geworden. Es war keineswegs ein Zufall, daß ich mich in der Karibik vergnügte und nicht, wie meine Geschwister, zu Hause war. In meinen Augen war mein Vater ein ausgemachter Mistkerl. Jetzt war er tot, und alles hatte sich in Luft aufgelöst. Keine Unterhaltungen mehr, keine Zornesausbrüche, keine Hoffnungen, doch noch eine Lösung zu finden. Einfach – zack! – tot. Hat dir nichts mehr zu sagen. Feierabend. Schluß.

Außer daß ich für die Beerdigung des Mistkerls heimkehren mußte und mir damit meine dringend benötigten Ferien verdarb. All seine verdammten Bekannten würden da sein und mir sagen, was für ein großartiger Kerl er gewesen war...

Paß auf.

Ich war fuchsteufelswild. Am nächsten Tag wurde ich sehr früh wach, schon um vier Uhr konnte ich nicht mehr schlafen. Ich war immer noch wütend und blieb es während des ganzen Flugs nach Hause. Spät am nächsten Abend kam ich völlig gerädert und zutiefst empört in Connecticut an. Ich ließ mir gegenüber meinen Angehörigen nichts anmerken, weil sie alle aufrichtig trauerten.

Am nächsten Morgen wurde ich wieder um vier Uhr wach. Ich konnte einfach nicht schlafen. Inzwischen war ich so müde, daß es mir schwerfiel, wütend zu sein. Über dem ganzen Haus lag eine Atmosphäre schrecklicher Erschöpfung. Ständig kamen Leute von überall her, und alle waren sie ausgesprochen nett. Es gab viel zu tun, man mußte sich um zahllose Kleinigkeiten kümmern, um den Blumenschmuck, um das Essen und so weiter, und immer mehr Verwandte kamen mit dem Flugzeug angereist. Die Sache schien alle Nachteile einer riesigen gesellschaftlichen Veranstaltung ohne einen einzigen ihrer Vorzüge zu haben.

Ich beschloß, mich zu beschäftigen und verschiedenes zu erledigen, zumal ich der einzige war, der nicht die ganze Zeit in Tränen aufgelöst war. Das war meinem Bruder aufgefallen, und er hatte zu mir gesagt: «Hör mal, ich weiß ja, daß du Papa nicht leiden konntest, aber trotzdem war er dein Vater. Er hat getan, was er konnte.»

«Ach, wirklich? Einen Scheiß hat er», sagte ich. Das faßte meine Empfindungen ziemlich gut zusammen. Mein Bruder gab sich verständnisvoll, was die Sache verschlimmerte. Ich sagte ihm, bei all diesem rührseligen Getue müsse irgend jemand die Erinnerung daran wachhalten, daß sich der Kerl zwischendurch ganz schön mies aufgeführt hatte, und nicht nur mir gegenüber. Wenn ich mich an einiges erinnerte, könne ich mir kaum vorstellen, daß er Papa besonders geschätzt habe. Wie sei das damals noch gewesen, als er unsere Schwester so entsetzlich verprügelt hatte, daß der Arzt beinah die Poli –

«Ach, was soll's», sagte mein Bruder und ging. Er drehte sich um. «Hör doch, Mike. Jetzt ist er *tot*.»

Mir war klar, daß mein Bruder schon immer allen gegenüber eher versöhnlich gewesen war. Einer seiner Wesenszüge war eine Nachsicht, die mir abging. Er konnte verzeihen, ich nicht. Diese Fähigkeit war mir schon vor Jahren ausgetrieben worden; vor allem fehlte sie mir gegenüber meinem Vater.

Also erledigte ich, was zu erledigen war. Das tat mir gut, auch wenn ich so entsetzlich müde war, daß ich mich kaum von der Stelle bewegen konnte. Nachdem ich vor dem Blumenladen geparkt hatte, kostete es mich ungeheure Anstrengung, die Wagentür zu öffnen, auszusteigen, die Tür zu schließen, in den Laden zu gehen, mich zu erinnern, warum ich gekommen war, in normalen Sätzen mit dem Blumenhändler zu sprechen und zu antworten, wenn er mich fragte, wie ich zahlen wollte.

Nachdem ich schließlich alles erledigt hatte, war ich am Ende. Ich setzte mich in die Küche, schälte mit meiner älteren Schwester Kim Kartoffeln und sagte verärgert: «Hör mal, ich versteh nicht, warum ich hier alles machen muß. Wieso soll ich als einziger den ganzen Laden zusammenhalten, während ihr alle schlappmacht?»

«Kein Mensch verlangt das von dir», sagte sie.

Mir wurde klar, daß sie recht hatte. Diese Rolle hatte ich mir selbst zugedacht.

Ich ging auf mein Zimmer und weinte.

Es waren verwickelte Gefühle, die ich herausweinte, denn ich war immer noch wütend, aber ich war auch bedrückt. Ich war bedrückt wegen des Schicksals, das meinen Vater und mich getroffen hatte, bedrückt darüber, daß nichts je gelöst werden würde, bedrückt, weil er sein Leben auf die und keine andere Weise gelebt hatte, daß er sich so unglücklich gefühlt, es aber nicht offen gezeigt hatte.

All diese Gefühle bestürmten mich gleichzeitig auf verschiedenen Ebenen und verschafften mir dabei Erleichterung. Zwar war ich noch wütend, aber ich kam mir nicht mehr so von meinen Gefühlen besetzt vor. Und ich konnte die Dinge eher hinnehmen. Noch standen uns viele schwierige Situationen bevor: der Abschied vom Toten am offenen Sarg und die Beerdigung am Tag darauf.

Obwohl ich eine Schlaftablette nahm, wurde ich abermals um vier Uhr wach. Ich hatte den Eindruck, daß ich etwas tun, etwas in Ordnung bringen müßte. Dann wurde mir klar, daß ich gar nichts tun konnte. Er war tot. Es gab nichts in Ordnung zu bringen. Ich konnte nichts tun, um meiner Mutter oder sonst jemandem die Situation zu erleichtern. Alles war mir aus den Händen genommen.

Es gab nichts zu tun.

Ein sonderbares Gefühl. Es gab nichts zu tun. Irgendwie mußte man die Sache hinter sich bringen, mit sich selbst zurechtkommen und weitermachen. Ich weinte jetzt viel, immer, wenn mir danach war, und das war sehr gut. Ich denke, diese Reaktion ist im Menschen so angelegt wie die Fähigkeit zur Fortpflanzung. Wir wissen schon, wie wir trauern müssen. Wenn wir uns dem natürlichen Ablauf der Dinge in den Weg stellen, schaden wir uns nur selber.

Also tat ich jetzt das Natürliche. Aber ich fühlte mich bedrückt bei dem Gedanken an das schrecklichste aller Rituale, an den Abschied von dem Verstorbenen in der Leichenhalle. Ich rief am Vormittag den Leichenbestatter an und erfuhr, mein Vater sei noch nicht soweit. Es gebe da Schwierigkeiten, und sie würden nicht rechtzeitig fertig. Es tue ihnen leid, aber ob es uns um halb drei passe?

Ich stimmte zu.

«Was haben sie gesagt?» wollte meine Mutter wissen.

Ich überlegte, was ich ihr sagen sollte. Eine kleine Verspätung bei der Herrichtung der Leiche? «Äh, daß sie viel zu tun haben und ... äh ... daß sie erst gegen halb drei fertig sind.»

Sie nickte. «Die kommen mit seinem Mund nicht zurecht», sagte sie ganz sachlich und gefaßt. Mein Vater war im Sessel sitzend gestorben, und der Mund hatte offengestanden, als die Leichenstarre einsetzte.

Um halb drei zogen sich alle an, hielten Papiertaschentücher bereit und machten sich auf den Weg zur Leichenhalle. Ich fürchtete mich davor. Ich hatte noch nie einen toten Angehörigen gesehen, nie die Leiche eines Menschen, der mir nahegestanden hatte. Ich wußte nicht, was ich dabei empfinden würde. Am liebsten wäre ich zu Hause geblieben, mußte aber als der älteste Sohn meine Mutter begleiten.

Der Aufbahrungsraum befand sich in einem für Connecticut

typischen Holzhaus mit einer hölzernen Veranda vor der Tür. Da die Stufen mit Eis bedeckt waren, mußte man vorsichtig hinaufsteigen. Zwar schien die Sonne, aber es war kalt.

Meine Mutter traf ihre Schwester im Vorraum, und wir sahen erleichtert, daß beide völlig gefaßt waren. Wir gingen alle gemeinsam hinein, um Abschied zu nehmen.

Kaum hatte ich den Raum betreten, als sich mir der verrückte und unerwartete Gedanke aufdrängte: *Er ist hier. Er lebt noch.*

Inzwischen war meine Mutter zur Leiche meines Vaters geeilt, umschlang sie, weinte, redete mit ihm und küßte ihn. Es war mir peinlich. Ich hatte den Eindruck, es sei nicht recht, daß ich Zeuge dieser Szene war. Meine Mutter drehte sich zu mir um und sagte: «Er ist so kalt.» Aber sie war ganz in ihrer eigenen Welt, sie tat, was ihr entsprach, und es beeindruckte mich in seiner Geradlinigkeit. Sie weinte, sie sprach mit ihm, wischte ihre Tränen von seinen Wangen. Offenkundig konnte sie mit der Situation umgehen.

Ich versuchte mir vorzustellen, wieso ich gedacht hatte, er sei noch da. Und wieder empfand ich es. *Er ist hier. Er befindet sich hier im Zimmer. Er ist verwirrt.*

Zwar wußte ich, daß Menschen von solchen Eindrücken berichtet hatten, aber ich gehörte nicht zu denen, die glaubten, daß sich eine Seele in der Nähe ihrer irdischen Hülle aufhält, schon gar nicht nach einem plötzlichen Tod.

Woher also kam die Empfindung? Mir kam es vor, als sei der Raum warm, als hänge mein Vater an der Decke, sehe auf uns alle herab und frage sich, was wir dort wollten. Drückte sich darin meine Schwierigkeit aus, mich damit abzufinden, daß mein Vater wirklich tot war? Immer wieder sah ich auf seine Brust, wartete darauf, daß er Atem holte. Ich war sicher, daß er noch lebte. Ich wußte, daß er sich in diesem Raum aufhielt. Zwar konnte ich mir nicht denken, wie, aber ich wußte es.

Schließlich küßte meine Mutter meinen Vater ein letztes Mal und sagte, sie sei fertig. Auf dem Weg nach draußen teilte sie dem Leichenbestatter mit, sie hätten gute Arbeit geleistet, mein Vater sehe wirklich sehr vorteilhaft aus. Dann gingen wir alle hinaus.

Für den folgenden Tag war die Beerdigung festgesetzt.

□□□

Am Morgen erklärte meine Mutter, sie wolle den Leichnam vor der Beisetzung noch einmal ansehen. Niemand konnte dem Gedanken viel abgewinnen. Aber da ich sehen wollte, ob sich meine Reaktion vom Vortag bestätigte, erklärte ich mich bereit, sie zu begleiten.

Wir gingen noch einmal in den Aufbahrungsraum. Kaum war ich eingetreten, fragte ich mich, wie ich je der Ansicht hatte gewesen sein können, mein Vater würde sich dort aufhalten. Er war fort. Der Raum war kalt und leer, mit Ausnahme eines Körpers, der einst meinem Vater gehört hatte. Meine Mutter sah ihn an, trat zu ihm, weinte ein wenig und sah ihn noch eine Weile an. Aber sie umarmte und küßte ihn nicht. Sie stand nur eine Weile da. Dann verließen wir den Raum und gingen zur Beerdigung.

Mein Vater war ein bedeutender Mann gewesen und hatte viele Geschäftsfreunde, die alle zur Beisetzung kamen. Die Zeremonie war sehr aufwendig und ließ das Gedenken an ihn in eindrucksvoller Weise erkennen. Ich war inzwischen verwirrt von meinen Reaktionen und fragte mich während des Gottesdienstes: «Ob er hier ist?» Ich spürte nichts. Der Gottesdienst bedeutete mir äußerst wenig.

Mittlerweile konnte ich unterscheiden, was mir guttat und was nicht, auch wenn starke Gefühle mich beutelten. Beispielsweise war es gut, mit Trauergästen zu sprechen, die ins Haus kamen. Wenn man gezwungen war, eine Weile mit Leuten zu reden, auch wenn es nichtssagendes Geplauder war, fühlte man sich besser. Es war überhaupt nicht nötig, daß sich jemand in irgendeiner Weise über seine Gefühle zum Tod meines Vaters äußerte.

Schlecht aber war es, wenn Besucher weinten oder länger als eine halbe Stunde blieben. Sie kosteten unnötig Kraft.

Von dem Verstorbenen im offenen Sarg Abschied zu nehmen, war ebenfalls gut. Telegramme und Anrufe waren gut, auch zu später Stunde, da dann ohnehin noch niemand schlief.

Doch der Trauergottesdienst schien mir überhaupt nicht gut zu sein. Die Kirche kam mir tot vor, voll abgestandener Rituale und seit Jahrhunderten überholter Handlungselemente, die keinen Trost mehr spendeten, jedenfalls nicht mir. Meine Empfindungen nahmen mich ganz ein und verlangten eine echte Reaktion, nicht dieses gekünstelte feierliche Gehabe. Aber meine Mutter fühlte sich durch den Gottesdienst getröstet, und er erfüllte letztendlich auch wichtige gesellschaftliche Funktionen.

Anschließend fuhren wir zum Friedhof. Es war ein sonniger Tag, schön, aber kalt. Alle waren müde. Ich sah auf den Grabstein und fragte mich, ob mein Vater dort sei. Inzwischen hielt ich überall nach ihm Ausschau. Aber dort auf dem Friedhof war er nicht. Der Grabstein kam mir klein vor. Nach der Beisetzung stiegen wir wieder in die Autos und fuhren davon.

Ich fragte meinen Bruder, ob er am ersten Tag im Aufbahrungsraum etwas Ungewöhnliches gespürt habe.

«Was zum Beispiel?»

«Als ob Papa da sei und sich im Zimmer aufhalte.»

«Ist das dir so vorgekommen?» fragte er.

«Ja. Dir auch?»

«Nein», sagte er, «mir nicht. Ich war einfach bekümmert, daß er tot war.»

Am darauffolgenden Tag kehrte ich nach Kalifornien zurück.

IRLAND

Ich führe Regie bei einem Film mit dem Titel *Der große Eisenbahnraub*. Seine Handlung orientiert sich mehr oder weniger an einem Eisenbahnraub, der zur Zeit Königin Viktorias in England sich ereignete. Dort und in Irland drehen wir, unter anderem mit Sean Connery, Donald Sutherland und Lesley-Anne Down.

Ein heimlicher Wunsch, den ich mein Leben lang mit mir herumgetragen habe, ist in Erfüllung gegangen. Ich führe Regie bei einem Film von internationaler Bedeutung, drehe im Ausland, arbeite mit bedeutenden Filmstars! Wie aufregend! Zieh deine Safarijacke an und häng dir den Sucher des Regisseurs um den Hals!

Aber insgeheim habe ich Angst. Es ist erst mein dritter Film, und ich bin kein wirklich erfahrener Regisseur. Außenaufnahmen im Ausland habe ich noch nie gemacht. Noch nie habe ich einen Film gedreht, der in einer anderen Epoche spielt. Noch nie habe ich mit einem ausländischen Drehteam gearbeitet. Obwohl ich schon mit guten Schauspielern zu tun hatte, habe ich noch nie bei solch großen Stars Regie geführt.

Ein Filmregisseur muß Autorität ausstrahlen. Danach ist mir aber ganz und gar nicht. Im Gegenteil stehe ich unter fürchterlichem Druck und komme mir isoliert vor. Ich bin allein in Dublin; Loren schließt gerade zu Hause ihr Jurastudium ab. An dem ganzen Projekt sind lediglich drei Amerikaner beteiligt: außer mir der Produzent John Foreman und der Stunt-Koordinator Dick Ziker. Da John Erfahrung mit dem Filmen im Ausland hat, verlasse ich mich auf sein Urteil; letzten Endes aber bin ich der Regisseur und muß meine Arbeit allein tun. Und ich habe Angst.

Ich habe noch nie gewußt, wie ich mit diesen Beklemmungen fertig werden soll, die mich angesichts neuer Aufgaben befallen. Es scheint keine andere Möglichkeit zu geben, als sie zu durchleben, sie hinter sich zu bringen. Zumindest ein Teil der Angst vor neuen Aufgaben ist berechtigt; und ein gewisses Maß an Besorgnis spornt sogar zu besserer Leistung an. Aber hier in Dublin setze ich mich nicht richtig durch. Es funktioniert einfach nicht. John Foreman hat mir gesagt, daß englische Drehteams den Regisseur ‹guv› nennen, also ‹Chef›. Kein Mensch hier sagt Chef zu mir, nicht einmal ‹Sir›. Sie nennen mich überhaupt nichts.

Trotz meiner fünfunddreißig Jahre halten mich die Leute für zu jung, als daß ich wissen könnte, was ich tue. Sie versuchen, Dinge hinter meinem Rücken zu tun, wissen alles besser. Wenn ich sage, daß etwas auf eine bestimmte Weise getan werden soll, gehen sie hin und tun etwas anderes. Wir streiten uns viel herum.

Außerdem machen allem Anschein nach die Briten bei den Dreharbeiten vieles anders als wir in Amerika. Bei uns bespricht der Regisseur die Aufnahmen mit dem Chef-Kameramann, in England mit den einzelnen Kameraleuten. Die Szenen werden anders numeriert. Die technischen Begriffe sind anders. Englische Drehteams machen vier Essenspausen am Tag, amerikanische nur eine, zu Mittag. Wer Überstunden machen lassen will, muß bei den Briten die ganze Gruppe zusammentrommeln und abstimmen lassen.

Nicht einmal die einfachsten Zeichen scheinen verstanden zu werden. In Amerika gelte ich als gelassener ruhiger Regisseur, die Engländer hingegen halten mich allem Anschein nach für eine Art menschlichen Kugelblitz. Eines Tages fragt mich mein Regieassistent, der mich so offen kritisiert, daß es an Unverschämtheit grenzt, ob ich etwas nehme. Er meint Aufputschmittel. Verblüfft will ich wissen, wie er darauf kommt, und er sagt, das ganze Drehteam teile diese Ansicht, weil ich alles so schnell tue. Ich teile ihm mit, daß ich nicht unter Drogen stehe.

Die ersten Aufnahmetage verlaufen nicht erfolgreich. Unser Drehteam besteht je zur Hälfte aus Engländern und Iren, die sich gegenseitig nicht ausstehen können. In ihnen steckt eine uralte Feindseligkeit, und so schiebt es die eine Seite auf die andere, wenn etwas danebengeht. Wir kommen nur stückchenweise voran. Niemand hört auf mich. Sehe ich für die Kamera einen bestimmten Standort vor, stellen die Leute sie jedesmal um, und wenn es nur fünfzehn Zentimeter sind. Ich stelle sie dorthin zurück, wo ich sie haben will. Das Wetter ist verheerend. Es kommt mir so vor, als würden beständig Essenspausen gemacht. Wir fallen hinter den Drehplan zurück.

Allabendlich schleppe ich mich in mein Dubliner Hotelzimmer. Es sieht aus wie der Vorraum eines Tuberkulose-Sanatoriums. Die Wände mit ihren faden viktorianischen Tapeten sind uneben. Ich möchte gern daheim anrufen, aber das Personal der Telefongesellschaft streikt. Als noch ein Poststreik hinzukommt, bin ich gänzlich von der Außenwelt abgeschnitten.

Ich frage John Foreman, was ich tun soll. Er empfiehlt mir: «Red mit Geoff. Der mag dich.»

Geoffrey Unsworth ist der für die Beleuchtung zuständige Kameramann. Er hat das Auftreten eines Gentleman und ist von ausgesuchter Höflichkeit. Alle schwärmen für ihn. Täglich fahren wir gemeinsam zum Drehort, und so haben wir viel Zeit, miteinander zu reden. Er scheint meine Schwierigkeiten zu begreifen, doch fällt es ihm mit seiner britischen Reserviertheit nicht leicht, offen über die Dinge zu reden. Ich fühle mich unbehaglich. Wie kann ich ihn fragen, warum mich niemand respektiert? Also sprechen wir über technische Fragen: warum wir nicht mehr Einstellungen abdrehen und wie sich erreichen ließe, daß alles glatter abläuft.

Geoff sagt: «Ich würde gern einen Ihrer Filme sehen.» Ich halt das für reine Höflichkeit, aber er wiederholt den Wunsch. Allerdings dürfte es schwierig sein, eine Kopie meines letzten Films, *Coma*, nach Irland zu bekommen, denn er läuft noch in Amerika.

Mittlerweile gehen die Probleme weiter. Nach etwa einer Woche sagt Geoff unumwunden: «Wissen Sie, ich glaube, die Leute würden gerne einen Ihrer Filme sehen.» Noch einmal erkläre ich ihm, wie schwierig es ist, eine Kopie zu bekommen. Aber es gelingt mir, ein Fernschreiben mit der Bitte um eine Kopie an MGM in Los Angeles abzuschicken.

Unsere Schwierigkeiten nehmen zu. Die Lage wird immer unangenehmer. Manchmal brüllen sich die Iren und Engländer in unserer Gruppe an. Es gibt keinen Zusammenhalt. Ich weiß, woran das liegt: niemand hat die Fäden in der Hand. Nur quälend langsam kommen wir voran. Was geleistet wird, ist gut, aber die Arbeit dauert viel zu lange. Für den Film ist ein fester Finanzierungsrahmen vorgegeben, und das bedeutet, wenn kein Geld mehr da ist, müssen wir aufhören zu drehen, ob er fertig ist oder nicht. Auf mir lastet ein ungeheurer Druck. Wir müßten mehr Einstellungen abdrehen. Schneller werden.

Aber wir werden nicht schneller.

Geoff sagt: «Könnten wir doch nur einen Ihrer Filme sehen!»

Schließlich kommt die Kopie, und wir zeigen sie am Freitagabend nach Drehschluß. Die meisten aus dem Team sind da.

Als ich am Montagmorgen zur Arbeit komme, bereit, den üblichen, aussichtslosen Kampf fortzusetzen, lächelt mir einer der Elektriker zu, während ich mich zwischen Kabeln und Scheinwerferstativen voranarbeite.

«Morgen, Chef», sagt er.

Das Team war zu dem Ergebnis gekommen, daß *Coma* ein ganz ordentlicher Film sei und ich wohl doch wisse, was ich tue. Dank Geoff ist die Stimmung seither deutlich anders, und wir kommen weit besser voran.

Das Team breitet mitten auf freiem Feld ein weißes Bettlaken aus, um die Landestelle für den Hubschrauberpiloten zu markieren. Zahlreiche Zaungäste aus der Umgebung drängen sich an der Absperrung, unverwandt den Blick auf das Laken gerichtet. Sie warten, daß etwas geschieht. Durch ihre Aufmerksamkeit wird das Laken zum Kunstwerk. Ein Christo: *Eingewickeltes Feld in Irland, 1978*. Ich fände es lustig, würden wir nicht hinter dem Drehplan herhinken.

Es ist acht Uhr morgens und bitterkalt. Wir befinden uns auf einem kleinen Provinzbahnhof außerhalb der irischen Ortschaft Mullingar. Vor uns liegt eine Woche mit Dreharbeiten auf den Waggondächern eines schnellfahrenden Zuges. Sean Connery hat sich bereit erklärt, dort oben seine eigenen Stunts zu drehen. Die kleine Lokomotive vom Baujahr 1863, also aus der Zeit, in der der Film spielt, stößt vor dem Bahnhofsgebäude Dampfwolken aus. Angekoppelt sind unsere speziell für diese Szenen gebauten Waggons. Wir müßten mit dem Filmen anfangen, aber der Kamerahubschrauber aus England ist noch nicht eingetroffen. Ich schlage vor, daß wir inzwischen eine Probefahrt mit dem Zug machen. Wir klettern über eine Leiter auf das Waggondach, und ab geht die Post.

Nach wenigen Minuten grinst Connery so breit wie ein Kind auf der Kirmes. Er ist ein erstklassiger Sportler und hätte bestimmt auch als Berufs-Footballspieler Erfolg gehabt. Jetzt springt er leichtfüßig von einem Waggon zum anderen und genießt das Ganze sichtlich. Vor einer Brücke müssen wir uns flach auf das Dach legen. Sie zischt über uns hinweg, eine Handbreit über unseren Köpfen. Connery lacht dröhnend. «Einfach fabelhaft!»

Wir kehren zum Bahnhof zurück und beginnen mit den Dreharbeiten. Die übermütige Stimmung schwindet. Jetzt ist es Arbeit. Ständige Aufmerksamkeit ist gefragt. Die Verwaltung der irischen Bahn hat uns dreißig Kilometer ihres Schienennetzes im schönsten Teil des Landes zur Verfügung gestellt, aber wie das in Irland nun einmal so ist, sind alle zwanzig Brücken über die Schienen von unterschiedlicher Höhe. Manche sind sehr niedrig. Zwar haben wir jede einzelne vermessen und eingezeichnet, aber niemand traut der von uns erstellten Karte. Vor jeder Aufnahme fahren wir im Schneckentempo unter der jeweiligen Brücke hindurch, um zu sehen, wieviel Platz bleibt. Noch gefährlicher sind die Telefon- und Freileitungen, die hier und da den Gleiskörper überqueren; sie sind nicht gekennzeichnet und erst im letzten Augenblick zu sehen.

Außerdem läßt die betagte Lokomotive einen glühenden Ascheregen auf uns niedergehen. Wir setzen unsere Umgebung regelrecht in Brand. Jeden Abend nach der Rückkehr dusche ich und wasche mir die Haare. Das Wasser läuft tintig schwarz ab.

Connery stürzt sich mit Wonne in die Arbeit. Er gehört zu den bemerkenswertesten Menschen, die ich je kennengelernt habe, ist unbeschwert und ernsthaft zugleich. Aus dem Zusammensein mit ihm habe ich viel gelernt. Er ist mit sich selbst im reinen, und er spricht offen und unverblümt. «Ich esse gern mit den Fingern», sagt er, während er in einem vornehmen Restaurant die Finger zum Munde führt, ohne sich um die anderen Gäste zu kümmern. Lappalien bringen ihn nicht aus dem Gleichgewicht. Essen ist ihm wichtig. Autogrammjäger kommen, und er funkelt sie an: «Ich *esse*», sagt er streng. «Kommen Sie später wieder.» Das tun sie, und er signiert freundlich ihre Speisekarten. Er trägt niemandem etwas nach, wenn ihm nicht danach ist. «Ich hab mich einen großen Teil meines Lebens hindurch elend gefühlt», sagt er. «Dann dachte ich eines Tages, ich bin nur so und so lange auf der Welt, und es liegt an mir, ob ich das Dasein schön finde oder nicht. Da hab ich beschlossen, daß ich es dann auch sofort schön finden kann.» Er hat die Gabe, seine Stimmungen und sich selbst zu beherrschen. Man merkt, daß er tut, was er für richtig hält. Dadurch wirkt er selbstsicher, in sich ruhend. Am häufigsten hört man über ihn die Äußerung: «Das ist ein *richtiger Mann*.»

Einmal seufzt in einem Flugzeug eine Frau: «Sie sind so *männlich*.»

Connery lacht. «Ich bin eigentlich sehr feminin», erklärt er bestimmt. Und das meint er ernst; diese Seite seines Wesens macht ihm großen Spaß. Als begabter Schauspieler probt er gern allein und fühlt sich gleich in allen Rollen zu Hause. Die im Film mitwirkenden Kollegen kann er erstaunlich gut nachahmen, auch Donald und Lesley-Anne, seine Partnerin in der Hauptrolle. Er scheint das Leben ständig zu genießen. Mit allen Seiten seines Wesens ist er im Einklang, und er steht zu allem, worauf er Lust hat.

So offen wie Sean bin ich nicht, und er neckt mich deswegen. Einmal habe ich nach einer Aufnahme den Eindruck, daß seine Gesten ein wenig weibisch waren. Ich will die Aufnahme wiederholen lassen, weiß aber nicht so recht, wie ich ihm sagen soll, was er anders machen muß. Wie macht man 007 klar, daß er weibisch wirkt?

«Sean, bei der letzten Aufnahme hast du eine Handbewegung gemacht...»

«Ja, was ist mit der? Ich fand sie gut.»

«Nun, mir schien sie ein wenig, hm, locker. Schlaff.»

Seine Augen verengen sich. «Was willst du damit sagen?»

«Nun, sie könnte vielleicht ein bißchen entschiedener sein. Kraftvoller, weißt du.»

«Kraftvoller...»

«Ja, kraftvoller.»

«Soll das heißen, daß es so aussieht, als wäre ich schwul?» Jetzt grinst er breit, freut sich diebisch über mein Unbehagen.

«Nun ja. Ein wenig.»

«Dann sag's doch, Junge!» dröhnt er. «Sag einfach, was du von mir willst! Wir haben doch nicht den ganzen Tag Zeit!» Und er dreht die Szene neu, mit einer anderen Handbewegung.

Später nimmt er mich beiseite. «Weißt du, du tust keinem 'nen Gefallen, wenn du nicht klar sagst, was du von ihm willst. Du meinst, du bist rücksichtsvoll, weil du uns raten läßt, was du meinst. In Wirklichkeit machst du uns damit bloß das Leben schwer. Sag, was du meinst, und tu deine Arbeit.»

Ich verspreche, es zu versuchen. Es wird auch besser, aber es gelingt mir nie, so geradeheraus zu sein wie er. Er sagt: «Man muß immer bei der Wahrheit bleiben, denn wer die Wahrheit sagt, macht sie zum Problem des anderen.»

Er hält sich an seine Maxime und sagt stets die Wahrheit. Er scheint in einer konzentrierten Gegenwart zu leben, reagiert auf alles mit einer ungekünstelten Unmittelbarkeit, die Vergangenheit wie Zukunft unberücksichtigt läßt. Er ist stets echt. Manchmal sagt er zu Menschen, von denen ich weiß, daß er sie nicht ausstehen kann, etwas Nettes. Manchmal raunzt er seine engsten Freunde wütend an. Er sagt stets die Wahrheit so, wie er sie im Augenblick sieht, und wenn sie anderen nicht paßt, müssen sie allein sehen, wie sie damit zurechtkommen.

Die Aufnahmen vom Zug aus gehen weiter. Das Drehteam ist äußerst vorsichtig; niemand kommt zu Schaden. Inzwischen haben wir die gefährlichsten Szenen im Kasten, diejenigen, bei denen sich Sean im letzten Augenblick kurz vor der Brücke ducken muß, die er hinter seinem Rücken nicht herannahen sehen darf. Obwohl diese Aufnahmen mit größter Sorgfalt geplant und mit der Stoppuhr in der Hand gedreht wurden, sind wir alle froh, als sie hinter uns liegen.

Zum Schluß wird eine lange Einstellung gedreht, bei der Sean über die Dächer des ganzen Zuges läuft und von einem Waggon zum anderen springt. Da wir Aufnahmen in alle Richtungen machen, hängen der Kameramann und ich auf einer seitlich neben dem Zug angebrachten Plattform, und alle anderen halten sich in den Waggons auf. Ich versuche, sowohl die Szene im Auge zu behalten, als auch mich immer im richtigen Augenblick zu ducken, damit das Kameraobjektiv über meinen Kopf hinwegschwingen kann.

Wir beginnen zu drehen. Sean läuft über die Dächer des Zuges. Ich nehme einen scharfen beißenden Geruch wahr und spüre einen stechenden Schmerz auf der Kopfhaut. Ich begreife, daß die glühende Asche von der Lokomotive meine Haare in Brand gesetzt hat. Aufgeregt fahre ich mir durch das Haar und versuche, die Funken zu löschen – schließlich soll kein Rauch von meinem Kopf aufsteigen, wenn die Kamera über mir vorbeigeführt wird.

Unterdessen springt Sean auf das Dach des mir zunächst befindlichen Waggons, stolpert und fällt. Ich denke noch, um Himmels willen, Sean, nicht zuviel Perfektion, nur, damit es möglichst gefährlich aussieht. Er trägt, wie die Handlung es vorschreibt, ein Kleiderbündel. Als er es im Fallen losläßt, wird mir klar, daß er wirklich gestürzt sein muß, denn sonst hätte er so etwas nie und nimmer getan. Ich bemühe mich nach wie vor, den entstehenden Schwelbrand auf meinem Kopf zu löschen. Sean kommt wieder auf die Beine, nimmt das Kleiderbündel erneut an sich und rennt weiter, wobei er vor echtem Schmerz zusammenzuckt. Gerade noch rechtzeitig, bevor die Kamera über mich hinwegschwingt, bekomme ich die glühende Asche von meinem Kopf. Die Szene ist im Kasten.

Anschließend halten wir den Zug an. Alle müssen aussteigen. Sean hat sich das Schienbein kräftig aufgeschlagen. Es muß verbunden werden.

«Alles in Ordnung, Sean?»

Er sieht mich an. «Wußtest du eigentlich», sagt er, «daß deine Haare Feuer gefangen hatten? Du mußt da oben besser aufpassen.»

Und er lacht.

Seine unbefangene Sehweise ermöglicht ihm überraschende Schluß-folgerungen. Am vierten Tag der Dreharbeiten stecken wir jeden außer Sean in den Zug, denn wir filmen vom Hubschrauber aus, so daß die Kamera die gesamte Länge des Zuges erfaßt. Also sitze auch ich in einem Waggon, habe einen Zylinder auf und ein Funksprech-gerät im Schoß. Als der Zug anfährt, höre ich den Lokführer die Geschwindigkeit ansagen: «Vierzig Stundenkilometer... fünfzig... fünfundfünfzig...»

Auf diese Geschwindigkeit haben wir uns geeinigt. Der Hub-schrauber teilt mit, daß er die richtige Position erreicht hat. Ich gebe über Funk das Zeichen zum Anfangen, und es geht los. Ich sitze da, höre den Rotor des Hubschraubers über uns und versuche mir die Aufnahme vorzustellen, versuche mir nach dem Geräusch auszu-malen, wie alles abläuft.

Der Pilot teilt mit, daß alles geklappt hat. Wir lassen den Zug anhalten. Sean kommt vom Dach herunter. Aufgebracht stampft er mit dem Fuß auf und beklagt sich: «Da oben ist es verflucht gefähr-lich! Der verdammte Zug macht nie im Leben nur fünfundfünfzig Sachen!»

«Doch, Sean», sage ich.

Nach so vielen Drehtagen ist die Frage der genauen Geschwindig-keit kein Problem mehr. Das ist sehr wichtig, denn man muß beim Filmen unterschiedliche Geschwindigkeiten einhalten, je nachdem, in welche Richtung die Kamera zeigt. Beim Filmen im rechten Win-kel zur Fahrtrichtung scheint die Geschwindigkeit höher, also muß der Zug langsamer fahren. Wenn man in Fahrtrichtung filmt, muß er schneller als sonst fahren. Wird die Geschwindigkeit des Zuges nicht auf diese Weise angepaßt, sieht es später im fertigen Film so aus, als führe er in verschiedenen Aufnahmen mit unterschiedlicher Geschwindigkeit.

Das also haben wir längst festgelegt. Einer der Regieassistenten befindet sich mit einem Funksprechgerät auf dem offenen Führer-stand der Lokomotive und ruft bei Beginn jeder Aufnahme durch, wie schnell die Lok fährt. Sobald sie die vorher festgelegte Ge-schwindigkeit erreicht hat, fangen wir an zu filmen. So haben wir es die ganze Zeit gehalten.

Ich schalte das Funksprechgerät ein. «Chris, wie schnell war der Zug bei der letzten Sequenz?»

Von der Lokomotive kommt die Stimme «Fünfundfünfzig ka-emm-ha».

Ich sehe zu Sean hin und zucke die Schulter.

Er nimmt das Funksprechgerät und fragt: *«Und woher wollt Ihr wissen, daß es fünfundfünfzig waren?»*

Eine lange Pause tritt ein.

«Wir haben die Telegrafenmasten gezählt», sagt die Stimme.

Sean gibt mir das Funksprechgerät zurück.

Allmählich schält sich heraus, was wirklich geschehen ist. Der Führerstand der Lokomotive vom Baujahr 1863 ist mit keinerlei Geschwindigkeitsmeß-, oder -anzeigevorrichtung ausgerüstet. Also schätzen die Männer da vorn das Tempo, zählen, an wie vielen Telegrafenmasten sie in einem bestimmten Zeitraum vorüberfahren – ein äußerst ungenaues Verfahren. Jetzt wollen wir alle wissen, wie schnell der Zug wirklich war.

Der Hubschrauber ist während des größten Teils der Aufnahme parallel zum Zug geflogen, und so fragen wir über Funk den Piloten: «Wie schnell war der Zug bei der letzten Sequenz?»

«Er ist fast neunzig gefahren», kommt die Antwort. «Wir fanden, daß es verrückt von Mr. Connery war, da oben rumzuturnen!»

In seinem Verdacht bestätigt, kreuzt Sean die Arme über der Brust. «Na bitte», sagt er.

Mir hat dieser Vorfall gezeigt, wieviel für eine neue unverbrauchte Sehweise spricht. Da wir schon seit Tagen filmten, war uns alles zur eingefahrenen Routine geworden, und keiner hatte sich die Mühe gemacht nachzusehen, wie es auf dem Führerstand der Lok aussah. Tagelang war niemand auf den Gedanken gekommen zu fragen, woher man wisse, wie schnell der Zug fuhr. Die Frage lag aber durchaus in der Luft. Nur hatte sie bis auf Sean niemand gestellt.

Eines Tages sagt Sean nach dem Mittagessen: «Heute abend bin ich fertig.»

«Was?»

«Ich bin mit dem Zug fertig», sagt er ohne besondere Betonung. «Schluß. Ich fahr nach Dublin und penn mich aus.»

Wir haben noch drei Tage Aufnahmen geplant. Ich glaube zwar nicht, daß wir sie alle drei brauchen, aber bestimmt liegt noch ein ganzer voller Drehtag vor uns. Wieso hört er auf?

«Ich hab von dem verdammten Zug die Nase voll», sagt er.

Es hat soviel Spaß gemacht, soviel ungetrübten Spaß, daß ich nicht verstehe, wieso seine Stimmung so überraschend umgeschlagen ist. Natürlich hat er die Aufnahmen der jeweiligen Drehtage gesehen und weiß, wieviel gutes Material wir bereits haben. Ich habe schon etwa sechs Stunden Film für etwas, das schließlich zu einer Viertelstunde zusammengeschnitten wird. Ich bin also nur übervorsichtig, wie das Regisseure so an sich haben. Läßt er es darauf ankommen?

«Ich bin fertig», sagt er. «Ich bin fertig.» Mehr ist er nicht bereit zu sagen. Am Abend fährt er nach Dublin zurück.

Am nächsten Morgen machen wir noch vereinzelte Aufnahmen von diesem und jenem, Landschaftsaufnahmen, Übergänge und so weiter. Ich bin oben auf dem Dach, mit einem Stuntman und einem Kameramann. Der Zug fährt sehr schnell. Bei hohen Geschwindigkeiten schwankt und ruckelt er immer wieder. Es ist nervtötend.

Und mit einemmal, von einem Augenblick auf den anderen, bin ich ebenfalls mit dem Zug fertig. Die Tunnels machen keinen Spaß mehr, die dicht über dem Zug hängenden Leitungen bilden keine Herausforderung mehr, die Schienenstöße und der kalte Wind wirken nicht mehr belebend. Es ist alles einfach nur gefährlich und erschöpfend. Am liebsten möchte ich sofort aufhören und von dem Zug herunter. Ich begreife, daß es Sean am Vortag ebenso gegangen ist. Er hatte genug, und er wußte, daß er aufhören mußte. Die Szene ist fertig. Es ist Zeit, ins Studio zurückzukehren und etwas anderes zu tun.

LONDONER HELLSEHER

Die Vereinigung trug den Namen «Zusammenschluß der Spiritisten Großbritanniens». Ich nannte sie das okkultistische kalte Büfett. Da gab es jegliche Art von übersinnlich begabten Menschen, und sie standen für bloße fünf Pfund pro Stunde zu Diensten.

Die Vereinigung wollte mit Hilfe ihrer übersinnlich begabten Mitglieder andere Menschen zur Religion des Spiritualismus bekehren. Daran lag mir nichts. Wohl aber interessierte mich brennend die Frage, inwieweit außersinnliche Phänomene möglich waren, und die hier gebotene Auswahl war umwerfend.

Manche gingen nach der Methode der Psychometrie vor; sie hielten einen Gegenstand in der Hand, während sie hellsahen; andere fingen schon damit an, kaum daß man zur Tür hereinkam; wieder andere lasen aus Teeblättern, aus Tarot-Karten oder aus Blumen; einer tat etwas mit Sand; es gab solche, die den Menschen etwas über ihre Angehörigen, ihre toten Verwandten und ihr früheres Leben sagten; solche, die psychologisch orientiert waren, und andere, die äußerst pragmatisch vorgingen. Insgesamt gab es in den Reihen dieses Bundes etwa vierzig übersinnlich begabte Menschen – für jemanden, der sich für das allgemeine Phänomen außersinnlichen Verhaltens interessierte, beinahe zu schön, um wahr zu sein.

Fast täglich ging ich auf dem Heimweg von der Arbeit hin.

Gleich hinter der Eingangstür kam man am Stuhl Sir Arthur Conan Doyles vorbei. Er war das berühmteste und einflußreichste Mitglied der Vereinigung. Dieser Stuhl diente mir jedesmal als ernüchternde Mahnung. Jeden naturwissenschaftlich Ausgebildeten, der sich für metaphysische Dinge begeistert, muß das Beispiel des Vaters von Sherlock Holmes beunruhigen.

□□□

Sir Arthur Conan Doyle war ein schottischer Arzt, ein abtrünnig gewordener Katholik, ein kräftiger Sportsmann und ein viktorianischer Gentleman. Obwohl man ihn überwiegend mit dem kühlen Verstand des von ihm erdachten Meisterdetektivs in Verbindung bringt, beschäftigte er sich schon als Medizinstudent mit Spiritismus, Mystizismus und außersinnlichen Phänomenen. In seinen Erzählungen finden sich häufig übernatürliche Elemente; in Werken wie *Der Hund der Baskervilles* wird eine beständige Spannung zwischen dem Übernatürlichen und einer banalen Erklärung der Ereignisse aufrechterhalten.

Conan Doyle trat 1893 der Gesellschaft zur Erforschung des Außersinnlichen bei. Präsident dieser hochangesehenen Organisation war der Politiker Arthur Balfour, und zu ihren Vizepräsidenten zählten so herausragende Wissenschaftler wie der amerikanische Psychologe William James und der Naturforscher Alfred Russell Wallace, einer der Väter der Evolutionslehre. Ohne Konflikte allerdings ging es nicht ab, wie sich am Beispiel des Skandals um den Physiker William Crookes und das Medium Florrie Cook zeigte.

Im neunzehnten Jahrhundert erfreuten sich spiritistische Sitzungen außergewöhnlicher Beliebtheit. Bei solchen ‹Séancen› saß eine Gruppe zahlender Klienten gemeinsam in einem dunklen Zimmer, und ein Medium versuchte, Geister aus dem Jenseits herbeizubeschwören. Dazu wurde ein ziemlicher Aufwand getrieben: die Toten sprachen durch eine Art silberner Megaphone; es gab Schränke, in die man das Medium einschloß, Tamburins und andere phosphoreszierende Gegenstände wirbelten über den Köpfen der Anwesenden durch die Luft. Bei besonders aufsehenerregenden Séancen gab das Medium Ektoplasma von sich oder nahm Gesicht oder Gestalt eines Verstorbenen an. Letzteres war Florrie Cooks Spezialität.

Bei ihren Séancen ließ sie sich in einen Schrank einschließen, wo sie in Trance verfiel. Bald darauf trat eine ausnehmend wohlgestaltete junge Frau in phosphoreszierenden Gewändern heraus, angeblich eine Mörderin namens Katie King, und ging im Raum umher. Daß diese anziehende Erscheinung unter ihren durchscheinenden Schleiern nichts weiter trug, bedeutete für das viktorianische England eine Sensation.

Nachdem William Crookes einer solchen Séance beigewohnt hatte, zeigte er sich vom Medialen so fasziniert, daß er Florrie Cook mehrere Monate in sein Haus aufnahm. Nach einer Weile bezeichnete er sie als echtes Medium.

Den meisten aber schien es auf der Hand zu liegen, daß Florrie Cook und Katie King ein und dieselbe Person waren. Zwar behauptete Crookes zweimal, er habe Florrie Cook und Katie King zur gleichen Zeit auftreten sehen, doch glaubte niemand mehr so recht an seine Unbefangenheit, zumal ohnehin bekannt war, daß er schlecht sah.

Schließlich stellte der umstrittene Geist Katie King sein Erscheinen ein, und Florrie Cook materialisierte einen neuen Geist namens Marie. Eines Abends packte Sir George Sitwell Marie, woraufhin diese kreischend aus dem Zimmer lief. Die Anwesenden öffneten den verschlossenen Schrank und fanden ihn leer – bis auf Florrie

Cooks Kleidungsstücke, die auf dem Boden lagen. Nun war der Betrug offenbar.

Die Episode mit William Crookes und Florrie Cook liefert ein Musterbeispiel dafür, wie leichtgläubig selbst ein Naturwissenschaftler sein konnte. Auch Conan Doyle verhielt sich sehr ähnlich; sein Leben lang legte er eine überraschende Bereitschaft an den Tag, allerlei unwahrscheinliche Ereignisse für wahr zu halten. Obwohl er erklärte: «Es ist für uns eine wichtige Aufgabe, falsche Medien zu entlarven», und obwohl er selbst einige Fälle von Betrug ans Tageslicht förderte, war er grundsätzlich von ungewöhnlicher Vertrauensseligkeit. Sie fand ihren Höhepunkt in der Episode der Elfenfotos, die alle Merkmale eines Abenteuers in der Welt des Spirituellen trägt, dem sich Conan Doyle unvorsichtigerweise aussetzte.

Im Jahre 1920 behaupteten zwei junge Mädchen aus der Grafschaft Yorkshire, Elsie und Frances Wright, sie hätten in einem Park Elfen fotografiert. Der Vater der beiden war Amateurfotograf und besaß eine eigene Dunkelkammer. Schon deshalb, aber auch aus anderen Gründen, erweckten die Fotos sogleich Mißtrauen. Ein Sprecher des Unternehmen Eastman Kodak erklärte sie für «ersichtlich gefälscht». Ein für die New Yorker Zeitung *Herald Tribune* tätiger Fachmann bezeichnete die Elfen als Puppen. Manche fragten, warum die Elfen nach der zeitgenössischen Pariser Mode gekleidet waren.

Conan Doyle schickte einen Bekannten hin, der die Mädchen befragen sollte – er selbst traf nie mit ihnen zusammen. Dann untersuchte er die Fotos und erklärte in *Das Auftreten der Elfen* öffentlich seine Überzeugung, die Bilder der kleinen geflügelten Wesen seien echt und bewiesen die Existenz von Elfen.

Mir machte die Vorstellung Sorgen, daß ein ansonsten ganz vernünftiger, als Schriftsteller tätiger Arzt so weit gehen konnte, sich nach und nach selbst einzureden, es gebe Elfen. Schon früher hatte ich mich gern mit Conan Doyle verglichen und hatte jetzt den Eindruck, daß ich im Begriff war, auch auf diesem Gebiet in seine Fußstapfen zu treten. Ich beschloß, vorsichtig zu Werke zu gehen.

Es sah ganz so aus, als müsse man als allererstes ein Gefühl dafür bekommen, ob überhaupt ein ‹übernatürliches› Phänomen vorlag. Aus meiner Erfahrung als Arzt wußte ich, daß man allein dadurch ungeheuer viel über einen Menschen in Erfahrung bringen kann, daß man ihn einfach beobachtet. Ich hatte einmal eine unvergeßliche

Stunde damit verbracht, zuzusehen, wie zwei türkische Straßenver-
käufer im Basar von Istanbul Passanten in einem Dutzend verschiedener Sprachen anredeten, und zwar jedesmal in der richtigen. Mir
war klar, daß vieles auf einer ganz gewöhnlichen Einsicht beruhte,
für das keine besondere übernatürliche Fähigkeit notwendig war.
Das wollte ich nach Möglichkeit eingrenzen und stellte für mich
folgende Regeln auf:

1. Ich nannte nie meinen Namen.

2. Während einer Séance gab ich nie verbale Hinweise von mir. Deshalb bemühte ich mich, möglichst gar nichts zu sagen, damit der
   Hellseher nicht einmal hören konnte, ob ich Engländer war oder
   nicht. Zu Äußerungen gedrängt, würde ich nichtssagendes Ge-
   murmel wie «Hm» oder dergleichen von mir geben. Und genauso, wie ich das beim erstenmal sagte, würde ich es stets wiederholen, ohne Veränderung der Intonation. Sofern mich der
   Hellseher aufforderte, etwas zu sagen, würde ich «vielleicht»
   oder «ich bin nicht sicher» sagen und mich während der ganzen
   Séance an diese Aussage halten.

3. Während einer Séance gab ich nie optisch wahrnehmbare Hinweise von mir. Keine erkennbaren Bewegungen des Körpers,
   kein Umherrutschen auf dem Stuhl. Ich war entschlossen, eine
   bestimmte Haltung einzunehmen und sie beizubehalten.

4. Ich bemühte mich, alle Gedanken aus meinem Kopf zu verbannen. Einfach für den Fall, daß jemand sich auf das Gedankenlesen
   verstand. Man konnte ja nie wissen.

5. Ich versuchte, alles festzuhalten, was gesagt wurde, ob richtig
   oder falsch. Wir neigen dazu, uns bei solchen Gelegenheiten von
   dem beeindrucken zu lassen, was zutrifft, und das Falsche zu
   übergehen. Ich wollte mich darum bemühen, daß die Dinge ausgewogen blieben, und machte mir beständig Notizen.

Ich war zufrieden mit diesem Plan, aber ich wußte, daß es äußerst
schwierig sein würde, ihn in die Praxis umzusetzen. Obwohl ich fest
entschlossen war, den Hellsehern keine Informationen zukommen
zu lassen, die sie auf gewöhnliche Weise ‹lesen› konnten, muß man

doch bedenken, daß jeder von uns dem anderen beständig eine ungeheure Menge von Angaben direkt liefert – durch seine Kleidung, die Körperhaltung, die Hautfarbe, die Art, wie wir uns bewegen, atmen, über den Körpergeruch und so weiter. Es gibt keine Möglichkeit, das zu verhindern, es sei denn, man verkehre telefonisch mit dem Hellseher. Unsere körperliche Anwesenheit liefert unweigerlich Informationen.

Obwohl ich verhindern wollte, daß man aus der Körperbewegung oder Stimme Rückschlüsse ziehen konnte, hielt ich es für unwahrscheinlich, daß ich imstande sein würde, meinen Plan durchzuhalten. Dennoch bemühte ich mich, die Sache so schwierig wie möglich zu machen.

Wie das Geschick es wollte, lief in meiner ersten Sitzung alles wie geplant. Die Hellseherin war über sechzig Jahre alt und fast blind. Offenbar konnte die Frau auch nicht besonders gut hören, nahm sie doch an, ich stamme aus London. Ich stellte ihren Irrtum nicht richtig, sondern saß einfach da und konzentrierte mich, um wirklich alle Gedanken aus meinem Gehirn zu verbannen, auf ihre geschwollenen Fußgelenke.

Sie redete über dieses und jenes, machte einige psychologische Aussagen, sagte aber nichts besonders Spezifisches. Nachdem sie etwa eine halbe Stunde lang vor sich hin gebrabbelt hatte, fragte sie unvermittelt mit einer Art Besorgnis in der Stimme: «Welchen Beruf üben Sie eigentlich aus?»

Sogleich fuhr sie fort: «Sagen Sie es mir nicht, sagen Sie es mir nicht. Ich kann damit einfach nichts anfangen. So etwas habe ich noch nie gesehen.» Dann berichtete sie mir, was sie sah.

Sie sah mich in einem Raum arbeiten, der ihr wie eine Wäscherei vorkam, mit riesigen weißen Körben, in denen sich etwas wie schwarze Schlangen wand, nur seien es keine Schlangen. Außerdem hörte sie immer wieder ein schreckliches Geräusch, eine Art *Waaaawuuuu*, *wuuuu-waaaa* und sah Bilder vorwärts laufen und wieder zurück, vorwärts und wieder zurück. Dann sei da noch etwas mit Hüten oder Zylindern oder altmodischer Kleidung.

Damit konnte sie nichts anfangen, und sie erklärte, die Geräusche, die Schlangen und so weiter bereiteten ihr Unbehagen. «Sie sind ein äußerst sonderbarer Mensch», sagte sie.

Ich wußte natürlich genau, was sie sah: den Ort, an dem ich mich in den letzten zwei Wochen so gut wie ständig aufgehalten hatte, den Schneideraum. Dort ließen wir den Film *Der große Eisenbahn-raub*, untermalt von diesen gräßlichen Geräuschen, immer wieder vor- und rückwärts laufen. Alle Schauspieler in diesem Film trugen Zylinderhüte.

Es gab keine Möglichkeit, daß diese blinde alte Dame mit ihren geschwollenen Knöcheln das hätte wissen können.

Ich ging mit einem sonderbaren Gefühl davon. Meine ganze sorg-fältige Planung schien jetzt belanglos. Ganz gleich, wie sehr ich möglicherweise versagt hatte, als ich meine Körperbewegungen, meine Aussagen und mein Knurren zu beherrschen versuchte, ganz gleich, wie sehr sie ihre Blindheit bei dieser unvorbereiteten Séance vorgetäuscht haben mochte, mir war klar, daß ich ihr unter keinen Umständen Bilder davon vermittelt haben konnte, wie ein Schnei-deraum aussieht – Bilder, die sie als Wäscherei mit Schlangen miß-deutete. Ich hatte ihr keinen Hinweis in dieser Richtung gegeben. Es war einfach nicht möglich. Und nur wenige Menschen auf der Welt haben jemals einen Schneideraum gesehen.

Woher aber kamen ihre Bilder?

Zwei Lösungen boten sich an. Die eine war, daß man ihr Informa-tionen zugespielt hatte. Zwar hatte ich mich telefonisch unter fal-schem Namen angemeldet, aber möglicherweise hatte mich beim Betreten des Gebäudes jemand an der Tür erkannt und der alten Frau gesteckt, wer ich war und daß ich mit Filmen zu tun hatte. Zwar hatte ich im Raum kein Telefon gesehen, aber man konnte nie wissen. Sofern ihr jemand Informationen zugespielt hatte, würde das alles erklären.

Die andere Möglichkeit war, daß sie eine übersinnliche Begabung besaß. In dem Fall war das Phänomen echt.

Einige Tage später kehrte ich zu dieser Spiritistenvereinigung zu-rück. Diesmal hatte ich es mit einem kurzangebundenen, kleinge-wachsenen Mann zu tun. Er hielt mir seine Hand hin, schnipste mit den Fingern und sagte: «Nun? Geben Sie mir was.»

«Was zum Beispiel?»

«Ihre Uhr genügt.»

Ich gab ihm meine Uhr.

«Keine Sorge, die kriegen Sie zurück. Setzen Sie sich da hin.»

Er hielt die Uhr in der Hand, rieb sie zwischen den Fingern, spielte mit ihr. Er saß in einem Schaukelstuhl. Ich bekam allmählich Kopfschmerzen. Ich fühlte mich in seiner Nähe unwohl.

«Glauben Sie an Spiritismus?» fragte er.

«Ich weiß nicht.»

«War Ihr Großvater Soldat?»

«Ich weiß nicht.»

«Aha, Sie sind einer von denen, die dauernd das gleiche sagen, was? Sie wollen nichts sagen, das mir helfen könnte, stimmt's?»

«Ich weiß nicht», sagte ich. Ich hielt mich zwar an meinen Plan, aber es kam mir kindisch vor.

«Spielt keine Rolle», sagte er. «Wie Sie wollen. Ich sehe Ihren Großvater auf einem Pferd; er sieht wie ein Soldat aus. Ich sehe Ihren Großvater mit Steinen arbeiten. Ich sehe Steinsplitter auf dem Boden; er arbeitet mit Steinen.»

Mein Großvater starb bei der Grippeepidemie von 1919 vor der Geburt meines Vaters. Er war damals Soldat. Er hatte als Steinmetz gearbeitet. Ich hatte Fotos gesehen.

«Ihr Vater ist tot», sagte der Hellseher. «Ist er erst kürzlich verschieden?»

Mein Vater war acht Monate zuvor gestorben. «Ja», sagte ich.

«Es geht ihm gut. Ihre Mutter grämt sich zu sehr. Sie sollten ihr sagen, daß es Ihrem Vater gutgeht. Er möchte, daß sie aufhört, sich so zu grämen. Wollen Sie Ihrer Mutter das sagen?»

«Ja.» Ich denke: Ach, Junge, klar. Ich ruf meine Mutter an und sag, irgendein widerlicher Heini hat meine Uhr in die Hand genommen und gesagt, Papa ist im Jenseits, und alles ist in Butter, Mama. Klar tu ich das.

Außerdem denke ich, daß es sich um eine Standardsituation handelt. Sobald der Kerl richtig geraten hatte, daß mein Vater vor kurzem gestorben war, konnte er sagen, ohne befürchten zu müssen, daß ich ihm widersprach, meine Mutter gräme sich zu sehr, und ich solle ihr sagen, daß es Papa gutgehe. Es war eine Standardsituation, es bedeutete überhaupt nichts.

Der Mann rieb die Uhr.

«Ihr Vater hat manches Gute und manches Schlechte getan.»

Auch eine Standardaussage. Paßt zu jedem Verstorbenen. Ich war nicht beeindruckt.

«Ihr Vater hat ein schlechtes Gewissen, weil er Ihnen soviel angetan hat.»

Ich sagte nichts.

«Er hat sein Bestes gegeben, aber er selbst hatte nun einmal keinen Vater, der ihm zeigen konnte, wie man das macht.»

Das stimmte. Es ließ sich nicht ohne weiteres raten.

«Ihr Vater wußte nicht, wie er sich Ihnen gegenüber verhalten sollte, und Sie haben ihn natürlich eingeschüchtert. Daher stammen die Schwierigkeiten, die Sie miteinander hatten. Aber er weiß, daß er Sie verletzt hat, und hat jetzt ein schlechtes Gewissen deswegen. Er möchte, daß Sie das wissen. Er möchte Ihnen helfen.»

Ich sagte nichts.

«Sie gehen oft nachts durch die Stadt. Dann ist Ihr Vater in Ihrer Nähe. Er möchte Ihnen helfen.»

Ich hatte in London ziemlich häufig eine Frau besucht, die in der Nähe meines Hotels wohnte. Oft ging ich spätabends durch die kühle Nachtluft und den leichten Londoner Dunst zum Hotel zurück und dachte bei solchen Gelegenheiten an meinen Vater.

«Ich sehe, daß Ihre Schwester Anwältin ist», sagte er unvermittelt. «Aber sie ist Amerikanerin. Wieso hält sie sich in England auf?»

Meine Schwester machte gerade mit ihrem Mann irgendwo in England Urlaub. Ich war noch nicht mit ihr zusammengetroffen, und wir würden uns erst Ende des Monats in London sehen.

Und so ging es weiter, bis die Stunde um war. Der kleingewachsene Mann mochte ein irritierendes Wesen haben, aber was er sagte, stimmte ziemlich genau.

Einige Tage später kam ich wieder. Ich traf mit einer Frau mittleren Alters zusammen, die ein kariertes Tweedkostüm trug und wie eine hochgewachsene Ausgabe von Agatha Christies Miss Marple aussah. Mit äußerst fester Stimme teilte sie mir mit, ich stamme aus Malta, sei ein Einzelkind, in einer Branche tätig, die mit Lebensmitteln oder Restaurants zu tun habe, und solle achtgeben, weil man mich betrüge.

Verblüfft ging ich fort. Diese Frau hatte in jeder Hinsicht danebengelegen. Man hätte annehmen sollen, daß sie schon aus bloßem Zufall auf irgend etwas Zutreffendes über mich gestoßen wäre, aber hier war alles von A bis Z falsch gewesen.

Da ich zu jener Zeit bei einem Film Regie führte, stand mir ein Wagen mit Fahrer zur Verfügung. Dieser Fahrer, John King, begann sich dafür zu interessieren, warum ich mich so häufig zu dieser Vereinigung bringen ließ.

«Was passiert dadrin eigentlich?»

«Es gibt dort Leute mit übernatürlichen Kräften.»

«Sagen die einem die Zukunft voraus?»

«Gelegentlich. Manchmal sagen sie den Leuten auch nur etwas über sich selbst; was für ein Mensch man ist.»

«Wissen Sie denn noch nicht, was für ein Mensch Sie sind?» John war durchaus praktisch veranlagt.

«Nun, es ist doch ziemlich erstaunlich, wenn es einem jemand sagt, der einen nicht kennt.»

«Und haben die recht?»

«Gewöhnlich ja.»

John schwieg eine Weile. Dann fragte er: «Glauben Sie, daß man die Zukunft voraussagen kann?»

«Ich glaube, daß hier irgend etwas passiert», sagte ich.

Soweit war ich schon. Es wäre widersinnig gewesen zu behaupten, daß sich alles, was man mir während der Séancen gesagt hatte, auf gewöhnliche Weise erklären ließe. Einer hatte die Namen meiner Freunde in Kalifornien genannt. Ein anderer hatte mein Haus und die Veränderungen beschrieben, die ich daran vorgenommen hatte. Ein dritter hatte einen Vorfall angesprochen, zu dem es in meinem dritten Schuljahr gekommen war. Damals hatte ich den Kanarienvogel meiner Lehrerin, Miss Fromkins, freigelassen, dieser war in die Lüftungsöffnung an der Decke geflogen und eine ganze Stunde lang nicht wiedergekommen.

Das ließ sich durch ein ganzes Netz noch so geschickter Informanten nicht erklären. Auch hatte ich selbst dem Hellseher diese Angabe auf keinem normalen Weg zuspielen können, denn unmöglich hätte ich irgend etwas über Miss Fromkins Kanarienvogel durchsickern lassen können: ich hatte diesen entsetzlichen Vorfall ganz und gar vergessen.

Es war mir klar, was *nicht* geschehen war. Weniger klar war mir, *was* geschehen war und was es bedeutete. Auch wenn ich die genauen Beschreibungen meiner Vergangenheit gelten lassen mußte, zögerte ich doch, daraus zu schließen, jemand könne in die Zukunft sehen. Der Blick in die Zukunft schien etwas ganz anderes als der in die Vergangenheit.

Zum einen kann jeder von uns die Vergangenheit weitergeben. Ich kann einem anderen etwas aus meinem Leben erzählen, und dieser weiß dann etwas darüber. Daran gibt es nichts Geheimnisvolles. Die Fähigkeit eines Menschen, etwas zu erfahren, ohne daß gesprochen wird, die Fähigkeit, ohne Worte in meinen Gedanken zu «lesen», ließ sich als bloße Verbesserung einer bereits existierenden Fertigkeit sehen, so wie ein Düsenflugzeug eine Verbesserung des Doppeldeckers ist. Mit diesem Phänomen hatte ich keine wirklichen Schwierigkeiten, obwohl ich nicht begriff, wie es zustande kam.

Andererseits war ich der Ansicht, daß es theoretische Einwände gegen einen Blick in die Zukunft gibt, ähnlich den theoretischen Einwänden gegen die Annahme, man könne schneller als mit Lichtgeschwindigkeit reisen. Ich verstand nicht so recht, wie das vor sich gehen sollte. Die Vergangenheit existiert als frühere Gegenwart, die Zukunft aber existiert noch nicht. Wie also könnte man sie wahrnehmen?

Auf jeden Fall war ich nicht sicher, wie viele Angaben über die Zukunft ich tatsächlich bekam. Soweit ich sagen konnte, lieferte man mir genaue Angaben über die Vergangenheit und die Gegenwart, aber nicht viele über die Zukunft.

Diese Erwägungen ließen mich bei meinem Gespräch mit John zögern.

«Was haben Sie eigentlich davon», fragte er, «daß Sie diese Leute aufsuchen?»

«Ach... ich weiß nicht. Es interessiert mich einfach.» Das war die beste Erklärung, die ich geben konnte. In gewisser Hinsicht ist sie es immer noch.

Dann sagte ich, weil er nach wie vor verwirrt dreinsah: «Wissen Sie was, wenn ich das nächste Mal hingehe, verabrede ich auch für Sie einen Termin.»

Als ich von meiner nächsten Séance zurückkehrte, saß er bereits im Wagen. Er war bleich und wirkte eingeschüchtert.

«Gott, was für ein Kerl. Wissen Sie, was er mir gesagt hat?»
«Nein. Was?»
Aber John verriet es mir nicht. «Wie machen die das bloß?»

«Was?»

«Es ist mir einfach schleierhaft, wie er das wissen kann. Es läuft mir jetzt noch kalt den Rücken rauf und runter.»

«Was hat er gesagt, John?»

«Ach. Na ja. Ich kann Ihnen sagen, das ist mir nahegegangen. Da geh ich nie wieder hin, das sag ich Ihnen.»

Er war nur bereit, über seine Reaktionen auf das Erlebnis zu sprechen, nicht über das Erlebnis selbst.

«Was Ihnen bloß an der Sache gefällt», sagte er später. «Ich versteh nicht, daß Sie da so gern hingehen.»

«Und ich nicht, warum Sie nicht gern hingehen», gab ich zurück.

Mir war nicht klar, warum er so reagierte. Man mochte der Sache skeptisch oder gleichgültig gegenüberstehen, aber Angst davor haben?

Tage später lieferte er mir einen Hinweis. Auf dem Weg zum Studio sagte er: «Ehrlich gesagt, möchte ich so viel über mich gar nicht wissen. Außerdem ist es mir nicht recht, daß *andere* das wissen.»

Das also war der Grund der Furcht. Ihm war die Vorstellung unangenehm, man könne ihn entlarven und in seine Privatsphäre eindringen. Er fürchtete, daß Geheimnisse oder Schwächen aufgedeckt würden, fürchtete, was die Zukunft bringen mochte.

Das konnte ich nachempfinden. Es erinnerte mich an das erste Mal, als ich einem leibhaftigen Psychiater begegnet war. Er war der Vater eines jungen Mädchens, das ich im College kennengelernt hatte. Ich saß bei einer Abendgesellschaft neben ihm, entschlossen, den ganzen Abend den Mund nicht aufzutun, denn ich dachte: Wenn ich auch nur *ein* Wort sage, durchschaut er mich und merkt, was für ein oberflächlicher, unausgereifter falscher Fuffziger ich bin, ein junger Mann, der nichts als Sex im Kopf hat. Also hielt ich den Mund.

Nach einer Weile sagte er: «Sie sind sehr still.»

«Hm, hm», sagte ich.

Er stellte mir einige Fragen zu meinem Studium, um mich aus der Reserve zu locken. Ich antwortete wortkarg.

Schließlich fragte er: «Ich mache Sie wohl nervös?»

«Ein bißchen», sagte ich. Dann teilte ich ihm meine Besorgnis mit, er könne imstande sein, mich auf Grund irgendwelcher beiläufiger Äußerungen zu durchschauen.

Er lachte. «Ich bin jetzt nicht im Dienst», sagte er. «Man lernt abzuschalten.»

Das aber befriedigte mich nicht wirklich. Vermutlich war ihm das klar, denn er sagte: «Wissen Sie, so groß ist die Macht der Psychiatrie nun auch wieder nicht. Wenn Sie nicht wollen, daß ich etwas über Sie erfahre, bezweifle ich, daß ich bei einem Tischgespräch was rauskriege.»

Das war schon besser. Ich entspannte mich ein wenig, und schließlich unterhielten wir uns noch ganz angenehm miteinander.

Aber ich erinnerte mich noch deutlich an die Angst vor der Macht eines anderen und an das furchteinflößende Gefühl vor der unerforschten Psyche. Wer weiß schon, was es dort gibt? Lieber nicht hinsehen. Lieber auch keinen anderen hinsehen lassen. Man könnte eine grauenvolle Überraschung erleben.

Da ich mit dieser Angst keine Schwierigkeiten mehr hatte, suchte ich in London begeistert weiterhin meine Hellseher auf.

Im Laufe der Zeit erkannte ich Muster in ihrem Verhalten. Beispielsweise neigten sie dazu, Dinge zu umkreisen. Sie waren wie Blinde, die eine Skulptur von allen Seiten betasten, um herauszufinden, was sie darstellt, bis sie Stück für Stück das Ganze erkannten. Außerdem neigten sie dazu, sich zu wiederholen, so als gingen sie im Kreis um etwas herum.

Mir fiel auch auf, daß sie häufig sprachen, als übersetzten sie aus einer Sprache oder einem Nachrichtensystem in ein anderes. Das führte bisweilen dazu, daß sie sich äußerst ungenau ausdrückten. Ein Filmproduzent war «ein Mann, der für andere Leute verantwortlich ist». Ein Cutter beim Film war «jemand, dem man vorher hergestellte Dinge gibt, damit er ein neues Ganzes daraus macht». Eine sabotierende Sekretärin war «eine Frau, die das richtige zu tun glaubt, aber aus Wut Fehler macht, die ihr nicht bewußt sind».

Bei anderen Gelegenheiten wieder neigten sie dazu, die Dinge übergenau zu formulieren. So bezeichneten sie mich nicht als Autor, sondern sagten: «Ich sehe Sie von Büchern umgeben.» Sie sagten auch nicht, daß ich ein modernes Haus hätte, sondern «Ihr Haus ist sehr offen, mit viel Glas und grünen Bäumen davor». Und so weiter.

Weiter fiel mir auf, daß es eine Art Fährte zu geben schien, der sie nachspürten. Eine Weile waren sie auf der Fährte, und dann verloren sie sie. Mit einemmal sagten sie völlig Belangloses oder Grundfalsches. Ich merkte, daß sie unter Umständen eine ganze Weile weiter Fehler machten, bis sie wieder auf die Fährte zurückfanden. Ich bemühte mich zu erkennen, womit das zusammenhing. Es sah ganz so aus, als verlören sie die Fährte immer dann, wenn sie mir zuviel Aufmerksamkeit zuwandten. Wenn sie mich musterten, kam es zu banalen Äußerungen wie: «Sie sehen sehr jung aus», «Sie sind sehr groß» oder «Sie sind kein Engländer, nicht wahr?» Und dann verloren sie die Fährte. Es sah ganz so aus, als müßten sie mich ignorieren, um auf das Wesentliche und Richtige zu stoßen. Immer wenn sie besonders zutreffende Äußerungen taten, war es so, als sprächen sie mit sich selbst; sie verhielten sich, als sei ich überhaupt nicht anwesend.

Außerdem fiel mir auf, daß die Informationen ungeordnet waren – ein sonderbares und bisweilen ärgerliches Gemisch von Wichtigem und Alltäglichem, als habe alles denselben Stellenwert. Das Abwägen von Informationen schien außer Kraft gesetzt zu sein.

Schließlich fiel mir noch auf, daß übersinnlich Begabte in bestimmten Bereichen Dinge immer wieder verwechselten. Dazu gehörten Ähnlichkeiten. Beständig verwechselten sie den gebirgigen amerikanischen Bundesstaat Colorado mit der Schweiz, einen Strand mit einer Wüste oder medizinische mit juristischen Fachbüchern. Auch Zeitangaben gerieten ihnen leicht durcheinander – eher erkannten sie die Jahreszeit als das Jahr selbst. Häufig verdrehten sie die Reihenfolge und die Menge von Dingen. Es schien ganz so, als könne man von übersinnlich begabten Personen keine Genauigkeit erwarten, was Mengen und Zeitangaben betraf.

Alle, mit denen ich zu tun hatte, schienen ausgeprägte Persönlichkeiten zu sein. Als Menschen hatten sie wenig gemeinsam, ähnelten einander aber in der Art, wie sie Informationen empfingen und mit ihnen umgingen.

Das bestärkte mich in meiner Überzeugung, daß hier wirklich etwas geschah und daß diesen Menschen Informationsquellen zugänglich waren, die gewöhnlichen Sterblichen verschlossen blieben. Ich wußte nicht, wieso sie diesen Zugang hatten und wir anderen nicht, aber es schien dabei keinerlei Hokuspokus im Spiel zu sein. Im Gegenteil hatte ich den Eindruck, daß sie einer wie der andere von bemerkenswerter Offenheit waren. Es gab keine Séancen mit phosphoreszierendem Ektoplasma oder dergleichen. Zwei der Hellseher teilten mir mit, ich sei ebenfalls übersinnlich begabt. Einer sagte, ich würde eines Tages über die Welt des Außersinnlichen schreiben. Ich dachte: Na klar doch.

Nach drei Monaten war der Film fertig; ich mußte London verlassen.

«Na?» fragte mich John King, auf meine Besuche bei den Hellsehern anspielend: «Was ist dabei rausgekommen?»

Ich wußte es nicht, wußte nicht, was ich denken sollte. Ich war zu keinem Ergebnis gekommen, außer daß offenbar manche Menschen, ob von Geburt an oder durch eine bestimmte Ausbildung, die Fähigkeit besaßen, aus anderen Informationsquellen zu schöpfen und Dinge über Menschen zu wissen, die wir nicht für möglich hielten.

Weniger sicher war ich nach wie vor in der Frage, ob sich die Zukunft voraussagen ließ. Kann sein, kann auch nicht sein, dachte ich. Und ich bemühte mich, nie das Beispiel des unvorsichtigen Conan Doyle zu vergessen. Ich schwor mir, seinen Fehler nicht zu wiederholen.

Mein Heimflug von London war ein Symbol für all das. Nachdem ich eingecheckt hatte, teilte British Airways mit, der Flug sei verspätet, und die Passagiere mußten sich mehrere Stunden in der Abflughalle aufhalten.

Nachdem eine Reparatur durchgeführt worden war, sollte die Maschine schließlich starten. Also gingen wir alle an Bord und bekamen Getränke. Inzwischen war es draußen dunkel. Während ich mit dem Becher in der Hand dasaß, in einem Buch las oder in die Finsternis hinaussah, hatte ich den Eindruck, als flögen wir schon. Dann fuhr ein Gabelstapler vorbei, und die Illusion war zerstört. Waren am Boden keine Fahrzeuge sichtbar, schlich sie sich allmählich wieder heran.

So ähnlich kommen mir auch die Erfahrungen vor, die ich mit den Hellsehern gemacht hatte. Es sah aus, als flögen wir, aber ich dachte: Lieber ein bißchen abwarten. Dann sehen wir ja, ob wir nicht doch noch am Boden sind.

Auf dem Treck ins Innere von Baltistan folgten wir der Bergsteigerroute zum Gipfel des Masherbrum, mit seinen nahezu achttausend Metern Höhe ein häufig bestiegener Berg in einem abgelegenen Teil des Karakorum-Gebirges in Pakistan.

Es gab vieles, was ich über den Karakorum nicht wußte. Auf der Karte war er Teil jener gewaltigen gezackten Bergkette, die sich von Afghanistan nach Burma erstreckt und in dem Maße, in dem sich der indische Subkontinent nordwärts in Richtung Zentralasien schiebt, immer weiter ansteigt. Ich hatte dieses Gebirgsmassiv stets Himalaya genannt, doch diese Bezeichnung bezieht sich lediglich auf seinen östlichen Teil. Was im Westen liegt, heißt Karakorum, und noch weiter westlich Hindukusch.

Auch war ich der Ansicht gewesen, der Himalaya sei das höchste Gebirge der Welt, und sie erwies sich ebenfalls als nicht richtig. Zwar kann er mit dem Everest die höchste einzelne Erhebung der Welt vorweisen, der Karakorum aber ist die höchstgelegene Gebirgs*kette*. Dort erheben sich außer dem zweithöchsten Berg der Erde, dem K 2, drei weitere von nahezu achttausend Metern Höhe. Alles in allem liegen zehn der höchsten Gipfel der Welt im vergleichsweise kleinen Karakorum, dessen Länge von kaum zweihundert Kilometern nur wenig mehr als ein Zehntel der des Himalayas beträgt.

Schließlich stellte ich mir den Karakorum als grün und bewaldet vor, so, wie die Rocky Mountains in Amerika. Mir war nicht klargewesen, daß seine Hauptgipfel durchschnittlich drei Kilometer höher liegen als die der Rockies. Sie sind im wesentlichen vegetationslose Berge, die über einem hochgelegenen Wüstenboden aufragen. Zwar sind diese windumtosten Gipfel von beachtlicher düsterer Großartigkeit, aber es sind eben doch kahle Gipfel.

All das konnte ich aus dem Flugzeug der PIA sehen, das von der Hauptstadt Rawalpindi nordwärts nach Skradu flog. Zu diesen gezackten schroffen Gipfeln gab es in der Neuen Welt kein Gegenstück. Verglichen mit ihnen waren Amerikas Rockies ein klägliches altes Vorgebirge, während die bedeutendsten dieser Berge, wie beispielsweise der Nanga Parbat, zutiefst beeindruckend waren.

Als wir auf dem Landeplatz von Skradu niedergingen, fanden wir uns in einer wüstenhaften Umgebung wieder: lastende Hitze, unter der die Luft über dem Rollfeld zitterte, ließ die abweisenden kahlen Gipfel um uns herum verzerrt erscheinen. In Skradu ergänzten wir im Basar ein letztes Mal unsere Vorräte und trafen unseren Verbindungsoffizier, einen gutaussehenden achtundzwanzigjährigen Pathanen-Major namens Shan Affridi. Jede Touristengruppe in Pakistan mußte von einem Verbindungsoffizier begleitet werden.

Den ganzen nächsten Tag folgten unsere Jeeps auf einer in die Felsen gesprengten Straße dem Lauf des Indus. Unser Nachtlager schlugen wir bei Khapulu auf, einem großen Dorf von vierhundert Häusern. Unser Führer, Dick Irvin, heuerte dort Träger für den bevorstehenden Treck an. Das erforderte langwierige Verhandlungen, die bis in den Abend hinein dauerten. Kompliziert wurden sie dadurch, daß wir keine guten Karten besaßen. Genaue Karten von Pakistan sind ohnehin schwer zu erhalten; Dick hatte fotokopierte Notizen von jemandem mit, der einige Jahre zuvor den Treck mitgemacht hatte. Das war alles, was uns zur Verfügung stand. Die Reihenfolge der Dörfer, durch die wir kommen würden, war uns also nicht ganz klar; einige der Träger von Khapulu beabsichtigten, im einen oder anderen Dorf abzumustern, und so stritt man, verhandelte weiter. Die Träger erklärten, wir wüßten nicht, wohin wir wollten. Damit, fand ich, hatten sie recht.

Major Shan schwieg während der Verhandlungen. Mir kam es so vor, als sei auch er sicher, daß wir nicht wußten, wohin wir wollten.

Ich sprach mit Loren darüber. Wir hatten im vorigen Winter geheiratet; das hier sollte eine Art nachgeholte Hochzeitsreise sein. Loren war gerade mit ihrem Jurastudium fertig. Sie gab sich betont sorglos.

Am folgenden Morgen überquerten wir den Fluß Shyok auf einem *Sak*, einem Floß aus luftgefüllten Ziegendärmen unter einer Plattform aus Holzstangen, das von Bootsleuten geschoben wird. Das Licht der Morgensonne fiel in das tief eingeschnittene Flußtal, und obwohl es erst acht Uhr war, stieg die Temperatur rasch auf vierzig Grad an. Wir spannten Schirme auf und machten uns zu Fuß auf den Weg. Unser Ziel für den ersten Abend war der Ort Mishoke, von dem wir annahmen, daß er zwischen den Dörfern Kande und Micholu liegt.

Wir waren jetzt in der Region, die den Namen Baltistan trägt.

Hohe graue felsige Berggipfel erhoben sich. Wir marschierten durch die Täler mit gelben Terrassen, auf denen Weizen angebaut wurde. In der Ferne sahen wir kleine Dörfer, von Aprikosenhainen umgeben. Die Landschaft ist von eindrucksvoller Schönheit und voller Widersprüche. In dieser moslemisch geprägten Gegend müssen Frauen verschleiert gehen und beim Anblick eines Fremden davonlaufen. Den ganzen Tag hindurch sah ich Frauen auf gelben Feldern vor mir davonlaufen. Dabei kam ich mir sonderbar vor, wie eine Art Aussätziger. Dann aber hörte ich die Frauen im Davonlaufen kichern, und die ganze Sache wurde zu einem rituellen Spiel.

Man darf die Frauen natürlich nicht fotografieren, ja, als Mann nicht einmal mit ihnen sprechen. In Baltistan herrscht strenge Geschlechtertrennung. Bisweilen setzten sich abends die Frauen unserer Gruppe zu denen des Dorfes. Dabei rief Lorens blondes Haar immer wieder Erstaunen hervor. Sie wurde umringt, die Frauen betasteten ihr Haar und äußerten die Vermutung, Loren sei krank. Kleine Kinder versteckten sich vor ihr, weil sie glaubten, sie sei ein Geist. Auch für Lorens Kleidung interessierten sich die Frauen, denn sie trug Hosen. Bisweilen betasteten sie auch prüfend ihre Brüste, um festzustellen, ob es sich wirklich um eine Frau handelte.

Die herrschenden Bräuche beschworen unerwartete Schwierigkeiten herauf. Kamen wir abends in einem Dorf an, mußten wir mit dem Wasserholen warten, weil die Frauen eine Stunde oder länger fortbleiben würden, wenn sie fremde Männer am Brunnen sahen, aus Angst, diese könnten unerwartet zurückkommen. Dann würde das Abendessen verspätet fertig und das ganze Leben des Dorfes durcheinandergebracht. Also warteten wir, bis alle Dorfbewohner ihr Wasser vom Brunnen geholt hatten; erst dann versorgten wir uns.

Eines Tages ging Loren in der Nähe eines Dorfes ein Stück den Wasserlauf aufwärts, um zu baden – allein, denn meine Begleitung hätte einen Verstoß gegen die Sitten bedeutet. Man riet ihr, sich möglichst zu beeilen – bei einem eiskalten Gebirgsbach eine überflüssige Ermahnung. Schon bald kam sie, die Haare noch voll Schaum und die Kleidungsstücke an sich gepreßt, ins Lager zurückgerannt. Während sie in der Unterwäsche gebadet hatte, waren Frauen aus dem Dorf gekommen und hatten Steine nach ihr geworfen, bis sie die Flucht ergriff.

In einem anderen Dorf wurden die Frauen sehr ärgerlich, als Loren deren Kinder nicht stillen wollte; selbst als ihnen Major Shan aus geziemender Entfernung als Erklärung dafür zurief, Loren habe keine Milch, waren sie nicht zufrieden. Sie mochten einfach nicht glauben, daß eine Frau in Lorens Alter kein Kind hatte und deshalb auch nicht stillen konnte.

□□□

Tagsüber erreichten die Temperaturen fast fünfzig Grad. Während wir unter unseren aufgespannten Schirmen schwitzten, gierten wir förmlich nach Wasser. Wasser war für mich bis dahin nie besonders wichtig gewesen. Es war etwas, das aus der Leitung kam und stets in Überfülle zur Verfügung stand; es gehörte nicht zu den Dingen, über die man nachdenken mußte. Hier aber ging Dick Irvin jeden Morgen vor unserem Aufbruch seine Unterlagen durch und teilte uns mit, wo wir im Verlauf des Tages damit rechnen durften, Wasser zu finden. Zwar gab es in allen Dörfern Wasser, aber sie lagen kilometerweit auseinander. Auf dem Weg mußten wir nach Bächen und Bewässerungsgräben Ausschau halten. Jeder von uns trug zwei Literflaschen mit sich, die wir füllten, sobald wir Wasser sahen.

Da das Wasser in jenem Landstrich verseucht war, reinigten wir es mit Jodkristallen, die es rötlichbraun färbten und wie Medizin schmecken ließen. Der Reinigungsprozeß dauerte eine Weile, je nach der Wassertemperatur. Man muß darauf achten, wie lange das Jod im Wasser hat wirken können, bevor man es trinken darf, denn wer verseuchtes Wasser trinkt, muß mit entsetzlichen Folgen rechnen.

Ständig wurden wir daran erinnert, wie abgeschnitten wir dort waren. Wir lebten in einer eigenen Wirklichkeit, und selbst alltäglichste Aufgaben nahmen besorgniserregende Ausmaße an.

Beispielsweise mußten wir manche Flüsse durchfurten – es waren keine tosenden Wildbäche, sondern gewöhnliche, eiskalte, rasch dahinschießende Flüsse, auf deren Boden man ausgleiten konnte. Normalerweise hätte ich mir darüber keine besonderen Gedanken gemacht, aber hier war man gezwungen, sich einer neuen Realität zu stellen. Wer während des Flußübergangs ausglitt und sich das Bein brach, mußte – sofern es sich um einen komplizierten Bruch handelte – damit rechnen, die zivilisierte Welt nicht mehr lebend zu erreichen. Wer ausglitt und sich nur den Knöchel verstauchte, mußte sich von Trägern zurücktransportieren lassen, nicht nur eine schmerzhafte Angelegenheit, sondern auch das Ende der Reise.

So sah man sich angesichts der einfachen Aufgabe, einen Fluß zu durchqueren, einem gewaltigen Druck ausgesetzt.

Die Art der Dörfer verdeutlichte uns noch einmal mehr, wie sehr wir von der Außenwelt abgeschnitten waren. Die Baltidörfer bestanden einfach aus ein paar Dutzend Holzhäusern neben der Hauptstraße. Die Dörfer waren etwa acht Kilometer voneinander entfernt, und da wir pro Tag etwa achtzehn Kilometer zurücklegten, brachen wir im allgemeinen morgens in einem Dorf auf, kamen gegen Mittag an einem weiteren vorbei und schlugen unser Nachtlager in der Nähe eines dritten auf. Obwohl diese Dörfer nicht weit voneinander entfernt lagen, bestanden zwischen ihnen beträchtliche Unterschiede, und selbst meine ungeschulten Ohren konnten die von einem Dorf zum anderen abweichenden Sprechmuster wahrnehmen. Aber auch die Bauweise der Holzhäuser unterschied sich deutlich. Jedes Dorf hatte seinen eigenen, unverwechselbaren Stil. Man muß dabei allerdings bedenken, daß diese Gebirgsdörfer den größten Teil des Jahres durch tiefen Schnee voneinander abgeschnitten waren – so, als lägen sie Hunderte von Kilometern auseinander.

Während der Treck weiterzog, sprach sich herum, daß *ferengi* in der Gegend waren, also Fremde, Ausländer. In jedem Dorf kündigten Rufe unsere Ankunft an, und die Menschen drehten sich um, um uns neugierig zu betrachten. Eltern nahmen ihre Kinder bei der Hand und führten sie an die Straße, um ihnen die Fremdlinge zu zeigen; manche Menschen stellten sich auf Hausdächer und sahen uns zu, während wir vorübergingen. Diese unverhüllte Neugier war zwar ganz und gar freundlich gemeint, wirkte aber auch sonderbar.

Nur wenige Fremde waren bisher in diese Gegend gekommen; im Monat zuvor hatte eine Gruppe japanischer Bergsteiger den Masherbrum bestiegen.

Immer wieder sahen wir uns damit konfrontiert, daß wir von der Außenwelt abgeschnitten waren. Wir ernährten uns von gefriergetrockneter Expeditionskost, aber da sich Wasser in großer Höhe schlecht zum Sieden bringen läßt, schmeckte unser Abendessen häufig wie Suppe mit gefärbten Pappstückchen. Jemand bat Dick Irvin, in einem Dorf frische Lebensmittel zu beschaffen.

«Ich glaube nicht, daß wir das tun sollten», sagte er. Er erklärte, daß die Baltis dieser abgelegenen Dörfer ein wenig Viehzucht treiben sowie Weizen und Aprikosen anbauen würden. Den gesamten Ertrag brauchten sie selbst, um den harten Winter überstehen zu können, so daß sie keine Lebensmittel für Touristen erübrigen könnten.

«Auch nicht, wenn wir dafür zahlen?»

«Nun», sagte er, «mit Geld können sie nichts so recht anfangen.»

«Wieso nicht?» fragte jemand. Wie war es möglich, daß Menschen mit Geld nichts anfangen konnten?

«Na ja, in der ganzen Gegend hier gibt es außer in Skardu keine Bank und keinen Basar, und bis dahin sind es über hundertfünfzig Kilometer. Die meisten Menschen hier waren noch nie im Nachbardorf, von Skardu ganz zu schweigen. Wenn man denen Geld gibt, bewahren sie es einfach im Haus auf, ohne daß es ihnen irgendwas nützt.»

Er erklärte, die Regierung habe vor einigen Jahren bei einer Währungsreform den Bewohnern aller Dörfer mitteilen lassen, daß sie ihr altes Geld zum Umtauschen bringen sollten, bevor es für ungültig erklärt werden würde. Noch Jahre später sei altes Geld aufgetaucht, und die Dörfler seien wütend gewesen, daß es inzwischen wertlos geworden war.

Nach zwei Tagen Fußmarsch konnten wir den Gipfel des Masherbrum deutlich vor uns erkennen. Ich ging vor den anderen, es gefiel mir, so allein durch die Landschaft zu ziehen. Gegen vier Uhr erreichten wir, von der Sonnenhitze betäubt, ein Dorf. Ich nahm an, es handele sich um Kande, wo wir für die Nacht unser Lager aufschlagen wollten.

Ein Trupp Kinder kam herbeigelaufen. Sie umdrängten mich, befingerten mich, meinen Rucksack, meine Kamera. Sie fragten mich immer wieder etwas, aber ich achtete nicht besonders darauf. Da ich nicht urdu sprach, hätte ich ohnehin nichts verstanden.

Ich wies auf das Dorf und sagte den Namen. Sie reagierten nicht, weil sie mich offensichtlich auch nicht verstanden.

Ich setzte mich, öffnete meinen Rucksack und aß eine Handvoll der Mischnahrung, die wir für unterwegs dabei hatten. Die Kinder verfolgten genau, was ich tat, und sprachen über jede Bewegung, die ich machte.

Jetzt hatten sie zwar aufgehört, meine Kleidung und meine Schuhe zu befingern, aber sie wiesen nach wie vor auf meine Nikon. Sie kamen nicht davon los. Immer wieder sagten sie etwas, deuteten auf mich und dann auf die Kamera. Sie fragten mich etwas. Schließlich begriff ich – es war kein Urdu-Wort. Sie wiederholten immer wieder «Nippon? Nippon?» Dabei zeigten sie zuerst auf die Kamera und dann auf mich.

«Nippon? Nippon?»

Sie wollten wissen, ob ich Japaner sei.

Ich war zu erstaunt, um lachen zu können. Ich bin an die zwei Meter groß und vom Typus her eindeutig ein Mensch des Westens. Nicht einmal von einem Kind konnte ich mir vorstellen, daß es mich für einen Japaner hielt. Sprangen ihnen denn nicht die offenkundigen Unterschiede zwischen einem Angehörigen der westlichen Welt und einem Japaner ins Auge?

Offensichtlich nicht.

Während ich die Sache überdachte, wurde mir klar, daß in ihren Augen die Ähnlichkeiten zwischen mir und den Japanern, die zuvor hier vorbeigekommen waren, bei weitem größer sein mußten als alle Unterschiede. Für sie waren die einen wie die anderen Fremde aus einer fernen Welt. Sie stapften in schweren Stiefeln vorbei, und ihre Kleidung bestand aus Synthetikmaterial in unnatürlich leuchtenden Farben. Sie trugen Rucksäcke, Schirme und Kameras mit sich und nahmen aus kleinen Kunststofftüten exotische Kost zu sich.

Ich konnte diesen Kindern keinen Vorwurf machen, war ich doch selbst schon ähnlichen Irrtümern erlegen. Drei Jahre zuvor war ich bei einer Safari durch Ostafrika, die ich mit Loren unternommen hatte, auf einen *manyatta* der Samburu gestoßen, der auf der Suche zu neuen Weidegründen für sein Vieh war. Die Samburu sind ein halbnomadischer Stamm, und da zu jener Zeit im Norden Kenias Dürre herrschte, mußten sie von einem Weideplatz zum anderen ziehen.

Die Frauen trieben die Esel, die mit der gesamten Habe bepackt waren; wir hielten unseren Landrover an, um mit zweien von ihnen zu sprechen. Es schienen Mutter und Tochter zu sein. Ihre Köpfe waren kahlgeschoren, kunstvoller, perlenbesetzter Schmuck umschloß ihre Stirn und erstreckte sich über ihre Nase herab. Die Ohren waren durchbohrt und in die Länge gezogen, so daß die Ohrläppchen wie lange Schleifen herabhingen; außerdem waren sie mit handgeschmiedeten Hals- und Armreifen geschmückt. Fliegen summten um ihre Gesichter und krochen über ihre Haut, ohne daß sie sich bemüßigt fühlten, sie zu verscheuchen.

Neben ihnen standen die mit Hausrat aus Weidengeflecht und mit Gewebtem und Gegerbtem schwer bepackten Esel. Alles, was diese Menschen besaßen, war einfach, war von Hand aus natürlichen Materialien hergestellt.

Sie plauderten munter auf Suaheli mit unserem Führer, wir gaben ihnen Kaugummi, und dabei entstand eine Art menschlicher Kontakt zu ihnen. Ich blickte auf ihre rasierten Schädel und den Schmuck und versuchte, in ihnen Frauen zu sehen, Menschen mit einem Geschlecht. Das aber bereitete mir unerwartete Schwierigkeiten. Mich überfiel sogar eine Art Panik, als ich sah, wie ihnen die Fliegen über das Gesicht krochen und ich daran denken mußte, daß wir gleich darauf wieder in unseren Landrover steigen, davonfahren und sie dort lassen würden, in jener heißen, trostlosen Landschaft, wo sie die mit ihrer kärglichen Habe beladenen Esel vor sich hertrieben. Mit einemmal wurde die Kluft zwischen ihnen und mir so unermeßlich, daß sich mir unwillkürlich die Vorstellung aufdrängte: *Das sind keine menschlichen Wesen. Das sind keine Menschen.*

Meine eigenen Gedanken entsetzten mich. Immerhin hatte ich im College Anthropologie studiert; ich hatte bessere Voraussetzungen als die meisten anderen, hinter der Maske aus Gegenständen, die Zeugnis von ihrer Kultur ablegten, das Menschliche wahrzunehmen. Und da mußte ich mir auf einmal die größte Mühe geben, in zwei Eingeborenenfrauen «Menschen wie du und ich» zu sehen. Es mißlang mir. Ich sah sie als Tiere, Geschöpfe, die nichts anderes als einige einfache und eher klägliche Gegenstände besaßen.

Normalerweise befürchte ich, wenn ich so beunruhigende Gedanken habe, die anderen könnten irgendwie dahinterkommen, merken, daß ich sie nicht leiden kann, für dumm halte, oder was auch immer mir gerade durch den Kopf geht. Doch dort sah ich diese beiden Frauen mit ungerührtem Gleichmut an. Ich war fest überzeugt: *Die kommen nie dahinter, was ich denke.*

Und so starrte ich sie an, machte ein paar Aufnahmen, bis wir schließlich wieder ins Auto stiegen und weiterfuhren. Schon bald waren die Frauen in einer von unserem Landrover aufgewirbelten Staubwolke verschwunden. Der Vorfall versank in den Tiefen meines Bewußtseins, und ich begann mich zu fragen, ob die Aufnahmen gelungen waren und was meine Freunde dazu sagen würden, wenn ich ihnen die Fotos mit den Samburufrauen zeigte.

Einige Tage später fuhren wir auf dem Weg zum Baringo-See durch das Gebiet der Massai. Den ganzen Tag hatten wir Massai gesehen, Männer, die sich beim Vieh auf den Weideflächen aufhielten, Kinder, die neben der Straße spielten.

Gegen Mittag kamen wir an einem Zug junger Mädchen in rüschenbesetzten weißen Kleidern vorüber. Ihre Gesichter hatten sie weiß bemalt, und sie kicherten und lachten, waren offenbar festlich gestimmt. «Sieh nur», sagte Loren, «sie gehen zur Erstkommunion.» Wir hielten den Wagen an. Die Mädchen umdrängten ihn, lächelten und winkten uns fröhlich zu. «Ist das nicht niedlich?» sagte Loren. «Es erinnert mich richtig an meine Erstkommunion.»

Unser Führer räusperte sich. «Es ist keine, äh, Erstkommunion», sagte er.

«Ach nein? Was denn?» fragte Loren.

Er erklärte, daß diese Mädchen auf dem Weg zu ihrer rituellen Beschneidung waren. Jungen Massaifrauen wird in der Pubertät auf chirurgischem Wege die Klitoris entfernt. Erstarrt hörte sich Loren das an, schwieg eine Weile und fragte dann mit einem Blick auf die lächelnden Mädchen: «Und wieso sind die dann so *glücklich*?»

Schließlich wollte sie den Grund für die Verstümmelung wissen, doch ergab er für sie natürlich keinen Sinn. Die Massaimänner behaupten, die Klitoris werde entfernt, um die zügellose Fleischeslust der Frauen zu dämpfen. Dabei war von Massaifrauen bekannt, daß sie ohnehin von zügelloser Fleischeslust sind. Sobald sie ihr erstes Kind zur Welt gebracht haben, erwartet niemand von ihnen geschlechtliche Treue.

«Und warum macht man das dann überhaupt?» fragte Loren.

«Es ist wie eine Abschlußfeier am Ende der Schulzeit», sagte der Führer.

«Schöne Abschlußfeier», gab sie zurück.

Da der Motor des Landrover am frühen Nachmittag zu heiß geworden war, hielten wir eine Weile an, um Kühlwasser nachzufüllen. Wir holten unsere Lunchpakete heraus und aßen belegte Brote. Schon bald kam ein Massaijunge, der auf einer Weidefläche sein Vieh hütete. Ich gab ihm ein belegtes Brot, das er mit großem Ernst nahm.

Dann kam ein weiterer. Ich sagte zu Loren: «Da hab ich ja was Schönes angefangen. Jetzt werd ich wahrscheinlich die ganze verdammte Bagage füttern müssen.» Ich suchte in meiner Schachtel nach einem weiteren belegten Brot, das ich selbst nicht unbedingt essen wollte. Wo waren die Käsebrote? Die konnte ich nicht ausstehen.

Doch als der Neuankömmling eintraf, brach der erste Junge sein Brot durch und gab dem anderen die Hälfte. Er teilte, ohne zu zögern. Beide Kinder sahen mich an, jedes mit einem halben belegten Brot in der Hand. Ich fühlte mich beschämt.

Schon bald umdrängte eine ganze Gruppe von Kindern den Wagen, und wir gaben ihnen, was wir an Lebensmitteln hatten. Die Kinder waren anmutig, schüchtern und sahen schweigend zu uns her. Sie beobachteten jeden unserer Handgriffe – wie wir die Kameras hielten, wie wir Filme einlegten, wie wir unsere Sonnenbrille in die Ablageschale auf der Armaturentafel legten, wie wir unsere Erfrischungsgetränke aus den Dosen tranken.

All dem sahen sie mit der höflichen Feierlichkeit zu, die ich von Afrikanern zu erwarten gelernt hatte, und nach einer Weile gewöhnten wir uns aneinander. Ich saß bei offener Tür auf dem Fahrersitz, schaute hinaus, sah die Kinder an, und sie sahen mich an. So ging es eine ganze Weile. Ich geriet ins Träumen, und als ich wieder auf meine Umgebung achtete, fiel mir auf, daß sie sich sonderbar benahmen. Einer nach dem anderen beugten sie sich zur Seite, hielten den Kopf schief und sahen zu mir her.

Zuerst hielt ich es für ein Spiel. Ich lächelte.

Sie lächelten nicht zurück; sie betrachteten mich unverwandt von der Seite. Und sie redeten miteinander.

Dann begriff ich: Sie versuchten mir in die Shorts zu schielen. Da ich sehr groß bin, wollten sie wohl wissen, ob alles andere dieser Größe entsprach.

Nie hätten sie sich so ungezwungen aufgeführt, wenn sie nicht der festen Überzeugung gewesen wären: *Der kommt nie dahinter, was wir hier machen.*

Was das bedeutete, wußte ich nur zu gut. Es bedeutete, daß sie in mir und den anderen Insassen des metallenen Landrover irgendwie keine menschlichen Wesen sahen, keine Menschen. *Das sind keine wirklichen Menschen. Sie haben nicht dieselben Gedanken und Empfindungen wie wir, also verstehen sie bestimmt nicht, was wir tun.*

Kurz vor Ende des Trecks durch Baltistan kehrten wir nach Mishoke zurück, dem großen Dorf ganz in der Nähe des Flusses Shyok. Dort feierten die Menschen in der Abenddämmerung ein alljährlich wiederkehrendes Ritual. Dazu gehört, daß die Frauen auf dem Dorffriedhof brennende Kerzen auf die Gräber der Verstorbenen stellen. Die Zeremonie bot einen schönen Anblick. Die Männer allerdings beteiligten sich nicht daran, saßen abseits und machten höhnische Bemerkungen. In Mishoke erfuhren wir auch, daß die Fährleute streikten und es für uns daher keine Möglichkeit gab, den Fluß zu überqueren und heimzukehren.

Ich wandte mich Loren zu. Sie zuckte nur die Schultern und lächelte. Es war nicht ihre Art, sich Sorgen zu machen; sie war davon überzeugt, daß sich auf irgendeine Weise alles einrenken würde. Ich aber machte mir durchaus Sorgen. Soweit ich sehen konnte, war unsere Lage nicht gerade rosig.

In weniger als vierundzwanzig Stunden sollten die Jeeps von Skardu kommen, um uns in Khapulu abzuholen. Niemand konnte wissen, was geschehen würde, wenn wir nicht rechtzeitig dort eintrafen. Vielleicht würden die Jeeps auf uns warten, vielleicht auch nicht. Es gab von Khapulu aus keine Funkverbindung, so daß man sie nicht zurückrufen konnte, wenn sie abfuhren. Alles in allem war es wohl das beste, sich irgendwie nach Khapulu durchzuschlagen.

Nur konnten wir nicht über den Fluß.

Konnte man möglicherweise erreichen, daß die Bootsleute ihren Streik beendeten? Wir boten weit überhöhte Beträge, um sie zu bestechen. Die Bootsleute, hieß es, hielten sich gar nicht mehr am Fluß auf, niemand wisse, wohin sie gegangen waren. Könne irgendein anderer die Flöße über den Fluß bringen? Nein, das gehe nicht. Ob es eine andere Möglichkeit gebe, den Fluß zu überqueren?

Ja, westlich von Khapulu gab es eine Brücke. Von Mishoke aus war sie vierzig Kilometer entfernt. Einige allerdings meinten, die Brücke sei im letzten Winter von den Fluten weggerissen worden. Weitere Erkundigungen wurden eingezogen. Die Dorfbewohner vertraten einmütig die Ansicht, die Brücke sei zwar beschädigt, stehe aber wahrscheinlich noch und lasse sich überqueren.

Keinesfalls konnten wir an einem einzigen Vormittag vierzig Kilometer zu Fuß zurücklegen. Während wir unsere nach Pappe schmeckende Abendmahlzeit verzehrten, wurden weitere Erkundigungen eingezogen. Es zeigte sich, daß jemand im Dorf einen Schlepper und einen Wagen besaß, der als Anhänger dienen konnte. War es möglich, das Fahrzeug auszuleihen und sich damit bis zur Brücke bringen zu lassen?

Ja, das war möglich. Allerdings gab es unglücklicherweise keinen Kraftstoff für den Schlepper. Diesem Dilemma standen wir eine Weile hilflos gegenüber. Weitere Bestechungssummen wurden angeboten. Schließlich brachten Menschen Kraftstoff in Glasflaschen, kaum größer als Bierflaschen. Wir kauften alles. Wir inspizierten den Schlepper und mieteten ihn für den folgenden Vormittag.

Jetzt hatten wir einen Plan, doch waren für meinen Geschmack zu viele Unsicherheiten damit verbunden. Während ich mir die ganze Nacht im Zelt den Kopf darüber zerbrach, blieb Loren gelassen. Es ärgerte mich, daß sie ruhig war; ich spürte eine Kluft zwischen uns beiden, eine Kluft in unserer Art, die Wirklichkeit wahrzunehmen. Ich machte mir Sorgen und hielt das auch für angebracht. Sie machte sich keine und sah auch keinen Grund dafür. Wir hatten in einer Weise, die mich beunruhigte, den Gleichschritt verloren.

Am nächsten Tag transportierte uns das an den Schlepper gehängte Gefährt ruckelnd und schaukelnd über unebenes Gelände. Dabei durchfurteten wir auch mehrere breite Flußläufe, bis wir schließlich erschöpft und schlammbedeckt waren. Aber wir erreichten die Brücke, die in ausgezeichnetem Zustand war. Wir gingen hinüber. Auf der anderen Seite zogen die meisten ihre Stiefel aus und steckten die Füße in den kalten Fluß. Da ich Loren grollte und mich innerlich fern von ihr fühlte, ging ich mit Major Shan hinauf in die Berge, um nach den Jeeps Ausschau zu halten. Wir setzten uns in den Schatten einiger Felsen und warteten auf die Fahrzeuge. Von unserem hohen Aussichtspunkt aus konnten wir die Straße sich kilometerweit durch die schöne und zugleich trostlose Landschaft winden sehen. Wir rauchten Zigaretten. Shan spähte auf die Straße hinab, die in der Hitze flirrte. Schließlich sagte er: «Eine gute Stelle für einen Hinterhalt.»

«Wie bitte?» fragte ich.

«Eine gute Stelle für einen Hinterhalt», wiederholte er und erklärte mir dann, daß wir aus dieser Höhe die ganze Straße beherrschten; mit einer Handvoll Männer könne man zahlreiche Fahrzeuge an der Weiterfahrt hindern. Die Männer in den Fahrzeugen hätten keine Möglichkeit, irgendwohin zu entkommen, wir könnten sie alle vernichten.

Ich sah ihn fassungslos an. Es war ihm vollständig ernst. Es überraschte mich, daß er diese Landschaft so anders wahrnahm als ich.

«Wir sind in der Nähe der indischen Grenze», sagte er. «Ein Soldat kann sich keine Illusionen leisten. Er muß die Dinge sehen, wie sie sind.»

Dann wechselte er das Thema und fragte mich, seit wann ich verheiratet sei.

«Seit zehn Monaten», sagte ich.

«Das ist aber nicht Ihre erste Ehe?»

«Nein, meine zweite.»

«Haben Sie Kinder?»

«Nein, keine.»

«Und Sie wollen mit Loren Kinder haben?»

«Ja. Das ist unsere Absicht.»

«Sie ist Anwältin», sagte er.

«Ja. Sie ist gerade mit dem Studium fertig geworden.»

«Aha.» Er schüttelte Zigaretten aus seinem Päckchen und bot mir eine weitere an. Damit schien die Unterhaltung beendet.

Endlich kamen die Jeeps, und wir fuhren am Abend nach Skardu zurück. In unserer Unterkunft ließ sich Loren aufseufzend auf ihr Bett fallen: «Gott sei Dank!»

«Was ist los?» fragte ich.

«Ich hab mir solche Sorgen gemacht.»

«Ich dachte, du machst dir keine?» sagte ich.

«Ist das dein Ernst? Wo wir keine Boote hatten und keine Möglichkeit, den Fluß zu überqueren?»

«Warum hast du mir das nicht gesagt?» fragte ich.

«Weil du kurz davor warst, die Nerven zu verlieren», sagte sie. «Es hatte ja wohl keinen Sinn, daß wir uns beide verrückt machten. Damit wäre alles nur noch schlimmer geworden.»

«Trotzdem wäre es mir lieber gewesen, du hättest es mir gesagt», sagte ich.

«Warum? Es hätte doch nichts genützt.»

Ich wußte, was sie damit sagte. Jetzt spürte ich eine andere Art des Abgeschnittenseins. Es war nicht das durch die topographischen Gegebenheiten bedingte, hing nicht damit zusammen, daß wir uns an einem fernen Ort befanden. Es ging um die Art Abgeschnittensein, die zwischen Menschen auftritt. Selbst zwischen Loren und mir war es möglich. Irgend etwas, das nicht mit Worten zu fassen war, etwas Unklares und vielleicht Unvermeidbares.

Und so verließen wir Baltistan.

SHANGRI-LA

Fünf Jahre, nachdem ich meinen Freund Peter Kann über seinen Besuch im sagenumwobenen Hunsa hatte reden hören, reiste auch ich dorthin. Seit einem Jahr war es Ausländern möglich, in die zuvor für sie gesperrte winzige Talschaft zu reisen, die als das legendäre Shangri-La galt, als das buddhistische Paradies. Die Menschen dort seien, so hörte man, schön und klug; sie würden nie krank und ernährten sich von Aprikosen, und das sei der Grund dafür, daß sie hundertvierzig Jahre alt würden. Sie führten, so hieß es weiter, ein Leben voll Harmonie inmitten einer atemberaubenden Gebirgskulisse, fern von allem, was an der zivilisierten Welt schlecht sei und Verderben bringe.

Das also war Hunsa. Ich brannte darauf, es kennenzulernen.

In Islamabad wartete unsere Gruppe zwei Tage lang auf die Maschine nach Gilgit, der üblichen Etappe für Reisen nach Hunsa. Zwei Tage waren überhaupt nichts. Peter hatte weit länger gewartet, und Bergsteigergruppen hatten bisweilen einen ganzen Monat festgesessen, bis sie weiterfliegen konnten. Wir aber mußten uns an einen vorgegebenen Plan halten. Zum Glück gab es inzwischen eine weitere Möglichkeit, von Islamabad nordwärts nach Gilgit zu gelangen – über die große Fernstraße durch das Karakorum-Gebirge.

Dieses von Chinesen erbaute Bravourstück der Ingenieurkunst, das Hunderte von Arbeitern das Leben gekostet hatte, überquert auf gut dreihundert Kilometern Länge die zerklüftetste Bergkette der Erde. Meist folgt die Straße dem Lauf des Indus durch eine der faszinierendsten Schluchten, die es auf der Welt gibt.

Wir mieteten einen Bus, beluden ihn mit unserer Ausrüstung und brachen auf. Es hieß, die Fahrt werde fünfzehn Stunden dauern, vielleicht auch länger; genau schien es niemand zu wissen.

Der Bus war, wie in Pakistan üblich, grellbunt bemalt, so daß er auf den ersten Blick wie eine psychedelische Phantasie aus den sechziger Jahren aussah. Jedes freie Stückchen Blech innen wie außen war mit aufgemalten Zeichen, Stoffetzen, Spiegelsplittern und Stückchen gehämmerten Metalls bedeckt und in grellen Leuchtfarben mit einem schwindelerregenden Muster bemalt. Das Ganze wirkte einerseits schrecklich, zugleich aber auch exotisch – außerdem konnte sich das Auge lange damit beschäftigen, wenn man der vorbeirollenden Landschaft müde wurde.

Unser pakistanischer Fahrer verdankte seine Anstellung in erster Linie seinen Orts- und Streckenkenntnissen. Ihn begleitete ein halbwüchsiger Junge, der zu seinen Füßen auf den Stufen neben der Tür saß. Alle Busfahrer brachten solche Gehilfen mit. Sie erledigen gegen geringen Lohn alle möglichen kleinen Besorgungen, holen dem Fahrer Essen und kümmern sich um das Gepäck der Fahrgäste.

In den ersten Stunden fuhren wir durch eine Ebene mit Weizenfeldern, unterbrochen von mehreren Dörfern. Kamele zogen über die Straßen. Mittagspause machten wir in Abbottabad, einer Stadt mit zahlreichen alten britischen Kolonialbauten. Sie war einst der am weitesten vorgeschobene Posten des britischen Weltreichs in dieser Gegend gewesen. Von Abbottabad aus hatten die Briten im neunzehnten Jahrhundert zwei Versuche unternommen, Afghanistan zu erobern, beide waren gescheitert. In diesem Teil Westpakistans an der afghanischen Grenze lebten Pathanen und andere Stämme. Wie die Afghanen sind sie wilde Krieger, ihr Leben dreht sich in einer dem Menschen aus dem Westen nicht ohne weiteres nachvollziehbaren Weise um Kampf und alles, was damit zusammenhängt.

Hinter Abbottabad wurde die Landschaft trostloser und wilder. Es ging jetzt in die Talschlucht hinab, durch die der Indus fließt. Während der nächsten Stunden wand sich die kurvenreiche Straße durch das Tal. Uns bot sich ein atemberaubender Anblick: Unter uns lag der Fluß, und im Osten, rechts von uns, ragte der über 7600 Meter hohe Gipfel des Nanga Parbat auf.

Den ganzen Vormittag lang hatte der Fahrer Zigaretten geraucht, von denen ein unverkennbarer Haschischgeruch ausging. Jetzt, in der Hitze des Mittags, begann er, schläfrig zu werden. Der Junge neben ihm weckte ihn mit einem Stoß, wenn sein Kopf aufs Lenkrad sank, aber häufig nahm der Bus die Haarnadelkurven in einem gefährlich weiten Bogen.

Schließlich stellten wir den Fahrer zur Rede. Er bestritt, daß etwas nicht in Ordnung sei. Auf unsere Frage, was ihn aufmuntern könne, antwortete er: Musik. Bald dröhnten pakistanische Klänge durch den psychedelisch bunten Bus, während wir die Karakorum-Fernstraße entlang durch das Tal des Indus rollten, dem sagenumwobenen Hunsa entgegen.

Nach zehnstündiger Fahrt machten wir Rast an einer kleinen Imbißbude neben der Straße. Wir wollten uns ein wenig die Beine vertreten und ein paar *tschappatis* essen. Ein britischer Hippie teilte uns mit, weiter im Norden sei die Straße wegen eines Erdrutsches gesperrt. Da es keine Möglichkeit gebe, nach Hunsa weiterzufahren, müßten wir umkehren. Ungläubig nahmen wir die Nachricht auf und taten den Typen als dreckigen, kleinen Scheißer ab, der zweifellos unter Drogeneinfluß stand und ebenso zweifellos unrecht hatte. Immerhin waren wir seit zehn Stunden unterwegs.

An der nächsten Raststelle erkundigten wir uns. Die Auskunft stimmte. Ein Erdrutsch versperre die Straße, erfuhren wir, eine Weiterfahrt bis Hunsa komme nicht in Frage.

Ich sah Major Shan an. Ihn schien die Auskunft nicht zu beunruhigen. «Vielleicht ist die Straße wieder frei, bis wir da sind», sagte er achselzuckend.

Das konnte ich mir ohne weiteres vorstellen, waren wir doch im

Laufe des Tages an mehreren Stellen vorübergekommen, an denen man offensichtlich die Folgen von Erdrutschen beseitigt hatte. Gewöhnlich lagen noch Steinhaufen da, die mit Radladern von der Fahrbahn geschoben worden waren. Sie wegzuschaffen, schien keine besonderen Schwierigkeiten bereitet zu haben. Das Gestein, aus dem die Wände der Schlucht bestanden, war brüchig, und es sah ganz so aus, als müsse die Fernstraße durch den Karakorum mit solchen kleinen Erdrutschen leben.

Ohnehin war niemand nach zwölf Stunden des Durchgeschütteltwerdens im Bus ernsthaft bereit umzukehren. Wir wollten weiter, nordwärts, dem Erdrutsch entgegen.

«Wann war denn der Erdrutsch?» fragte ich.

«Vorgestern», sagte Major Shan. «Es kann auch ein Tag davor gewesen sein.»

Kopfschüttelnd kommentierte einer der Mitfahrenden: «Na so was. Seit zwei Tagen ist die Straße gesperrt, und sie haben das Zeug immer noch nicht weggeräumt. Was für ein Land!»

Die Landschaft wurde eintöniger. Jetzt zog eine vegetationslose Ebene von äußerster Trostlosigkeit an den Busfenstern vorüber. In der Ferne sah man niedrige Berge. Auf der Karte war jener Teil des Landes als «Stammesgebiet» bezeichnet.

Das Licht wurde gedämpfter, als die Sonne sank. Wir hielten an einer kleinen Tankstelle an. Sie bestand aus einem Schuppen und einigen Zapfsäulen. Sonst war in jeder Richtung kilometerweit nur Wüste zu sehen. Wunderschön und trostlos.

Während der Fahrer tankte, nahm mich Major Shan beiseite. Wir gingen hinter den Bus. Verlegen stieß er mit dem Fuß gegen einen Reifen, schien nicht recht mit der Sprache herausrücken zu wollen. Hinter den dunklen Gläsern seiner Pilotenbrille waren seine Augen nicht zu sehen.

Schließlich sagte er: «Ich hab keine Waffe dabei.»

«Ach ja?» sagte ich.

«Ich hätte eine mitbringen können. Ich hab es überlegt. Aber ich wollte keinen von den Touristen beunruhigen und hab daher keine mitgebracht.»

«Ist das schlimm?»

«Nun, hier habe ich keine Möglichkeit, eine zu bekommen.»

«Wozu brauchen wir eine Waffe?»

«Bald ist es dunkel», sagte er und sah sich um. «Bis zu der Stelle, wo der Erdrutsch passiert ist, ist es noch eine Stunde. Dann ist es so dunkel, daß man sie nicht umfahren kann. Wir müßten dort ein Nachtlager aufschlagen.»

Mit dieser Möglichkeit hatten wir alle nicht gerechnet. Das aber schien uns keine Schwierigkeiten zu bereiten. Schließlich hatten wir eine vollständige Zeltausrüstung im Bus, mit allem, was man braucht. Was für Bedenken konnte es da geben?

Major Shan sah sich um. «Dies Gebiet ist bei Nacht nicht sicher», sagte er.

Die Worte drangen tief in mein Gehirn. *Dies Gebiet ist bei Nacht nicht sicher.*

Es kam mir vor wie eine Szene aus einem schlechten Film. Die Busladung Touristen, die plötzlich in Schwierigkeiten ist. Ich fühlte mich wie gelähmt. Als ich sprach, klang meine Stimme sehr dünn. «Was meinen Sie damit?»

«Diese Gegend ist bei Nacht nicht sicher», wiederholte er.

«Aber was bedeutet das? Gibt es Banditen oder was?»

«Ich kann nicht sagen, was geschehen kann. Hier ist es nicht sicher. Wir können kein Lager aufschlagen. Es tut mir leid, daß ich keine Waffe dabei habe.»

«Was sollen wir also tun?» Ich sah mich um und versuchte die Landschaft bedrohlich zu finden. Mir stellte sie sich noch genauso dar wie zuvor, und ich vermochte nicht zu sehen, wieso wir in Gefahr waren.

«Nun», sagte ich, «meinen Sie nicht, daß wir irgendwo ein paar Kilometer von der Straße wegfahren und dort gefahrlos ein Lager aufschlagen könnten?»

«Wir können nicht im Freien übernachten», seine Stimme klang tonlos. Er wies auf die Wagen, die auf der Straße vorüberfuhren. «Keiner von denen schläft draußen. Bis es auf der Straße dunkel ist, sind alle in Sicherheit.»

«Was können wir tun?»

«Ich möchte Ihre Freunde nicht beunruhigen. In Tschilas, etwa fünfzehn Kilometer in der Gegenrichtung, gibt es einen Militärstützpunkt», sagte er. «Da können wir es probieren.»

Ich begann zu verstehen. Er brauchte jemanden, der die anderen von seinem Plan in Kenntnis setzte. «Wir können es da *probieren*?»

Er zuckte die Schultern. «Es wird dort sehr voll sein. Sie könnten uns fortschicken, aber das werden sie wohl nicht tun. Sie sind Ausländer.»

«Na schön», sagte ich. Ich ging zu den anderen, teilte ihnen mit, daß Major Shan den Vorschlag gemacht habe, die Nacht lieber auf einem Militärstützpunkt zu verbringen, der fünfzehn Kilometer in der Gegenrichtung lag, als ein Lager in der freien Natur aufzuschlagen.

Niemand sprach sich dagegen aus. Es stellte sich dann heraus, daß wir bis zum Militärstützpunkt von Tschilas hundert Kilometer zurückfahren mußten. Bis wir ihn erreicht hatten, war die Nacht pechschwarz. Wie der Major vorausgesagt hatte, herrschte dort großes Gedränge. Kasernengebäude und Schlafstuben quollen förmlich über. Wir sahen im Scheinwerferlicht unseres Busses Reisende, die auf Veranden schliefen, in ihren Autos, überall. Bis wir das Hauptquartier gefunden und jemanden aufgetrieben hatten, und bis man uns in ein leerstehendes Gebäude eingewiesen hatte, das für zu Besuch weilende Kommandanten bereitgehalten wurde, war es nahezu elf Uhr. Erschöpft holten wir unsere Schlafsäcke aus dem Bus und schliefen auf dem Fußboden. Später kam noch ein weiterer Bus mit Ausländern, die über uns einquartiert wurden.

□□□

Am nächsten Morgen brachen wir um sechs Uhr auf. Im Sonnenlicht wirkte die Landschaft heiter und unbelebt, und wir waren zuversichtlich, Hunsa noch am selben Tag zu erreichen. Wieder kamen wir an der einsamen Tankstelle vorbei. Wieder ging es durch das Tal des Indus. Wenn wir überhaupt etwas Besonderes empfanden, dann Enttäuschung darüber, daß uns ein Abenteuer entgangen war. Wir hatten gedacht, Räuber oder Banditen bedrohten uns, und wir seien im letzten Augenblick gerettet worden; die Vorstellung hatte etwas Erregendes. Offensichtlich würde es auf der weiteren Fahrt nichts Aufregendes mehr geben.

Dann erreichten wir die Stelle, an der es zu dem Erdrutsch gekommen war.

Auf den Anblick, der sich mir bot, war ich in keiner Weise vorbereitet. Es war ein Bergsturz. Die Erdmassen waren auf einer Breite von achthundert Metern und einer Länge von über einem Kilometer heruntergekommen. Vor uns lag ein einziger Steilhang aus losem Sand, der in den Bergen weit oberhalb der Straße begann und bis weit unten zum Fluß reichte. Was da an losem Sand lag, mußten Millionen Tonnen sein.

«Kein Wunder, daß sie das nicht in zwei Tagen weggeschafft haben», sagte ich.

«Sie sind normalerweise sehr schnell», sagte Major Shan, «aber das, nehme ich an, wird eine Woche dauern. Bis dahin behelfen sich die Leute so, daß die Lastwagen und Busse aus Hunsa bis zur anderen Seite des Erdrutsches fahren und die aus Islamabad bis hierher, wo wir jetzt sind. Die Leute gehen zu Fuß rüber und fahren von der anderen Seite mit einem anderen Lastwagen oder Bus weiter.»

Ich konnte die andere Seite kaum sehen, so weit lag sie entfernt.

Zwergenhaft kleine Gestalten gingen in beiden Richtungen auf schmalen Pfaden, die in den Hang geschlagen worden waren, über die riesige Sandfläche.

Mein Mut sank. Es würde äußerst riskant sein, das Gelände vor uns zu überqueren, das so trügerisch war wie ein Gletscher. Ich hatte mich bei dieser Reise auf Gefahren nicht eingestellt, schon gar nicht auf so banale.

Bei einem Bergsturz in Pakistan ums Leben gekommen. Was für ein bedauerliches und beschämendes Ende meines Erdenlebens. Die Angehörigen zu Hause würden das nicht einmal verstehen.

Soll das heißen, ein Erdrutsch hat ihn unter sich begraben?

Nein, nicht mal. Der war schon ein paar Tage vorher passiert, und er ist bei der Überquerung der Erdmassen in den Fluß gefallen und ertrunken.

Ertrunken?

Na ja, vom Wasser weggerissen. Man hat die Leiche nie gefunden.

Er war groß. Hatte keinen besonders gut entwickelten Gleichgewichtssinn, wenn ich mich richtig erinnere.

Nein, wohl nicht.

Das alles gefiel mir nicht.

Inzwischen ging es auf den Sandmassen sehr lebendig zu. Einige hundert Meter oberhalb der Menschen, die in beiden Richtungen zu Fuß hin und her wuselten, waren gelbe Radlader damit beschäftigt, die Sandmassen wegzuräumen. Sie sahen wie Spielzeug aus. Außerdem zündete das Militär jeweils in Abständen von wenigen Minuten Sprengladungen, so daß der Boden erbebte und eine Wolke aus Steinen und Staub in die Luft stieg. Durch dieses ganze Chaos hindurch eilten die Menschen leichtfüßig über den riesigen, steilen, sich bewegenden Sandhaufen. Immer, wenn ein großer Felsbrocken herunterkam oder ein kleiner Erdrutsch sich löste, huschten sie beiseite und ließen alles in den Fluß donnern.

Ich sah hin und begriff, daß ich es nicht schaffen würde.

Wie ich höre, hat er diesmal die Reise abgekürzt.

Ach ja?

Ja, er ist aus Pakistan getürmt, weil da irgendein kleiner Erdrutsch war. Er hatte die Hosen voll.

Ich sah mir zusammen mit Major Shan den Bergsturz an. Ich bot ihm eine Zigarette an und fragte: «Ob wir das schaffen?»

«Aber ja», sagte er. «Sie sehen doch all die Leute hinübergehen.»

«Schon», sagte ich, «aber wir haben doch einige Ältere in unserer Gruppe.»

«Denen werde ich helfen.»

«Und andere haben vielleicht Angst.»

«Denen helfe ich auch.»

«Nun, gut. Äh…»

Erwartungsvoll sah er mich an. Es gab keine andere Möglichkeit. Ich mußte mit der Wahrheit herausrücken.

«Ich weiß nicht, ob ich es schaffe.»

Die Worte schienen in der Luft zu hängen. Ein unangenehmes Eingeständnis.

Major Shan sah mich lange an.

Er rauchte seine Zigarette schweigend zu Ende und zertrat sie dann auf der Straße.

«Das schaffen Sie», sagte er.

Er hatte recht. Es gab keine andere Möglichkeit, als hinüberzugehen, und das tat ich. Es war furchterregend. Mein Herz hämmerte. Ich hatte Angst, aber ich schaffte es.

Während ich hinüberging, machte einer aus unserer Gruppe Fotos. Aber auf ihnen sieht man eigentlich nichts. Auf den Bildern sieht es in keiner Weise gefährlich aus, ja, nicht einmal interessant. Dabei war es das Gefährlichste, was ich je getan hatte.

Zwei Tage später näherte ich mich Baltit, dem Hauptort von Hunsa. Obwohl ich den Berichten über die Hunsakut, wie die Bewohner jener Talschaft genannt werden, keinen Glauben schenkte, kam ich nicht umhin, mich zu fragen, ob nicht an diesen außergewöhnlichen Behauptungen etwas dran sei.

Der Sage nach war das unabhängige Land Hunsa erstmals von den Nachkommen persischer Soldaten aus dem Heer Alexanders des Großen besiedelt worden, der im Jahre 327 v. Chr. Indien erobert hatte. Das sollte wohl die Schönheit der hochgewachsenen, hellhäutigen Hunsakut wie auch ihre robuste Gesundheit und ihr militärisches Geschick erklären. Die Hunsakut, hieß es, seien weit klüger als die benachbarten Banditenstämme. Unbekannt war, woran das lag – an ihrem Leben in großer Höhe, ihrer einfachen und gesunden Kost, die aus Aprikosen und Weizen bestand, ihrem gemächlichen Leben oder irgend etwas anderem. Auch ihre Gesellschaftsordnung ist gesund; die wenigen Streitigkeiten, die in seinem kleinen Reich auftraten, legte der Herrscher selbst bei, der Mir von Hunsa.

Eine Gruppe Kinder kam zu unserer Begrüßung herbeigerannt. Mich verblüffte ihr wenig anziehendes und struppiges Aussehen. Hier schienen aus der Vermischung verschiedener Völker – Chinesen, Perser, Afghanen, Mongolen – eher verkümmerte, deformierte Bastarde hervorgegangen zu sein. In diesem Land, wo der Sage nach jeder hatte, was er brauchte, krallten sich die Kinder in unserer Kleidung fest. Sie wollten uns unbedingt Granatsteine verkaufen, die sie uns in ihren schmutzigen Fäusten entgegenhielten.

In den Dörfern hielt ich nach den unvorstellbar alten Menschen Ausschau, von denen man so viel hörte, sah aber keine. Rings um uns gab es Hinweise auf Krankheit, Armut und ein mühseliges Leben in den Bergen: Erbkrankheiten, die auf Inzucht hinwiesen, Augenleiden wie Grüner Star, Ausschlag, ansteckende Krankheiten, eiternde Wunden.

Doch war der äußere Rahmen faszinierend. Das Tal wurde in seiner Mitte vom Fluß Hunsa durchströmt, an terrassierten Hängen im unteren Teil der umgebenden hohen, schneebedeckten Berge lagen grüne Felder. Über der Stadt erhob sich eine Festung mit getünchten Mauern. Die Lage war märchenhaft, aber die Festung wurde nicht mehr benutzt. Ihre Fensterscheiben waren zerbrochen, die weiße Farbe blätterte ab.

Einst war Hunsa unabhängig gewesen, eine von vielen unter feudaler Herrschaft stehenden Talschaften und kleinen Bergstaaten im Himalaya, zu denen auch Swat, Ladakh, Nagir, Nepal, Sikkim und Bhutan gehört hatten. Im neunzehnten Jahrhundert hatten ihnen die Briten beigestanden, da sie als willkommene Puffer zwischen Indien und mächtigen Nachbarn im Norden – Rußland und China – dienten. Jahrhundertelang waren diese kleinen Gebiete von der Außenwelt abgeschnitten gewesen. Nicht nur hatten sie unzugänglich in den Bergen gelegen, Ausländern war auch der Zutritt zu ihnen verboten gewesen. So rankten sich allmählich allerlei Mythen um sie.

Für kurze Zeit eroberten die Briten im Jahre 1891 Hunsa, nachdem die Überfälle von Hunsa-Banditen auf Karawanen selbst nach den Maßstäben jener gesetzlosen Gegenden überhandgenommen hatten, ließen aber den Hunsa ihre Unabhängigkeit. Jetzt wollte die Regierung Pakistans diese souveränen Bergstaaten übernehmen. Das Vorgehen war einfach: Sie warteten, bis der Mir starb, und ließen dann keine Nachfolge zu. Der letzte Mir von Hunsa war zwei Jahre zuvor gestorben; die Regierung Pakistans hatte das Land übernommen und es dem Tourismus geöffnet.

So bekamen wir die Überbleibsel eines einst eigenständigen Landes zu sehen; die Reste dessen, was es einst gewesen war. Wir blieben zwei Nächte in Hunsa. Es war friedvoll und schön, vor allem bei Sonnenuntergang, wenn die bereits im Schatten liegenden Täler im Schein des Lichts erglommen, das von den Berggipfeln zurückgeworfen wurde. Aber es war nicht das Shangri-La unserer Phantasie.

Von Hunsa ging es weiter zum Hopar-Tal im angrenzenden Königreich Nagir. Die Legende stellte die Bewohner jenes Landes als ebenso verächtlich hin, wie sie die Hunsakut idealisierte. Sie wurden als dunkelhäutiger geschildert, krankheitsanfällig und verderbt. Sie galten als schmutzig, unangenehm und plump. Wer in Nagir ist, heißt es in Hunsa, merkt das an den vielen Fliegen um ihn herum.

Wie so häufig bei Nachbarländern, sind die Menschen und ihre Lebensweise für Außenstehende nicht unterscheidbar. Die örtliche Nähe fördert das Konkurrenzstreben, und es ist eine natürliche menschliches Haltung, alle negativen Eigenschaften beim anderen zu sehen.

In Nagir schlugen wir unser Lager in einem schönen Tal neben dem Bualtar-Gletscher auf. Noch nie zuvor hatte ich einen Gletscher gesehen, und er kam mir durchaus bemerkenswert vor: ein gefrorener Fluß aus Steinen. Mit dem bloßen Auge sah man kein Eis, sondern lediglich zwei senkrecht in den Boden eingeschnittene Schluchten aus getrocknetem Schlamm, und in der Mitte zwischen ihnen lag dieses flußähnliche Gebilde aus grauem Gestein. In Nagir gibt es viele Gletscher, unter anderem den Hispar – fünfundsechzig Kilometer lang, der zweitgrößte der Welt, wenn man von den Polkappen absieht. Der Bualtar war im Vergleich dazu ein kleiner Gletscher, der eher harmlos wirkte.

Eines Tages beschlossen unser Führer Dick Irvin, Loren und ich, auf diesem Gletscher eine Wanderung zu unternehmen. Loren und ich freuten uns über den Ausflug; während unseres Aufenthalts an diesem herrlichen Lagerplatz hatte sich eine unbestimmte Spannung zwischen uns noch verstärkt, die nicht zu der herrlichen Umgebung paßte. Ich hatte den Eindruck, daß irgend etwas Loren beschäftigte, mochte sie aber nicht recht danach fragen. Als ich es schließlich doch tat, schüttelte sie nur den Kopf und erklärte, ihr fehle nichts. Dennoch blieb die Spannung.

Es war also gut, einen Tag auf dem Gletscher zu verbringen. Auch wenn man stellenweise achtgeben mußte, nicht auszugleiten, war ich fasziniert. An manchen Stellen war es windig und sehr kalt, was mir nach der drückenden Hitze im Lager recht sonderbar vorkam. Doch nach der ersten Überraschung zeigte sich, daß der Gletscher nichts Aufregendes an sich hatte. Es war einfach ein großer, gefrorener und mit Gesteinsbrocken bedeckter Fluß. Nach einer Stunde hatten wir genug vom Umherwandern. Der bei Fußmärschen sehr ausdauernde Dick beschloß weiterzugehen. Loren und ich kehrten ins Lager zurück.

Wir waren über einen sanft abfallenden Pfad zum Gletscher hinabgestiegen, doch auf ihm zurückzukehren hätte einen Umweg von etwa eineinhalb Kilometern bedeutet. Wenn wir hingegen die steile Erdwand emporstiegen, konnten wir das Lager auf kürzestem Wege erreichen. Pfade führten hinauf, und wir hatten Hirten gesehen, die dort Ziegen getrieben hatten. Also mußten diese Pfade begehbar sein.

Wir wählten einen aus und machten uns an den Aufstieg. Es ging recht steil empor, und der Boden war locker. Doch da der Pfad fast einen Meter breit war, ließen sich die ersten dreißig Meter des Anstiegs ohne weiteres bewältigen. Ich blieb immer wieder stehen und sah auf den Gletscher zurück.

Dann wurde der Pfad ein wenig steiler und ein wenig schmaler. Mir wurde unbehaglich, und ich sah mich nicht mehr um, sondern konzentrierte meine Aufmerksamkeit auf den Pfad. Immerhin hatten wir schon die Hälfte geschafft.

Der Pfad wurde immer schlechter. Bald war er nicht einmal mehr dreißig Zentimeter breit, nichts weiter als eine Fährte im bröselnden Erdreich, das bisweilen unter uns nachgab. Daß man sich in der steilen Wand nicht so recht festhalten konnte und nichts dort wuchs, das Halt bot, wirkte durchaus bedrohlich. An manchen Stellen war der Boden schon weggebrochen; dort klafften Lücken im Pfad.

Während wir weitergingen, wurden diese Lücken breiter. An einigen Stellen waren sie sechzig Zentimeter breit, an anderen sogar neunzig. Es war schwer, sie mit einem Schritt zu überwinden – vor allem, wenn man nicht wußte, ob das Erdreich auf der anderen Seite nachgeben würde.

Wir waren jetzt sechzig Meter hoch. Noch dreißig Meter bis zur oberen Kante. Von dort konnten wir das auf der Hochfläche gelegene Lager erreichen. Wir stiegen weiter.

Der Pfad war jetzt sehr schmal. Meist mußten wir uns fest an die Wand aus Gestein und warmer Erde drücken, während wir dem Pfad weiter folgten. Es wurde immer schwieriger.

Und schließlich hörte der Pfad auf.

Irgendwann mußte ein Stück der Wand heruntergestürzt sein, und jetzt lag eine Lücke von etwa zwei Metern zwischen mir und der Stelle, wo er weiterging. Ich stand flach an die Lehmwand gedrückt. Meine Füße fanden kaum genug Halt, und Platz zum Kehrtmachen gab es nicht. Da stand ich auf einem schmalen Fußpfad, sechzig Meter über der Talsohle, und konnte nicht weiter.

Ich bin nicht schwindelfrei.

Am liebsten hätte ich geschrien.

«Warum bleibst du stehen?» fragte Loren. Sie war hinter mir und konnte nichts sehen, da ich ihr den Blick versperrte.

«Der Pfad ist weg.»

«Was willst du damit sagen?»

«Ich will sagen, daß vor mir fast zwei Meter fehlen.»

«Kommst du über die Lücke weg?»

«Nein!» Mich begann Panik zu überfallen.

«Laß mich mal sehen», sagte Loren. «Vielleicht schaff ich es.»

«Ich kann mich nicht bewegen», sagte ich. «Außerdem kann ich dir jetzt schon sagen, daß du es auch nicht schaffst.»

«Rück einfach ein bißchen beiseite; ich will selbst sehen.»

Ich löste meine Schulter um wenige Zentimeter von der Wand, so daß sie einen Blick auf die Lücke werfen konnte. Mir brach der Schweiß aus.

«Das ist 'n ganzes Stück», sagte sie. «Zu breit für mich.»

«Können wir zurück?» fragte ich. Ich konnte nichts sehen. Sie versperrte mir den Blick nach unten.

«Zu steil», sagte sie. Es ist viel leichter, einen schmalen steilen Pfad hinaufzugehen als hinab.

«Wir können also nicht rauf und nicht runter.»

«So ist es.»

Ich mußte jetzt ernstlich die aufkommende Panik unterdrücken. Vor meinen inneren Augen spielte sich eine Szene ab, wie man sie erlebt, wenn man um ein Haar einem Verkehrsunfall entgeht. Da geschieht nichts Dramatisches, es ist keine große Sache, nicht so bedeutend wie ein Bergsturz. *Bei einer kleinen Tageswanderung vom Lager in Nagir aus haben sie sich auf dem Rückweg verlaufen, die Nerven verloren und sind abgestürzt. Der erste Verdacht kam uns, als sie nicht zum Mittagessen zurück waren …*

«Irgendwie müssen wir da rüber», sagte sie.

«Ich kann nicht», gab ich zurück. «Wir müssen wieder runter.»

«Runter kann ich nicht», sagte sie, «und du auch nicht, das weiß ich.»

Da standen wir, und da blieben wir während der nächsten Minuten wie erstarrt stehen. Ich weiß nicht, wie es weitergegangen wäre, wenn wir nicht plötzlich eine Stimme gehört hätten: «Na, wo kneift's?»

Es war Dick Irvin. Er hatte den Gletscher bereits überquert und war auf dem Rückweg. Er hatte uns gesehen und beschlossen, uns zu folgen.

Nie im Leben war ich so froh gewesen, einen anderen Menschen zu sehen.

«Der Weg hört hier auf, Dick», sagte ich, bemüht, dabei keinen jämmerlichen Ton anzuschlagen.

«Das haben wir gleich», sagte er. Und auf irgendeine Weise – ich weiß selbst nicht genau, wie – schob er sich an uns vorbei. Dann trat er oberhalb der Lücke mit dem Schuh ein Stück aus dem Erdreich, um einigermaßen festen Stand zu haben, und sprang leichtfüßig auf die andere Seite. Von dort hielt er uns seinen Stock entgegen und holte zuerst mich und dann Loren über die zwei Meter breite Lücke. Dann führte er uns den Weg empor bis oben. Ich war schweißgebadet und zitterte am ganzen Leib. Mir tanzte es grünlich und grell vor den Augen. Es kamen noch mehrere Lücken im Pfad, aber irgendwie brachte uns Dick über alle hinweg.

Als wir oben ankamen, mußte ich mich hinsetzen, so schwindlig war mir. Dick ging zum Lager, wo er sich um das Mittagessen kümmern wollte. Ich saß auf dem Boden und hatte den Eindruck, mich gleich übergeben zu müssen. Immer wieder fragte mich Loren, ob mir nichts fehle, und ich sagte nein. Aber das stimmte nicht. Zu Mittag habe ich nichts gegessen. Ich hatte keinen Hunger.

Am Spätnachmittag, als es kühler war, schlug Loren einen Spaziergang vor. Wir gingen am Rand des Taleinschnitts entlang, sahen auf die Stadt und die terrassierten Hänge mit ihren Feldern hinab. In diesem fernen ländlichen Rahmen begannen wir uns über unser Leben zu unterhalten, unsere Pläne und Hoffnungen für die Zeit nach unserer Rückkehr. In einem Aprikosenhain oberhalb des Hopar-Tals sprachen wir davon, daß wir Kinder haben wollten, unterhielten uns über unsere Zukunft. Immer deutlicher schälte sich heraus, daß wir sie nicht gemeinsam, sondern getrennt voneinander verbringen würden. Wegen der Ernsthaftigkeit dieser Unterhaltung waren wir beide sehr ruhig und freundlich. Noch war keiner von uns beiden bereit zu sagen, daß die eheliche Verbindung ihr Ende gefunden hatte, aber diese Erkenntnis hing in der kühlen Nachmittagsluft. Als wir schließlich merkten, daß wir Hunger hatten, begannen wir über das Abendessen zu reden und kehrten ins Lager zurück.

Am nächsten Morgen bestiegen wir erneut die Jeeps und begannen die lange Rückfahrt nach Islamabad. Als wir die Stelle erreichten, wo es auf unserem Hinweg zu dem gewaltigen Bergsturz gekommen war, lag die Straße wieder frei vor uns.

HAIE

«Waren Sie schon mal im Kanal?» fragte der Hotelier am ersten Abend, als wir ihm sagten, daß wir gern tauchten.

«Nein», sagten wir.

«Da sollten Sie unbedingt mal tauchen», sagte er. «Nirgendwo auf Rangiroa ist es aufregender.»

«Wieso?»

«Wegen der schnellen Strömung. Außerdem gibt es da allerlei Arten von Fischen.»

«Auch Haie?» fragte jemand.

«Ja», sagte er lächelnd. «Meistens sind auch ein paar Haie dabei.»

Ich verbrachte die Weihnachtsfeiertage mit meinem Bruder, meiner Schwester, deren Ehepartnern und mehreren guten Bekannten auf Tahiti. Wir wollten einige der Inseln erkunden und hatten mit der abgelegensten angefangen.

Rangiroa, eins der Atolle des Tuamotu-Archipels, liegt über eine Flugstunde von Papeete entfernt. Die höchste Erhebung dort erreicht etwa drei Meter über Meereshöhe. Aus der Luft sah die Insel aus wie ein blasser Sandring inmitten des Ozeans.

Die Tuamotu-Inseln sind geologisch recht alt; ihre vulkanischen Gipfel sind im Lauf der Zeit erodiert, bis sie schließlich verschwanden und nichts blieb als das Korallenriff. Es hatte ursprünglich die Insel umgeben, schließt jetzt aber nur noch die Lagune von Rangiroa ein.

Mit einem Durchmesser von rund dreißig Kilometern ist sie riesig. Der Wasseraustausch zwischen ihr und dem Meer erfolgt durch zwei vergleichsweise enge Durchbrüche im Korallenriff, das die Lagune umschließt. Sie werden als Kanäle bezeichnet. Das zweimal täglich mit Urgewalt durch diese beiden Kanäle strömende gewaltige Flutwasser lockt, da es mit Plankton beladen ist, eine Fülle von Fischen an.

«Es ist wirklich aufregend», sagte der Hotelbesitzer. «Das dürfen Sie sich keinesfalls entgehen lassen.»

Wir suchten den Tauchlehrer Michel auf und teilten ihm mit, daß wir gern im Kanal tauchen würden. Nach einem Blick auf den Tidenkalender erklärte er, das sei am folgenden Vormittag um zehn Uhr möglich. Den Kanal eines Korallenrings kann man nur durchtauchen, wenn die Flut in die Lagune drückt, weil man sonst Gefahr läuft, mit hinaus in den Ozean gerissen zu werden.

Als wir am nächsten Vormittag alle zum Aufbruch bereit am Kai standen, lauter erfahrene Taucher, fragte meine Schwester: «Gibt es da in dem Kanal tatsächlich Haie?» Sie war die einzige von uns, die noch keine gesehen hatte.

«Ja», sagte Michel. «Sie werden Haie zu sehen bekommen.»

«Viele?»

Er lächelte. «Manchmal schon.»

«Wie viele?»

Er sah, daß sie nervös wurde, und sagte: «Manchmal kommen gar keine. Sind wir soweit?»

Wir stiegen ins Boot und fuhren ab. Der Kanal war etwa vierhundert Meter breit. Drinnen lag die Lagune mit ihrem glatten Wasserspiegel, draußen brachen sich unaufhörlich die Wogen des Ozeans an der Außenseite des Riffs. Wir fuhren mit dem Boot hinaus. Michel machte eine Schwimmboje mit einer Leine klar. Dann gab er uns genaue Anweisungen.

«Seht zu, daß die Gruppe zusammenbleibt», sagte er. «Legt eure Ausrüstung an und geht möglichst dicht beieinander ins Wasser. Haltet euch oben nicht auf und taucht gleich ab. Seht zu, daß ihr unten Sichtkontakt zueinander haltet. Ich schwimm mit der Boje hier –» er wies auf den Auftriebskörper, den er in den Händen hielt – «voraus, damit uns das Boot folgen kann. Die Strömung ist sehr stark. An einer Stelle im Kanal gibt es eine Art Höhle, wo man sich eine Weile ausruhen kann. Haltet Ausschau also danach. Anschließend geht es weiter. Ihr werdet in die Lagune getrieben, die Strömung läßt nach, und ihr könnt euch in aller Ruhe die Korallen ansehen. Wer keine Luft mehr hat, kommt rauf zum Boot. Taucht im Kanal nicht tiefer als zwanzig Meter. Alles klar?»

Jeder machte sich daran, seine Ausrüstung anzulegen. Wir spürten die Wogen, die das Boot hoben und senkten. Als schließlich alle fertig waren, sprangen wir gleichzeitig über die Bordwand, so daß das Wasser unter unseren Schwimmflossen aufspritzte.

Beim Tauchen muß man sich jedesmal sozusagen eingewöhnen. Man wischt die Scheibe der Tauchmaske klar, läßt die Wassertemperatur auf sich wirken, sieht sich um, versucht festzustellen, wie gut die Sicht ist, geht nach unten. Hier war das Wasser klar, und ich sah links von mir die unregelmäßig gezackte Wand des Kanals. Sie reichte von der Wasseroberfläche etwa zwanzig oder fünfundzwanzig Meter hinab. Dort ging sie in bläulichen Sandboden über.

Wir tauchten tiefer. Erst, als wir fast den Boden des Kanals erreicht hatten, merkte ich, wie rasch uns die Strömung vorantrieb. Es war wirklich faszinierend – jedenfalls dann, wenn es einem nichts ausmachte, daß man keine Möglichkeit hatte, gegenzusteuern.

Es war bedeutungslos, ob man sich nach vorn, nach hinten oder zur Seite drehte – die Strömung riß jeden stets mit der gleichen Geschwindigkeit weiter. Man konnte nirgendwo verweilen. Sich an nichts festhalten. Falls man versuchte, sich an einem Stück Koralle festzuhalten, würde man es abbrechen oder sich den Arm ausreißen. Die Strömung trieb jeden einfach weiter, war eine Kraft, der niemand etwas entgegenzusetzen hatte, da sie um mehrere Größenordnungen stärker war als wir. Man hatte keine andere Möglichkeit, als sich innerlich darauf einzustellen und das Ganze zu genießen.

Nachdem man sich einige Minuten lang an den Anblick gewöhnt hatte, den die anderen boten, sei es, daß sie im rechten Winkel zur Strömung lagen, den Blick nach oben gerichtet hielten, ihre Tauchmasken freiwischten oder nach hinten sahen, wobei alle mit derselben Geschwindigkeit dahintrieben, machte die Sache Spaß. Es war so ähnlich wie eine Fahrt in einem Vergnügungspark, und daß wir ihr machtlos ausgeliefert waren, wirkte angenehm.

Dann sah ich die Haie.

Zuerst bewegten sie sich an meiner Sichtgrenze, so, wie ich Haie schon früher gesehen hatte: graue Schatten dort, wo die Farbe des Wassers ein dunkles Blaugrau wird, weit entfernt. Dann wurden die Schatten deutlicher. Ich konnte Einzelheiten erkennen und sah auch weitere Haie. Viele.

Die Strömung trug uns mitten in eine Gruppe grauer Haie. Es waren so viele, daß es mir vorkam, als gerieten wir in eine aus Tieren bestehende Wolke. Bestimmt kreisten dort an die hundert Haie dichtgedrängt umeinander.

Ich versuchte seitwärts auszuweichen, aber die Strömung ließ sich von meinen Vorlieben und Abneigungen nicht beeindrucken. *Wir trieben genau mitten durch die Haie.* Im Bemühen, meine Panik zu beherrschen, beschloß ich, ein Foto zu machen. Während ich die Einstellungen der Kamera kontrollierte, kam ich mir etwas blöd vor: *Hier sind hundert Haie um dich rum, und du machst dir Gedanken, ob die Blende auf acht oder auf elf steht.* An meiner Situation konnte ich nichts ändern – also konnte ich ebensogut an etwas anderes denken, und ich machte die Aufnahme. Sie erwies sich später als hochgradig unscharf.

Inzwischen wimmelte es um uns herum von Haien. Sie waren überall: oben, unten und zu allen Seiten. Uns riß die Strömung mit sich, als seien wir Fahrgäste in einem Zug, auf die Tiere hingegen schien sie keinerlei Wirkung zu haben; sie bestimmten mühelos ihre Richtung und trieben ihre mächtigen Leiber mit dem typischen Seitwärtsschlag voran, der ihre Bewegungen so schlangenhaft aussehen läßt.

Die Haie wandten sich ab, kehrten zurück, umkreisten uns, kamen aber nicht näher. Schon lösten wir uns aus dem Knäuel, von der Strömung weiter mitgerissen, trieben von der dichten Wolke aus Haien fort. Dann war es vorbei.

Meine Atmung hatte sich noch nicht wieder beruhigt, als Michel den Daumen emporreckte und uns mit Handbewegungen bedeutete, daß wir in die Spalte hinabtauchen sollten, von der er gesprochen hatte. Er war knapp zwanzig Meter vor mir. Ich sah, wie er über den Boden gerissen wurde, dann duckte er sich und verschwand, den Kopf voran, in einem Graben. Dabei stieg eine ganze Wolke von Luftblasen auf. Ich wandte mich in dieselbe Richtung, erhaschte einen flüchtigen Blick auf einen kleinen flachen Graben von vielleicht drei Metern Tiefe und sechs Metern Länge. Zwar empfand ich es als Wohltat, aus der Strömung heraus zu sein, doch fand ich mich unerwartet von einer Traube aus Doktorfischen umgeben. Irgend etwas schien diese tellergroßen Tiere, die in dichten undurchdringlichen Schwärmen auftreten, zu beunruhigen. Vermutlich hatten wir Taucher sie aufgestört.

Dann löste sich die schwarze Traube auf, und ich begriff, daß es an den Haien lag, die sich im Graben tummelten. Ein Dutzend stumpfschnäuzige graue Haie schwamm im hinteren Teil umher, wie in einer Sackgasse. Jeder von ihnen maß zwischen zweieinhalb und drei Metern; sie blickten starr herüber, während sie kaum mehr als einen Meter von mir und Michel entfernt zornig hin und her schwammen. Ich merkte, daß Michel, der völlig gelassen blieb, zu mir hersah, wohl um zu erkennen, wie ich die Sache aufnahm. Ich hatte nur Augen für die Haie.

Noch nie hatte ich so viele Haie auf einmal so nahe gesehen, und tausend Eindrücke bestürmten mich. Deutlich nahm ich die rauhe Beschaffenheit ihrer grauen Haut wahr, die über den Körper verstreuten Verletzungen, die blassen Narben und Abschürfungen, die unverkennbaren Kiemenspalten. Das starre Auge, drohend und dumm, wie das eines primitiven Schlägers. Beinahe das Erschreckendste an einem Hai ist das Auge und der tief eingeschnittene Schlitz der geschwungenen Schnauze. Dann sah ich, wie eins der Tiere, denen wir den Weg aus der Höhle abgeschnitten hatten, seinen Rücken auf eine Weise krümmte, von der ich kürzlich gelesen hatte, sie sei eine typische Drohgebärde des grauen Hais, die häufig einem Angriff vorausgehe –

Inzwischen schwangen sich die anderen Taucher gleichfalls über den Rand und stießen Luftblasen aus.

Die Haie flohen. Der letzte von ihnen schlängelte sich zwischen uns durch, als seien wir Hütchen auf einer Hindernisstrecke. Vielleicht wollte er auch nur prahlen, wie gut er es konnte.

Jetzt sahen wir alle einander an. Hinter den Tauchmasken erkannte man weit aufgerissene Augen.

Michel gab uns einige Minuten Zeit, damit wir zur Ruhe kamen. Während er das Finimeter jedes einzelnen prüfte, um zu sehen, ob der Luftvorrat bei allen reichte, nahmen wir die großen Doktorfische genauer in Augenschein und versuchten uns zu orientieren.

Als Michel uns bald darauf das Signal gab, den Graben zu verlassen, ließen wir uns wieder in die Strömung gleiten. Erneut spürten wir, wie sie uns erfaßte und in die Lagune mitriß. Doch ließ ihre Gewalt jetzt nach. Das Wasser wurde trüber, die Korallen waren weiter verstreut, saßen auf der braunen schlammigen Bodenfläche in kleinen Kolonien beieinander. Die kleinen Fische, die in ihnen lebten, kannten wir. Der beste Teil des Tauchgangs war vorüber. Wir verbrauchten den Rest unserer Luft und strebten dem Boot entgegen.

Ob man einen Tauchgang als gelungen empfindet oder nicht, hängt unter anderem davon ab, wie groß die Adrenalinmenge ist, die anschließend noch durch den Kreislauf gepumpt wird, sowie auch davon, wieviel man sich oben zu erzählen hat.

«Großer Gott, habt ihr *das* gesehen?»

«Ich hab gedacht, ich müßte *sterben*!»

«War das nicht *unvorstellbar*?»

«Ich war *entsetzt*, tatsächlich. Es hat mir *überhaupt nicht* gefallen.» Das war meine Schwester. Sie sagte das im vollen Ernst. Aber das Gespräch ging über sie hinweg.

«War das ein Ding!»

«Hinreißend.»

«Unglaublich! Ich geb's ehrlich zu, *ich* hatte Angst.»

«Stimmt! Ich hab gesehen, wie du gezittert hast.»

«Das war nur wegen der Kälte.»

«Natürlich.»

«Wirklich unglaublich!»

Michel ließ uns geduldig gewähren, er lächelte und nickte dazu. Er gab dem Bootsführer ein Zeichen, noch eine Weile zu warten, bis sich unsere Erregung gelegt und wir uns ein wenig beruhigt hatten. Dann wurde der Motor angelassen, und es ging zurück zum Hotel.

Nachdem wir geduscht und uns umgezogen hatten, trudelten wir einer nach dem anderen an der Bar ein. Es gab nur ein Thema: der Tauchgang; unsere Reaktionen darauf, was wir alles gesehen hatten, wie nahe die Haie gekommen waren, wie sie auf uns gewirkt, was wir empfunden hatten, ob die Fotos das Erlebnis auch zutreffend widerspiegeln würden.

In all dem schwang, ohne daß jemand das sagte, die Feststellung mit, wie knapp wir dem Tod entkommen seien. Zwar war das Unternehmen äußerst gefährlich gewesen, aber wir hatten es überlebt. So gefährlich war es gewesen, daß wir nicht im Traum daran gedacht hätten, das Wagnis auf uns zu nehmen, wäre uns von vornherein klar gewesen, wie es sein würde. Wir waren glücklich mit knapper Not davongekommen. Klar, es hatte Spaß gemacht, aber es war auch furchterregend gewesen.

Später beim Abendessen fragte mein Bruder leichthin: «Will jemand es noch mal machen?»

Schweigen legte sich über den Tisch. Immerhin strafte er mit diesen Worten all das Lügen, was wir unausgesprochen hatten durchblicken lassen. Sofern das Abenteuer wirklich so gefährlich war, sollten wir es keinesfalls wiederholen.

«Ich mach's noch mal», sagte er.

Einer nach dem anderen räumten wir ein, daß wir den Tauchgang *unter Umständen* wiederholen würden.

Als uns Michel am nächsten Morgen mitteilte, die Gezeitenströmung sei für einen Tauchgang im Kanal ungünstig und es heiße bis zum nächsten Vormittag warten, waren wir ehrlich entrüstet. Einen ganzen Tag warten! Wir waren aufrichtig verärgert.

Beim zweitenmal dann sahen wir kaum Haie. Jetzt waren wir ernsthaft enttäuscht. Keine Haie – welche Zeitverschwendung! Wir sahen uns also genötigt, ein drittes Mal im Kanal zu tauchen. Bei dieser Gelegenheit sahen wir viele Haie und genossen den Anblick voll Schrecken und Freude.

□□□

Ich vermute, daß der einzige wahre Ausdruck für das, was man glaubt, die Art ist, wie man handelt. Ein Beispiel dafür ist unser Beschluß, erneut im Kanal zu tauchen. Was auch immer wir beim Abendessen – oder später – über Haie gesagt haben mochten, wir wußten, daß sie nicht gefährlich waren.

Im Jahre 1973 drehte ich einen Film, in dem gezeigt wurde, wie eine Klapperschlange einen Menschen biß. Wir brauchten Aufnahmen, auf denen man eine Schlange sah, die in der Wüste umherkroch, dann vorschnellte, ihrem Opfer die Giftzähne ins Fleisch schlug, und so weiter.

Dazu wurden bestimmte Klapperschlangen ausgewählt, so, als seien sie Schauspieler. Für die Kriechszenen hatten wir vier «Kriecher» und für die Angriffsszenen vier «Beißer». Die Tiere wurden in großen Kisten mit einem Kombi zum Drehort gebracht.

Eine meiner Hauptsorgen über diese Tiere wurde schnell genommen. Immer, wenn ich im Wald war und ein Rascheln hörte, hatte ich mich gefragt: *Ob das wohl eine Klapperschlange ist?* Stets fürchtete ich, mich könnte etwas beißen.

Als der Mann von der Schlangenfarm die Kisten auslud, fuhren bei dem Geräusch, das dabei ertönte, die Köpfe aller im Umkreis von dreißig Metern herum. Ein Zweifel war nicht möglich. Jeder *wußte*: Dieses trockene zischende Klappern konnte man mit nichts anderem verwechseln.

Dann holte der Mann die Schlangen heraus. Jede von ihnen war knapp zwei Meter lang, so dick wie der Unterarm eines Menschen, und sie zischelten in furchterregender Weise. Das Drehteam war beeindruckt.

Wir bereiteten die erste Aufnahme vor. Etwa zehn Meter von der fürchterlichen Bestie entfernt wurde die Kamera mit einem Teleobjektiv auf ein Stativ gestellt. Zum Schutz des einsamen Mannes hinter der Kamera hängten wir eine Decke auf; die übrigen Mitglieder des Drehteams hielten sich in größerer Entfernung. Wir alle sahen zu, wie das erste der widerlichen Reptilien freigelassen wurde, damit es drohend auf das Objektiv zukriechen konnte.

Nach einem kurzen Blick auf uns drehte sich die Schlange um und wand sich davon, den Bergen zu. Der Mann von der Schlangenfarm mußte ihr nach, um sie einzufangen.

Wir richteten alles erneut her. Und noch einmal. Und noch einmal. Jedesmal hatte das arme verängstigte Tier nichts anderes im Sinn, als zu entkommen. Schließlich mußten wir unmittelbar außerhalb der Reichweite der Kamera zwei Reihen Leute aufstellen, die zwischen sich die Klapperschlange dem Objektiv entgegentrieben.

Sobald wir die Aufnahmen mit der kriechenden Schlange hatten, richteten wir alles für die Szene her, in der sich die Klapperschlange aufwickelt und angreift. Dazu nahmen wir unsere «Beißer». Der Mann von der Schlangenfarm erklärte, da man sie noch nicht «gemolken» habe, seien sie angriffslustig. Erst nach der Abnahme des Giftes würden sie friedlich.

Die nächste Stunde hindurch versuchten wir zu erreichen, daß die «Beißer» taten, was ihr Name versprach. Mit Stöcken, Ballons, Gummihänden und Cowboyhüten wedelten und stocherten wir vor den Schlangen herum, um ihren Zorn zu erregen.

Gelegentlich fuhr eine auf den Gegenstand los, aber bis sie sich dazu herbeiließ, konnte man sie ziemlich lange reizen. Das ist eigentlich klar, denn der Angriff einer Klapperschlange ist nicht besonders eindrucksvoll. Das Tier ist dabei lediglich imstande, einen kleinen Teil seiner Körperlänge zu überbrücken; diese fast zwei Meter langen Schlangen können höchstens einen knappen halben Meter vorwärtsschnellen – eher weniger.

Hinzu kam, daß die Schlangen in keiner Weise angriffslustig waren. Nachdem sie zugebissen haben, verheddern sich die Giftzähne dieser großen, gefährlich aussehenden Tiere in dem, was bei einer Schlange die Unterlippe ist. Das sieht ziemlich lächerlich aus, und unsere schienen das auch zu wissen. Jedenfalls wichen sie eher zurück, als daß sie angriffen.

Zwischen den einzelnen Aufnahmen hielt der Schlangenbetreuer die Tiere unter einem kleinen gelb gepunkteten Sonnenschirm in Bereitschaft. Als sich der Tag allmählich dem Ende zuneigte, ohne daß ich die Aufnahmen bekam, die ich haben wollte, beschwerte ich mich darüber, daß man die Schlangen auf diese Weise verzärtelte. Mochten sie doch in der Sonne schmoren! Der Mann von der Schlangenfarm erhob Einspruch, aber ich blieb unerbittlich – und hätte damit beinahe eins der Tiere in wenigen Minuten gesotten. Es wurde äußerst träge und mußte ausgewechselt werden. Diese furchterregenden Reptilien haben keine Möglichkeit, ihre Körpertemperatur zu regeln; sie werden, wenn sie nicht vor der Sonne Schutz suchen können, wie Spiegeleier gebraten. Klapperschlangen sind offenbar keine besonders widerstandsfähigen Geschöpfe.

All das führte dazu, daß sich schon gegen Mittag das halbe Team, nachdem wir mit Teleobjektiv, Decken und einem äußerst ängstlichen Kameramann morgens unsere Arbeit aufgenommen hatten, nur einen oder zwei Schritt von diesen riesigen Klapperschlangen entfernt aufhielt, ihnen den Rücken zukehrte, Zigarettenasche auf sie fallen ließ und von ganz anderen Dingen redete. Niemand hatte noch Angst vor ihnen. Wir hatten uns der von uns wahrgenommenen Wirklichkeit rasch und gänzlich unbewußt angepaßt.

Die meisten Menschen begegnen so selten wild lebenden Tieren, daß es eher angebracht wäre, sich über ein solches Ereignis zu freuen, als Angst davor zu haben.

Selbstverständlich hängt das von der Situation und dem jeweiligen Tier ab. Riffhaie sind vergleichsweise harmlos; bei anderen Haiarten mag das anders sein. Es hat keinen Sinn zu behaupten, der afrikanische Löwe sei zahm und man könne daher aus seinem Geländewagen aussteigen, hinübergehen und ihm guten Tag sagen. Aber man sollte auch bedenken, daß die Löwen, sofern sie keine

Jungen in der Nähe haben, möglicherweise einfach verschwinden, wenn man aussteigt.

Aus manchen Gründen scheint es uns Menschen schwerzufallen, Tiere im richtigen Licht zu sehen. In amerikanischen Nationalparks findet jährlich eine Anzahl von Menschen dadurch den Tod oder wird verletzt, daß sie nah an wilde Tiere – beispielsweise Bisons – herangehen, um sie besser ins Bild zu bekommen oder sie zu füttern. Viele Stadtbewohner halten die Vorstellung vom «wilden Tier» für überholt. Die einzigen Tiere, mit denen sie je zu tun haben, sind normalerweise Haus- oder Zootiere. Warum also soll so jemand nicht sein vierjähriges Töchterchen auffordern, sich neben den Büffel im Yellowstone-Park zu stellen? Das wird bestimmt ein niedliches Foto.

Diese Art blinden Vertrauens ist die Kehrseite der blinden Angst, die so viele Menschen befällt. Bisweilen denke ich, daß der Mensch das Bedürfnis hat, sich in der Natur in einer übergeordneten Rolle zu sehen, und das läßt ihn annehmen, andere Tiere haßten ihn oder seien ihm besonders zugeneigt.

In Wahrheit aber ist er im Tierreich lediglich eine unter vielen Arten. Zwar ein kluges Tier, aber eben doch nur ein Tier.

Mir ist es schwergefallen, meine Angst vor Tieren zu überwinden. Das aber war notwendig, denn meine Erfahrungen zeigten mir, daß sie nicht bedrohlich sind; ich konnte nicht so tun, als sähe ich nicht, was ich sah. Aber schwierig war es dennoch.

Ein gewisser Nervenkitzel ist damit verschwunden, und der Mensch gibt seinen Nervenkitzel nun einmal nicht gern auf. Wenn ich anderen berichte, daß gewisse Haie, Muränen und Barrakudas ungefährlich sind, merke ich, wie sich erst Enttäuschung und dann ein angespannter und verkniffener Ausdruck auf ihrem Gesicht breitmacht. Sie teilen meine Ansicht nicht und geben mir zu verstehen, daß ich von Sonderfällen rede. Sie verweisen darauf, daß meine eigene Erfahrung begrenzt sei. Haie ungefährlich? Muränen ungefährlich? Schlangen ungefährlich? Ich bitte Sie.

Das hören sie nicht gern. Kommt man ihnen dann mit Tatsachen und statistischen Belegen, werden sie nur um so ärgerlicher. In Wirklichkeit aber ist in der westlichen Welt die Aussicht auf eine gefährliche Begegnung mit einem Tier nahezu verschwindend gering. In Amerika sterben jährlich sechzigtausend Menschen als Folge von Verkehrsunfällen, doch hat niemand vor dem Autofahren Angst. Etwa sieben Menschen pro Jahr fallen Schlangenbissen zum Opfer, aber alle Welt hat entsetzliche Angst vor Schlangen.

Außerdem gehört die Angst vor Tieren zur Volkskultur, wird als Thema in Büchern, Filmen und im Fernsehen verarbeitet. Wer sich von ihr löst, hat das gleiche Gefühl, etwas zu verpassen, wie wenn er die letzte erfolgreiche Fernsehshow nicht gesehen hätte, über die neueste intellektuelle Kultfigur nichts weiß oder sich keinen Profisport ansieht. Mit einemmal fehlt uns etwas, was wir mit anderen gemeinsam hatten.

Es geschieht aber noch etwas. Da die Angst vor Tieren zur Volkskultur gehört, müssen wir uns, wenn wir diese Angst aufgeben, Rechenschaft darüber ablegen, daß einer der tiefverwurzelten und nie in Frage gestellten Glaubenssätze der Volkskultur falsch ist. Das ist ein wenig beunruhigend, weil man sich dann unwillkürlich fragt, was an ihr sonst noch falsch ist.

Angst vor Tieren ist außerdem ein angenehm kindliches Gefühl. Es aufzugeben bedeutet, einen Teil der magischen Empfindungen der Kindheit gegen einige der praktischeren des Erwachsenseins einzutauschen. Anfänglich ist das nicht besonders behaglich, später fragt man sich, warum es nicht jeder tut.

Im übrigen: Was hat man schon von seiner Angst? Vielleicht überhöhen wir die Werte der Zivilisation, indem wir die Natur zum Buhmann stempeln. Hier sitze ich im Verkehrsstau, atme Kohlenmonoxid und andere Giftstoffe ein, mein Blick schweift über eine widerwärtige Umgebung, die der Mensch geschaffen hat, aber trotzdem geht es mir besser, als wenn es all das nicht gäbe, denn dann würden mich Löwen und Bären angreifen und fressen.

Wenn wilde Tiere – und die ungezähmte Natur – uns weniger ängstigten, würde uns die Zivilisation möglicherweise nicht so sehr zusagen. Die Wahrheit aber ist, daß sie uns nicht vor wilden Tieren schützt. Sie bemüht sich, wenn auch nur in unvollkommener Weise, uns vor uns selbst zu schützen.

«Ich würde keine Gorillas beobachten», sagte Nicole.

«Warum nicht?» fragte ich.

«Es sind Menschen.»

Nicole stammte aus Belgien, und was sie auf englisch sagte, hatte manchmal eine unbeabsichtigte Bedeutung. Ich nahm an, daß es sich hier um einen solchen Fall mit einer überraschenden Pointe handelte.

«Gorillas sind Menschen?»

«Na klar.»

Ich sprach zwar nur schlecht französisch, aber mit Hilfe ihres Englisch und meines Französisch klärten wir den Fall. «*Vraiment? Des gorilles sont des hommes?*»

«*Oui.* Genau wie Menschen.»

«Glaubst du das tatsächlich?» fragte ich. Nicole war Zoologin und befaßte sich vor allem mit einer Topi genannten Antilopenart. Wer sich seit Jahren mit diesen Tieren beschäftigte, mußte doch imstande sein, Gorillas von Menschen zu unterscheiden. Ich sagte nichts.

«Du glaubst mir nicht», sagte sie, «aber ich habe Gorillas im Gebiet um die Virunga-Vulkane erlebt. Es sind keine Tiere, sondern Menschen.»

Wir befanden uns gerade auf dem Flug zu eben diesem Gebiet. Neben dem Piloten saß ich eingezwängt in der Kanzel des Kleinflugzeugs. «Da unten können Sie die Vulkane sehen», sagte er.

Vor uns tauchten aus dem Dunst, der über Ruanda lag, schattenhaft drei Bergkegel auf. Das Ganze wirkte nicht besonders spektakulär, jedenfalls nicht so, wie ich es mir vorgestellt hatte.

«Links liegt der Karissimbi; in der Mitte der Visoke und rechts der Sabinio», sagte der Pilot. «Und da ist die Stadt.»

Er drehte von den Virunga-Vulkanen ab und kreiste über Ruhengeri, einer entlang einer Schlammstraße erbauten Siedlung. Es war ein malerisches Bild.

Wir landeten und bezogen Zimmer im Hotel Muhrabura. An der Bar stieß ich unvermutet auf Don Fawcett. Er war mein Anatomieprofessor gewesen und hatte mich als jungen Medizinstudenten in die Geheimnisse des Sezierens eingeführt. Vor längerer Zeit hatte er

Harvard verlassen, um am Internationalen Labor für Tierkrankheiten in Nairobi zu arbeiten, und er war gerade mit mehreren anderen Naturwissenschaftlern draußen bei den Gorillas gewesen – eine, wie er sagte, äußerst faszinierende Unternehmung. Alle Hotelgäste waren von ihrem Besuch bei den Gorillas außerordentlich angetan, es gab in der Bar kein anderes Gesprächsthema.

Am Nachmittag durchstreifte ich das von fünf Vulkanen umgebene Städtchen Ruhengeri. Eine einzige befestigte Straße, in leuchtenden Farben gestrichene, verfallene Läden. Ein Lasttaxi voll Frauen, die afrikanische Lieder sangen, rumpelte vorbei. Es waren so viele, daß einige von ihnen stehen mußten. Straßenjungen versuchten, mir Plastiktüten mit Zigaretten der Marke Impala zu verkaufen.

Nicole erklärte, was es mit den Gorillas von Ruanda auf sich hatte. Ihr Mann Alain arbeitete in der Verwaltung des Nationalparks und hatte an der Ausarbeitung des Programms entscheidend mitgewirkt. Die Geschichte war folgende: Es fiel dem winzigen Land Ruanda nicht leicht, Grund und Boden für das an der Grenze zwischen Ruanda und Zaire liegende Naturschutzgebiet *Parc des Volcans* zur Verfügung zu stellen. Immer begehrlichere Blicke richtete die wachsende Bevölkerung, die seit dem Zweiten Weltkrieg um das Fünffache zugenommen hatte, auf die grün bewachsenen Berghänge. Einige Jahre zuvor hatte man diesem Druck sogar nachgegeben und einen großen Teil des Parks in Ackerland umgewandelt. Den immer wieder vorgetragenen Forderungen, auch den Rest dafür zur Verfügung zu stellen, widersetzten sich Umweltschützer im Lande aus drei Gründen:

Erstens würde das langfristig nur wenig nützen, brauchten doch Jahr für Jahr dreiundzwanzigtausend zusätzliche Familien Ackerland. Die Freigabe des Parks würde aber lediglich das Bevölkerungswachstum von sechsunddreißig Wochen auffangen.

Zweitens dient das Gelände, da es an den Berghängen liegt, als Wassereinzugsgebiet. Sein poröses Vulkangestein speichert Regenwasser und gibt es im Verlauf von zwei Trockenzeiten nach und nach wieder frei. Wollte man die Hänge bebauen, liefe das Regenwasser von der Oberfläche ab, mit nur allzu absehbaren Folgen und zum unermeßlichen Schaden für die Landwirtschaft der Umgebung.

Drittens bildet der Park zusammen mit der auf dem Territorium des Landes Zaïre an ihn stoßenden offenen Parklandschaft das letzte verbleibende natürliche Habitat der einzigartigen Berggorillas. Beraubte man die Tiere dieses Lebensraumes, wären sie unwiderruflich zum Aussterben verurteilt.

Also beschlossen Umweltschützer im Jahre 1979, den *Parc des Volcans* zu einer sich finanziell selbst tragenden Einrichtung zu machen, die nach Möglichkeit sogar Gewinn abwerfen sollte. Um dieses Ziel zu erreichen, gewöhnten sie drei Gorillagruppen an den Kontakt mit Menschen, und diese wurden binnen weniger Jahre zu einer Touristenattraktion ersten Ranges.

Vor längerer Zeit hatte die amerikanische Forscherin Dian Fossey erkannt, daß es möglich war, nahe an wild lebende Gorillas heranzukommen, und hatte es nach vielen Jahren geduldiger Arbeit sogar fertiggebracht, sich mitten in eine solche Gruppe zu setzen, das Verhalten der Tiere zu beobachten und Notizen zu machen.

Jetzt aber war Dian Fossey fort, von der Regierung des Landes verwiesen. (Einige Jahre später kehrte sie zurück und wurde bald darauf ermordet.) Die ursprünglich von ihr beobachtete Gruppe – sie trug die Nummer fünf – blieb der weiteren Erforschung vorbehalten. Die mit dieser Aufgabe betrauten Wissenschaftler wohnten in der zwischen den Vulkanen liegenden Forschungsstation Karissimbi. Mit Hilfe der inzwischen entwickelten Methoden gewöhnten weitere Forscher über mehrere Jahre hinweg drei Gorillagruppen, die jeweils als Nummer acht, elf und dreizehn geführt wurden, an tägliche Kontakte mit fremden Besuchern.

Inzwischen war es überhaupt nichts Besonderes mehr, freilebende Gorillas zu beobachten. Wer sich frühzeitig anmeldete (inzwischen gibt es eine Warteliste über mehrere Jahre), konnte sich am für ihn festgelegten Tag einer vier- oder sechsköpfigen Besuchergruppe anschließen, der die Gorillas gezeigt wurden. Jede dieser Gruppen wurde von einem Führer und einem Fährtenleser begleitet.

Am Vormittag fuhren wir zu einer Station des Parks, die in gut 2700 Meter Höhe an den Hängen des Sabinio lag. Ab jetzt hieß es, nach Gorillas Ausschau halten. Zuerst würde uns der Führer dorthin bringen, wo man die Tiere am Vortag zuletzt gesichtet hatte; der

Fährtenleser würde ihrer Spur über die Vulkanhänge nachgehen, bis wir sie eingeholt hätten. Danach sollten wir den Tieren folgen, bis sie Mittagsrast machten. Bei dieser Gelegenheit, hieß es, seien sie ruhig und ließen Menschen gewöhnlich dicht an sich heran.

Manche Besuchergruppen stießen schon nach wenigen Minuten auf Gorillas; es konnte aber auch fünf Stunden dauern. Wir erfuhren, daß wir uns auf mehrere Stunden schwierigen Anstiegs einstellen und uns mit Handschuhen vor den Brennesseln schützen sollten. Auch bekamen wir die Anweisung, den Mund zu halten, sobald wir auf Gorillas stießen; außerdem sollten wir uns ducken und darauf achten, daß wir den Kopf stets niedriger hielten als der dominierende männliche Gorilla. Im Fall eines Gorillaangriffs, wurde uns eingeschärft, sollten wir schweigend *stocksteif* stehenbleiben.

Schließlich brachen wir auf.

Einer Gorillafährte kann man auf Grund der auffälligen dreiballigen Fußabdrücke sowie der vielen geknickten Äste ohne besondere Schwierigkeiten folgen. An manchen Stellen sah es aus, als sei eine ganze Kolonne von Geländefahrzeugen durchgebrochen.

Das hätte mir einen Hinweis auf das liefern sollen, was uns bevorstand, doch als ich meinen ersten Gorilla sah – es war das in der Gruppe dominierende männliche Tier, ein sogenannter Silberrükken, den ich in einem Bambusdickicht erspähte –, packte mich Entsetzen. Er war von gewaltiger Größe. Da er eher wie ein Flußpferd aussah, nahm ich zuerst an, ich sei einer optischen Täuschung erlegen, und glaubte, der Bambus verzerre die Proportionen.

Aber Berggorillas sind tatsächlich riesig.

Mark, unser Führer, nickte. Wir redeten jetzt flüsternd miteinander. «Ja, sie sind groß», sagte er. «In Zoologischen Gärten sieht man Flachlandgorillas, die andere Unterart dieser Tiere. Berggorillas sind deutlich größer. Der Bursche da hat gut und gern seine hundertachtzig Kilo.»

Dieser Bursche entfernte sich jetzt durch das Bambusdickicht. Für ein Geschöpf von der Größe eines Flußpferdes war er flink auf den Beinen. Wir Menschen eilten ihm keuchend nach, um ihn nicht aus den Augen zu verlieren. Gorillas bewegen sich auf eine ganz charakteristische Weise vorwärts, beinahe springend. Dabei winkeln sie die Hände unter ihren steifgehaltenen Unterarmen so ab, daß sie sich auf den Fingerknöcheln abstützen. Dies Verhalten ist genetisch festgelegt, und als ich mich umsah, erkannte ich, daß wir uns auf die gleiche Weise fortbewegten. Das niedrige Bambusdickicht zwingt zu einem gebeugten Gang, und wegen der Brennesseln schließt man die empfindlichen Handflächen, so daß der Schmerz statt dessen auf die Knöchel wirkt.

Es war sonderbar zu sehen: Die Gorillas bewegten sich wie Gorillas, und die Menschen, die ihnen folgten, taten es ihnen gleich, nur daß sie sich dabei ungeschickt verhielten, vor allem, wenn es schnell ging. Ein Dauerlauf auf Händen und Knien ist schwierig.

Bald schon erhaschten wir kurze Blicke auf weitere Gorillas: ein ausgewachsenes weibliches Tier, dann ein halbwüchsiges Männchen. Die Tiere dieser Gruppe – sie trug die Nummer dreizehn – waren auf der Hut. Mark beobachtete sie genau und erklärte, der Silberrücken sei unruhig, weil sich ein Elefant auf ihrem Gebiet befinde.

Eine Stunde lang folgten wir den Tieren fast im Laufschritt durch das Bambusdickicht. Meist konnten wir sie nicht sehen, wohl aber hörten wir sie durchs Unterholz brechen. Manchmal waren sie ganz nahe, aber nie bekamen wir sie wirklich gut zu sehen.

Schließlich machten sie Mittagsrast. Der Silberrücken legte sich gemütlich auf den Boden und kaute bedächtig Bambusschößlinge – vielleicht zehn Meter von mir entfernt. Welche Enttäuschung! Ich wollte ihn unbedingt aufnehmen, aber er lag tief im Dickicht. Eine Weile lang sahen wir nichts als eine riesige Hand, die sich hob, Stücke vom Bambus abriß und dann wieder verschwand. Gelegentlich hob das Tier den massigen Kopf, sah zu uns her und legte sich wieder hin. Ich stellte Kameras und Objektive ein, um bereit zu sein, wenn sich eine Gelegenheit zum Filmen bot.

Was dann geschah, ging ungeheuer rasch vor sich. Ein betäubendes Dröhnen ertönte, so laut, als fahre ein U-Bahn-Zug in den Bahnhof. Ich hob den Blick und sah, wie der riesige Gorilla auf mich zustürmte. Er bewegte sich unglaublich schnell und bellte vor Wut. Er kam geradewegs auf mich zu.

Aufstöhnend duckte ich mich, drückte mein Gesicht ins Unterholz, wich zurück. Ein kräftiger Arm legte sich um meine Schultern. *Jetzt bin ich dran.* Man hatte von Fällen gehört, in denen Gorillas Menschen angegriffen, gebissen und herumgeschleudert hatten wie eine Fetzenpuppe. Monate im Krankenhaus. Nun packte mich das Tier...

Aber es war Mark, der mich nach unten gedrückt hielt. Während er mich daran hinderte, fortzulaufen, zischte er mir zu: «*Um Himmels willen nicht bewegen!*»

Mein Gesicht war tief im Gras. Mein Herz raste. Ich wagte nicht, den Blick zu heben. Der Gorilla stand genau vor mir. Ich konnte ihn schnauben hören, spürte die Erde erbeben, als er auf ihr herumstampfte. Nach einer Weile merkte ich, daß er zurückwich. Dann hörte ich von rechts ein rhythmisches Rupfen.

Mark flüsterte: «Sie können jetzt langsam aufsehen. Er reißt Gras aus.»

Ich sah nicht auf. Ich bewegte mich nicht. Das schien mir auch gut so, denn der Gorilla brüllte erneut auf. Er trommelte sich auf die Brust, daß es hohl dröhnte.

«Sie können ruhig hochsehen», flüsterte Mark. «Es ist in Ordnung.»

Ich sah nicht hoch. Ich bewegte mich nicht. Ich wartete, bis ich schließlich das krachende Geräusch hörte und sicher sein konnte, daß der Gorilla weiterzog. Dann hob ich den Blick.

Ich sah, wie sich das gewaltige Tier wieder ins Gras fallen ließ, die große Hand nach dem Bambus griff und ihn zu sich herabzog.

«Er wollte uns nur daran erinnern, wer hier das Sagen hat», erklärte Mark.

Das hatte er hinreichend klargemacht.

«Warum hat er angegriffen?»

Mark zuckte die Schultern. «Irgendwas an Ihnen hat ihm nicht gepaßt. Vielleicht haben Sie zuviel mit der Kamera rumgefummelt.»

Dann hielt er mir einen Vortrag darüber, daß man sich unter keinen Umständen rühren darf, wenn ein Gorilla auf einen zugestürmt kommt.

Dabei wußte ich genau, wie man sich beim Angriff eines Gorillas zu verhalten hat. Ich hatte mich mit diesen Tieren beschäftigt und alle Bücher gelesen. Aber irgendwie war mir aus ihnen nicht klargeworden, welch panische Angst der Angriff eines Gorillas auslösen kann. Die Schnelligkeit, mit der das gewaltige Tier heranstürmte, war ebenso unglaublich und schreckeinflößend wie der damit verbundene Lärm. Wer vor einem angreifenden Gorilla stehenbleiben will, könnte das ebenso vor einem herandonnernden D-Zug versuchen, im Vertrauen darauf, daß er rechtzeitig zum Stillstand kommt. Es erfordert unglaublichen Mut.

Vielleicht war auch nur Erfahrung nötig. Wir wurden im Verlauf der beiden Tage noch mehrfach angegriffen, und es war nie so grauenerregend wie bei jenem ersten Mal.

□□□

Am zweiten Tag suchte ich mit Nicole und Rosalind Aveling, einer im Park tätigen Naturforscherin, die Gruppe elf auf. Als wir sie erreichten, sahen wir, daß sich die Tiere in einer Art Sackgasse im Blattwerk aufhielten. In unmittelbarer Umgebung zählten wir vierzehn Gorillas: Um den großen Silberrücken in der Mitte gruppierten sich einzelne halbwüchsige Tiere; Jungtiere brachen durch das Geäst über unseren Köpfen.

Wir näherten uns vorsichtig. Der Silberrücken beobachtete uns, während wir herankamen. Schließlich bewegte er sich. Wir erstarrten.

Er trat auf den Führer zu, hob seine schwere Hand zum Schlag und ließ sie herabfahren. Der Führer zuckte mit keinem Muskel. Im letzten Augenblick bremste der Gorilla seinen Schlag ab und berührte den Führer sanft seitlich am Kopf. Ganz leicht. Richtig verspielt.

Dann ging er zum Fährtenleser hinüber, der eine Baseballmütze auf dem Kopf trug. Er nahm sie, betrachtete und beschnüffelte sie und setzte sie dem Fährtenleser behutsam wieder auf. Dann trat er einige Schritte zurück.

Ich flüsterte Rosalind zu: «Das ist ja unvorstellbar.»

«Ach», sagte sie, «das macht er immer so. Das ist seine Begrüßung. Er kennt die beiden ja.»

Dann erklärte sie, daß Gorillas Menschen rasch erkennen. Das sei auch der Grund dafür, warum die Angestellten des Parks dafür sorgten, daß Besucher nicht an zwei aufeinanderfolgenden Tagen dieselbe Gruppe zu sehen bekamen. Am zweiten Tag würden die Gorillas die Menschen wiedererkennen und sie näher als zuvor an sich heranlassen. Die Parkverwaltung wolle aber nicht, daß sich die Tiere mit Erkältungskrankheiten ansteckten.

«Sie erkennen Menschen nach einem Tag?»

«Aber ja», sagte Rosalind. «Es sind sehr intelligente Tiere. Du kannst sie bestimmt auch bald auseinanderhalten.»

Das bezweifelte ich. Mir schienen alle ziemlich ähnlich zu sein, nur daß sie unterschiedlich groß waren. Während das eine oder andere Tier aus dem Unterholz brach, hätte ich nicht sagen können, ob ich sie vorher gesehen hatte oder nicht.

Inzwischen starrten der Führer und der große Gorilla einander Nase an Nase an. Der Silberrücken grunzte, und der Führer grunzte zurück. Über dies Grunzen war ich bereits informiert. Wir alle sollten von Zeit zu Zeit als Reaktion auf diesen Laut zurückgrunzen. Offensichtlich bedeutete dies *ab-bab* soviel wie «Ich bin hier, und alles ist in Ordnung». Auf jeden Fall, sagte man, wirke das Grunzen beruhigend auf die Tiere.

Das konnte mir nur recht sein, denn wir waren ihnen sehr nahe. Noch nie im Leben war ich großen wilden Tieren ohne Käfigstäbe dazwischen so nahe gewesen. Aber niemand hatte ein Gewehr oder eine andere Waffe. Unsere Sicherheit gründete sich auf die Annahme, daß sich die Gorillas freundlich verhielten. Und das schienen sie zu tun.

Die Sache war nur die, daß wir ihnen ausgeliefert waren. Wir befanden uns auf ihrem Gebiet, waren ihre Gäste. Aber wie es aussah, war alles in bester Ordnung.

Ich entspannte mich und gab mich rückhaltlos der Bezauberung hin, die ich empfand. Noch nie im Leben hatte ich dergleichen erlebt. Einem wilden Geschöpf so nahe zu sein, ohne daß ich mich bedroht fühlte. Und allmählich begann ich die unterschiedlichen Tiere zu erkennen, genau wie Rosalind gesagt hatte. Da war das Weibchen mit dem großen Schneidezahn und das ältere halbwüchsige Tier, das betont männlich auftrat. Die jüngeren Tiere, kaum größer als Menschenkinder, die brusttrommelnd auf uns zustürmten und dann hinauf in die Bäume entschwanden.

Am liebsten wäre ich nie fortgegangen.

Während der Führer die anderen Touristen zurückbrachte, blieb ich bei Rosalind und Nicole. Im Verlauf der Zeit bekam ich allmählich das sonderbare Gefühl, als verstünde ich, was vor sich ging. Ein

Gorillaweibchen kam auf uns zu, und ich dachte: *Du kommst zu nah, das mag er bestimmt nicht.* Und richtig, das männliche Tier sah herüber und brüllte kurz auf. Schon eilte sie zurück. Oben in den Bäumen trieben einige halbwüchsige Tiere wilde Spiele. Auf ein lautes Grunzen des Silberrückens mäßigten sie ihr Toben. Doch als das ältere männliche Tier zu uns herüberkam und uns anfunkelte, ließ es der Silberrücken gewähren.

Alles paßte irgendwie zueinander. Es gab unsichtbare, aber dennoch erkennbare Grenzen, und der Silberrücken achtete darauf, daß jeder an dem ihm zugewiesenen Platz blieb. Nach einer Weile schlief er ein. Er hielt eins der Jungtiere in seiner riesigen Handfläche; es fand vollständig Platz darin.

Ich versuchte zu begreifen, warum ich das Verhalten der Tiere verstand. Wir neigen dazu, in Tiere menschliches Verhalten hineinzuinterpretieren, aber in diesem Fall fiel es wirklich schwer, das nicht zu tun. In gewissem Sinne kam es mir vor, als seien die Gorillas eng mit uns verwandt. Nicole hatte recht: Man konnte sie für Menschen halten. Damit hatte ich nicht gerechnet. Bei anderen Primaten hatte ich nie etwas Ähnliches empfunden. Ein Schimpanse liefert beispielsweise eine erkennbare Parodie menschlichen Verhaltens, aber er ist ein gänzlich anderes Tier und in mancherlei Hinsicht boshaft und unangenehm. Orang Utans kommen uns friedfertig und grämlich vor, sie scheinen Menschen aber nicht wirklich zu mögen. Doch hier, bei einer Gruppe von Gorillas, Geschöpfen, die weder wie Menschen aussehen noch riechen, hatte ich das übermächtige Gefühl, daß wir alle einander verstanden. Zugleich war es traurig. Als ich von ihnen fortging, war es, als erwachte ich aus einem Traum.

Georg Schaller, der sich mit der Erforschung der Berggorillas beschäftigte, schätzte ihre Zahl im Jahre 1958 auf 525. Als ich mich 1981 im Virunga-Gebiet aufhielt, ging man von der Zahl 275 aus. Inzwischen vermutet man, daß sie näher an 200 liegt. Weder ist bekannt, wie viele dieser Tiere für ein Weiterbestehen der Art erforderlich sind, noch, ob diese Zahl bereits unterschritten ist. Auf jeden Fall stehen die Aussichten für die Berggorillas nicht gut.

Als ich das Reservat verließ, sagte ich zu Nicole: «Ich verstehe jetzt, was du damit meinst, daß man Gorillas nicht beobachten soll, weil sie wie Menschen sind.»

«Ja», sagte sie, «ich könnte das nicht.» Sie machte eine Pause. «Und außerdem ist es zu traurig.»

EINE AUSGESTORBENE SCHILDKRÖTENART

Ein großartiges Abenteuer schien es nicht zu sein: Ich mußte im Flughafen von Singapur am McDonald's-Stand vorbei, um am Hertz-Schalter den von mir gemieteten Datsun für die Fahrt nach Norden zu einem Badehotel bei Kuantan an der Ostküste Malaysias abzuholen.

Es wurde auch nicht besser, als ich durch Singapur fuhr, eine Stadt, die im Verlauf eines Jahrzehnts systematisch jede Spur ihres einst exotischen Erscheinungsbildes getilgt hat. Als ich mich 1973 zum erstenmal dort aufhielt, war es ein zauberhafter Ort gewesen – teils neuzeitliches Geschäftszentrum, teils verschlafene britische Kolonie – und überall schön, heiß, grün. Wohin das Auge sah, stets erfaßte der Blick Überbleibsel aus Singapurs Geschichte. Eins davon war der Stacheldraht um die Balkone der im Kolonialstil erbauten Häuser, eine schmerzende Erinnerung an die Besetzung durch die Japaner. Früher waren die Wohnviertel scharf voneinander abgegrenzt gewesen: hier hatten die Inder, um den Fluß herum die Chinesen, dort die Malaien gelebt. Jeder dieser Bezirke hatte seine eigene Atmosphäre, seine Architektur, seine unverwechselbaren Gesichter und Gerüche.

All das ist jetzt dahin. Selbst die unschuldigen Freuden sind verschwunden, die riesigen Seafood-Paläste an der Küste, in denen man sich nach Herzenslust an Krabben und anderen Schalentieren laben konnte. Welcher Art auch immer die zahlreichen Verdienste sein mögen, die sich der Stadtstaat Singapur seither erworben hat, das einzigartige Gesicht der Stadt hat man planvoll zerstört. Wolkenkratzer und riesige Einkaufszentren sorgen jetzt dafür, daß es dort so aussieht wie überall sonst.

Es dauerte eine Stunde, bis ich auf dem Weg nordwärts die Brücke nach Malaysia überquert und den Weg zur Ostküste gefunden hatte. Daß ich hinter einer langen Schlange aus Lastwagen herschlich, die

Dieselqualm ausstießen, verstärkte in keiner Weise den Eindruck, ein Abenteuer zu erleben. Ich wartete darauf, daß die Ampel umsprang: Nichts kann einem den Geschmack an einem exotischen Abenteuer so nachhaltig verleiden wie eine rote Ampel.

Während der Fahrt an der Ostküste Malaysias entlang kam es mir vor, als sei ich in einer Gegend, die einst fern von allem gelegen hatte, es aber nicht mehr war. Eine Abfolge trostloser Kleinstädte, eine Küste mit Mangrovensümpfen, eine Fernstraße voller Schlaglöcher, die aber immerhin befahrbar war.

Allmählich wurde es kalt und regnerisch. Einer dieser alles durchdringenden malaysischen Wolkenbrüche ging herunter. Man denkt: Tropenregen, aber irgendwie ist es doch kalt und läßt einen frösteln. Ich schloß die Wagenfenster, schaltete die höchste Stufe der Scheibenwischer ein und fühlte mich in meinem Wagen von der Außenwelt abgeschlossen. Allmählich hatte ich das Gefühl, daß ich nicht wußte, wo ich war. Auch nachdem der Regen aufgehört hatte, gewann ich meinen Ortssinn nicht zurück.

Kuantan war eine riesige, häßliche Stadt – Zementfabriken und Vertretungen von Honda-Lastwagen. Es kam mir nicht so vor, als könne es dort ein Badehotel geben, und ich sah auch keine Hinweisschilder zum Hyatt von Kuantan. Ich fuhr weiter.

Die Dunkelheit brach herein. Die Einzelheiten der Landschaft begannen, im Grau zu verschmelzen. Da die Straße schlecht beschildert war, wollte ich lieber nicht im Dunkeln fahren. Ich verpaßte die Abzweigung zum Hyatt-Hotel, erkundigte mich in einem kleinen Restaurant neben der Straße nach dem Weg, fuhr zurück und verpaßte die Abzweigung erneut. Hier ging es nicht um ein großes Abenteuer, sondern um eine banale Alltagsenttäuschung. Als ich das Hotel schließlich erreichte, sah ich sofort, daß es die Art von Absteige war, die dem Namen Hyatt einen schlechten Ruf verschafft. Ich wünschte, ich wäre nicht gekommen.

Aber bezaubernde Pensionen an der Ostküste kann man nicht im Handumdrehen und kurzfristig mit einem Fernschreiben buchen. Ich aber war im Frühjahr 1982 zu einem bestimmten Zweck hergekommen – ich wollte Malaysias riesigen Lederschildkröten bei der Eiablage zusehen.

Ab Mai verlassen diese Tiere das Wasser, um während einiger Monate an den einsamen Stränden der Ostküste ihre Eier abzulegen.

Erst in den fünfziger Jahren unseres Jahrhunderts hat man entdeckt, daß diese Tiere dort ihre Eier legen, bis dahin hatte man sie für ausgestorben gehalten – so abgelegen sind diese Strände.

Das war alles, was ich wußte. Doch ich nahm an, daß ich an Ort und Stelle mehr erfahren würde, und sagte daher am Empfang des Hotels, während ich mich einschrieb: «Ich bin gekommen, um die Schildkröten zu beobachten.»

«Ja? Wir haben aber keine Schildkröten im Hotel.»

«Die Riesenschildkröten, die Eier legen?»

«Nein. Die sind hier nicht.»

«Aber an der Küste?»

«Ich weiß nicht. Vielleicht weiter im Norden. Sie müssen sich erkundigen.»

«Bei wem?»

«Fragen Sie morgen an der Touristeninformation. Aber ich fürchte, es ist die falsche Jahreszeit.»

«Beginnt es nicht im Mai?»

«Ich weiß nicht. Ich glaube, es gibt jetzt keine Schildkröten. Es ist die falsche Jahreszeit.»

Ein negativ eingestellter Mensch, dachte ich, und außerdem hat er keine Ahnung. Das Hotel sollte es sich gut überlegen, ob es so jemanden an den Empfang stellte. Bestimmt bedeuteten die Schildkröten für diese Gegend eine große Attraktion; von einem Hotelangestellten sollte man vernünftigerweise erwarten können, daß er über sie Bescheid wußte.

Doch an den folgenden Tagen sank mein Mut. Niemand schien etwas über die Tiere zu wissen. Man konnte mir etwas über die Surfer sagen, wie auch über Exkursionen in den Dschungel. Man wußte etwas über Exkursionen zu den Eingeborenentänzen. Aber niemand wußte etwas über die Schildkröten. Ich fuhr nach Kuantan hinein und suchte den Verkehrsverein auf. Das Büro war geschlossen. Es hieß, die dafür zuständige Angestellte halte sich in Kuala Lumpur auf und werde in einer Woche zurückkehren.

Als ich mir eines Morgens ein Surfbrett mieten wollte, sagte einer der Männer am Strand, die dort im Schuppen arbeiten, beiläufig: «Gestern hat man Schildkröten gesehen.»

«Wer?»

«Chinesen.»

«Wo?»

Er nannte ein Hotel.

«Wo ist das?»

«Weiter oben an der Küste. Fünfzig Kilometer.»

«Und dort hat man gestern abend Schildkröten gesehen?»

«Gegen zwei Uhr morgens. Drei Schildkröten», sagte er nickend. «Große. Zweihundert Kilo schwer.»

Ich sagte ihm, daß ich diese Tiere gern sehen würde.

«Klar. Warum nicht? Ist ja die Jahreszeit.»

«Nun, bis jetzt hab ich da noch nichts organisieren können.»

«Das kann niemand. Die Schildkröten tun, was sie für richtig halten.»

«Was muß ich machen, damit ich sie sehe?»

«Fahren Sie zu dem Hotel rauf.»

«Jede Nacht?»

«Nein, nicht jede. Sie können anrufen, bevor Sie hinfahren.»

Ich rief im Hotel an. Ja, man hatte Schildkröten gesehen. In drei der vier vergangenen Nächte. Ja, ich könne später wieder anrufen, und sie würden mir sagen, ob es Schildkröten zu sehen gab.

Ich rief am Abend gegen zehn dort an. Die Frau sagte, sie hätten noch keine Schildkröten gesehen, es sei zu früh in der Jahreszeit.

Um Mitternacht rief ich noch einmal an. Niemand ging ans Telefon.

Ich fuhr einfach hin.

Unterwegs begann es zu regnen. Fünfzig Kilometer weiter nördlich hielt ich vor einem modernen Hotelbau an. Ein grauer Betonkasten, sattgrüner Rasen. Es regnete in Strömen. Unmittelbar vor mir war der Strand. Ich stieg aus und ging hin. Niemand und nichts war zu sehen. Wolkenbruchartig stürzte der Regen herab.

Ein Mann kam in der Dunkelheit auf mich zu. «Was wollen Sie hier?»

«Ich bin gekommen, um den Schildkröten zuzusehen.»

«Heute nacht gibt's keine.»

«Aber ich hab gedacht –»

«Keine Schildkröten.»

Ich kehrte zurück.

Ich rief am folgenden Abend an. Im Hotel sagte man, sie hätten in der Nacht viele Schildkröten gesehen, aber heute noch keine.

Ich rief um Mitternacht erneut an. Ein Mann sagte, sie hätten eine Schildkröte gesehen, an einem Strand in der Nähe. Wie lange sie dableiben würde, fragte ich. Viele Stunden, sagte er.

Ich fuhr hin.

Wieder war in der Nähe des Hotels niemand zu sehen. Die Halle war verlassen. Ich drückte den mit «Geschäftsführer» bezeichneten Klingelknopf. Niemand kam. Ich ging hinaus an den Strand. Es war eine herrliche Nacht. Vollmond, Schäfchenwolken, warme Luft. Am Strand, der sich kilometerweit in beide Richtungen erstreckte, keine Menschenseele.

Bald darauf brauste ein junger Bursche auf einem Motorroller nahe am Wasser den Strand entlang. Ich sah ihm nach, das Geräusch wurde leiser. Nach etwa zehn Minuten kam er zurück.

«Schildkröten?» rief er mir leise durch die Dunkelheit zu. Es klang, als wolle er mir Drogen verkaufen.

«Ja», sagte ich.

«Ich such sie. Wenn ich welche finde, bring ich Sie hin.»

«Gut. Vielen Dank.»

«Haben Sie sie schon gesehen?»

«Nein, noch nie.»

«Sie haben die eine noch nicht gesehen?»

«Wo?»

«Ganz nah. Da am Baum.» Er wies hin.

Bäume standen am Saum des Strandes, warfen im Mondlicht Schatten. Unter einem der Bäume sah ich einen Umriß im Sand. Ich ging hin und schaltete meine Taschenlampe ein.

Die Schildkröte war riesig, wie ein Schreibtisch. Den Kopf zum Ozean gerichtet, hatte sie mit ihren Stummelfüßen, die als Paddel bezeichnet werden, eine knapp einen Meter tiefe Grube in den Sand gescharrt. In sie legte sie jetzt ihre durchscheinenden, glitschigen, weichen Eier. Ihr faszinierender Kopf bewegte sich langsam vor und zurück. Eine Träne trat ihr in die Augen.

Das Tier wog bestimmt hundertdreißig Kilo, vielleicht mehr. Es war mit ungeheurer Anstrengung die hundert Meter den Strand emporgekrochen, hatte schwerfällig eine Grube gescharrt und seine Eier abgelegt. Sein Gesicht wirkte erschöpft und benommen. Es kamen noch mehr Tränen, aber es schien sich dabei um irgendein Augensekret und keine richtigen Tränen zu handeln. Ich sah der

Schildkröte erstaunt zu, war verblüfft von der ungeheuren Mühe, dem uralten Ritual, dem sie alljährlich folgte. Ich hätte ohne weiteres die ganze Nacht dableiben können.

Neben mir rührte sich etwas. Ein Dutzend Leute, Chinesen und Malaien, kamen den Strand herauf. Sie hatten von der Schildkröte gehört. Sie hielten lichtstarke Taschenlampen auf das Tier gerichtet. Mir wurde unbehaglich zumute. Inzwischen umstanden viele Menschen die Schildkröte, die da ihre Eier legte.

Die anderen begannen Blitzlichtaufnahmen zu machen. Sie gingen mit der Kamera ganz dicht an den Kopf des Tieres heran und feuerten Blitz auf Blitz ab. Schließlich sagte der Chinese etwas zu seinem Sohn. Der Junge setzte sich auf den Rücken der Schildkröte, und der Vater machte erneut eine Blitzlichtaufnahme. Bald hockte die ganze Familie auf dem Tier, das ohnmächtig mit den hinteren Paddeln strampelte.

Schließlich gelang es der Schildkröte, einem der in der Nähe stehenden Kinder Sand ins Gesicht zu schleudern. Es begann im Dunkeln zu weinen. Die Malaien verfluchten die Schildkröte mit lauter Stimme. Der Chinese machte in rascher Folge weitere Blitzlichtaufnahmen. Ein anderer Chinese stellte sich neben den Kopf der Schildkröte und hielt ihr eine Flasche Bier hin, als biete er ihr etwas zu trinken an. Blitz. Gelächter.

Der Junge mit dem Motorroller kam herbei und stellte sein Fahrzeug ab. Die anderen verstummten. Ich überlegte, ob er wohl eine Art Weisungsbefugnis hatte, sah aber dann, als er ins Licht trat, daß er erst zehn oder elf Jahre alt sein konnte. Er sprach leise, erklärte allem Anschein nach, was es mit der Schildkröte auf sich hatte. Mit seinen Handbewegungen veranschaulichte er, was sie tat. Er wies auf ihre Spur hin, die sie auf ihrem Weg den Strand hinauf hinterlassen hatte. Er erläuterte, wie sie sich mühselig umgedreht hatte, um dem Meer das Gesicht zuzuwenden. Wie lange sie hatte arbeiten müssen, um die Grube zu scharren. Wieviel Mühe es sie kostete, ihre Eier zu legen. Und wie viele Stunden sie anschließend erschöpft hier liegenbleiben würde, bis sie wieder genug Kraft hatte, sich abermals zum Wasser vorzuarbeiten und bei Morgengrauen die Brandung zu erreichen.

Sie hörten schweigend zu. Der kleine chinesische Junge stieg vom Rücken der Schildkröte herab. Das andere Kind hörte auf zu weinen und wurde ermuntert, den Panzer des Tieres zu streicheln, um mit dem großen Geschöpf Frieden zu schließen. Die Leute traten von der Grube zurück. Ich dachte: Sie brauchten nur zu begreifen, was hier vor sich geht. Ohne diese Erklärung konnten sie es sich nicht vorstellen, aber sobald sie es wissen, zeigen sie Verständnis und Mitgefühl.

Schließlich verschwanden sie. Ich blieb sitzen. Der Junge setzte sich in der Dunkelheit neben mich.

«Engländer?»

«Amerikaner.»

«Aha, Amerikaner. Rono Reagan.»

«Ja.»

Er wies auf die abziehenden Menschen. «Sie gehen jetzt fort. Sie sehen Schildkröte, und sie gehen.»

«Warum hast du ihnen das erzählt?» fragte ich.

«Sie sagen, wollen Eier kaufen», sagte er. «Ich sage ihnen, wo sie Eier kaufen, sie jetzt gehen.»

«Sie werden Eier kaufen?»

«Nein.»

«Ich erzähle ihnen von Schildkröte, erzähle ihnen über Eier. Sie zuhören.»

«Aha.»

«Und ich sage ihnen Preis für Eier. Frau sagt, zu teuer. Ich glaube, sie wollen nicht kaufen.»

«Nein?»

Er schüttelte den Kopf. «Nein.»

Die Schildkröte verharrte in der Grube und bewegte von Zeit zu Zeit ein Bein. Nach einer Stunde kam eine weitere Besuchergruppe. Erneut wurde posiert, wurden Blitzlichtaufnahmen gemacht. Ich fuhr zu meinem Hotel zurück.

DIE LEHREN DES KAKTUS

Im Herbst 1982 nahm ich in Lucerne Valley, das in der Wüste Kaliforniens liegt, an einem Seminar von Brugh Joy teil. Er war ein vorzüglicher Arzt aus Los Angeles, der durch intensive Meditation Schritt für Schritt den Übergang von der Schulmedizin auf Gebiete wie Wachstum der Persönlichkeit, seelisches Heilen und so weiter vollzogen hatte. Schon seit einigen Jahren hielt er regelmäßig zweiwöchige Kurse ab, in denen er seine Ergebnisse weitergab.

Mir schien das eine gute Gelegenheit, mich intensiver mit einem Thema zu beschäftigen, das mich bereits seit 1973 fesselte. Ich hatte Bücher von Ram Dass gelesen und festgestellt, daß er immer wieder etwas Neues ausprobierte: Er lebte in einem Zen-Kloster, machte Atemübungen, fastete, hielt sich bei seinem Guru in Indien auf. Man gewann den Eindruck, daß er viele verschiedene Arten der Erfahrung erprobte.

Über solche Erfahrungen hatte ich bisher nur gelesen, selbst aber noch keine gemacht. Zehn Jahre lang hatte ich nichts anderes getan, als darüber zu lesen. Und zehn Jahre sind viel Zeit, wenn es um ein Gebiet geht, das einen eigentlich fasziniert. Allmählich fragte ich mich, ob es sich um ein ernsthaftes Interesse handelte oder ob ich einfach Ausreden suchte.

Deshalb war ich geradezu erleichtert zu hören, daß Brugh Joy, ein an der Johns Hopkins Universität und der Mayo-Klinik ausgebildeter bedächtiger Mediziner, seine eigene spirituelle Reise unternommen hatte und jetzt anderen dabei half, dasselbe zu tun. Sein Seminar schien der ideale Ausgangspunkt für mich.

☐☐☐

Das Seminar fand im Institute of Mental Physics im Lucerne Valley statt. Die von Frank Lloyd Wright entworfenen Institutsgebäude mochten irgendwann einmal modern gewesen sein, jetzt wirkten sie ausgesprochen exzentrisch. Vater der Lehre von der ‹Mentalphysik› («Die unfehlbare Philosophie des Lebens») war Edwin J. Dingle, der in den zwanziger Jahren Tibet bereist hatte. Neben verblaßten Fotos tibetanischer Mönche hingen Art Déco-Plakate. Sie verkündeten den rechten Weg, Verstopfung und andere Gesundheitsprobleme zu vermeiden. Das Institut wies also alle Merkmale des verschrobensten kalifornischen Spiritualismus auf, außerdem war es ganz offensichtlich nicht gerade auf der Höhe der Zeit.

Brugh Joy erwies sich als blasser, schlanker Mann von Mitte Vierzig. Er fuhr einen alten Cadillac und trug ein saloppes Sporthemd zu Jeans. Er sprach leise, hielt sich erkennbar zurück, war dabei aber ausgesprochen freundlich.

Vierzig weitere Interessenten nahmen an dem Seminar teil. Zu meiner Beruhigung waren die meisten seriös wirkende Akademiker, viele von ihnen Ärzte und Psychologen.

Beim ersten Abendessen am Sonntag erläuterte Brugh die Verhaltensregeln für die nächsten zwei Wochen. Niemand durfte sich anrufen lassen oder Anrufe tätigen. Niemand durfte das Gelände verlassen: Wenn wir etwas brauchten, würde jemand in die Stadt geschickt, um es zu holen. Keine sexuellen Beziehungen und keine Drogen. Zwar seien täglich Gruppensitzungen vorgesehen, doch sei es ihm gleich, ob wir daran teilnähmen; wir würden davon in jedem Fall profitieren, ob wir hingingen oder nicht.

Er sagte, jeder könne selbst entscheiden, ob er in seinem Zimmer oder in der Wüste schlafen wolle. Bisher sei bei seinen Seminaren noch niemand von einer Klapperschlange gebissen worden. Sofern wir aber die ersten sein wollten, sollten wir wie folgt vorgehen...

Unausgesprochen schwang in seinen Worten der Gedanke mit, daß wir bald alle in unterschiedlichen Bewußtseinszuständen herumwandern würden. Ich war nicht sicher, was er damit meinte, aber es klang interessant.

Für das Seminar gab es einen geregelten Ablauf. Von halb sieben bis zum gemeinsamen Frühstück um acht war Schweigezeit. Wer sie nutzen wollte, um zu meditieren, wurde darin unterstützt; es gab aber keinerlei Verpflichtung.

Um neun trafen wir uns in einem großen Seminarraum. Anfangs lagerten wir auf Kissen am Boden. Brugh ließ etwa eine halbe Stunde lang über riesige Lautsprecher laute Musik laufen. Die intensive Geräuschkulisse und die Schwingungen waren eine eindrucksvolle Erfahrung; manche hatten Tagträume, viele weinten. Danach setzten wir uns im Kreis zusammen, hielten uns eine Weile bei den Händen und sprachen über unsere Träume. Dann folgte ein zwangloser Vortrag von Brugh, und um halb eins begann die Mittagspause.

Am Nachmittag traf man in kleinen Gruppen zusammen, unternahm Wanderungen, saß um das Schwimmbecken herum oder schlief.

Dem Abendessen um sechs folgte eine weitere Sitzung, die ebenfalls mit Musik eingeleitet wurde und bis zehn Uhr dauerte. Danach war Nachtruhe.

Brugh ließ Musik aller Art laufen – klassische, elektronische, Popmusik. Die erste Sinfonie von Brahms, die Filmmusik zu *Die Stunde des Siegers*, die *Wilhelm Tell*-Ouvertüre, Musik aus *West Side Story*. Man wußte nie, was man zu hören bekommen würde.

Die Mahlzeiten waren zunächst leicht und fast vegetarisch. Kaum aber hatte man sich daran gewöhnt, gab es Brathuhn mit Maiskolben oder Roastbeef und Kartoffelbrei.

Im allgemeinen hielt Brugh Vorträge, doch manchmal teilte er die Gruppe zu Übungen auf. Eines Tages verteilte er Bücher und Schachteln mit Buntstiften und forderte uns auf, Bilder zu malen oder etwas zu schreiben – jeweils das von beidem, was uns am wenigsten liege.

In der Mitte des Seminars dann verkündete er, es würden zwei Fast- und Schweigetage eingelegt.

Bald wurde mir klar, daß die Vorstellung von einem geordneten Ablauf illusorisch war. Unauffällig arrangierte Brugh alles so, daß niemand genau wußte, woran er jeweils war. Man ahnte nie, was als nächstes geschehen würde.

Gleich zu Anfang verkündete Brugh, wir sollten uns draußen in der Wüste einen Stein, einen Baum oder ein anderes Gewächs suchen, zu dem wir in irgendeiner Form eine Beziehung hätten, bei diesem «Lehrer» eine Weile zubringen, mit ihm sprechen und lernen, was er uns beibringen könne.

Ich hatte schon davon gelesen, daß man unbelebte Gegenstände als Meditationslehrer oder spirituelle Anleiter wählt. Warum auch nicht? Wenn ich schon mal da war, konnte ich ebensogut mitmachen.

Also zog ich aus, mir einen Lehrer zu suchen.

Brugh hatte gesagt, der richtige Gegenstand werde sich von selbst melden; man müsse lediglich offen sein. Jeden Stein, jeden Busch und jede Yuccapalme in der Wüste schaute ich daraufhin an, ob sich wohl mein Lehrer dahinter verbarg.

Schwärmerisch stellte ich mir vor, wie ich stundenlang draußen in der Wüste saß und in unvergleichlicher Abgeschiedenheit Zwiesprache mit meinem «Weisen» hielt. Aber nichts machte sich mir nachhaltig bemerkbar. Dafür hatte ich fortwährend das Gefühl, als würde ich meinen Lehrer nicht draußen in der Wüste finden, sondern auf dem Institutsgelände. Dieser Gedanke sagte mir nicht im geringsten zu. Ich wollte einen Lehrer fern von Frank Lloyd Wrights Bauten haben – alles andere war meiner Ansicht nach äußerst unpassend.

In einer Ecke des Institutsgeländes gab es einen kleinen Meditationsraum, vor dem ein Steingarten angelegt war. Er enthielt neben großen Felsblöcken viele verschiedene Kakteenarten. Als ich an einem bestimmten Kaktus vorbeikam – er stand gleich am Rand des Gehwegs, dort, wo der Steingarten begann –, lenkte er meine Aufmerksamkeit auf sich.

Immer wieder.

Das machte mich richtig unglücklich. Es war ein künstlich angelegter Steingarten, eine Imitation der Natur. Schlimm genug, womöglich einen Lehrer zu haben, der sich auf dem Institutsgelände befand – daß er sich obendrein in diesem künstlichen Garten aufhalten sollte, war wirklich zuviel. Außerdem behagte mir dieser phallisch geformte Kaktus mit seinen vielen Stacheln nicht im entferntesten. Er hatte überhaupt nichts Besonderes an sich, wirkte in keiner Weise anziehend, war ziemlich mitgenommen und wies an einer Seite viele vernarbte Wunden auf.

Doch immer wieder lenkte er meinen Blick auf sich. Währenddessen zogen die Tage ins Land. Andere Seminarteilnehmer fanden ihre Lehrer, und ich hatte mich immer noch nicht entschieden. Allmählich fühlte ich mich unter Druck gesetzt, kam mir vor wie ein fauler Schüler. Ich fiel hinter die anderen zurück.

Eines Morgens kam ich auf dem Weg zum Meditationsraum an dem Kaktus vorbei und dachte: Nun, falls er wirklich mein Lehrer ist, wird er ja mit mir sprechen.

Und der Kaktus sagte: «Wann hörst du eigentlich auf, immer rumzurennen? Wann fängst du an zu reden?» Verärgert. Wie ein mürrischer alter Mann.

Ich hörte das nicht als Stimme, sondern empfand es wie einen Eindruck. So, wie wenn man jemanden ansieht und eine Vorstellung davon gewinnt, was für ein Mensch er ist. Die Wahrnehmung, daß dieser Kaktus sozusagen eine persönliche Ausstrahlung besaß, verblüffte mich.

Es war früh am Morgen. Niemand war in der Nähe. Also sagte ich laut: «Bist du mein Lehrer?»

Keine Antwort.

«Willst du mit mir reden?» fuhr ich fort. Sicherheitshalber sah ich mich um. Auf keinen Fall sollte jemand mitbekommen, wie ich dastand und mit einem Kaktus redete.

Keine Antwort.

«Warum willst du nicht mit mir reden?»

Nichts.

Es war einfach ein Kaktus, der dastand. Natürlich bekam ich von ihm keine Antwort – es war ja ein Kaktus. Ein erwachsener Mann redet laut mit einem Kaktus. Schlimm genug. Aber schlimmer noch war, daß ich mich ärgerte, weil er nicht antwortete. Ein ziemlich überspanntes Verhalten. Für so was wurden Leute eingesperrt.

Doch zugleich drängte sich mir die Vermutung auf, daß der Kaktus schmollte. Wahrscheinlich waren seine Gefühle verletzt, oder er war einfach ein schwieriger Typ.

«Ich komm später wieder und red mit dir.»

Keine Antwort.

Ich kehrte später zu dem Kaktus zurück und redete mit ihm. Wieder war niemand in der Nähe. Eine Stunde lang saß ich bei ihm und redete auf ihn ein. Er reagierte mit keiner Silbe auf das, was ich sagte. Ich fühlte mich befangen und kam mir ausgesprochen albern vor. Natürlich wäre es ziemlich beunruhigend gewesen, wenn der Kaktus tatsächlich gesprochen hätte. Aber wenn man sich einer spirituellen Erfahrung öffnen will, bei der es darum geht, daß man seine Gedanken auf ein unbelebtes Objekt richtet, kommt man nicht recht voran, solange man sich eine Antwort des fraglichen Objekts nicht wenigstens vorstellen kann. Ich war ein schlechter Schüler der Metaphysik, einer, der sich nicht konzentrieren konnte, wenig Phantasie hatte. Vermutlich führten andere Leute mit ihren Steinen und Büschen fabelhafte Unterhaltungen, aus denen sie tiefe Erkenntnisse gewannen.

Doch meine Überzeugung, daß dieser Kaktus mein Lehrer war, verstärkte sich immer mehr. Herausfordernd, brummig und stumm, aber mein Lehrer.

Ich beschloß, ihn zu zeichnen. Dingen, die man zeichnet, wendet man seine Aufmerksamkeit intensiv zu. Auch wäre ich dann nicht so gehemmt, falls jemand vorbeikäme. Ich zeichnete den Kaktus ein dutzendmal. Es war eine aufschlußreiche Erfahrung.

Der Kaktus stand dort, wo der Gehweg aufhörte, am Rande der Zivilisation. Er wirkte mit seinem dornigen Stoppelschnitt wie eine Art Schildwache. Man hatte ihn aus seiner natürlichen Umgebung in einen künstlichen Garten verpflanzt, auf Lebenszeit als eine Art Schaustück auf den Präsentierteller gestellt. Seine eigenen Vorlieben waren unerheblich. Er hatte ein schweres Dasein hinter sich, war in jungen Jahren verwundet worden; eine Seite war voller Narben und verkümmert. Man konnte genau erkennen, wo im Lauf seines früheren Wachstums die Blessur bewirkt hatte, daß er auf immer verunstaltet blieb. Über der Wunde wuchsen die Dornen besonders dicht, gleichsam als Schutz. Der einzige Teil des Kaktus, der wuchs, war die grüne Spitze. Alles andere war sozusagen ein stützendes Monument der Kaktusgeschichte. Eine seiner hervorstechenden Eigenschaften war Gleichmut; Ameisen eilten über seine Oberfläche, ohne daß ihm das etwas auszumachen schien. Er besaß auch einen gewissen formalen Reiz; seine Stacheln waren ähnlich einem Fischgrätmuster angeordnet. Eigentlich wirkte er mit seinen roten Stacheln und dem grünen Rumpf recht anziehend; Bienen jedenfalls fühlten sich von ihm angelockt. Ein Kaktus der Spitzenklasse. Wie er schweigend, stoisch und würdevoll dastand, schien er mir irgendwie fehl am Platz.

Ich zeichnete ihn immer wieder.

Als ich eines Tages wieder mit meinem Block und meinen Stiften ankam, fragte der Kaktus: «Wo hast du gesteckt?» In demselben reizbaren und mürrischen Ton wie beim erstenmal.

Seither hatte er nichts gesagt. Ich war überrascht, zumal es mir wirklich so vorkam, als habe er laut gesprochen.

«Was geht dich das an?» sagte ich. «Du hast mir kein Wort gegönnt; warum soll ich den ganzen Tag hier in der heißen Sonne rumlungern und warten, bis du mit mir sprichst?» Mein Ton war nicht gerade freundlich, ich fühlte mich angegriffen.

Der Kaktus gab keine Antwort.

Schon bereute ich meine Dreistigkeit. Mensch, dachte ich, jetzt hab ich verspielt. Da warte ich Tage um Tage, bis das Ding redet. Kaum sagt er was, fahr ich Hitzkopf ihn sofort an. Jetzt sagt er bestimmt nichts mehr. Es war meine einzige Gelegenheit, und ich hab sie verspielt.

«Es tut mir leid, daß ich dich angebrüllt hab.»

Der Kaktus schwieg.

Förmlich um Verzeihung bitten wollte ich ihn nun auch wieder nicht. So weit kam es noch, daß sich ein erwachsener Mann bei einem Kaktus entschuldigte. Andererseits würde er möglicherweise wieder sprechen, wenn ich mich entschuldigte. Ich hätte wirklich gern gewußt, was er zu sagen hatte.

«Wirst du mir verzeihen?»

Keine Antwort. Knallhart, dieser Kaktus.

Nun, vielleicht würde er in Bildern eher etwas von sich preisgeben. Also zeichnete ich ihn erneut. An jenem Tag schien seine Verwundung besonders deutlich sichtbar. Ich spürte, daß sie von einem Menschen stammte. Vermutlich hatte ihm ein Vorübergehender einen Schnitt zugefügt – jemand, der dem Kaktus achtlos in die Quere gekommen war und sich über dessen stachlige Verteidigung geärgert hatte. Aber die Verletzung des Kaktus wog weit schwerer als die des Menschen.

Ich erkannte, daß der Kaktus nach dieser Verwundung mehrere Jahre hindurch nicht gerade gewachsen war. Oberhalb der Wunde aber hörte die Verkrümmung auf. Dort war er vielleicht sogar – als Lohn für seine Schmerzen – ein wenig kräftiger gewachsen. Mir kam der Gedanke, daß er durch die Verwundung zäher, zu einem besseren Kaktus geworden war.

Obwohl er sich physisch erholt hatte, war der Kaktus psychisch nach wie vor mißtrauisch und verschlossen. Vermutlich hatte er Vorurteile. Möglicherweise wies es auf eine gewisse Hysterie hin, daß er mich erst angelockt hatte und sich dann weigerte, mit mir zu sprechen. Seine geistige Entwicklung hatte mit seiner physischen nicht Schritt gehalten.

Ein Erdkuckuck kam und hielt sich eine Weile in meiner Nähe auf, während ich den Kaktus zeichnete. Es war ein seltsamer Vogel, und meine Stimmung hob sich ein wenig, obwohl der Kaktus nach wie vor nicht bereit war, das Wort an mich zu richten.

Seither hatte ich ein merkwürdig zwiespältiges Verhältnis zu dem Kaktus. Einerseits projizierte ich ganz offensichtlich meine eigenen Gedanken auf diese Pflanze. Ein intellektueller Kaktus! Sehr witzig. Andererseits war es interessant, ihn als von mir losgelöst zu betrachten. Auf jeden Fall zog er mich immer wieder magisch an.

□□□

Brugh hatte uns darauf hingewiesen, daß wir vermutlich viel ineinander hineininterpretieren würden, da die Teilnehmer am Seminar einander nicht kannten. Also empfahl er uns, mit spontaner Ablehnung oder Zuneigung anderen gegenüber vorsichtig zu sein, da es sich höchstwahrscheinlich um von uns selbst ausgehende Projektionen handelte, zu denen wir uns bekennen sollten.

Am ersten Tag fragte mich eine Frau bei einem Spaziergang: «Bist du eigentlich wütend?»

«Nein», sagte ich.

«Es kommt mir aber so vor.»

«Nun, ich bin nicht wütend.» Ich fühlte mich in bester Stimmung. Projektion, dachte ich. Interessant. Wahrscheinlich ist sie selbst wütend. Ich werde sie im Auge behalten müssen.

Brughs besonderes Thema war die sogenannte «Energiearbeit». Er erklärte, er habe durch Meditation und ärztliche Erfahrung im menschlichen Körper eine der medizinischen Wissenschaft unbekannte Art der Energie entdeckt, die sich an bestimmten Körperstellen konzentriere. Diese Stellen hatte er sozusagen kartographisch erfaßt und festgestellt, daß sie sich mehr oder weniger mit den Chakras der indischen Yogalehre deckten.

Über die Chakras wußte ich dies und jenes. Beispielsweise konzentriert sich dem Kundalini-Yoga zufolge die als «Prana» bezeichnete Lebenskraft an sieben Energiezentren, Kreuzungspunkten von Energieströmen entlang der Wirbelsäule, eben diesen Chakras. Sie sind bestimmten Wirbelsäulenregionen zugeordnet, und zwar liegen die beiden ersten im Bereich von Becken und Steißbein, das dritte auf Höhe des Sonnengeflechts unterhalb der Rippen; das vierte über dem Herzen; das fünfte in der Nähe des Rachens, das sechste hinter der Stirn und das siebte auf dem Scheitel.

Angeblich stellten diese Chakras eine Verbindung zwischen dem physischen Leib, also unserem Alltagsleib, und dem Astralleib her, der für Emotionen und Empfindungen zuständig ist. Jedem Chakra ist eine kennzeichnende Farbe und eine kennzeichnende Funktion zugeordnet. Von den beiden ersten Chakras nahm man an, sie hätten mit dem Überleben und der Sexualität zu tun. Vom dritten, das angeblich im Westen äußerst hoch entwickelt ist, vermutete man, daß es mit dem Empfinden des weltlichen Selbst und mit Körperausscheidungen zu tun habe. Im vierten, dem Herz-Chakra, sah man die Quelle bedingungsloser Liebe; dem fünften Chakra, das in Höhe des Rachens lag, sprach man eine Beziehung zu schöpferischer Kraft zu; das sechste, das auch als «drittes Auge» bezeichnet wird, hatte mit dem Intellekt und dem höheren Selbst zu tun, und das siebte oder Scheitel-Chakra sollte mit dem kosmischen Bewußtsein in Verbindung stehen.

Von einfühlsamen Menschen wurde behauptet, sie seien imstande, die Chakras wahrzunehmen, und zwar gewöhnlich als wirbelnde Flecken farbigen Lichts. Jedes dieser Chakras, hieß es, lasse sich «erwecken», und die zwischen ihnen strömende Energie könne man «ausgleichen». Auch wurde gesagt, es gebe eine äußerst machtvolle Form der Energie, die bisweilen Menschen errege und beunruhige, wenn sie ihre Chakras erweckten. Sie wurde als Kundalini-Energie bezeichnet. Dies waren nur einige der Geschichten, die sich um die Chakras rankten.

Die beim Yoga übliche Vorstellung von einer Körperenergie, die bestimmten Wegen über den Leib folgt, unterscheidet sich nicht besonders von der chinesischen Vorstellung der *Qui*-Energie, die entlang bestimmter Akupunkturlinien verteilt ist. Daß Akupunktur funktioniert, war mir bekannt, aber deswegen mußte die dahinterstehende Theorie noch lange nicht stimmen.

Bis dahin hatte ich die Chakras stets als eine Art metaphysischer Täuschung gesehen. Natürlich konnte es hilfreich sein, sich den Atem als etwas vorzustellen, das die Lebenskraft einsaugt, die dann über eine Reihe von Energiepunkten durch den ganzen Körper verteilt wird. Metaphorisch gesprochen war das möglicherweise durchaus sinnvoll, als Meditationshilfe, als konkrete Vorstellung bestimmter Abläufe. Aber dieselbe Art von Wirklichkeit wie Herz, Arterien und Nerven billigte ich Chakras nicht zu.

Und nun erklärte hier ein Arzt nicht nur Chakras für etwas absolut Reales, er behauptete außerdem, daß es noch viele weitere Energiepunkte auf dem Körper gebe – über der Milz, an den Brustwarzen, Knien, Zehen und so weiter. Jeder, erklärte er, sei ohne weiteres imstande, diese Körperenergie zu spüren, und man könne sie sogar sehen. Störungen in diesem System konnten sich als Gesundheitsstörungen äußern. Auch sprach er dieser Energie eine äußerst wirkungsvolle Heilkraft zu und erklärte, sie lasse sich durch Berühren oder Handauflegen von einem Menschen auf den anderen übertragen.

Von all dem war Brugh fest überzeugt.

Ich glaubte nicht recht daran – um es vorsichtig zu formulieren.

Zuerst einmal erklärte Brugh, er werde mit jedem von uns an der Energie arbeiten. Dafür wurden wir in zwei Gruppen aufgeteilt, und da ich erst am Nachmittag an die Reihe kam, konnte ich bei der Vormittagsgruppe zusehen.

Leise Musik erklang. Die Leute, die Energie empfangen sollten, lagen auf Massagetischen. Brughs Helfer, die schon früher an dem Seminar teilgenommen hatten, berührten die Menschen in einer bestimmten Weise, die deren Chakras aktivieren und ihre Körperenergie ins Gleichgewicht bringen sollte. Dann ging Brugh von einem Tisch zum anderen und verbrachte an jedem etwa fünf Minuten. Dabei hielt er die Hände über verschiedene Körperzonen des jeweiligen Seminarteilnehmers. Anschließend ging er zum nächsten. Nachdem die Menschen eine Weile unter Decken liegengeblieben waren, standen sie auf und verließen den Raum.

Das war alles.

Es war vollkommen unspektakulär.

Ich hatte mir die Sache wild und lebhaft vorgestellt: starke Spannung, Schütteln und Zucken, so wie man es bei Heilvorführungen im Fernsehen sah. Aber Brugh ging einfach still von einem zum anderen, ohne daß sich die Menschen, denen die Energie übertragen wurde, keuchend aufbäumten. Sie lagen einfach auf den Tischen. Es gab also an dieser Energiearbeit nicht viel zu sehen oder zu beobachten.

Doch eins fiel mir auf: die Atmosphäre im Raum wurde dichter. Es kam mir so vor, als säße ich unten in einem Honigglas. Ich spürte, wie ich in etwas Dichtes und Zähes eintauchte. Es war ein friedliches und angenehmes Gefühl.

Da niemand darüber reden sollte, was er oder sie erlebt hatte, wußte ich nicht, was mit den Leuten der ersten Gruppe geschehen war. Sie gingen lächelnd umher, und viele von ihnen schienen sich nach der Energiearbeit von der Gruppe zurückzuziehen. Aber etwas Besonderes vermochte ich nicht zu sagen.

Am Nachmittag kam ich an die Reihe.

Ich lag auf dem Tisch, während die Helfer meinen Körper bearbeiteten. Dabei berührten sie einen Körperteil, sagen wir das Bein am Knie und am Sprunggelenk. Daraufhin fühlte es sich eine Weile lang so an, als habe jemand seine Hand auf Knie oder Sprunggelenk gelegt. Nach einer oder zwei Minuten aber breitete sich mit einemmal in meinem Unterschenkel ein Wärmegefühl aus. Wenn es soweit war, gingen die Helfer zu einem anderen Teil des Körpers über – beispielsweise Knie und Hüfte – und warteten, bis sich das Wärmegefühl erneut einstellte. Bisweilen ging mit dieser sich ausbreitenden Wärme ein leichtes Zwicken in dem betreffenden Körperteil einher, aber normalerweise nicht. Jedenfalls schienen die Helfer erkennen zu können, wann das Wärmegefühl einsetzte, denn sobald es auftrat, gingen sie auf einen anderen Abschnitt über. Während ein immer größerer Teil meines Körpers auf diese Weise behandelt wurde, entspannte ich mich so vollkommen, daß ich kurz vor dem Einschlafen war.

Undeutlich nahm ich wahr, daß Brugh über mir stand. Er hielt seine Hände wenige Zentimeter von mir entfernt. Sie waren spürbar heiß. Es fühlte sich an, als halte jemand ein heißes Eisen über mich. Zuerst überraschte mich die Intensität dieses Gefühls, aber in meinem entspannten Zustand konnte ich nicht wirklich darauf achten. Alles geschah wie in einem Traum. Anschließend schlief ich ein.

Nach einer Weile berührte mich jemand an der Schulter und flüsterte mir zu, man sei fertig, und ich könne gehen, wenn ich wolle. Es war Zeit zum Abendessen. Ich stand auf und trat vor das Gebäude.

Die Oleanderblüten am Weg explodierten förmlich. Die Sonne ging über den roten Bergen unter. Alles glühte, war voller Leben und Schwung. Ich ging zwischen den Oleanderbüschen hindurch und kam an einen kleinen Spielplatz gleich neben dem Weg. Obwohl ich mich seit fast einer Woche dort aufhielt, hatte ich ihn zuvor nie wahrgenommen. Ich setzte mich auf eine Schaukel, schwang hin und her und war von einer wunderbaren Heiterkeit erfüllt.

Danach verlief ich mich. Als ich schließlich den Speisesaal erreichte, merkte ich, daß ich keinen Hunger hatte. Aber es war schön, das Essen zu betrachten. Ich konnte mir eine Stunde lang eine zerschnittene Erdbeere ansehen, mich an der Struktur und den Farben freuen. Oder Brot – es war ein unglaublich faszinierendes Erlebnis, eine Scheibe Brot zu betrachten. Alles sah einzigartig aus. Nur wollte ich nicht über das sprechen, was ich empfand. Es war zu unmittelbar, zu eindrucksvoll, als daß ich darüber hätte reden mögen.

Plötzlich kam mir meine Brille zu Bewußtsein. Ein künstlicher Rahmen zwischen mir und der Welt. Ich nahm sie ab, und da ich ohne sie auch recht gut sehen konnte, war ich sehr froh, diese Schranke los zu sein.

Dann dämmerte es mir, was sich da abspielte: *Fühlt sich von seiner Brille behindert. Möchte nicht reden. Hat keinen Hunger, sieht aber das Essen gern an. Verirrt sich in einer bekannten Umgebung. Entdeckt Neues unmittelbar vor seiner Nase. Findet die Welt ungewöhnlich lebensvoll.*

Ich zeigte alle Merkmale einer psychedelischen Erfahrung, ohne daß ich eine Droge eingenommen hatte. Dies unmittelbare Empfinden dauerte zwei Tage an und verschwand dann allmählich.

Einige Leute machten erste mystische Erfahrungen. Die Nachricht davon verbreitete sich wie ein Lauffeuer am Eßtisch. Der und der hatte eine Vision gehabt. Die und die hatte Stimmen gehört. Zwangsläufig führte das zu einer Art Wettbewerb. Zwar hatte Brugh gesagt, da jeder seinen eigenen Weg gehe, sollten wir unsere Erlebnisse nicht miteinander vergleichen. Aber wir verglichen doch. Zumindest ich tat es.

Wie auch nicht? Ich war gekommen, um mystische Erfahrungen zu machen. Andere hatten um mich herum äußerst aufwühlende Erlebnisse – ähnlich wie Johanna von Orléans –, nur ich blieb davon ausgenommen. Ich tat gelegentlich, als führte ich eine Unterhaltung mit einem Kaktus. Das war alles.

Ich platzte vor Neid. Wir wollen uns nichts vormachen – eine mystische Erfahrung ist ein Gunstbeweis Gottes. Das ist allgemein bekannt. Mir aber blieben diese Gunstbeweise versagt. Das ging mir ziemlich an die Nieren.

Als wir eines Abends während einer Seminarpause in der Cafeteria Kaffee tranken und Feigenkekse aßen, sagte Judith, von Beruf Psychiaterin: «Bei der Sitzung vorhin hab ich die Aura von jedem einzelnen gesehen.»

«Tatsächlich?» sagte ich und rückte ein wenig von ihr ab. Wieder jemand mit einer mystischen Erfahrung. Eine Psychiaterin, die Auren sieht.

«Ja», sagte Judith. Sie lächelte glücklich. «Hast du schon irgendwas in der Art gesehen?»

«Nein», sagte ich bedrückt. «Wie sehen die Dinger denn aus?»

«Es sind lauter verschiedene Farben. Meistens gelb und weiß. Ich seh sie immer noch.»

«Was?» fragte ich. «Hier in der Cafeteria?»

«Ja. Ich sehe die Aura von jedem. Die von Sarah ist gelb und rosa», sagte sie und nickte zu einer Frau hin, die neben uns saß.

«Gelb und rosa. Wie weit reicht sie?» fragte ich.

«Bis etwa dreißig Zentimeter über ihren Kopf.»

Ich hielt meine Hand über Sarahs Kopf. «Bis hier?»

«Nein, so weit nicht.»

Ich bewegte meine Hand langsam näher auf Sarahs Kopf zu. Und mit einemmal spürte ich Wärme. Überrascht hielt ich in der Bewegung inne.

«Genau da», sagte Judith.

Ich konnte die Aura fühlen.

Ich fuhr mit der Hand über Sarahs Kopf. Ich nahm eine deutliche Wärmekontur wahr; so, als trage sie eine unsichtbare warme Afro-Frisur, die bis etwa dreißig Zentimeter über ihren Kopf reichte. Ich fuhr mit der Hand daran entlang. Links spürte ich eine Art Auswuchs.

Judith nickte. «Sie reicht links ein bißchen weiter. Wie eine Beule.»

Ich ging durch den Raum und betastete die Köpfe der Anwesenden. Immer, wenn meine Hand die unsichtbare warme Kontur spürte, sagte Judith: «Da.» Es zeigte sich immer wieder, bei verschiedenen Menschen.

Ich war schrecklich aufgeregt, wie ein Kind, das ein neues Spielzeug hat, ein Kind, das etwas Neues entdeckt hat. Ohne nachzudenken, ging ich einfach von einem zum anderen und ertastete Auren.

Dann fragte ich mich: Was bedeutet das eigentlich? Was spüre ich, wenn ich meine Hand senke? Ist es tatsächlich eine Aura? Gibt es so was überhaupt? Bis dahin hatte ich nämlich auch Auren für metaphysische Täuschungen gehalten.

Allmählich wußte ich nicht mehr so recht, was ich denken sollte. Vielleicht bekam Judith von mir Hinweise und sagte einfach «Da», wenn sie sah, daß ich die Hand stillhielt. Also hielt ich beim nächstenmal oberhalb der warmen Zone mit der Bewegung inne. «Nein, weiter», sagte sie. «Näher ran.»

Ich führte die Hand zum Kopf, bis ich die Wärme spürte.

«Da.»

Dann überfiel mich mit einemmal Panik. Ich dachte: Das kann doch gar nicht sein. Ich hab keine Erklärung dafür.

Es war unmöglich, aber es geschah. Ich wußte nicht, wie ich dieses Erlebnis einordnen sollte. Ich hielt mich nicht für verrückt. Ich konnte die warme Kontur ebenso deutlich spüren, wie man warmes Badewasser spürt, wenn man die Hand hineinhält. Man weiß, wann die Hand im Badewasser ist und wann nicht. Es ist eindeutig, ein physikalisches Phänomen. Die Hand wird dabei warm und naß, egal, ob man an Badewasser glaubt oder nicht.

Was ich jetzt spürte, war Stück für Stück ebenso klar und unverkennbar.

Aber ich hatte keine Ahnung, was es war. Ich wollte unbedingt eine Erklärung dafür haben, wußte aber, daß ich es nicht erklären konnte. Also gab ich einfach auf. Es war ein wiederholbares Phänomen, das ich nicht erklären konnte; soweit ich wußte, vermochte *niemand* eine Erklärung dafür zu liefern, dennoch war es wirklich. Hatte ich in der Zeit nach dem Abendessen einen psychotischen Schub? Und wenn ja, war ich überzeugt, daß Judith auch einen hatte? Schließlich waren wir einer Meinung über etwas, das es nicht wirklich gab.

Falsch. Es war durchaus wirklich.

Etwas geriet bei meiner Art, die Dinge zu betrachten, aus den Fugen. Da ich nicht umhin konnte, dieses Erlebnis zu akzeptieren, nahm ich es zur Kenntnis. Ich dachte: Vielleicht komme ich später dahinter. Bis dahin muß ich einfach damit leben.

Während ich am Nachmittag durch die Wüste spazierte, erkundigten sich unabhängig voneinander zwei weitere Leute, ob ich wütend oder verärgert sei. Ich verstand nicht, warum. Sonst fragte mich das doch auch niemand, wenn ich durch die Wüste zog. Falls diese Leute ihre eigene Wut auf mich projizierten, taten sie das in recht sonderbarer Weise. Was ging da vor sich?

Das Seminar nahm seinen Lauf. Wir bekamen Meditationsübungen aufgetragen. Eine bestand darin, bedingungslose Liebe und Vergebung an alle Menschen auszusenden, denen wir im Laufe unseres Lebens nicht verziehen hatten. Wir sollten uns vorstellen, daß sie vor uns stünden, dann Liebe und Vergebung aussenden und sie damit erlösen.

Ich stellte fest, daß die Liste der Menschen, denen ich verzeihen mußte, überraschend lang war. Außerdem gab es durchaus Unterschiede: Einige Kandidaten konnte ich mir ohne weiteres vorstellen, einigen konnte ich ohne Schwierigkeiten verzeihen, und bei einigen fiel mir das eine wie das andere schwer. Während ich mich bemühte, diesen schwierigen Fällen zu vergeben, schweiften meine Gedanken immer wieder ab.

Es dauerte Tage, bis ich mit meiner Liste durch war. Alle anderen hatten sich längst neuen Dingen zugewendet, nur ich war nach wie vor damit beschäftigt, Leuten zu verzeihen. Offenbar hatte ich all diesen Groll mit mir herumgeschleppt wie einen Sack Steine, der mein Leben beschwerte. Es war eine richtige Erleichterung, meine alten feindseligen Gefühle endlich loszuwerden, aber sie war in vielen Fällen von tiefer Trauer begleitet.

Nachdem ich entdeckt hatte, daß ich Auren spüren konnte, litt ich nicht mehr so sehr darunter, daß ich keine mystischen Erlebnisse hatte. Weitere Erfahrungen kamen hinzu, auch wenn keine von ihnen so war, wie ich sie mir vorgestellt hatte.

Beispielsweise hörte ich Stimmen.

Eines heißen Nachmittags saß ich im Meditationsraum. Es waren einige altgediente Meditierer da, Menschen, die imstande waren, von einem Augenblick auf den anderen die Lotosposition einzunehmen und friedvoll und gelöst auszusehen. Da ich vorher noch nicht viel meditiert hatte und die Stellungen unbequem fand, rutschte ich unruhig hin und her. Es war zu schwer für mich.

Mit einemmal hörte ich eine volle, dröhnende Stimme. Sie schien aus meinem Kopf zu kommen, denn meine Schädelknochen, aber auch das Innere des Raumes schwangen wie ein großer Lautsprecher. Sie tönte und hallte wie die Stimme Gottes.

Sie sagte: «Jill St. John!»

Ich riß die Augen auf. Bestimmt hatten alle im Raum Anwesenden das gleichfalls gehört. Sie aber saßen friedlich in der Lotosposition da und rührten sich nicht.

Niemand außer mir hatte die Stimme gehört.

Was mochte das bedeuten? Ich war Jill St. John einmal begegnet, kannte sie aber nicht näher, und daß ich jetzt ihren Namen hörte, hatte für mich keinen Sinn. Es war ja nicht so, als hätte die Stimme gesagt: «Junge, zieh gen Westen!» oder «Schreib deinem Abgeordneten» oder irgend etwas, das man in die Tat umsetzen konnte.

Ich hatte eine Stimme gehört, konnte das aber keinem anvertrauen, weil sie was ganz Banales gesagt hatte, nämlich einfach «Jill St. John!» Doch ich war so aufgeregt, überhaupt eine Stimme gehört zu haben, daß ich es trotzdem erzählte.

«Wißt ihr, ich hab heute eine Stimme gehört.»

«Tatsächlich?»

«Ja. Sie war volltönend und schien das ganze Universum anzufüllen.»

«Ist ja toll. Was hat sie denn gesagt?»

«Äh... Eine private Sache.»

Auch ich wollte meine Vision haben. Warum sollte ich nicht alles bekommen, was man bei solchen Exerzitien in der Wüste erwarten kann, inklusive Stimmen und Visionen? Ich gierte nach spiritueller Erfahrung. Ich wollte mehr.

Aber die Vision wurde mir nicht zuteil. Ich saß draußen in der Wüste und sah mir jede Menge Hitzeflirren und Fata Morganas an, aber die Vision kam nicht.

Eines Tages unterhielten wir uns beim Mittagessen über Brughs Forderung, uns bei der Energiearbeit grundsätzlich als erstes einen schützenden Kokon oder Schirm um uns herum vorzustellen, der uns vor den schädlichen Auswirkungen der Arbeit schützen sollte. Ich war nicht sicher, ob diese rituelle Abschirmung wirklich von Bedeutung war.

Eileen, eine Frau aus Alaska, die viel Erfahrung mit Energiearbeit hatte, sagte: «Natürlich ist sie wichtig.»

«Tatsächlich?»

«Klar. Es ist, wie wenn man seine Aura auftoupiert.»

«Was meinst du mit ‹Aura auftoupieren›?»

«Soll das heißen, daß du das mit deiner noch nie gemacht hast?» fragte Eileen entgeistert.

«Nein.»

«Aber du weißt, wie es geht…»

«Ich hab nicht die blasseste Ahnung.»

«Nun, als erstes holt man alles aus seiner Aura raus, was sich im Lauf der Zeit angesammelt und da nichts zu suchen hat. Sobald sie davon befreit ist, toupiert man sie. Man macht sie schön locker und hübsch.»

«Oh.» Mir erschien diese Aussage absolut lächerlich. Ich stellte mir Schönheitssalons der Zukunft vor – einmal Haare schneiden, Maniküre und Aura auftoupieren, alles zum Einheitspreis. Kosmetik à la New Age!

Gewiß nahm Eileen mich auf den Arm.

«Steh mal auf. Ich mach das dann bei dir.»

«Hab ich es denn nötig?»

Sie beäugte mich kritisch. «Nun, es könnte nicht schaden.»

Derselbe Spruch wie in den Schönheitssalons!

Ich stellte mich in die Mitte des Raumes. Eileen formte ihre Hände zu Klauen und fuhr damit in etwa dreißig Zentimeter Entfernung an meinem Körper entlang abwärts, so, als strähle sie ein unsichtbares Fell. Jedesmal schüttelte sie anschließend rasch ihre Hände aus und kämmte erneut. Schließlich hielt sie sie mit den Innenflächen nach oben und stieß sie mit kurzen Bewegungen von sich, als sei ich in Watte gepackt, die sie auflockern wolle. Gebannt sah ich zu. Aber ich konnte bereits einen Unterschied spüren. Es war fast, als hätte ich gebadet. Ich fühlte mich gereinigt, frischer… eben flauschiger.

Die anderen Gäste der Cafeteria sahen zu und unterdrückten ein Gekicher. Anschließend fragten sie: «Na, Michael, wie fühlt man sich, wenn man die Aura toupiert kriegt?»

«Ich sag es nicht gern», sagte ich, «aber ich spür 'nen Unterschied.»

«Quatsch!»

«Doch», beharrte ich.

«Na klar», sagte Eileen. «Zweifellos spürt man das, wenn einem jemand die Aura toupiert.»

Anschließend machten sich alle daran, einander die Aura zu toupieren. Danach riß niemand mehr Witze über Körperenergie.

Nachdem etwa die Hälfte des Seminars vorüber war, kündigte Brugh zwei Fasten- und Schweigetage an. Ich hatte noch nie im Leben gefastet und war auf das Erlebnis gespannt. Ich wollte gern eine Weile draußen in der Wüste verbringen, wußte aber, daß ich nicht dort bleiben, sondern ins Haus gehen würde, wenn es etwas zu essen gab. So war das bei mir nun mal.

Daher empfand ich die Aussicht auf zwei Fasten- und Schweigetage als befreiend. Und das war es auch: Ich schlief in der Wüste, blieb draußen und zeichnete. Ich genoß es, machte aber auch einige überraschende Entdeckungen.

Die erste bestand darin, daß ich merkte, wie ich Selbstgespräche führte. Wo ich ging und stand, murmelte und brummelte ich vor mich hin. Stieß ich mir einen Zeh oder mußte ich über einen großen Felsblock klettern, schimpfte ich lauthals. Kein Wunder, daß die Leute glaubten, ich sei wütend! Man brauchte nur zu hören, wie ich stöhnte und fluchte! Und bisher war mir das noch nie aufgefallen. Es fiel mir schwer, diese Gewohnheit abzustellen und schweigend durch die Wüste zu ziehen.

Am zweiten Fastentag erwachte ich mitten in der Nacht. Ich sah zum Himmel auf und erkannte, daß alle Sterne der Milchstraße neu angeordnet waren, so daß sie wie bei einem Himmelsschreiber ein einziges riesiges Wort bildeten. Zusammen mit seinem Ausrufezeichen füllte es das Rund des Himmels an: HE!

Endlich hatte ich meine Vision.

Aufgeregt dachte ich: Wie großartig. Es bedeutet, daß das Universum auf mich hinabblickt und mich grüßt. HE! bedeutet, ich bin in das Universum einbezogen, und alles ist eins. Phantastisch.

Ich wartete darauf, daß die Vision schwand, aber sie blieb. Ich sah auf meinen Schlafsack hinunter und dann wieder zum Himmel. Dort stand nach wie vor HE! Ich war richtig stolz auf mich. Eine wirklich hübsche und dauerhafte Vision.

Dann dachte ich: Das sieht nur wegen der Lage so aus, in der ich schlafe. Wenn ich mich umdrehen würde, stünde da was ganz anderes am Himmel, nämlich ¡EH, mit dem Ausrufezeichen auf dem Kopf, wie im Spanischen. ¡EH schien Gleichgültigkeit zu bedeuten, soviel wie ‹Na und?› Vielleicht war ich in Wirklichkeit Zeuge des Ausdrucks kosmischer Gleichgültigkeit.

Damit schlief ich wieder ein.

Am nächsten Morgen verließ ich mein Nachtlager und zeichnete in der Wüste. Nach einigen Stunden wollte ich zu meinem Lager zurückkehren, aber ich fand es nicht wieder. Die Wüste hatte für mich jede Vertrautheit verloren. Dann merkte ich, daß ich auch das Institut nicht finden konnte. Ich hatte mich verlaufen.

Das passiert mir sonst nie. Ich habe einen ausgeprägten Ortssinn. Doch hier war ich allein in der Wüste und konnte weder das Institut noch mein Nachtlager wiederfinden. Es dauerte eine ganze Weile, bis ich begriff, daß das Institut rechts von mir sein mußte, da die hohen Berge links von mir lagen. Ich erstieg die rechts liegenden Hügel und sah es.

Wo aber war mein Lager? Ich verbrachte eine weitere Stunde mit der Suche danach. Als ich es schließlich fand, sah ich an meinen Fußabdrücken, daß ich es eine volle Stunde lang umkreist haben mußte, ohne es zu sehen.

Vielleicht nahm mich das Fasten stärker mit, als ich dachte.

Gegen Abend spürte ich, wie mich ungeheure Energie erfüllte. Diese in mich einströmende, erregende Energie war fast zuviel. Ich zeichnete in meinem Block und notierte mir bis spät in die Nacht alles mögliche. Schließlich legte ich mich gegen Mitternacht hin und lag eine Weile hellwach da. Aber der Schlaf wollte nicht kommen. Also stand ich wieder auf und zeichnete noch ein paar Stunden.

Was ich unter dem Einfluß dieser Energie von mir gegeben habe, kam mir später äußerst albern vor. Vor allem Kakteen hatten mich offenbar beschäftigt, und ich hatte allerlei hochgestochenen Unsinn in mein Notizbuch geschrieben, Gedichte vom Standpunkt eines Kaktus verfaßt und Kakteenphilosophie geschrieben. Auch Modeentwürfe für Kakteen und Kaktus-Comics hatte ich gezeichnet, eine Geschichte der Kaktusreligion verfaßt und die Worte des Vorsitzenden Kaktus niedergeschrieben. Alles reich bebildert. Seitenweise albernes Zeug. Bis spät in die Nacht.

Am folgenden Tag erwähnte ich jemandem gegenüber diesen Energiestrom, der mich gepackt hatte. Nach einigen forschenden Fragen sagte er: «Ich glaub, das war Kundalini-Energie.»

Davon hatte ich schon gehört. Es handelte sich dabei um eine gewichtige, machtvolle Energie, die Yoga-Schülern nach Jahren vorbereitender Meditation gelegentlich zuteil wurde.

«Ach nein», sagte ich. «Es war bestimmt keine Kundalini-Energie.»

«Woher willst du das wissen?»

«Weil ich die ganze Zeit Kaktus-Comics gezeichnet hab.»

Wir durchlebten im Verlauf des Seminars die verschiedensten psychischen Erfahrungen. Manchmal traf man in der Wüste oder auf den Fußwegen, die vom und zum Eßsaal führten, Menschen, die glücklich wirkten, aber auch solche, die beunruhigt aussahen oder über etwas weinten.

Manche waren stets unverändert. Einer war immerfort wütend. Ich begann, ihm aus dem Weg zu gehen, und änderte meine Richtung, sobald ich ihn kommen sah. Er war stets derselben Stimmung, war nicht weitergekommen. Sich in seiner Nähe aufzuhalten, war uninteressant.

Eines Abends ließ Brugh Musik laufen, die ich nicht ausstehen konnte, absolut nicht. In meinen Ohren war es unsägliche Musik. Ich war empört, daß ich mir dieses lächerliche und banale Gedudel anhören mußte. Diese Musik war meiner nicht würdig. Als sie zu Ende war, schäumte ich. Ich war außer mir.

Lautstark beschwerte ich mich. Ich war nicht der einzige, der die Musik für albern hielt. Mehrere Köpfe in der Gruppe nickten, während ich sprach. Ich hatte recht. Idiotische Musik.

Brugh wies mich darauf hin, daß die Musik einfach da sei, eine Abfolge von Tönen, und daß es mir freistehe, etwas daran interessant zu finden oder mich darüber zu ärgern. Auf jeden Fall aber müsse ich wissen, daß ich die Wahl hatte.

Dann wandte sich das Gespräch der Gruppe anderem zu.

Aber meine Empörung dauerte an. Brugh hatte sich mit meinen Einwänden nicht ernsthaft beschäftigt. Ohne sich näher mit meinen Gefühlen abzugeben, war er zur Tagesordnung übergegangen, hatte mich einfach links liegenlassen. Ich kam über meine Empörung nicht hinweg. Ich war in einer Sackgasse. Als in der Pause alle Kaffee trinken gingen, sonderte ich mich ab und weinte. Ich hatte einen richtigen Wutanfall. Wie ein kleines Kind.

Einige Tage blieb ich in dieser Stimmung und klagte jedem mein Leid, der bereit war, mir zuzuhören. Ich war überzeugt, daß meine Empörung gerechtfertigt war, und alle schienen mit mir zu empfinden.

Dann aber merkte ich, daß man mir aus dem Weg zu gehen begann. Wer mich kommen sah, schlug eine andere Richtung ein. Ich dachte: Sieh mal, die meiden *mich*. Die empfinden mich als Langweiler.

Also mußte ich mir ein paar Gedanken über meine Selbsteinschätzung machen, über meine Vorstellungen von Status und Bildung und davon, was «richtig» war. Am Ende konnte ich meinen Zorn begraben, und die Leute hörten auf, mir aus dem Weg zu gehen.

Doch nie wußte man im voraus, wann ein solcher Gefühlssturm losbrechen würde. Manche Menschen merkten, daß ihnen die Wüste Angst einjagte und sie keinen Fuß hineinsetzen konnten. Andere vertrugen das Alleinsein nicht. Manche brachten es nicht fertig, vor der ganzen Gruppe zu sprechen. Manche konnten ihre Zimmergenossen nicht ausstehen. Andere waren außerstande, sich mit ihren Gedanken von der Außenwelt und den Nachrichten zu lösen, die ihnen während des Seminars vorenthalten wurden. Die einen waren unfähig, einer Gruppe anzugehören – sie mußten Führer sein. Andere weinten während der beiden Fastentage. Manchen waren zwei Schweigetage zuviel. Manche mußten stets neben Brugh sitzen.

Es beruhigte mich, mit anzusehen, was den Leuten Schwierigkeiten bereitete. Das führte dazu, daß man mit sich selbst weniger hart ins Gericht ging. Wir alle mußten diese Sache gemeinsam hinter uns bringen. Was bedeutete es schon, daß ich mich beklagte, weil mir die Musik nicht gefiel, und jemand anders, weil er während der Fastenzeit nichts zu essen bekam? Weder das eine noch das andere war besser oder schlechter. Es waren einfach lauter Beispiele dafür, daß man nicht weiterkam, mit seinen eigenen Vorstellungen und Ansichten nicht glücklich wurde.

Was war wichtiger: daß man seine Ansichten beibehielt oder daß man neue Erfahrungen machte und vorankam?

Brugh fuhr mit seiner Energiearbeit fort. Er hatte eine Reihe von Übungen entwickelt, um uns zu zeigen, wie wir die Chakras fühlen und die verschiedenen Arten erkennen konnten, wie wir Energie spüren, anderen weitergeben und selbst empfangen konnten. Das erwies sich als ziemlich einfach.

Stellt man sich neben einen Menschen, der auf dem Rücken liegt, und bewegt die flache Hand etwa dreißig Zentimeter oberhalb von dessen Körper langsam entlang der Mittelachse, spürt man deutlich einige warme Stellen. Das sind die Chakras. Bisweilen fühlen sie sich nicht warm an, statt dessen spürt man ein Zittern und einen Luftzug – als besitze der Körper kleine Ventilatoren, die Luft gegen die Hand pusten.

Zwar muß man entspannt sein, um die Chakras wahrzunehmen. Dabei aber handelt es sich um keine besondere oder spirituelle Art der Entspannung; es ist ein Zustand, der sich unschwer erreichen läßt. Man muß lediglich vor dem Beginn einige Sekunden zur Ruhe kommen, etwa so, als wolle man eine Nadel einfädeln.

Die meisten Menschen erkennen, daß eine ihrer Hände für Energie empfänglicher ist als die andere. Nach einer Weile bemerken außerdem die meisten, daß sie mit der Hand nichts mehr spüren können. Sie brauchen dann nur die Handgelenke einige Male auszuschütteln, wie um Wassertropfen wegzuschleudern, dann kehrt die Empfänglichkeit zurück. Da Metall den Energiefluß stört, sollten Menschen, mit denen man diese Übung durchführt, keine große metallene Gürtelschnalle über dem zweiten Chakra oder einen Metallanhänger unmittelbar über dem Herz-Chakra tragen. (Es ist übrigens bemerkenswert, wie der Mensch seinen Schmuck so entworfen hat, daß er die Chakras bedeckt: ob Tiaren, Halsreifen, Halsketten, Anhänger oder Gürtelschnallen, alle miteinander bedecken Chakra-Stellen.)

Wieder fiel mir auf, daß sich die Luft verdichtet, wenn Energiearbeit geleistet wird. Es ist ein äußerst angenehmes Gefühl, etwa so, wie wenn man beim Brotbacken in der Küche sitzt.

Übrigens läßt sich das Auftreten von Energie objektiv feststellen. Wenn zwei Menschen mit den Händen über den Leib eines dritten fahren, werden sie über das Ergebnis einig sein: das dritte Chakra ist beispielsweise heiß, das vierte gegenüber seiner ursprünglichen Lage verschoben, das fünfte kühl, und so weiter. Wenn man möchte, kann man völlig getrennt vorgehen, die Ergebnisse getrennt niederschreiben und sie hinterher vergleichen. Eine Täuschung ist ausgeschlossen. Es ist völlig klar, daß es sich bei dieser Körperenergie um ein wie immer geartetes echtes Phänomen handelt.

Um sie wahrzunehmen, braucht man weder in der richtigen Stimmung noch ein meditierender Heiliger zu sein; man braucht nicht einmal daran zu glauben. Man muß sich einfach zur Ruhe bringen und dann die Hand über den Leib eines anderen halten. Die Körperenergie war jedesmal so erkennbar echt, so dauerhaft und offenkundig, daß die häufigste Reaktion von Leuten aus unserer Gruppe war: «Warum hat uns niemand früher was davon gesagt?»

Die Energie ließ sich nicht nur leicht spüren; Brugh sagte, man könne sie auch sehen. Eines Tages ließ er die Fenster verdunkeln, wir legten dunkelblaue Stoffbahnen auf den Boden, hielten unsere Hände darüber und kniffen die Augen zusammen; wir konnten die Energie sehen. Es war ganz merkwürdig. Mir fiel ein, daß ich so etwas schon als Kind gesehen, damals aber als eine Art optischer Täuschung abgetan hatte. Am einfachsten läßt sich die Energie bei schwacher Beleuchtung vor einem dunklen Hintergrund sehen. Sie ist nicht besonders hell, und deshalb scheint das Blinzeln zu helfen.

Die Energie sieht wie gelbe Dunststreifen aus, die als Fortsetzung der Fingerkuppen weitergehen. Am stärksten konzentriert sie sich in ihrer Nähe, weiter entfernt löst sie sich auf. Um die Finger herum wirkt der Dunst wie gelber Flaum.

Um die Energie zu sehen, muß man sich auf dieselbe Weise entspannen wie jemand, der sie fühlen will. Wer sich Sorgen macht, er werde sie nicht erkennen, dem gelingt es vielleicht nicht auf Anhieb. Es ist eine prekäre Geschichte. Aber wie so vieles, was mit Wahrnehmung zu tun hat, sieht man die Energie, wenn man weiß, worauf man zu achten hat. Danach ist alles sehr viel einfacher.

Zu Anfang zweifelte ich noch und dachte an eine Sinnestäuschung. Da aber andere Menschen die Energie sehen, die von einem ausgeht, und darüber sprechen können, ist es mit Sicherheit keine Täuschung.

Nachdem ich die Energie erst einmal sehen konnte, trieb ich meine Späße damit – ich wölbte die Hände gegeneinander, um zwischen ihnen eine gelbe Energiekugel zu erzeugen, und dergleichen. Ich probierte verschiedenes aus. So setzte ich mich einem anderen gegenüber und dachte: Ich versuch mal, ihm Energie rüberzuschikken.

Sofort sah ich den gelben Dunst in langen Streifen von meinen Fingerspitzen auf die Brust des Gegenübers zufahren, und ein Dritter, der sich in der Nähe befand, sagte: «Sieh doch nur – sie geht ihm direkt in die Brust!»

Also mußte ich mir schließlich eingestehen, daß Energie etwas Wirkliches ist.

Brugh gab uns mehrere Spiele Tarot-Karten. Ich hatte einige Vorbehalte gegen diese aus dem Mittelalter stammenden Wahrsagekarten. Ich konnte mir nicht vorstellen, daß ein Arzt, ein naturwissenschaftlich ausgebildeter Mann, unsere Zeit mit albernem Aberglauben vergeuden würde. Aber da Brugh bereits nachgewiesen hatte, daß es Körperenergie gab, beschloß ich, mich der Sache mit den Karten nicht von vornherein zu verschließen. Er sagte: «Mischt die Karten. Dann nehmt zwei heraus – eine, die euch besonders zusagt, und eine, die ihr überhaupt nicht leiden könnt.»

Mir gefiel die mit den drei Schwertern am wenigsten und der Magier am besten. Meine Wahl schien mir völlig einleuchtend. Manche Karten waren deutlich anziehender als andere, und manche besaßen ganz offenkundig überhaupt keinen Reiz. Einiges hing zwar von persönlichen Vorlieben ab, aber man hätte schon einen ziemlich sonderbaren Geschmack haben müssen, um auf den Tod oder den Gehenkten als Lieblingskarte zu verfallen, und andererseits mußten die Liebenden oder die Zehn Becher eigentlich jedem gefallen. Also sah ich für die Auswahl keine besonders große Bandbreite.

Brugh sagte: «Stellt euch vor, die Karte, die ihr am wenigsten ausstehen könnt, wäre die, die ihr am liebsten mögt. Und jetzt sagt, was an der Karte, die ihr am wenigsten leiden könnt, gut, und was an der, die ihr am liebsten mögt, schlecht ist.»

Mir erschien diese Umkehrung unmöglich.

In dem Blatt Drei Schwerter, das ein von drei Schwertern durchbohrtes rotes Herz vor einem Hintergrund sturmgepeitschter Wolken und grauen Regens zeigte, konnte ich nichts anderes erkennen als Qual, Leid und Kummer. Dieser Karte war beim besten Willen nichts Gutes abzugewinnen.

Die anderen um mich herum halfen mir. Jemand wies darauf hin, daß man kein Blut sah, also war es ein glatter Schnitt. Ein anderer sagte, die Karte zeige Entschiedenheit, ein Vordringen bis ins Herz der Dinge. Der Regen sei reinigend. Da alle drei Schwerter die Mitte durchbohrten, seien sie ausgewogen, bildeten einen festen Dreifuß. Die Karte zeige Zielstrebigkeit, weise auf einen Abschluß hin. Das Gewitter werde vorübergehen. Man könne in der Karte ein Sinnbild für den Umsturz der Gefühle durch den Verstand sehen, was in jedem Fall positiv sei.

Und so weiter.

Ich begriff allmählich, wie ich an die Aufgabe herangehen mußte. Jetzt nahm ich mir den Magier vor, die Karte, die mir am liebsten war, um zu sehen, was an ihr schlecht sein mochte. Das Kartenbild zeigte einen weiß gewandeten jungen Mann, der zuversichtlich einen Zauberstab hob, vor einer großen Anzahl von Gegenständen. Über seinem Kopf lag wie ein Heiligenschein ein Unendlichkeitszeichen. Mir schien der Weißgewandete mächtig und gut.

Ich brachte es nicht fertig, die Karte anders zu sehen, etwas Schlechtes in ihr zu erkennen. Wieder mußten mir andere zu Hilfe kommen. Beispielsweise hieß es da, der Zauberer sehe jung und leichtfertig aus. Er sei ein Scharlatan, der sich großtue. Er wirke nicht ernsthaft. Er mache einen theatralischen, ichbezogenen und unaufrichtigen Eindruck. Seine fleckenlose weiße Kleidung sei als Hinweis darauf zu sehen, daß er keine anständige körperliche Arbeit verrichte, sondern einfach zaubere. Sein Zauberstab sei in Wirklichkeit nichts anderes als eine an beiden Enden entzündete Kerze, Hinweis auf ein zügelloses Leben. Das Unendlichkeitszeichen bedeute, daß er sich nie ernsthaft mit den unmittelbar wichtigen Dingen beschäftigen könne. Alles in allem sei der Zauberer ein hoffnungsloser Fall, ein Musterbeispiel für einen Menschen, bei dem der Schein wichtiger sei als das Sein, das Äußere wichtiger als der Charakter.

Als ich das hörte, fragte ich mich, wie ich im Zauberer je etwas Gutes hatte sehen können. Die Figur bestand ja offensichtlich nur aus negativen Eigenschaften.

Brugh erklärte uns, welche Bedeutung es habe, daß man imstande sei, eine Sache, ob Spielkarte oder Lebenssituation, von allen Seiten zu betrachten und das Gute wie das Schlechte zu erkennen vermöge, statt etwas einfach von vornherein als gut oder schlecht anzusehen.

Er machte uns klar, daß der Mensch innerlich erstarrt, wenn er den Dingen vorgegebene Werte zuordnet.

Der Sinn der Übung mit den Tarot-Karten, fuhr er fort, liege darin, daß wir beim Betrachten dieser alten Bilder unserem Unbewußten vollständig freie Hand ließen. Da die Karten als solche weder gut noch böse seien, könnten wir aus der Art, wie wir sie einschätzten, viel darüber lernen, wie es in unserem Unbewußten aussehe, und darin liege ihr Wert.

Das kam mir durchaus vernünftig vor. Ich war ja bereits zu dem Ergebnis gekommen, daß alles, was wir tun, größtenteils von unserem Unbewußten und nicht vom Bewußtsein gesteuert wird. Wer jetzt die Karten als Fenster ins Unbewußte ansah, mußte ihnen ebensoviel Macht einräumen wie dem Unbewußten selbst. Wer daran glaubte, daß das Unbewußte den Blick in die Zukunft eröffnete – und offensichtlich besaßen manche Menschen diese Fähigkeit –, dem konnten die Tarot-Karten dabei helfen. Wem es in erster Linie auf die psychologische Bedeutung des Unbewußten ankam, der konnte die Karten als wertvolles Mittel schätzen, psychologische Einsichten zu gewinnen.

Da die Sache mit den Tarot-Karten durch Interaktion mit dem Unbewußten funktionierte, war es unerheblich, ob man einer vorgegebenen Vorgehensweise folgte oder sich seine eigene zurechtlegte. Sagte etwa jemand: «Die nächste Karte, die ich ziehe, wird zeigen, welches Vorgefühl ich über die Zukunft habe», so mußte das dann auch der Fall sein, denn sein Unbewußtes würde diese Karte so ausdeuten.

Also akzeptierte ich die Tarot-Karten und arbeitete so mit ihnen, wie man es uns nahegelegt hatte – aber wirklich anfreunden konnte ich mich mit ihnen nicht. Tarot-Karten sind mir immer wie anderer Leute Träume vorgekommen.

□□□

Als nächstes führte Brugh das *I Ging* ein. Bei dieser chinesischen Weissagungs-Methode wirft man sechsmal drei Münzen, führt Berechnungen durch und schlägt dann die Antwort in einem Text nach.

Mir erschien das Verfahren mathematisiert und unnötig kompliziert. Außerdem war die Textstelle, auf die man verwiesen wurde, oft nicht besonders hilfreich. Da hieß es beispielsweise: «Jemand erhöht ihn beträchtlich; auch zehn Schildkröten vermögen nichts dagegen auszurichten.» Oder: «Man muß den Brunnen vor dem Wasserschöpfen ausbessern.» Darüber konnte man sich dann den Kopf zerbrechen.

Doch trotz dieser Bedenken sprach mich das *I Ging* an. Erst vermutete ich, es liege daran, daß mir mathematisch begründete Vorgehensweisen mehr zusagen als andere Weissagungsarten. Später nahm ich an, es hänge mit meiner Affinität zum Wort zusammen, denn die auf das *I Ging* gestützte Deutung ging von Texten aus. Später glaubte ich, es gefalle mir einfach, dies und jenes in dem Buch zu lesen. Schließlich befand ich, daß alle diese Gründe zusammenwirkten.

Der Grundmechanismus des *I Ging* mußte natürlich derselbe sein wie beim Tarot – es sollte dem Unbewußten einen mehrdeutigen Reiz anbieten. Die Textantworten, die das *I Ging* liefert, lassen sich ebenso in unterschiedlicher Weise auslegen wie die Aussagen der auf das visuelle Wahrnehmungsvermögen zielenden Bilder des Tarot.

Gerade das, was naturwissenschaftlich orientierten Menschen beim *I Ging* stets gegen den Strich geht – nämlich daß seine Textaussagen «alles mögliche» bedeuten könnten –, begann mir einzuleuchten. Selbstverständlich konnten sie alles mögliche bedeuten! Genau das war ja erwünscht: ein neutraler Rorschach-Test, den das Unbewußte ausdeuten konnte. Wären die Textzeilen eindeutig, hätte es keinen Anteil daran. Die Ausdeutung würde ausschließlich auf der bewußten Ebene erfolgen, und dann wären Zweifel allerdings berechtigt. Wie sollte denn ein zweitausendfünfhundert Jahre altes chinesisches Buch den Menschen Antworten auf neuzeitliche Fragestellungen liefern können, die sich aus der westlichen Lebensweise ergeben? Die bloße Vorstellung ist widersinnig.

Natürlich kann uns das Buch keine Antwort liefern. Dazu ist es nicht imstande. Aber wir besitzen diese Fähigkeit. Wir können unsere eigenen Fragen beantworten. Wir besitzen die Antwort bereits, müssen nur Zugang zu ihr finden. Da schließlich das eigene Unbewußte die Frage beantwortet, die man selbst gestellt hat, zeigten sich so viele Menschen – unter ihnen Carl Jung und der Sinologe John Blofeld – von der spezifischen persönlichen Art der Antwort so angetan, die gegeben wird.

Zweck des *I Ging* oder der Tarot-Karten ist es also, den Menschen einen Zugang zu sich selbst zu eröffnen, indem ihnen etwas Mehrdeutiges präsentiert wird, das sie auslegen können. Und diese Mehrdeutigkeit findet sich bei nahezu allen anderen Formen der Weissagung – ob man nun Blei gießt, in Eingeweiden liest, das Wetter oder den Flug der Vögel beobachtet – sämtlich Dinge, die man entweder als «Vorzeichen» auslegen oder ignorieren kann.

Gerade das, was diese Voraussage-Verfahren so unwissenschaftlich erscheinen läßt, ermöglicht es ihnen, ihre Aufgabe zu erfüllen.

Gegen Ende der zweiten Woche begann ich mich mit der Frage der Rückkehr zu beschäftigen. Ich war nicht der einzige. Auch andere unterhielten sich darüber, was sie nach dem Seminar tun würden.

Mir stand der Sinn nach einem Big Mac. Sobald das Seminar vorüber war, würde ich die nächste Gelegenheit nutzen, einen großen, widerlichen, ungesunden und unspirituellen Hamburger zu kaufen.

Ich konnte es nichtnufen.

Ich konnte es nicht erwarten.

Am Schlußtag des Seminars suchte ich noch einmal den Kaktus auf, um mich von ihm zu verabschieden. Er stand einfach da und war nicht bereit, mit mir zu sprechen. Ich versicherte ihm, ich wisse zu schätzen, was er mir beigebracht hatte, und die Zeit mit ihm habe mir gefallen. Das entsprach zwar nicht ganz der Wahrheit, weil ich ziemlich lange enttäuscht gewesen war, aber es stimmte doch mehr oder weniger. Der Kaktus gab keine Antwort.

Dann fiel mir auf, daß er von dem Platz, an dem er stand, nie die Sonne untergehen sehen konnte. Schon seit Jahren war ihm der Anblick eines Sonnenuntergangs vorenthalten worden. Ich brach in Tränen aus.

Der Kaktus sagte: «Es war schön, dich hier bei mir zu haben.»

Da fing ich wirklich an zu weinen.

Auf dem Heimweg konnte ich nirgendwo ein McDonald's finden. Schließlich sah ich einen Imbiß einer anderen Kette. Ich ging hinein, entschied mich für einen Chiliburger mit Pommes frites, eine Cola und ein Stück Apfelkuchen. Doch als das Essen kam, fand ich, es sei zuviel und zu schwer. Ich aß es nicht auf. Es war doch nicht das, was ich wollte.

Zu Hause stellte ich erstaunt fest, wie schön es dort war. Ich wohnte am Strand bei Malibu, hatte mir aber längst abgewöhnt, die Aussicht zu genießen. Statt dessen hatte ich mich über den Verkehr beklagt. Jetzt war ich erstaunt, an was für einem atemberaubend schönen Ort ich lebte.

Im Büro schaltete ich meinen Textcomputer ein, und die Buchstaben auf dem Bildschirm leuchteten wie eine Neonreklame auf, verschwanden, leuchteten auf, verschwanden. Als erstes vermutete ich einen Defekt, dann begriff ich, daß ich den Bildschirm mit neuen Augen sah. Was ich da wahrnahm, geschieht ständig, nur merken wir es normalerweise nicht, ebenso, wie uns nicht auffällt, daß eine Glühlampe in jeder Sekunde fünfzigmal an- und ausgeht. Ich sah auf den Bildschirm – es war wirklich bemerkenswert. Ich wußte allerdings nicht, ob ich auf die Dauer an einem Bildschirm arbeiten konnte, der so blinkte.

Später erfuhr ich, daß diese Wahrnehmung allgemein als Folge der Meditation auftritt. Im Verlauf weniger Tage verschwand sie.

Eine Weile fühlte ich mich nach meiner Rückkehr wunderbar lebendig. Doch dann verging die emotionale Hochstimmung der beiden Wochen allmählich. Ich fühlte mich entmutigt. Ich hatte keine wirklichen Fortschritte gemacht, nichts Wesentliches hinzugewonnen. Die Energiearbeit war etwas Greifbares gewesen, wie auch die Meditationen, aber was nützte das, wenn man die Hochstimmung nicht erhalten und auf das tägliche Leben übertragen konnte? Was war schließlich bei all dem herausgekommen? Lediglich eine weitere Illusion. Ein Ferienlager für Erwachsene. Ein Haufen New-Age-Hokuspokus.

Unterdessen mußte ich mich um praktische Dinge kümmern. Eine Beziehung, die zwei Jahre gedauert hatte, ging zu Ende. Meine Arbeit befriedigte mich nicht. Ich mußte neue Arbeitsräume beziehen. Meine Sekretärin verhielt sich, als wolle sie unbedingt auf die Straße gesetzt werden; ich tat ihr den Gefallen.

Erst wesentlich später sah ich im Rückblick, was ich binnen acht Monaten nach meiner Rückkehr aus der Wüste alles geändert hatte: meine Arbeit, meine Ernährungsweise, meine Gewohnheiten, meine Interessen, meine Fitnessübungen, meine Ziele. Ich war neue Beziehungen eingegangen und umgezogen – kurz, alles, aber auch alles in meinem Leben, was sich ändern ließ, hatte ich geändert, und zwar so tiefgreifend, daß ich nicht einmal merkte, was geschah, während die Veränderungen stattfanden.

Und noch etwas hat sich verändert: Ich mag Kakteen inzwischen sehr gern. Wo immer ich lebe, ich habe stets ein paar Kakteen um mich.

JAMAIKA

Im Jahre 1982 beendete ich eine zweijährige Beziehung zu Terry, einer Wirtschaftsanwältin. Nach wenigen Monaten der Trennung aber kamen wir einander unverbindlich und zögernd wieder näher, und da Weihnachten vor der Tür stand, beschlossen wir, zusammen mit einigen Bekannten Urlaub auf Jamaika zu machen.

Wir mieteten ein wunderschönes Haus in Ocho Rios, einem Ort an der Nordküste der Insel. Es lag idyllisch auf einem Hügel, von Blumen umgeben und von Kolibris umschwirrt. Trotz des sonnigen Wetters und der angenehmen Umgebung entfremdeten Terry und ich uns im Laufe der Tage immer mehr voneinander. Sie war wütend gewesen, als ich sie verlassen hatte – dort auf Jamaika aber war sie noch wütender, weil sie merkte, daß unser Neubeginn nicht gelang und ich am Ende wieder gehen würde.

Das wurde zu einem unausgesprochenen Streitpunkt zwischen uns. Wir beschäftigten uns, machten Ausflüge, unternahmen Floß- und Bootsfahrten und so weiter, ohne je darüber zu sprechen, wie es nach unserer Rückkehr aus dem Urlaub weitergehen würde.

Eine Weile hielten sich mein Freund Kurt und Terrys Freundin Ellen bei uns auf, was die Atmosphäre etwas entspannte. Zum Schluß aber, als sich die Ferien dem Ende näherten, waren wir wieder allein. Die unausweichliche Trennung stand bevor.

Ehe wir Jamaika verließen, wollten wir den im Süden der Insel gelegenen Ort Spanish Town aufsuchen. Ich hatte erfahren, daß es dort ein neues Museum für die frühe Kultur der Inselbewohner gab. Da ich schon seit vielen Jahren an einem Buch über Jamaika im siebzehnten Jahrhundert arbeitete, wollte ich unbedingt dieses Museum besuchen. Terry erklärte sich bereit, mich zu begleiten.

An einem klaren sonnigen Tag fuhren wir über die Blauen Berge nach Süden. Jamaika gehört zu den schönsten Gegenden der Erde, und an jenem Morgen sah die Insel herrlicher aus denn je. Die Straße durch das Gebirge bot zwar atemberaubende Ausblicke, war allerdings auch sehr kurvenreich, deshalb mußte ich aufmerksam fahren. Trotzdem fühlte ich mich großartig. Schon bald sagte Terry, sie wolle über «uns» und unsere gemeinsame Zukunft reden. Mir war überhaupt nicht danach; ich war ziemlich sicher, daß dieses Thema nur zu einem Streit führen würde. Als ich zurückhaltend reagierte, bohrte Terry nach. Warum ich nicht darüber reden wolle? Was dagegen einzuwenden sei, daß wir darüber sprächen? Schon bald hatten wir die schönste Auseinandersetzung.

Das Kernproblem bestand darin, daß Terry von einer Trennung nichts wissen wollte, ich hingegen keine andere Lösung sah.

Ich habe noch nie Verständnis für die Sackgasse aufbringen können, zu der es bei manchen Paarbeziehungen dadurch kommt, daß einer der beiden unzufrieden ist, während sich der andere für durchaus zufrieden hält. Mir will das einfach nicht in den Kopf. Ich habe immer gedacht, wenn einer von beiden unzufrieden ist, muß es auch der andere sein.

Da stürmt beispielsweise ein Mann ständig übellaunig durch das Haus, und seine Frau sagt: «Ist nicht alles traumhaft? Ich finde alles ganz wunderbar.» Wie kann sie das sagen? Was soll daran traumhaft sein? Wer möchte mit einem beständig schlechtgelaunten Ehemann leben? Woher stammt seine üble Laune überhaupt? Warum reagiert sie nicht darauf? Was geht da eigentlich vor sich?

Schließlich merkte ich, daß sich Menschen den Trennungsschmerz dadurch erleichtern, daß sie stereotype Rollen übernehmen. Da ist beispielsweise der Verlassende und der Verlassene; der Wehklagende und der stille Dulder; der Ankläger und der Angeklagte, und so weiter. Diese Rollen haben nichts mit dem wirklichen Geschehen zu tun; es sind einfach althergebrachte und wohlvertraute gesellschaftliche Klischees, wie man sie aus Familienserien im Fernsehen kennt – eine Art psychologisches Gegenstück zu den billigen Karnevalsmasken aus Plastik, die man überall kaufen kann. Fertig ausgestanzte Rollen, weder speziell auf die Menschen zugeschnitten, die sie übernehmen, noch von ihnen gestaltet.

Genau diese Art stereotyper Wechselbeziehung fand an jenem Morgen zwischen Terry und mir statt, während wir über die Berge nach Spanish Town fuhren. Mir war die Rolle des Griesgrams zugedacht, während sie als Besänftigerin auftrat.

Auf der Fahrt gab es immer wieder lange Phasen des Schweigens. Die Landschaft, anfangs üppig und grün, wirkte jetzt überwuchert und zugewachsen; Terry saß mißmutig und in sich gekehrt neben mir.

□□□

Im Vergleich zu dem idyllischen und malerischen Ocho Rios wirkte das ausgedehnte Slumgebiet von Spanish Town westlich der Hauptstadt Kingston deprimierend. Die Atmosphäre war ärmlich, grell und bedrohlich. Man sah keine Touristen, eigentlich überhaupt keine Weißen; ausdruckslos und feindselig starrten uns schwarze Gesichter an.

Ich war schon 1973 auf Jamaika gewesen und hatte damals unbehagliche Feindseligkeit Touristen gegenüber gespürt. Dasselbe Empfinden stellte sich jetzt wieder ein. Ich fuhr an eine Zapfsäule, weil ich nicht mehr genug Benzin hatte. Mit säuerlichem Gesicht trat der Tankwart an den Wagen.

«Hübsche Uhr», sagte er mit einem Blick auf mein Handgelenk.

«Vielen Dank», sagte ich und zog augenblicklich den Arm ins Wageninnere. Es war eine alte Casio mit Kunststoffgehäuse; ich hatte keine Ahnung, was daran so großartig sein sollte oder warum er behauptete, daß sie ihm gefiel.

«Voll?»

«Bitte.»

Der Tankwart streckte die Hand durchs Fenster, hielt sie mir vors Gesicht und schnippte mit den Fingern.

«Schlüssel.»

Ach ja, das Tankschloß. Ich gab ihm die Schlüssel, und er ging. «Großer Gott», sagte ich und versuchte, meinen Zorn zu unterdrücken.

«Das nenne ich liebenswürdig», bemerkte Terry. «Ein wahrer Botschafter seines Landes.»

Während der Tankwart Benzin einfüllte, kamen mehrere Schwarze herbeigeschlendert, blieben um den Wagen herum stehen, sahen zu mir und Terry herein. Auf ihren Gesichtern lag ein verdrießlicher Ausdruck. Sie sagten nichts, gingen nur um den Wagen herum und blickten uns grimmig an.

«Was es da wohl zu sehen gibt», sagte Terry, die immer unruhiger wurde.

«Wer weiß?»

Einer der Männer trat gegen einen der Vorderreifen. Die anderen beobachteten uns aufmerksam; sie wollten sehen, wie wir darauf reagierten. Wir taten nichts.

Nach einer Weile fragte Terry: «Du glaubst doch nicht, daß hier was passiert?»

«Nein.» Das war meine feste Überzeugung. Zweifellos machte es den Typen Spaß, uns Angst einzujagen, aber ich glaubte nicht, daß sie noch mehr im Sinn hatten.

Dennoch lag eine unverkennbare Spannung in der Luft, und ich war froh, als der Tankwart zurückkam. Ich zahlte, und wir fuhren weiter.

«Ich will nur hoffen, daß sich die Fahrt hierher lohnt», sagte Terry, während ich mich in den Verkehr einfädelte.

«Ich hab dir doch gesagt, es hat mit meiner wissenschaftlichen Arbeit zu tun.»

«Genauso sieht es aus.»

Wenn Terry will, kann sie in die Rolle der Forschungsreisenden schlüpfen und Schwierigkeiten aller Art mit gelassenem Humor ertragen. Da sie jetzt aber sauer auf mich ist, legt sie einfach die Hände in den Schoß und sieht zu, wie ich zurechtkomme.

In Spanish Town gibt es kaum Hinweisschilder, und der Stadtplan, den man mir am Verkehrsverein gegeben hat, zeigt nur die wichtigsten Durchgangsstraßen. Ab und zu sehe ich im Vorbeifahren ein Schild *Museum* mit einem Pfeil. Folge ich aber diesen Hinweisen durch gewundene Straßen, bleiben weitere Angaben aus.

Schließlich komme ich an einem Schild vorüber, das entgegen meiner Fahrtrichtung zum Museum zeigt. Die Straßen sind voller Passanten, Autos, überfüllter Busse, schreiender Kinder.

Dem Plan zufolge liegt das Museum, zu dem ich möchte, in der Nähe eines Komplexes von Regierungsgebäuden: Gericht, Landesarchiv, Postamt.

Schließlich komme ich an einem hohen weißen Gebäude im Kolonialstil vorüber. Ich schöpfe Hoffnung.

Vor dem Gebäude drängt sich eine große Menge Schwarzer, lauter Männer. Eine Straße ist gesperrt; eine Polizistin regelt den Verkehr. Ich halte, um sie nach dem Weg zu fragen.

«Weiterfahren! Weiterfahren!»

«Aber –»

«Ich hab gesagt: Weiterfahren!»

Ich parke am Straßenrand, steige aus und gehe zu ihr hin.

«Entschuldigung, ich habe mich verfahren…»

«Kann ich mir denken.» Mit Singsang-Stimme, sehr aufreizend.

Ich beiße die Zähne zusammen. «Können Sie mir helfen? Ich suche das Museum.»

«Hier gibt's kein Museum.»

«Doch, hier ist eines. Das Museum der Historischen Gesellschaft.»

«Noch nicht fertig.»

«Aber wo ist es?»

«Ich weiß nicht. Jedenfalls nicht hier.»

Währenddessen regelt sie unablässig den Verkehr, ohne mich eines Blickes zu würdigen. Ich könnte sie glatt umbringen. Da bin ich beinahe eine ganze Stunde lang unter schwierigsten Bedingungen in dieser Stadt herumgekurvt, stoße schließlich auf eine Polizistin, und sie ist nicht bereit, mir die kleinste Auskunft zu geben. Natürlich lügt sie, das ist mir klar. Im Reiseführer steht, das Museum der Historischen Gesellschaft sei im vorigen Jahr fertiggestellt worden. Ich werde es allein finden müssen.

Zumindest, denke ich, kann sie mir helfen, mich zurechtzufinden.

«Was für ein Gebäude ist das da?» frage ich, auf den großen weißen Bau im Kolonialstil weisend.

«Wie sieht's denn wohl aus? Das Gericht natürlich.»

«Gericht?» Ich bin mißtrauisch. «Und warum ist hier abgesperrt?»

«Die Männer hier müssen vor Gericht erscheinen. Sie warten auf ihre Vernehmung. Drinnen ist nicht genug Platz für sie. Fahren Sie jetzt weiter.»

Ich kehre zum Wagen zurück, in dem Terry wartet. Ich steige ein und schlage die Tür ins Schloß.

«Verdammte Scheiße», sage ich.

«Immer mit der Ruhe», sagt Terry. «Lester kann uns helfen.»

Ich drehe mich um.

Hinten sitzt ein Schwarzer.

«Hallo», sagt er. Er dürfte schätzungsweise fünfundzwanzig Jahre alt sein, ist hochgewachsen und muskulös, wirkt kräftig. Er hält mir die Hand hin.

«Das ist Lester», sagt Terry.

Ich drehe mich ganz nach hinten, um ihm die Hand zu schütteln. Es ist mir ausgesprochen unbehaglich, diesen Fremden im Wagen zu haben.

«Lester ist Fremdenführer», sagt Terry. «Jedenfalls sagt er das.»

«Stimmt, ich kann Sie führen», sagt Lester. «Wohin Sie wollen.»

Auf mich wirkt er nicht wie ein Fremdenführer. Eine große Narbe, die wohl von einem Messerstich herrührt, läuft ihm unterhalb des Ohrs über den Hals und verschwindet im Kragen seines Hemdes. Seine Kleidung ist schmutzig. Er riecht nach Alkohol.

«Woher kennst du ihn, Terry?»

«Er ist am Wagen vorbeigekommen, als du mit der Polizistin geredet hast. Da hab ich ihn nach dem Museum gefragt, und er hat gesagt, er würde uns hinbringen.»

Wenn dieser Mann am Wagen vorbeigegangen ist, denke ich, muß er zu denen vor dem Gericht gehören. Bestimmt wartet er auf seine Vernehmung. Er ist genau das, wonach er aussieht: ein Krimineller.

«Das ist sehr freundlich von Lester», sage ich, «aber ich glaube, wir schaffen das allein.»

«Tatsächlich?» sagt sie. «Du fährst doch schon eine ganze Stunde lang im Kreis. Oder hat dir die Polizistin gesagt, was du wissen wolltest?»

«Nein», räume ich ein.

«Ohne Führer finden wir nie wieder aus dieser gottverlassenen Stadt raus», sagt Terry. «Oder willst du hier etwa übernachten?»

«Ich führ Sie, bestimmt», sagt Lester. Er sagt noch mehr, alles mit seiner abgehackten karibischen Sprechweise, die ich nur mühsam verstehe. Er macht einen fröhlichen und freundlichen Eindruck, aber ich mag ihn nicht. Mir gefällt weder die Narbe an seinem Hals noch seine Art, und mir gefällt auch nicht, daß er auf dem Rücksitz hockte, bevor ich eine Möglichkeit hatte, die Angelegenheit mit Terry zu besprechen.

Aber da sitzt er nun einmal. Und wartet.

«Schön, Lester», sage ich, «prima. Wir wollen zum Museum.»

«Ja, ich führ Sie.»

«Wo ist das Museum?»

«Museum?» Er sieht vollständig verständnislos drein. «Museum?» Er schüttelt den Kopf.

«Terry, ich glaube nicht, daß Lester ein richtiger Fremdenführer ist.»

«Er hat es aber gesagt.»

Ich denke: *Großer Gott, sieh dir doch bloß den Kerl an, den du da in unseren Wagen gelassen hast. Was sollen wir jetzt nur mit ihm anst-*

«Wagnanlas», sagt Lester in einem plötzlichen Anfall von Redseligkeit.

«Was?»

«Wagnanlas», wiederholt er.

«Du sollst den Wagen anlassen», übersetzt Terry.

«Warum?» will ich wissen.

«Hier nicht parken, Mann», sagt Lester. «Bullen sonst aufschreiben.»

Im Rückspiegel erkenne ich einen Polizeibeamten. Er kommt auf unseren Wagen zu. Lester hat ihn bereits gesehen, deswegen ist er so nervös. Okay, denke ich. Ein Polizist kommt. Diesen Lester sind wir hoffentlich gleich los.

Ich bleibe ganz ruhig sitzen, tue nichts.

«Nun laß doch den Wagen um Gottes willen schon an», fordert mich Terry auf.

«Nein, ich –»

«Was willst du denn tun, Michael? Etwa einfach sitzenbleiben?»

«Ich überlege.»

«Wozu? Laß uns hier verschwinden.»

«Terry, ich würde gern unter vier Augen mit dir über unsere Lage sprechen –»

«Du willst doch zu diesem Museum. Deshalb sind wir überhaupt hergekommen. Nun – Lester bringt dich hin.»

«Er scheint aber gar nicht zu wissen, wo –»

«Weiß wo, weiß wo», sagt Lester plötzlich auffallend munter. «Fahren, nächste Ecke nach links.»

«Und wo ist das Museum?» frage ich, noch immer zögernd.

«Links fahren, ich euch zeigen. Museum ganz nah, ganz nah.»

Das dürfte stimmen. Der Karte nach muß es ganz in der Nähe sein.

«Nur zwei Straßen weiter», beharrt Lester.

Terry sieht mich erwartungsvoll an.

Ich überlege. Soll der Polizist ruhig kommen. Damit krieg ich diesen Kriminellen aus dem Wagen. Aber mein eigentliches Problem ist noch nicht gelöst – ich muß das Museum finden. Terry schleudert mir unaufhörlich wütende Blicke zu, und Lester strahlt plötzlich vollkommene Selbstsicherheit hinsichtlich seiner Fähigkeiten als Fremdenführer aus. Was soll's. Ich werd die paar Nebenstraßen weiter fahren.

Ich lasse den Motor an, und wir fahren ein Stück. Viele Straßen in diesem Gebiet sind gesperrt, doch Lester scheint den Weg zu kennen. Er gibt mir klare Anweisungen. Immer, wenn Fußgänger im Weg sind, beugt er sich aus dem Fenster und verlangt, daß sie Platz machen. Kaum sehen sie Lester, folgen sie beflissen seiner Aufforderung. Er wirkt durchaus bedrohlich.

«Da. Hier parken.»

Ich sehe, daß wir fast im Kreis gefahren sind und uns in einer kleinen Nebenstraße befinden, wieder ganz in der Nähe des Gerichtsgebäudes. Aber ein Museum sehe ich nicht.

«Und wo ist das Museum?» frage ich mißtrauisch.

«Da, Mann», sagt Lester und weist auf die gegenüberliegende Straßenseite.

«Wo?»

«*Da*. Gleich da, Mann. Da ist die Tür.»

Ich sehe ein kleines Schild mit der Aufschrift *Museum*, auf dem die Öffnungszeiten stehen. Gerade kommt eine sonnengebräunte skandinavische Familie in Freizeitkleidung mit Socken und Sandalen heraus und setzt sich auf die Treppe.

Es ist tatsächlich das Museum.

«Gott sei Dank», sagt Terry und steigt aus. Anklagend sieht sie mich an. «Ich finde, das hat Lester gut gemacht. Oder?»

Ihre ganze Art läßt durchblicken, daß ich ein argwöhnischer voreingenommener Mistkerl bin und obendrein zu kleinlich, um anzuerkennen, daß wir das verdammte Museum letzten Endes ausschließlich dank ihrer Bemühungen gefunden haben.

Ich bin erleichtert, das Museum endlich erreicht zu haben. Okay, vielleicht habe ich mich in Lester auch getäuscht.

Doch dann merke ich, als ich aussteige und den Sitz vorklappe, damit auch er aussteigen kann, daß ich mich keineswegs getäuscht habe. Während er sich neben mir aufrichtet, sehe ich: Er ist gut einsneunzig groß und kräftig gebaut. Über die andere Halsseite läuft eine weitere Narbe, und auf dem linken Handrücken hat er eine ungewöhnliche Tätowierung, einen Kasten mit einem «X» darin. Obwohl er im Augenblick freundlich lächelt, ist mir mit unumstößlicher Sicherheit klar, daß Lester *heimtückisch* ist.

Wir gehen zum Museum hinüber. Der Eintritt kostet zwei Shilling. «Nun, Lester», sage ich, «vielen Dank dafür, daß Sie uns hierhergeführt haben.» Ich gebe ihm einen Zehn-Shilling-Schein.

«Nein, nein», sagt er und hebt abwehrend die Hände.

«Doch, doch», sage ich. «Wir wissen Ihre Hilfe zu schätzen. Jetzt sind wir am Museum und –»

«Nein, nein. Ich mit rein.»

«Das ist nicht nötig, Lester, vielen Dank –»

«Doch, doch –»

Terry sagt: «Hör schon auf und zahl die zwei Shilling für ihn.»

Also kommt Lester mit uns ins Museum.

Kaum sind wir drinnen, als klar wird, daß er mit Sicherheit kein Fremdenführer ist. Die ersten Exponate sind Pferdefuhrwerke aus dem neunzehnten Jahrhundert. Ich frage Lester: «Was ist das?»

«Alte Karren», sagt er. «Aus Holz.»

Ich werfe Terry einen Blick zu; sie zuckt die Schultern und geht weiter. Sie hat offenbar keine Vorbehalte gegen Lester. Meine Ansicht in dieser Frage ist ihr einerlei.

Ich würde gern eine Weile mit ihr allein sein, und wären es nur ein paar Sekunden, um ihr etwas zuzuflüstern. Lester aber hält sich immer so geschickt zwischen uns, daß ich sie nie am Arm fassen und beiseite ziehen kann. Dieser Teil des Museums ist völlig leer; niemand ist zu sehen, nicht einmal ein Wärter.

Wir betrachten weitere Ausstellungsstücke, und was Lester dazu zu sagen hat, ist entweder ohnehin klar oder grundfalsch. Terry scheint immer noch nichts zu merken. Der nächste Raum enthält Vitrinen mit Keramikarbeiten und Porzellan. So etwas interessiert auch Terry. «Lester, woher stammt das Porzellan da?»

«Alte Teller», sagt Lester und weist auf die Vitrine.

«Schon. Ist es englischer Herkunft?»

«Nein. Nicht englisch. Jamaikanisch. Hier gefunden.»

Er wirft Terry einen gereizten Blick zu, als verliere er allmählich die Geduld mit ihr. So etwas kann man mit Terry nicht machen. Wir kommen in einen anderen Raum. Dort halten sich einige Besucher auf, Touristen. Wir sind nicht mehr allein. Auch Terry beschleichen allmählich leise Zweifel: «Ich glaube nicht, daß Lester Fremdenführer ist.»

«Was du nicht sagst. Willst du wissen, was er ist? Er ist aus dem Knast abgehauen.»

«Um Gottes willen, Michael. Deine Phantasie geht mal wieder mit dir durch.»

«Meinst du? Hast du seine Narben gesehen? Und was hat er wohl heute am Gerichtsgebäude zu suchen gehabt? Hast du ihn das mal gefragt?»

«Er ist kein Krimineller», sagt Terry, «aber auch kein besonders guter Fremdenführer. Ich finde, wir sollten zusehen, daß wir ihn loswerden.»

«Nun, ich habe ja versucht –»

«Wir wollen jetzt nicht darüber streiten, sondern einfach dafür sorgen, daß wir ihn loswerden, ja?»

Wir sehen zu ihm hin. Lester hat die ganze Zeit auf der anderen Seite des Raumes vor einer Vitrine gestanden. An seiner Haltung erkenne ich, daß er unsere Unterhaltung mit angehört hat.

Er dreht sich zu uns um und lächelt.

«Wir gehen?»

«Ja», sagt Terry.

In den anderen Ausstellungsräumen halten sich einzelne Besucher auf. Touristen wie wir, so daß wir uns ein wenig sicherer fühlen.

«Großer Gott, gibt es denn hier überhaupt keine Wärter?» fragt Terry schließlich.

«Nein», sage ich. Bisher haben wir keinen einzigen gesehen.

«Kein Geld für Wärter», sagt Lester. «Wie im Gefängnis.»

«Im Gefängnis?» fragt Terry.

Sie hat sichtlich Angst. Lester hält sich an Terry. Ohne mich zu beachten, schiebt er sich zwischen uns und wendet ihr seine ganze Aufmerksamkeit zu.

«Ja. Da auch kein Geld für Wärter. Also keine Wärter. Gefängnis in Jamaika sehr schlecht.»

«Verstehe», sagt Terry. Sie ist bleich. Kalkweiß.

Ich frage: «Waren Sie im Gefängnis, Lester?»

«Ja.»

«Lange?»

«Nein. Letztes Mal nur sechs Jahre.»

Mir erscheinen sechs Jahre lang. «Und weswegen?» will ich wissen.

«Kein Grund», sagt Lester.

«Sie waren grundlos im Gefängnis?»

Terry wirft mir einen Blick zu. Die juristisch geschulte Ermittlerin ist nicht der Ansicht, daß ich diese Befragung fortsetzen soll. Ich hingegen finde, daß wir uns ebensogut die Tatsachen berichten lassen und feststellen können, mit wem wir es zu tun haben.

«Sie waren grundlos im Gefängnis?»

Lester wendet sich mir zu und packt mich am Ellbogen. «Ich sag *Wahrheit*», schnaubt er. Ich spüre Speicheltröpfchen auf meinem Gesicht. «Ich sag *Wahrheit*, Mann. *Ich niemand umgebracht!*»

Sechs Jahre, denke ich. Totschlag.

Hinreißend.

Ich sehe zu Terry hinüber. Sie hat die Augen weit aufgerissen. Ihr dämmert offensichtlich, was das alles zu bedeuten hat.

Aber Lester redet weiter, verteidigt sich immer noch. «Das Mal davor, ja», sagt Lester. «Da ich ihn umgebracht, ja! Aber diesmal nicht!»

«Aha», sage ich, plötzlich gelassen. Ich begreife, worum es geht, und mir ist klar, was ich zu tun habe. Ich muß Lester so rasch wie möglich loswerden. Dazu brauche ich entweder einen Polizeibeamten oder eine größere Menschenansammlung. Ich sehe mir die anderen Touristen im Raum an. Es sind ältere Leute, Engländer, schwächlich gebaut.

«Wie haben Sie diesen Mann umgebracht, Lester?» frage ich, so beiläufig ich kann. Ich hoffe, er sagt, mit einer Pistole, denn ich kann sehen, daß er keine bei sich trägt.

«Mit Messer», sagt er, während wir den Raum verlassen.

«Mit einem Messer?»

«Ja. So.» Bei diesen Worten greift er vorn in seinen Hosenbund, zieht ein gewaltiges Springmesser heraus, läßt die Klinge herausfahren und sticht damit in die Luft. «So.»

Terry sagt: «Stecken Sie das weg, Lester.»

Er steckt das Messer zurück in den Hosenbund und wirft ihr einen tückischen Blick zu.

Immer mit der Ruhe, denke ich. Sieh zu, daß du ihn los wirst. Aber jetzt, nachdem ich das Messer gesehen habe, fällt es mir schwer, Ruhe zu bewahren. Mein Herz hämmert. Inzwischen ist weit und breit niemand mehr zu sehen. Mit einem Schlag ist das Museum menschenleer. Inzwischen stehen wir draußen in einem Garten. Hier, auf dem Freigelände, sind Überreste alter Zuckermühlen ausgestellt, gewaltige Mühlsteine.

«Großer Stein», sagt Lester.

«Ich glaube, es ist Zeit zu gehen», sage ich. Mir fällt ein, daß am Eingang ein Wärter war, der uns die Eintrittskarten verkauft hat. Zwar ein älterer Mann, aber immerhin ein Wärter. Außerdem besteht eine gewisse Wahrscheinlichkeit, daß sich dort weitere Touristen aufhalten.

«Ja, gehen. Hier lang.»

«Das ist nicht der Weg zum Eingang», sage ich.

«Nein, wir jetzt gehen andern Weg.»

«Ich würde aber gern denselben Weg zurückgehen, Lester.»

«Der hier besser», sagt Lester.

«Nein», sage ich. «Ich möchte den Weg gehen, den wir gekommen sind.»

Einen Augenblick lang herrscht eiskalte Spannung. Keiner von uns beiden rührt sich. Es ist eine stumme Machtprobe. Ich kann mir nicht vorstellen, daß Lester mitten im Museum sein Messer ziehen wird, und denke: Das kann ich an Ort und Stelle regeln. Ich kann diesen Lester hier im sonnendurchfluteten Garten loswerden, neben dem Mühlstein.

«Ach, Michael», sagt Terry. «Laß uns doch um Gottes willen so gehen, wie Lester es für richtig hält.»

Verdammt!

Ist ihr eigentlich nicht klar, was sie tut?

«Terry –»

«Nun, er hat uns so weit gebracht –»

«Terry, würde es dir was ausmachen, mich die Sache auf meine Weise –»

«Ich will ja nur helfen –»

Vor Lester möchte ich mich nicht mit ihr herumstreiten. Ich begreife, daß sie Angst hat, und ich begreife auch, daß eine versöhnliche Haltung ihre Art ist, dagegen anzugehen. Nur dürften wir damit bei Lester kaum etwas erreichen. Die Lage kann für uns nur schwieriger werden, wenn wir ihm und seinem langen Messer irgendwo allein ausgeliefert sind, deshalb bin ich der Ansicht, daß wir eine Entscheidung erzwingen sollten. Terry hingegen möchte lieber klein beigeben.

«Sobald wir am Wagen sind», sagt sie, während wir uns in Marsch setzen, «kannst du Lester ein ordentliches Trinkgeld geben.» Sie hält es also für das beste, ihn dort abzuschütteln. Aber das wird möglicherweise nicht einfach.

Wir kommen durch einige menschenleere Teile des Museums und treten durch einen Nebenausgang auf eine verlassene Straße. An ihrem entgegengesetzten Ende steht unser Wagen. Wir gehen hin.

«Nun, das war ganz großartig; vielen Dank, Lester», sage ich und nehme meine Geldbörse heraus. Ich habe die Absicht, ihm ein Pfund zu geben; vielleicht zwei.

Terry steigt ein. «Danke, Lester, vielen Dank», sagt sie.

Lester sieht sich nervös um. «Ich komm mit», sagt er.

«Nein, Lester –»

«Doch. Ich komm mit –» Er drängt sich in den Wagen.

«Nein, Lester –»

«Doch», sagt er. «Ich euch zeigen noch andre Sachen.»

«Wir fahren jetzt zurück.»

«Dann zeig ich, welche Straße.»

«Lester, wir können unseren Weg allein finden. Steigen Sie aus.»

Und Terry sagt ganz seelenruhig: «Ich glaube, wir könnten jemanden brauchen, der uns hilft, die Ausfallstraße für den Rückweg zu finden.»

Nachdem ich den Impuls, sie zu erwürgen, unterdrückt habe, wird mir klar, daß sie vermutlich den Ernst der Lage nicht begreift. Irgendwie scheint sie Lester trotz aller Spannungen nicht für wirklich gefährlich zu halten. Sie sieht uns als Urlauberpärchen auf Jamaika, dem es blendend geht, keinesfalls als Menschen, die in größter Gefahr schweben.

Ich überlege, welche Möglichkeiten ich gegenüber einem einschlägig verurteilten Mörder, der ein Messer besitzt, in einer einsamen Straße habe. Noch dazu sitzt meine Freundin bei ihm im Wagen. In dieser Lage einen Streit mit ihm vom Zaun zu brechen, scheint nicht ratsam. Da Terry nun einmal Beschwichtigung für das richtige Vorgehen hält, kann ich nur hoffen, daß sich später eine Möglichkeit bietet, etwas zu unternehmen, ohne daß ich auf Terrys Hilfe angewiesen bin. Also werde ich in der Hoffnung auf einen Verkehrsunfall oder irgendein anderes Ereignis, das uns gestattet, Lester abzuschütteln, losfahren und versuchen, Zeit herauszuschinden.

Ich steige ein und lasse den Motor an.

Lester hinter mir grinst breit. Er hat gewonnen. Er rückt zur Seite, setzt sich genau hinter mich, so daß ich ihn im Rückspiegel nicht sehen kann. Wir fahren durch die belebten Straßen von Spanish Town.

Das Ganze ist ein einziger Alptraum.

Terry steht kurz vor einem hysterischen Anfall; sie plappert Lester etwas über unser Leben zu Hause vor, über die Supermärkte, die Probleme mit dem Verpackungsmüll, was ihr gerade in den Sinn kommt.

Während ich fahre, halte ich Ausschau nach einer Polizeistreife, einem Verkehrspolizisten, einer Ablenkung, nach irgend etwas, das es mir ermöglichen könnte, Lester loszuwerden. Ich sehe nichts.

Lester fragt: «Haben was zu trinken?»

«Nein», sage ich.

«Schnaps?»

«Nein. Wollen Sie Schnaps?»

«Ja. Schnaps.» Jetzt, da er sich als Herr der Lage sieht, wird er fordernd, meldet unverhohlen Ansprüche an.

«Wir müßten an einem Schnapsladen halten», sage ich.

«Schnapsladen links.»

Ich fahre an den Straßenrand und steige aus. Den Motor lasse ich laufen. Ich will ihn aussteigen lassen, in den Wagen springen, die Tür zuschlagen und davonbrausen.

Während sich Lester vom Rücksitz zur Tür zwängt, dreht er den Zündschlüssel herum.

«Motor noch läuft», sagt er mit unschuldigem Lächeln. Er steht auf dem Gehweg dicht neben mir. Ich begreife: Nur in Filmen springen Leute in den Wagen, schlagen die Tür zu, drehen dem Gegenspieler eine lange Nase und brausen davon. Im wirklichen Leben klappt so was nicht. Im wirklichen Leben käme ich gar nicht schnell genug wieder in den Wagen. Außerdem hat er die Zündung ausgeschaltet.

Während ich jetzt neben ihm auf dem Gehweg stehe, sehe ich den Griff seines Messers aus dem Hosenbund ragen.

«Geld», sagt er.

Ich gebe ihm zwei Pfund.

«He, Mann, Schnaps hier in Jamaika teuer», sagt er. Ich gebe ihm fünf Pfund. Er nickt, grinst.

Mich ekelt vor mir selbst, vor meiner Machtlosigkeit und meiner Angst. Ich befinde mich um drei Uhr am hellen Nachmittag am Rand einer Slumsiedlung auf Jamaika, und irgendein Kerl, der im Knast war oder auch nicht, der jemanden umgebracht hat oder auch nicht, der gegen uns sein Messer gebrauchen würde oder auch nicht, hält Terry und mich an einer Straßenecke vor einem Schnapsladen praktisch als Geiseln, während auf der verkehrsreichen Straße Autos vorüberfahren. Und mir fällt offenbar nichts ein, was ich tun könnte.

«Gehen Sie rein und holen Sie sich, was Sie brauchen», sage ich. «Wir warten solange hier draußen.»

Noch während ich das sage, komme ich mir wie ein Trottel vor. Meinen eigenen Ohren klingen meine Worte keine Sekunde lang überzeugend, und Lester überzeuge ich damit bestimmt nicht.

Er beginnt zu lachen, ein hohes, unangenehmes Gemecker.

«O Mann. Wenn ich reingeh, du haun ab. Mann!»

«Aber nein, wir warten hier.»

Mitleidig schüttelt Lester den Kopf. «O Mann. Ich nicht blöd. Du mit rein.»

«Nein, Lester.»

«Doch. Mit rein.»

«Nein.»

«Warum nicht?»

«Ich muß beim Wagen bleiben.»

«Na schön. Dann Frau.»

«Nein, Lester.»

«Doch», sagt er, und seine Augenbrauen ziehen sich zusammen. Zorn steigt in ihm auf. Terry, die unsere Unterhaltung vom Beifahrersitz aus mitverfolgt, sieht herüber.

Lester ballt die Fäuste. Ich überlege, wer sich in dem Schnapsladen befinden könnte und ob die Leute mir helfen würden, wenn es zum Kampf käme. Lester betrachtet mich abschätzend. Ich spüre, wie sich die Spannung weiter aufbaut. Unvermittelt sagt er: «Hübsche Uhr.»

Er hält den Blick auf meine Kunststoff-Casio gerichtet. Ich folge seinem Blick.

«Teuer.»

«Eigentlich nicht.»

«Auf Jamaika solche Uhren teuer.»

«Möglich. Davon weiß ich nichts.»

«Teuer auf Jamaika», sagt Lester. «Importuhr.»

«Aha.»

Die Spannung löst sich, während wir über die Uhr reden, was mir nur recht ist. Mit einemmal interessiert sie mich selbst sehr.

«Kann ich mal sehn?»

Er streckt die Hand aus. Worauf er hinaus will, ist sonnenklar. Was mich betrifft, kann er sie haben und damit selig werden.

Ich sage: «Sie können sie haben, Lester.»

«Nein, nein, nur ansehn.»

«Und dann geben Sie sie zurück?»

«Na klar, Mann.»

Nach einigem Hin und Her lasse ich mich von ihm zum Schein

überzeugen und nehme die Uhr ab. Lester legt sie sich ums Handgelenk. Als er das Armband schließt, springe ich in den Wagen, lasse den Motor an und brause davon.

Im Rückspiegel sehe ich ihn lachend den Kopf schütteln. Dann geht er in den Schnapsladen. Danach kommt eine Kurve, und Lester ist verschwunden.

Und ich denke: *Die Batterie war sowieso fast leer.*

Wir fahren durch die Berge zurück nach Ocho Rios. Ich habe das Entsetzen überwunden, das Zittern, als hätte ich Fieber. Jetzt bin ich wütend. Stinksauer. Terry versucht mich zu besänftigen. «Ich kauf dir 'ne neue Uhr, Michael. Es war doch sowieso bloß 'ne Casio.»

«Darum geht es nicht!»

«Worum denn? Es war bloß 'ne Uhr.»

«Terry, du hast selbst gesagt, daß du schreckliche Angst hattest.»

«Ein bißchen, ja. Nicht richtig. Ich hab nie geglaubt, daß er uns was tun würde.»

«So hast du dich aber nicht verhalten.»

«Nun, ich wußte es ja nicht genau. Mir hatte er gesagt, er wär Fremdenführer.»

Terry gehört zu den klügsten Menschen, denen ich je begegnet bin, aber wenn es ihr paßt, kann sie sich unfaßbar dumm stellen. «Das war er ganz offensichtlich nicht. Was zum Teufel hast du dir bloß dabei gedacht?»

«Ich wollte dir helfen. Du brauchtest Hilfe.»

«Gott im Himmel, Terry, dich mit dem Kerl einzulassen war verdammt gefährlich.»

«Du hast recht», sagt sie. «Es war ziemlich dumm. Du hast recht, ich geb's zu.»

«Die Anwältin bist du. Mir geht es nicht darum, 'nen Prozeß zu gewinnen. Ich versuche zu verstehen.»

«Ich hab doch schon zugegeben, daß du recht hast, und dir 'ne neue Casio versprochen. Was willst du denn noch von mir?»

«Tu so was nie wieder!»

Sie sieht mich an, als hätte ich den Verstand verloren. Langsam dämmert es ihr. «Meinst du etwa, ich hätte das *mit Absicht* gemacht?»

Natürlich war ich davon überzeugt. Wir stritten uns erbittert über diese Frage.

Ich sehe menschliches Verhalten als absichtsvoll, ob die Absicht nun eingestanden wird oder nicht. Verhalten ist nichts, das einfach geschieht; es läßt sich von seinem Zweck her analysieren und verstehen. Ich hatte den Eindruck, daß Lester seine Chance bekommen hatte, weil Terry wollte, daß ich mich unbehaglich fühlte, wenn nicht Schlimmeres.

Sie wiederholte beständig, daß Lester uns bestimmt nichts Böses angetan hätte und hinter dem, was sie «sein Messer da» nannte, nichts gestanden habe als leere Worte und Aufschneiderei.

Doch die Bedrohung war durchaus nicht eingebildet, am nächsten Tag brachte der *Daily Gleaner* einen Bericht darüber, daß man die Leichen zweier deutscher Touristen gefunden hatte. Sie waren einige Tage zuvor nach einem Ausflug nach Spanish Town als vermißt gemeldet worden. Wie sie ums Leben gekommen waren, wurde nicht gesagt, doch ließ der Artikel durchblicken, daß sie sich in ein Gebiet der Stadt begeben hatten, das Touristen gewöhnlich meiden.

Ich zeigte den Artikel Terry. Sie legte die Zeitung kommentarlos beiseite. Wir erwähnten den Fall Lester mit keiner Silbe mehr. Als wir wieder daheim waren, fragte sie mich lediglich, ob ich die Uhr ersetzt haben wollte; ich sagte nein.

Aber auch ich hatte in dieser Episode eine Rolle gespielt. In den folgenden Wochen versuchte ich, mein eigenes Verhalten zu verstehen – vor allem, warum ich nicht einfach gewartet hatte, bis der Polizeibeamte den Wagen erreichte, um Lester dann aus dem Wagen zu komplimentieren und davonzufahren.

Alles in allem hatte ich mich bei dieser Begebenheit als willenloses Opfer verhalten. Ich hatte die Dinge ihren Lauf nehmen lassen und geduldet, daß die Lage sich zuspitzte. Warum? Alles, was ich Terry vorwarf, konnte ich auch mir selbst vorwerfen. Wenn Terry die Situation heraufbeschworen hatte, um mich zu ärgern, hatte ich die Situation meinerseits in die Länge gezogen, um zu beweisen, daß Terry niederträchtig war und unrecht hatte. Beide hatten wir uns in eine gefährliche Lage begeben, um einander eins auszuwischen.

Das schien nur zu bestätigen, daß die Grundlage unserer Beziehung ungesund und neurotisch war. Ich rechnete damit, daß ich mich ein für allemal von Terry trennen würde, sobald ich wieder in Kalifornien war. Vielleicht schon am Flughafen, gleich nach der Zollabfertigung. Ich wollte so schnell wie möglich von ihr loskommen.

Aber wir trennten uns nicht. Wir trafen uns das ganze Frühjahr hindurch weiter, obwohl wir uns dabei in keiner Weise wohl fühlten. Immer wieder fragte ich mich: Warum geht die Sache bloß weiter?

Es gab keine Antwort darauf; diese unglückliche Beziehung dauerte einfach an. Ich brachte es nicht fertig, mich zu lösen, ebensowenig wie ich es fertiggebracht hatte, mich von Lester zu lösen – und aus demselben Grund. Ich war in die Sache verwickelt, ob ich es mir eingestand oder nicht. Schließlich ließ ich die Beziehung einfach treiben und wartete darauf, daß sie zu Ende ging. Das geschah nicht.

Im April dann unternahmen wir eine kurze Reise nach Mexiko. Es zeigte sich, daß Terry weder das Hotel noch mein Verhalten sonderlich gefiel. Sie reagierte mit Zorn und Verschlossenheit.

Und dann geschah endlich doch etwas, einfach so – ich zog mich zurück, löste mich innerlich von ihr und überließ sie sich selbst. Ich wollte glücklich sein, auch wenn sie zornig und verschlossen war.

Also gab ich mich munter. Das war nicht einfach; ich fühlte mich dabei sehr unbehaglich. Es war so, als esse jemand mit gesundem Appetit, während ihm gegenüber ein Verhungernder sitzt. Ein anklagender Verhungernder.

Es kostete mich alle Kraft, in dieser Situation den Eindruck der Heiterkeit zu erwecken, während Terry so unglücklich war.

Wir zogen in ein anderes Hotel um, aber sie blieb volle vier Tage unglücklich – sagte kein Wort und saß bei den Mahlzeiten muffelig am Tisch. Ich gab mir die größte Mühe, munter zu bleiben, nicht wütend auf sie zu werden, nicht in ihre Stimmung zu verfallen. Ich gab mir die größte Mühe, so als müsse ich den ganzen Tag lang ein Rennen bestreiten.

Jeden Morgen meditierte ich nach dem Aufstehen eine Stunde lang, um meine innere Ruhe zu bewahren. Am vierten Morgen ging ich bei Sonnenaufgang an den Strand, dort wollte ich meditieren. Nach einer Weile wurde Terry wach und kam an den Strand, um nach mir zu schauen. Als sie mich sah, lief sie auf mich zu. Ich hatte durch die Meditation einen Zustand friedvoller Ausgeglichenheit erreicht. Als ich mich umwandte und sie auf mich zukommen sah, mit verzerrtem Gesicht, zornig und aufgebracht, mit angespanntem Körper, *sah* ich sie mit einemmal, sah sie, wie sie wirklich war. Nicht im Hinblick auf das, was ich von ihr wollte oder inwiefern sie mich enttäuschte. Es hatte nichts mit mir zu tun. Ich sah einfach nur sie, einen anderen Menschen, der gänzlich von mir getrennt war.

Auch Terry muß in meinem Gesicht etwas bemerkt haben, denn sie hörte auf zu rennen. Sie sah mich einfach eine Minute lang an, wandte sich dann um und kehrte ins Hotel zurück. Als ich ihr nachsah, dachte ich: *Mach dir nichts vor. Das ist das Ende.*

Jener Augenblick, als wir einander am Strand sahen, als alles aufhörte, war der wirkliche Moment des Loslassens, und er kennzeichnete das Ende unserer Beziehung. Es gab keine plötzliche tiefe Einsicht, sondern einfach ... etwas. Etwas verlagerte sich. Etwas zeigte sich. Einen Monat darauf trennten sich unsere Wege endgültig.

LICHTERSPIELE

«Du kannst dir nicht vorstellen, über was für Kräfte Linda verfügt», sagte Kate, eine gute Freundin. «Wenn sie meditiert, leuchtet sie in verschiedenen Farben. Du müßtest das mal sehen. Sie ist die reinste Light-Show.»

Kate war jung und naiv. Ihre Freundin Linda wohnte in San Diego, zwei Autostunden entfernt. Man mußte ja nicht *gleich* hinfahren.

Schließlich sagte Kate eines Tages: «Ich fahr morgen zu Linda. Möchtest du mitkommen?»

Ich hatte noch nichts vor. Eine gute Gelegenheit, mal wieder aus der Stadt herauszukommen. «Klar», sagte ich.

Unterwegs setzte mich Kate über Linda ins Bild. Sie war Lehrerin, Mitte Dreißig. Obwohl sie erst vor einem Jahr zu meditieren begonnen hatte, besaß sie bereits erstaunliche Fähigkeiten. Inzwischen gab es ein paar Leute, die sich regelmäßig Rat bei ihr holten. Die arme Linda wußte gar nicht, was sie tun sollte; ihre neue Rolle als Guru war ihr unbehaglich, da sie sich selbst noch immer unsicher fühlte. Bisher nahm sie kein Geld für ihre Sitzungen, aber Kate war davon überzeugt, daß sie es schließlich doch tun würde. Sie nahm sogar an, daß Linda später einmal ihre Anstellung an der Schule aufgeben und ihre übersinnliche Begabung hauptberuflich nutzen würde. Es klang ganz so, als sei diese Linda ein interessanter Mensch.

Außerdem, sagte Kate, sei es bemerkenswert, mit Linda zu meditieren, da sie dabei in allen Farben erstrahle. Bisweilen geschähen auch andere Dinge; so sehe sie manchmal unterschiedlich alt aus – sehr alt oder sehr jung. Manchmal verschwänden Teile ihres Körpers, dann wieder scheine sich ihr Körper von selbst zu bewegen oder zu verdrehen. Wenn man mit Linda meditierte, konnte man offenbar allerhand erleben.

Ich hörte mir das alles mit gewissen Vorbehalten an. Ich würde es ja schon bald mit eigenen Augen sehen.

Linda lebte in einer nicht besonders auffälligen Wohnung an der Mission Bay Road, nicht weit vom Strand. An den Wänden hingen Urlaubsfotos aus vielen Ländern der Erde; wie ich reiste sie gern. Sie war eine angenehme, zurückhaltende Frau, die viel lächelte. Sie sagte, sie werde mit uns beiden getrennt meditieren. Ich ging als erster mit ihr nach nebenan. Dort, im Schlafzimmer, setzte sie sich vor eine Wand, ich setzte mich vor das Bett, und wir begannen. Seit Brugh Joys Seminar, das zwei Jahre zurücklag, hatte ich nicht viel meditiert. Ich schloß die Augen und versuchte, mich zu versenken, den Verkehrslärm auf der Straße draußen auszuschließen, die Autohupen, die Stimmen der Fußgänger.

Mit einemmal spürte ich eine Wärmewelle, als habe jemand im Zimmer die Klappe eines Backofens geöffnet. Ich erkannte das Gefühl sofort wieder – es war dieselbe friedliche Wärme, die ich während der Energiearbeit bei Brugh erlebt hatte. Aber da war ich in einer Gruppe gewesen. War diese Frau etwa ganz allein zu so etwas imstande?

Ich öffnete die Augen.

Linda saß mit gekreuzten Beinen da und sah mich unverwandt an. Schwingungen gingen von ihr aus. Zwar sah ich keine Farben, aber sie strahlte große Intensität aus, und die Wärme im Raum war wirklich erstaunlich. Sogleich führte sie mich in eine tiefe Meditation. Ich merkte, wie ich mich innerlich ausdehnte, gleich einem Ballon, der aufgeblasen wird. Es war ein herrliches Gefühl der Ruhe. Linda sah mich an. Ich erwiderte den Blick.

Ihr Gesicht wurde grau. Nach wenigen Sekunden fiel es mir schwer, ihre Züge zu erkennen. Nase, Augen und Mund waren verschwunden. Es war, als habe ihr jemand einen grauen Strumpf über das Gesicht gezogen. Obwohl sie genau vor mir saß, konnte ich ihr Gesicht nicht mehr sehen.

Dann verschwamm ihre linke Schulter, darauf die ganze linke Seite ihres Körpers, während die rechte nach wie vor deutlich zu erkennen war. All das faszinierte mich, ohne mich aber im geringsten zu ängstigen. Es geschah einfach.

Mit einemmal konnte ich ihren Körper erneut vollständig sehen, und ebenso rasch begann ich, eine stroboskopische Erscheinung wahrzunehmen. Linda war leuchtend hell, und die Wand hinter ihr wurde schwarz. Dann wurde Linda schwarz, und die Wand hinter ihr erschien weiß. Das Bild kehrte sich in einem beständigen, pulsierenden Rhythmus immer wieder um, als atme es.

Das Pulsieren hörte auf, und eine Weile war alles normal. Dann sah ich, wie Lindas Gesicht älter wurde. Die Wangen fielen ein, das Kinn sank, die Augen traten in ihre Höhlen zurück, das Haar ergraute. Einige Minuten lang war sie eine traurige alte Frau. Dann ging auch das vorbei.

Als nächstes schien ihre linke Körperhälfte in einer Wellenbewegung zu wandern, als bestehe Linda aus Wasser und eine Welle ziehe an ihr herauf. Die Bewegung dauerte eine Weile an. Ich hatte reichlich Gelegenheit, mir zu überlegen, woher diese Illusionen stammten – von ihr, von mir? – und welche Erklärung es dafür geben mochte. War das auf eine tiefe Versunkenheit in die Meditation zurückzuführen? Legte sie es darauf an? Handelte es sich lediglich um eine bloße Suggestion, auf die ich reagierte?

Plötzlich sagte Linda: «Du hast keine Wahl.»

Ich hielt inne.

«Du mußt dir darüber klarwerden, daß es keine Droge gibt, die du nehmen kannst, keine Reise an einen anderen Ort der Erde, keinen neuen Menschen, zu dem du eine Beziehung aufnehmen kannst.

Nichts von alldem wird dich dahin bringen, wohin du willst. Was du suchst, ist nicht *da draußen*. Du mußt aufhören, dich draußen umzusehen, mußt *in* dich gehen.»

Was sie sagte, war nicht ungewöhnlich, aber die Art, wie sie es sagte, hatte eine durchschlagende Wirkung. Ich wußte ohnehin, daß die Wörter immer gleich bleiben und es nur darauf ankommt, was man heraushört. Die Kunst bestand darin, zu spüren, wie man an den Menschen herankommt, den man erreichen will.

Irgend etwas an Linda, dieser Lehrerin, deren Leben im Begriff stand, die Richtung zu wechseln wie eine Flipperkugel, veranlaßte mich, ihr zuzuhören. Das Empfinden, das sich beim Meditieren mit ihr einstellte, das friedliche, ruhige, abgelöste warme Gefühl, wirkte sonderbar bestärkend. Es war angenehm.

Anschließend ging ich mit ihr und ein paar von ihren Freunden zum Abendessen. Diese jungen Leute, die gemeinsam mit ihr meditierten, waren ausgesprochen beeindruckt von den visuellen Erscheinungen, die sich dabei wahrnehmen ließen. Ich hingegen hielt die Light-Show für nebensächlich. Mich beeindruckte weit mehr, was im Leben dieser Frau geschah, welche Veränderungen darin stattfanden, wie sie damit fertig wurde. Wenn man nämlich einen weniger erfahrenen Menschen sieht, wird man daran erinnert, daß es ein Kontinuum von Fähigkeiten gibt, Fertigkeiten entwickelt werden müssen und jeder erst erlernen muß, was er tut. Immer, wenn ich später mit Linda zusammentraf, war ich besonders dankbar für die Gelegenheit, Zeuge zu sein, wie sie sich entwickelte und in ihre neue Arbeit hineinwuchs.

IMMER DIE ANDEREN

Nachdem ich mehr als ein Jahrzehnt in einer Ehe oder einer dauerhaften Zweierbeziehung anderer Form gelebt hatte, war ich ab 1983 allein und mit einemmal wieder verfügbar. Es war mehr als erstaunlich zu sehen, wieviel sich geändert hatte.

Ich aß mit meinem Agenten in einem Restaurant zu Mittag, als eine anziehende Frau von Ende Zwanzig in einem dezenten Kostüm zu uns trat, mit Nachdruck ihre Geschäftskarte auf den Tisch legte und sagte: «Rufen Sie mich an.» Dann drehte sie sich auf dem Absatz um und rauschte ab.

Mir blieb die Luft weg. «Mann», sagte ich, nachdem sie gegangen war. Noch nie im Leben hatte ich solche Unverfrorenheit erlebt.

«Ja, die Welt hat sich geändert», sagte mein Agent kopfschüttelnd.

Zwar war der Vorfall recht pikant, doch da er mir auch ein wenig beunruhigend vorkam, wählte ich die Nummer eine ganze Weile nicht. Schließlich siegte die Neugier. Ich rief an und verabredete mich mit der Frau.

Wir trafen uns zum Abendessen in einer Sushi-Bar. Andrea war achtundzwanzig, hatte Examen in Betriebswirtschaft gemacht und arbeitete für eine Immobilienfirma. Was ihren Beruf anging, war sie ehrgeizig und ging planvoll vor; sie wußte genau, wie lange sie bei ihrem gegenwärtigen Arbeitgeber bleiben, wann sie die Stelle aufgeben und was sie als nächstes tun würde.

Sie stellte mir kaum persönliche Fragen und schien auch kein besonderes Interesse an mir zu haben. Sie erkundigte sich lediglich, wo ich wohnte und ob mein Haus in der Nähe des Restaurants liege. Während des Essens wirkte sie ungeduldig und fahrig, ohne daß ich mir vorstellen konnte, woran das lag.

Schließlich war die Mahlzeit vorüber, und ich fragte sie, ob sie Tee oder Kaffee wolle. Sie schüttelte den Kopf. «Können wir den nicht bei Ihnen zu Hause trinken?»

Da begriff ich ihre drängende Ungeduld, ihre Gleichgültigkeit meiner Person gegenüber. Sie hatte es eilig, mich ins Schlafzimmer zu lotsen. Nicht zu fassen! Andrea tat mit mir, was angeblich Männer mit Frauen tun. Sie behandelte mich als Lustobjekt.

Bei mir angekommen, erklärte sie, sie wolle keinen Kaffee, sondern sich im Haus umschauen. Sie sah sich das Schlafzimmer an. Als sie die in den Boden eingelassene runde Wanne mit den Massagedüsen sah, begann sie ohne Umstände, sich auszuziehen. «Nette Wanne», bemerkte sie. «Wollen Sie auch reinkommen?»

Alles ging sehr schnell. Ich gab mir die größte Mühe, Schritt zu halten, mich diesem neuen Tempo der achtziger Jahre anzupassen. Mir kam es vor, als seien wir gerade erst in mein Jacuzzi-Bad gestiegen, als wir schon im Schlafzimmer landeten. Auch dort hatte ich den Eindruck, wir seien kaum dort, als sie schon wieder aufstand und sich anzog, während ich noch auf dem Bett lag. Zu meiner Verblüffung hörte ich mich sagen: «Wann seh ich dich wieder?»

«Ich ruf dich an», sagte sie und schloß ihre Gürtelschnalle. Ich fand, sie hatte es mit dem Anziehen auffallend eilig. Wartete womöglich anschließend eine weitere Verabredung auf sie?

«Mußt du schon gehen?» fragte ich.

«Ja. Ich mach das ja nicht gern, gleich nach 'ner Nummer abhauen, aber... morgen ist in der Firma Großkampftag, da muß ich ausgeruht sein.»

Ich lag also auf meinem Bett und kam mir immer elender vor, während sie sich fertig anzog und mir schließlich zum Abschied zuwinkte. Dann fiel die Tür ins Schloß. Als ich ihren Wagen auf der Auffahrt hörte, mußte ich unwillkürlich denken: *Ich fühle mich benutzt.*

Nun, ich war ein ganzes Jahrzehnt aus dem Rennen gewesen. Als ich das nächste Mal mit meinem Freund David, der all die Jahre allein gelebt hatte, Racketball spielte, berichtete ich ihm mein Erlebnis, denn es beschäftigte mich noch immer.

«Tja», sagte er. «So was ist mir auch schon passiert. Da fragt man sie auf einmal: ‹Wann sehen wir uns wieder?› Man kommt sich so benutzt vor, wenn sie weg ist...»

«Ja», sagte ich. «Genauso war das bei mir auch. Ich hab mich benutzt gefühlt. Verführt und sitzengelassen. Und so weiter, du weißt schon.»

«Kenn ich», sagte David kopfschüttelnd. «Es ist eine neue Welt, Michael. Alles hat sich geändert.»

Davids Theorie zufolge waren durch Feminismus und sexuelle Revolution die herkömmlichen Geschlechterrollen vertauscht worden.

«Sieh mal», sagte er, «alle Männer, die ich kenne, wollen eine Familie gründen, im Gegensatz zu den meisten Frauen. Heutzutage wollen die Männer Kinder, die Frauen nicht. Den Männern liegt an einer ernsthaften Beziehung, die Frauen sind auf 'ne schnelle Nummer aus. Wenn sie die geschoben haben, können sie sich wieder mit ihrem Beruf beschäftigen.»

Passend zu dieser Vorstellung des Rollentausches hatte David einen Begriff für das Verhalten von Frauen wie Andrea: «weiblicher Macho». Er vermutete, daß Frauen in den zurückliegenden Jahren dazu übergegangen waren, sich wie Männer zu verhalten, beim Übernehmen bestimmter männlicher Verhaltensweisen aber mitunter die Form verändert hatten, ohne den dahinterstehenden Sinn zu erfassen.

«Sieh mal», sagte David, «Frauen glauben, daß ein Mann heuchelt, wenn er bei einer Beziehung, die nur eine Nacht dauert, von Gefühlen spricht. Deshalb fangen sie damit gar nicht erst an. Wenn eine Frau eine Beziehung für eine Nacht will, sagt sie das knallhart. Ein Mann dagegen hält so was nicht für aufrichtig, sondern für brutal. Wir wollen uns nichts vormachen – die Romantiker sind wir Männer. Wir brauchen das sentimentale Drumrum.»

Ich unterhalte mich also hier im Umkleideraum mit meinem Freund David, der seit zwanzig Jahren als Junggeselle in Hollywood lebt und mit so vielen Fotomodellen und Schauspielerinnen ausgegangen ist, daß er mit den Inhabern von Modellagenturen auf vertrautestem Fuße steht – und er, der erfahrene Weltmann, erzählt mir, nicht Frauen, sondern Männer seien die wahren Romantiker.

«Nein, nein, David», protestierte ich. «Die Frauen sind romantisch veranlagt. Sie wollen Blumen, Süßigkeiten und das ganze Zeug.»

«Wollen sie nicht», sagte David. «Sie wollen die Achtung und Bewunderung eines Mannes, und sie wissen, daß Blumen ein Zeichen dieser Achtung sind. Aber aus den Blumen selbst machen sie sich nichts; wenn sie oh und ah sagen und dabei seufzend die Augen verdrehen, tun sie das nur uns zuliebe. Sie haben keine Spur von den romantischen Gefühlen, die wir Männer ihnen unterstellen. Die haben *wir*. Frauen sind viel kühler und viel praktischer veranlagt.»

Ich widersprach.

«Na schön», sagte David. «Wir sitzen hier im Umkleideraum, stimmt's?»

«Stimmt.»

«Hast du je gehört, worüber sich Frauen im Umkleideraum unterhalten – du weißt schon, so, wie sie glauben, daß wir Männer es machen, sich in genauen Einzelheiten erzählen, was man am Vorabend mit seinem Partner so getrieben hat?»

«Nein», sagte ich, «hab ich nie.»

«Ich auch nicht», sagte David. «Aber hat dir schon mal 'ne Frau vorgeworfen, solche Gespräche zu führen?»

«Na klar.» Wie oft schon hatte mir eine Frau gesagt, ich dürfe keinesfalls mit meinen Freunden über sie reden.

«Und weißt du, warum die glauben, daß wir solche eingehenden Unterhaltungen führen? Weil sie selbst so was tun. Frauen reden über *alles*.»

Ich wußte, daß er recht hatte. Frauen sprachen sehr offen miteinander, und ich hatte gemerkt, daß sie daraus den Schluß zogen, Männer seien ebenso offen. Dabei waren Männer, soweit ich sagen konnte, in solchen Dingen eher diskret.

«Siehst du», sagte David, «die Vertreter des einen Geschlechts nehmen jeweils an, daß die des anderen genauso sind wie sie selbst. Also glauben die Frauen, wir Männer sprächen in allen Einzelheiten über solche Dinge, und wir Männer halten die Frauen für romantisch. Am Ende gerinnt das zu einem Klischee, das niemand mehr in Frage stellt, obwohl es vorne und hinten nicht stimmt.»

David war nicht bereit, von seiner Ansicht abzurücken. Er hielt Frauen für stärker, zäher, pragmatischer, mehr an Geld und Sicherheit orientiert und mehr auf Tatsachen ausgerichtet. Männer sah er als schwächer, romantischer, mehr an den Symbolen als an der Wirklichkeit interessiert – kurz gesagt, sie lebten seiner Ansicht nach eine Phantasie aus.

«Glaub's mir ruhig», sagte David.

«Und was ist mit der Vorstellung vom nährenden Weibchen?» fragte ich.

«Das gilt nur Kindern gegenüber», sagte er. «Nicht Männern.» Betrübt schüttelte er den Kopf. «Hast du je gewünscht, daß dir eine Frau Blumen schickt?»

Die Frage traf mich unvermutet. Eine Frau *mir* Blumen schicken?

«Na klar. Mit ein paar netten Zeilen: Danke für einen herrlichen Abend! und so?»

Die Vorstellung kam mir merkwürdig vor, doch während ich darüber nachdachte, fand ich sie eigentlich ganz verlockend.

«Hab ich dir doch gesagt», triumphierte David. «Die Romantiker sind wir. Denk ruhig mal drüber nach.»

Über die Dinge nachzudenken, schien in der Mitte der achtziger Jahre zum Hauptinhalt meines Lebens geworden zu sein. Alle Frauen, mit denen ich privat zusammenkam, waren berufstätig und oft ausschließlich an ihrer Arbeit interessiert. Während dieser Zeit ging ich mit einer Reporterin aus, einer Computervertreterin, einer Choreographin und einer Musikagentin. Stets beteten mir diese Frauen beim Abendessen ihre Probleme am Arbeitsplatz herunter. Sie setzten stillschweigend voraus, daß ich alles, was mit ihrer Arbeit zusammenhing, als ebenso interessant ansah wie sie.

Unwillkürlich mußte ich daran denken, wie es früher gewesen war, wenn ich zum Abendessen ausgegangen war und die Unterhaltung mit meinen Schwierigkeiten am Arbeitsplatz bestritten hatte. Was David gesagt hatte, stimmte: Die Rollen der Geschlechter waren jetzt vertauscht. Doch wie auch immer die Erklärung dafür lauten mochte, besonders romantisch verliefen diese Mahlzeiten nicht mehr. Es gab bei dieser neuen Gleichheit, ganz im Gegenteil, einige entschieden unerfreuliche Aspekte. Ich hörte mir an, was die Frauen zu sagen hatten, und dachte: *Ganz bei der Sache ist sie nur, solange sie selbst redet.* Wenn ich sprach, sahen sie auf die Uhr. Eine wie die andere waren sie ständig mit ihren Gedanken woanders; hatten es eilig; präsentierten sich als *wichtige Persönlichkeit der Geschäftswelt.* Von mir aus mochten sie das tun, nur war es nicht besonders luststeigernd: «Mein Gott, schon neun. Um zehn muß ich los. Haben wir noch Zeit dafür, oder wie sieht es aus?»

Zweifellos ganz praktisch, aber nicht unbedingt das, was ich als ein romantisches Rendezvous bezeichnet hätte.

Als ich eines Abends in der Küche einer Freundin saß, stürmte die Frau herein, mit der sie sich die Wohnung teilte. Offenbar hatte sie den Abend mit einem Mann verbracht. Sie knallte die Türen und brüllte: «Großer Gott, was muß unsereins heutzutage eigentlich noch alles anstellen, wenn man mal *bumsen* will?»

Zwar war es ihr peinlich, mich da sitzen zu sehen, aber es ergab sich eine aufschlußreiche Unterhaltung. Das Interessanteste daran war, daß die Einstellungen, Enttäuschungen und Frustrationen der beiden Frauen haargenau die gleichen waren wie bei Männern und auch mit exakt den gleichen Begriffen ausgedrückt wurden. Es gab nicht den kleinsten Unterschied.

Inzwischen hatte ich mir Davids Ansicht zu eigen gemacht, daß jedes der beiden Geschlechter die jeweils eigenen Neigungen auf das andere projiziert. Wo ich ging und stand, sprach ich über dieses Thema, vor allem mit Frauen. Es machte sie jedesmal wütend, sie hörten es überhaupt nicht gern.

Zuerst nahm ich an, es hänge damit zusammen, daß sie einem so großen Ausmaß an Diskriminierung am Arbeitsplatz ausgesetzt sind. Frauen meinten, man sage ihnen stets und ständig, sie seien nicht imstande, dies zu tun oder seien für jenes nicht geeignet. Oder sie wurden in der jeweiligen Firmenhierarchie einfach übergangen. Also reagierten sie eher empfindlich auf die Vorstellung, es könne zwischen den Geschlechtern naturgegebene Unterschiede geben, denn das klang so, als wolle man damit die Diskriminierung rechtfertigen.

Doch in dem Maße, in dem ich mir ihre Klagen anhörte, kam dabei auch etwas anderes zum Vorschein. Ich hörte Aussagen wie «So sind die Männer», «Alle Männer halten zusammen», «In einer tüchtigen Frau sehen die Männer eine Bedrohung» oder auch «Die Männer fühlen sich von der Geschlechtlichkeit bedroht». Ich hörte etwas darüber, wie «die Männer», wie *sie* waren. Über die Schwierigkeiten, die *sie* Frauen bereiten, weil *sie* selbst unfähig sind, mit ihren Beziehungen oder Machtgefühlen umzugehen. Ich erfuhr eine Menge darüber, wie *sie* sich auf diese, und *sie* sich auf jene Weise verhalten.

Kein Wort über einen bestimmten Mann oder einen bestimmten Beruf. Nichts bezog sich auf Individuen. Alles war abstrakt, alles wurde durch eine allgemeine Theorie darüber erklärt, wie *sie* seien. Eines Tages gab es bei einer Abendeinladung ein durchaus lebhaftes Tischgespräch. Es drehte sich um vielerlei Dinge, keineswegs nur um die Frage der Geschlechter, sondern ganz allgemein um gesellschaftliche und politische Probleme. Doch während ich zuhörte, fiel mir auf, wie generell gesagt wurde, daß *sie* nichts für den Umweltschutz taten, *sie* die Regierungsgeschäfte nicht verantwortungsbewußt führten, *sie* keine Qualitätserzeugnisse herstellten, *sie* in den Nachrichten nie korrekt über die Ereignisse berichteten.

Aus all dem ergab sich die grundlegende Erkenntnis, daß *sie* die Welt zugrunde richteten und es nichts gebe, was *wir* daran ändern könnten.

«Augenblick mal», sagte ich. «Wer sind eigentlich diese *sie*, über die ihr da dauernd redet?»

Ich erntete viele verständnislose Blicke. Jeder am Tisch außer mir wußte offensichtlich, um wen es ging.

«Ich glaube nicht», sagte ich, «daß irgend jemandem damit gedient ist, wenn man sich eine Welt aus gesichtslosen Schurken vorstellt. Es gibt keine *sie*. Es gibt nur Menschen wie uns. Wenn ein Unternehmen die Umwelt verschmutzt und der Firmenvertreter beim Fernsehinterview uninformiert wirkt, kann das durchaus damit zu tun haben, daß er sich gerade scheiden läßt, seine Kinder drogenabhängig sind und er 'ne Menge um die Ohren hat: Er muß eine große Firma leiten, dem Direktorium und den Aktionären Rede und Antwort stehen. Jeder will was von ihm. Er ist erschöpft, kriegt Druck, die Sache mit der Umweltverschmutzung ist nur eine von vielen Schwierigkeiten, und die Regierung ändert die Gesetze so oft, daß niemand sicher sein kann, ob er gerade gegen welche verstößt oder nicht. Die Leute, die ihm zuarbeiten sollen, sind nicht so tüchtig, wie er es gerne hätte, und sie liefern ihm nicht die Informationen, die er braucht. Vielleicht belügen sie ihn sogar. Der Mann will im Fernsehen nicht wie ein Trottel dastehen, und es ist ihm gar nicht recht, daß er den Eindruck erweckt, einer zu sein. Aber so ist es nun mal. Er versucht einfach, sein Bestes zu geben, und sein Bestes ist nicht immer beeindruckend. Bei wem von uns sieht das denn anders aus?»

Um den Tisch herum trat Schweigen ein.

«Ich weiß nicht, wie das bei euch ist», fuhr ich fort, «aber ich halte mich für ziemlich klug, und trotzdem läuft in meinem Leben nicht immer alles nach Plan. Auch ich mache Fehler. Ich tue Sachen, die ich hinterher bedaure. Manchmal sag ich Sachen, die ich lieber nicht gesagt hätte. Von vielen Leuten, die im Fernsehen interviewt werden, wird verlangt, was sie unmöglich leisten können. Es geht eigentlich nur darum, wie schlecht sie das erledigen. Aber dahinter seh ich keine großartige Verschwörung. Ich bin überzeugt, daß die Leute tun, was sie können.»

Um den Tisch herum blieb es still.

«Vor allem aber», sagte ich, «gebt ihr eure eigene Verantwortung auf, indem ihr *sie* als Sündenböcke hinstellt. Sobald man sagt, daß irgendwelche geheimnisvollen *sie* dies und jenes erledigen müssen, kann man sich behaglich zurücklehnen und darüber jammern, wie schlecht *sie* das machen. Aber vielleicht brauchen *sie* Hilfe. Vielleicht brauchen *sie* eure Vorschläge, eure Unterstützung, eure Briefe und eure aktive Anteilnahme. Immerhin seid ihr nicht machtlos. Ihr nehmt am Leben dieser Welt teil, also ist es auch eure Welt.»

Ein bißchen verlegen über meine Predigt brach ich ab. Doch in meinem Hinterkopf kreiste unaufhörlich der Gedanke: Da ist noch was. Im Prinzip hast du recht, aber da ist irgendwas, woran du nicht gedacht hast.

Zu Anfang der siebziger Jahre sagte eine Freundin erzürnt zu mir: «Geh doch einfach mal davon aus, daß Männer und Frauen gleich sind.»

«Was meinst du damit?» fragte ich.

«Alles, was du als Mann denkst, denke ich als Frau. Alles, was du fühlst, fühle ich auch.»

«Nein, nein», sagte ich.

«Doch, doch», sagte sie.

«Nun», sagte ich, «Männer kann der bloße Anblick einer Frau erregen. Der optische Reiz genügt ihnen. Ihr Frauen seid nicht so.»

«Ach nein?»

«Nein. Frauen brauchen mehr als den optischen Reiz.»

«Beim Anblick eines knackigen Männerhinterns in einer engen Hose hab ich mir unter Garantie auch schon gedacht: ‹Mit dem möcht ich es auch mal probieren.›»

Ich dachte: Ziemlich maskuline Person. Laut sagte ich: «Mag sein, daß das bei dir so ist, aber bestimmt nicht bei Frauen im allgemeinen.»

«Meine Freundinnen sind alle so», sagte sie. «Wir sehen uns alle gern Männerhintern an.»

Da mußt du aber 'nen Haufen perverser Freundinnen haben, dachte ich. Dann probierte ich es mit einem weiteren Argument. «Frauen lassen sich von Pornographie nicht stimulieren, wohl aber Männer.»

«Ach ja?»

So ging es eine ganze Weile weiter. Sie beharrte darauf, daß Männer und Frauen in ihrem Verhalten grundsätzlich gleich seien und ich eine ganze Menge falscher Vorstellungen über Unterschiede zwischen den Geschlechtern hätte. Was sie sagte, klang in den siebziger Jahren wirklich extrem.

Im Laufe der Zeit hatte ich diese Unterhaltung vergessen, doch jetzt, mehr als zehn Jahre später, fiel sie mir wieder ein. Es schien mir ganz nützlich, die Sache erneut zu überdenken.

Nach wie vor war ich der Ansicht, daß es zwischen Männern und Frauen Unterschiede gab. Natürlich stellte ich sie mir nicht mehr so schlicht vor wie früher, aber ich war nach wie vor davon überzeugt, daß es sie gab. Jetzt wollte ich wissen, worin sie bestanden.

Dann begann ich allmählich, eine andere Frage zu stellen. Ich fragte nicht mehr, worin die Unterschiede bestünden, sondern statt dessen: Wie stellt man sich Männer und Frauen am besten vor?

Und ich kam zu einem überraschenden Ergebnis.

Meine Freundin hatte recht.

Am besten stellt man sich vor, daß es zwischen Männern und Frauen keinen Unterschied gibt.

□□□

Ich war bereits zu dem Ergebnis gekommen, daß man bei Krankheiten am besten annimmt, man habe sie selbst hervorgerufen. Das mochte buchstäblich stimmen oder auch nicht. Entscheidend war, daß die beste Strategie bei einer Krankheit darin bestand, sich so zu verhalten, als beherrsche man sie und könne ihren Verlauf beeinflussen. Das ermöglichte es dem Menschen, weiterhin über sein Leben zu bestimmen.

In ähnlicher Weise nahm ich nun an, es sei am besten, mit Bezug auf die Geschlechter so zu tun, als gebe es zwischen ihnen keine Unterschiede. Das mochte stimmen oder auch nicht, jedenfalls war es das beste Verfahren.

Ich sah das Hauptproblem zwischen den Geschlechtern darin, daß sie dazu neigten, das jeweils andere zum Objekt zu stempeln und seinen Vertretern gegenüber letztlich machtlos zu werden. Das taten Männer wie Frauen. *Sie* waren so oder so. *Sie* neigten zu dem und jenem. Man konnte nichts an der Art ändern, wie *sie* sich verhielten.

Im nachhinein wurde mir klar, daß ich bei vielen Problemen mit

Frauen nichts unternommen hatte, weil ich der Ansicht gewesen war, ich könne an ihrem Verhalten ohnehin nichts ändern.

Beispielsweise war ich immer, wenn ich mit einer Frau zusammenlebte, davon überzeugt, daß sie mit ihren Freundinnen in allen Einzelheiten über unsere Beziehung sprach – eine Vorstellung, die mir stets zuwider gewesen war. Ich sah darin einen schrecklichen Übergriff auf meine, auf unsere Privatsphäre. Aber was konnte ich tun? Frauen sprachen nun einmal miteinander. Frauen hatten nun einmal diese besonderen Beziehungen zueinander.

Bei einem Mann, zu dem ich in enger beruflicher Beziehung stand, hätte ich mich sofort beschwert, wenn ich dahintergekommen wäre, daß er mit einem anderen Mann über mich sprach.

Warum also konnte ich nicht zu einer Frau sagen: «Es gefällt mir überhaupt nicht, daß du mit deiner Freundin über uns redest. Ich komme mir verraten und entwürdigt vor. Warum sprichst du mit einer Fremden über die intimsten Einzelheiten unserer Beziehung? Wie kannst du von mir erwarten, daß ich Vertrauen zu dir habe, wenn ich weiß, daß du dich gleich morgen ans Telefon hängst und alles irgendeiner Freundin weitererzählst? Kannst du nicht begreifen, wie mir das zusetzt?»

Natürlich hätte ich das ohne weiteres sagen können. Ich hatte es einfach nie getan, weil sich meiner Ansicht nach Frauen in ihrem Wesen von Männern unterschieden. Damit, daß ich diesen Unterschied formulierte, hatte ich die Frauen zu Objekten gestempelt. Sie waren anders. Sie empfanden nicht wie ich. Sie waren *sie*.

KOPFJÄGER

Ich reiste nach Borneo, um die Dajak zu sehen, die eingeborenen Kopfjäger jener Insel. Nachdem ich Stunden um Stunden in immer kleineren Flugzeugen über unwegsamen Dschungel geflogen war, landete ich schließlich in der Nähe von Sibu, einem Städtchen, das im Landesinneren an den Ufern eines breiten schlammigen Dschungelflusses liegt.

Ich stieg im Paradise Hotel ab, das sich rühmte, seinen Gästen heißes und kaltes fließendes Wasser zu bieten, und ging dann in den Ort, um einen Besuch in einem Dajak-Dorf zu arrangieren. Man erklärte mir, es gebe zwei Stunden mit dem Boot von Sibu entfernt echte Dörfer, deren Bewohner noch in den herkömmlichen Langhäusern lebten.

Der Gedanke, den Dajak so nahe zu sein, begeisterte mich. Ich wollte sogleich aufbrechen, aber da sich ein Boot erst für den folgenden Vormittag auftreiben ließ, mußte ich den Rest des Tages in Sibu verbringen.

Unruhig zog ich durch den Ort. Die Luft war feucht und drükkend. Das Städtchen bot nichts von besonderem Interesse. Bald schon langweilte ich mich. Ich war gekommen, um Dajak zu sehen, und saß jetzt in dieser öden Kleinstadt fest, deren Straßen von Ständen chinesischer Kaufleute gesäumt wurden. Ich suchte einen Markt in der Nähe des Flusses auf, wo sich eine große Menge typisch westlich in Shorts und T-Shirts gekleideter Chinesen und Malaien aufhielt. Kein Dajak weit und breit. Es ärgerte mich, daß ich in einer Menschenmenge stand, wie ich sie in Singapur jeden Tag erleben konnte. Dajak wollte ich sehen, verdammt noch mal!

Ein am Daumen nuckelndes kleines Mädchen in einem weißen Kleid sah mich neugierig an. Ich starrte finster zurück; sie bekam Angst und griff nach der Hand ihres Vaters. Ich blickte auf die Hand des Mannes, dann auf seinen Arm.

Ihn bedeckten vom Ellbogen aufwärts dunkelblaue Tätowierungen.

Dann bemerkte ich weitere Tätowierungen im V-Ausschnitt seines Hemdes. Mir war bekannt, daß bei den Dajak die einzelnen Sippen mit Hilfe von Tätowierungen unterschieden werden. Ich stellte fest, daß die Ohrläppchen des Mannes durchbohrt waren und ihm fast bis zu den Schultern hingen.

Ein Dajak-Mann!

Ich sah mich genauer in der Menge auf dem Markt um und merkte, daß nahezu jeder tätowiert war und verlängerte Ohrläppchen hatte. Da war ich enttäuscht gewesen, weil ich keine Dajak zu sehen bekam, während ich mitten unter ihnen gestanden hatte!

Einige Jahre zuvor brachte mich bei einem Treck in Nepal ein Sherpa-Führer auf einen Berg in der Nähe eines Ortes namens Ghorapani, machte eine Handbewegung und sagte: «Kali-Gandaki-Schlucht.»

«Aha», sagte ich. Ich war verschwitzt und müde. Außerdem fror ich, und meine Füße schmerzten. Der Aussicht vermochte ich kaum einen Blick zu schenken.

«Kali-Gandaki-Schlucht», wiederholte er bedeutungsvoll.

«Aha», sagte ich erneut.

Was da vor mir lag, war nicht einmal eine Schlucht, sondern einfach ein großes Tal, zu dessen beiden Seiten schneebedeckte Berggipfel aufragten. Spektakulär – aber so sehen in Nepal alle Bergszenen aus, und ich war nach jenem Tag müde.

«Kali-Gandaki-Schlucht», sagte er ein drittes Mal. Als ob ich es nicht längst verstanden hätte.

«Ausgezeichnet», sagte ich. «Wann gibt's Abendessen?»

Erst als ich wieder zu Hause war, begriff ich, worum es sich bei der Kali-Gandaki-Schlucht handelte.

Der Fluß Kali-Gandaki bildet die Scheidelinie zwischen den Gipfeln des Dhaulagiri im Westen und dem Annapurna I im Osten – also dem sechst- und zehnthöchsten Berg der Welt. Sie ragen nahezu sieben Kilometer über dem unter ihnen liegenden Fluß auf, und dabei entsteht eine Schlucht, die so gewaltig ist – nämlich viermal so tief wie der Grand Canyon und wesentlich breiter als dieser –, daß das Auge sie kaum als das wahrzunehmen vermag, was sie ist. Zwischen den beiden Gipfeln ließen sich an die zwanzig Grand Canyons unterbringen.

Die Kali-Gandaki-Schlucht ist das am tiefsten eingeschnittene Flußbett der Welt.

Nicht mehr und nicht weniger.

Ich würde gern eines Tages noch einmal hinfahren und sie mir ansehen.

Schon seit einigen Jahren hatte mich das Phänomen eines in Trance befindlichen Mediums beschäftigt. Allgemein gesagt ist ein Medium ein Mensch, der sich in einen veränderten Bewußtseinszustand begibt und aus ihm heraus Angaben liefert, die ihm sonst nicht zugänglich wären.

Manche Medien lösen sich nur wenig von ihrer Alltagspersönlichkeit und bleiben der Mensch, der sie sind, auch wenn sie erklären mögen, aus ihnen spreche ein Geistführer oder jemand aus dem «Jenseits». Andere verfallen in eine tiefe Trance, bei der eine neue Persönlichkeit mit einem anderen Namen, einer anderen Stimme, anderen Gesten und Sprechmustern von ihnen vollständig Besitz zu ergreifen scheint. Von solchen Medien sagt man vereinfachend, sie dienten der Persönlichkeit, die von ihnen Besitz ergreift, als «Kanal», und die Übermittlung von Botschaften durch sie wird «Channelling» genannt.

Im vorigen Jahrhundert behaupteten Medien gewöhnlich, sie seien imstande, einen Kontakt zu mehr oder weniger bedeutenden Verstorbenen herzustellen. Heute geht es eher um einen Kontakt zu Außerirdischen, körperlosen Wesenheiten aus der Zukunft oder Gestalten, die im Verlauf der Geschichte mehrfach wiedergeboren wurden. Das Phänomen des Channelling scheint also von dem größeren gesellschaftlichen Zusammenhang beeinflußt zu werden, in welchem es auftritt; historische Untersuchungen lassen sogar vermuten, daß es in Zeiten gesellschaftlicher Unruhe und jeweils gegen Ende eines Jahrhunderts in den Vordergrund tritt. Da wir uns dem Ende unseres Jahrhunderts nähern, überrascht es möglicherweise nicht, daß es erneut in die Diskussion gerät und weithin Gesprächsstoff bietet.

Auf jeden Fall brannte ich darauf, dies Phänomen aus erster Hand kennenzulernen, bekam aber erst 1981 eine Gelegenheit dazu, als ich erfuhr, «Dr. Kilarney» sei in der Stadt. Damit war ein irischer Arzt aus dem vorigen Jahrhundert gemeint, dem eine Frau aus Utah als Kanal diente. Ich hatte noch nie von Dr. Kilarney gehört, sorgte aber rasch dafür, daß ich eine private Séance bekam. Sie war ziemlich teuer, und der Mann, mit dem ich telefonierte, schien sich große Sorgen zu machen, wie er an sein Geld kommen sollte. Es wirkte ziemlich sonderbar auf mich. Jedenfalls vereinbarte ich für den folgenden Tag eine Séance.

Das Medium war eine kleine, schlampig wirkende Frau in Jeans und Trainingspullover, die mich in einem Haus im kalifornischen Ort Torrance empfing. Sie wirkte unruhig und hielt sich stets dicht an ihren Mann gedrängt, einen großen, breitschultrigen Kerl. Beide trugen viel indianischen Türkisschmuck. Ich gab ihnen den vereinbarten Betrag und wurde in ein winziges Hinterzimmer geführt. Die Frau setzte sich auf ein ungemachtes Bett, schloß die Augen, atmete einige Male tief ein, öffnete die Augen und sagte mit nicht besonders eindrucksvoll klingendem irischen Akzent: «Nun, und wie geht es dir an einem solchen schönen Tag, mein Sohn?»

Ich hatte viele Monate in Irland zugebracht, um einen Film zu drehen, und daher Iren in mancherlei Zungenschlag sprechen gehört. Dr. Kilarney klang mir entschieden künstlich. Außerdem war der Wortschatz der Frau vollständig zeitgenössisch, während die Iren auch heute noch viele Wörter aus dem vorigen Jahrhundert verwenden. Alles in allem kam mir Dr. Kilarney wie ein Mensch aus dem amerikanischen Staat Utah vor, der so tat, als sei er Ire.

Dr. Kilarneys Persona war also keineswegs überzeugend. Andererseits war das Medium erkennbar verwandelt. Die Haltung der Frau war aufrecht, ihre Augen leuchteten, ihre Handbewegungen waren kraftvoll und bestimmt. Sie besaß eine gänzlich andere Energie, und diese Energie schwankte nicht, sondern blieb unverändert. Doch die Mitteilungen, die sie mir machte, waren nicht besonders zufriedenstellend. Ich bekam die Empfehlung, mich meiner Freundin gegenüber tolerant zu verhalten, regelmäßig zu meditieren, mich mit Nachdruck meinem Schreiben zu widmen und mehr Vitamin C zu nehmen. Außerdem wurde mir geraten, bei dem Mann jener Frau an einer Reihe von Rebirthing-Sitzungen teilzunehmen, für die man mir beim Aufbruch eine Preisliste in die Hand drückte.

So fand ich mein erstes Zusammentreffen mit einem Medium wenig überzeugend. Sofern es an diesem Phänomen etwas Aufschlußreiches gab, war es mir entgangen.

Im Jahre 1982 nahm ich an einer Séance mit Ramtha teil, einem jenseitigen Führer, dem eine Frau namens J. Z. Knight als Kanal diente. Zu jener Zeit war Ramtha bereits berühmt. Das Medium ließ den Kopf einige Augenblicke auf die Brust sinken, und als sie aufsah, war sie offenkundig verändert: Ihre Stimme war tiefer und kräftiger; die Frau war ungeheuer dynamisch und ging im Raum umher, während sie äußerst selbstsicher den dort anwesenden fünfzig Personen Ratschläge erteilte. Erneut beeindruckte mich die energische und direkte Art des Mediums, diesmal aber schienen auch die übermittelten Botschaften klar und eindeutig zu sein.

Da ich bereits von der Möglichkeit des ‹Hellsehens› überzeugt war, fand ich die Vorstellung keineswegs abwegig, daß jemand imstande sei, für einen ganzen Raum voller Leute in die Zukunft zu blicken. Doch Ramthas Energie war von anderer Art als die anderer übersinnlich begabter Menschen, mit denen ich bis dahin zu tun gehabt hatte. Die meisten von ihnen waren zurückhaltend, teilnahmslos oder zaghaft gewesen. Ramtha wirkte wie eine Generalin – man spürte eine ungeheuer bestimmende Präsenz, an die man auch dann noch denken mußte, nachdem ihre Worte längst vergessen waren.

Doch wich die Begegnung mit ihr auch noch in anderer Hinsicht vom Gewohnten ab. Die Kosten waren erheblich, wir mußten uns an einen genau vorgegebenen Zeitrahmen halten, und das Medium betrat und verließ den Raum mit theatralischer Geste. Diese Art des Auftretens, die hohen Kosten – alles ganz wie bei einem Star – warfen ein paar unangenehme Fragen zum Thema Spiritismus und Kommerz auf.

Ich wußte also immer noch nicht, wie ich mich zum Thema ‹mediale Fähigkeiten› stellen sollte. Dann erfuhr ich 1984, daß ein Medium namens Gary in Los Angeles wirkte, und ich arrangierte ein Zusammentreffen mit ihm.

Gary war ein zurückhaltender, stiller, athletisch gebauter Mann Mitte Dreißig. Er erklärte, seine Arbeitsmethode weiche von dem ab, was sich Menschen gewöhnlich vorstellen, wenn sie von einem Medium hörten. Im Zustand der Trance habe er Einblick in die sogenannten Akashic-Aufzeichnungen, die ihn in Beziehung zu allem Wissen auf der Welt brächten, ganz gleich, ob es der Vergangenheit, der Gegenwart oder der Zukunft angehöre.

Als es soweit war, legte er sich auf ein Sofa, atmete einige Male tief ein und verfiel in eine, wie mir schien, leichte Trance. Zwar klang seine Stimme schläfrig, als er zu sprechen begann, davon abgesehen unterschied sie sich nicht besonders von seiner gewöhnlichen

Stimme. Ohne die Augen zu öffnen, verharrte er in liegender Stellung. Er nahm keine verblüffende neue Gestalt an, sondern blieb einfach auf dem Sofa liegen und sprach zu mir. Was er in Trance sagte, klang allerdings erstaunlich sicher und zeugte von beunruhigend scharfem psychologischen Einfühlungsvermögen. Nachdem er mir eine Stunde lang alles mögliche vorgetragen hatte, erwachte er, rieb sich die Augen, blinzelte und erkundigte sich freundlich, ob alles in Ordnung gewesen sei.

Ich mochte Gary gern und ging wiederholt zu ihm, kümmerte mich aber dann wieder um andere Dinge.

Im Herbst 1985 beschloß Gary, anderen Menschen beizubringen, wie sie selbst als Übermittler fungieren konnten. Das interessierte mich, und so bemühte ich mich darum, unter seiner Anleitung zu lernen. Wie sich zeigte, ging alles sehr schnell.

Ich legte mich mit geschlossenen Augen auf den Rücken, und Gary sprach leise auf mich ein. Er begann eine Meditation, bei der ich mich entspannen sollte. Etwa zwanzig Minuten lang wurde mein Körper zusehends gelöster, bis ich meine Glieder nicht mehr wahrnahm. Es war, als befände ich mich zwischen Wachen und Schlafen. Während ich mich weiter lockerte, spürte ich, daß mein Körper paradoxerweise angespannt und starr wurde. Meine Hände und Füße fühlten sich kalt und unbeweglich an.

Als diese Starre einsetzte, wurde ich mir deutlich der Geräusche und Ereignisse um mich herum bewußt, nicht nur im Zimmer, sondern im ganzen Haus und auf der Straße draußen. Dieses gesteigerte Bewußtsein erinnerte an die Überempfindlichkeit für Sinneswahrnehmungen, die Migränepatienten oft beschreiben. Ich empfand meinen Zustand denn auch eher als unangenehm.

Ich hörte Gary im Raum umhergehen und wollte, daß er das unterließ. In mir war eine sonderbare Art innerer Überzeugung. Dann hörte ich eine ferne schläfrig klingende Stimme sagen: «Gary, setz dich.»

Er kam der Aufforderung nach.

Zwar konnte ich ihn nicht sehen, dennoch wußte ich, daß er sich gesetzt hatte. Ich spürte es.

Dann zählte ich einiges auf, was ihn beunruhigte. Ich war von dem, was ich sagte, vollständig überzeugt, *wußte*, daß ich recht hatte. Gary stellte nun einige Fragen über eine Frau, die er in Boston kannte. Ich teilte ihm meine Eindrücke mit. Während der ganzen Zeit protestierte ein Teil von mir laut: Wie kannst du etwas über eine Frau in Boston wissen? Halt die Klappe, du machst dich lächerlich. Trotzdem sagte ich, was ich empfand.

Die Formulierung, daß «ich» ihm meine Eindrücke mitteilte, ist nicht ganz zutreffend. Ich (der das hier schreibt) weiß eigentlich nicht, wie ich das Gefühl erklären soll, das ich bei einem solchen Channelling empfinde. Ungefähr so: In dem starr angespannten Körper breitet sich ein Bewußtsein aus. Das gewöhnliche Bewußtsein namens «Michael», mein Ego, oder wie auch immer man es nennen möchte, kommt mir vor wie eine dünne Schicht außen auf meinem Körper, eine Art Lackierung. «Michael» wird also aus dem Mittelpunkt verdrängt. Bisweilen stelle ich mir vor, daß sich «Michael» in meinem großen Zeh aufhält. Es scheint unerheblich zu sein, wo er sich befindet, solange er nicht im Weg ist.

Inzwischen spricht und antwortet in der Körpermitte ein anderes Bewußtsein, das weder Namen noch Vergangenheit, Körper, Regungen oder Interessen besitzt. Es ist einfach ein nacktes Bewußtsein. Außerdem ist es bei allem, was es sagt, *sehr sicher*. Es spricht von Michael, als sei ich ein gänzlich anderer Mensch oder ein winziger Teil meiner selbst. Es muß oft Entscheidungen darüber treffen, was es sagen soll, wobei es Rücksicht darauf nimmt, was der Zuhörer verstehen kann; diese Entscheidungen sind ungefähr so wie Übersetzungen. Bisweilen muß sich das Bewußtsein mit dem verdrängten «Michael» auseinandersetzen, den unter Umständen etwas, das gesagt wird, peinlich berührt, oder der befürchtet, das Bewußtsein wisse womöglich nicht, was es sagt. Während der übrigen Zeit ist «Michael» abwesend; zumindest greift er nicht störend ein.

All das klingt möglicherweise sonderbar, aber es wirkt während einer Channelling-Séance etwa so alltäglich wie Essenkochen, Fernsehen oder dergleichen. Erst wenn es Zeit ist, wieder aus der Trance aufzutauchen, merkt man, wie tief der Zustand der Versunkenheit wirklich ist. Man kann nicht ohne weiteres daraus zurückkehren, es dauert mitunter mehrere Minuten.

Nachdem ich zum erstenmal selbst als Übermittler fungiert hatte, erinnerte ich mich an alles, was ich im Trancezustand gesagt hatte. Gary hatte stets behauptet, er wisse nie, was er während einer Séance gesagt habe. Jetzt merkte ich, daß das wohl nicht der Wahrheit entsprach. Als ich ihn zur Rede stellte, räumte er ein, sich an mehr zu erinnern, als er zugegeben hatte. Er sagte aber auch: «Warte eine Weile ab.»

Und richtig, nach einigen weiteren Séancen stellte ich allmählich fest, daß ich mir nicht mehr merkte, was ich sagte. Alles zerfloß wie in einem Traum. Anfangs, unmittelbar nach dem Erwachen aus der Trance, konnte ich mich ohne weiteres an die ganze Séance erinnern. Doch gleich darauf begann das Gedächtnis nachzulassen. Nach einer Stunde fiel es mir schwer, mich an irgendwelche Einzelheiten zu erinnern. Nach einer Woche wußte ich kaum noch etwas. Manchmal vergaß ich sogar, daß ich für jemanden als Übermittler fungiert hatte.

Welchen Grund hätte ich auch gehabt, mir zu merken, was gesagt wurde? Es nützte mir nichts. Was hatte ich davon, wenn eine Frau etwas über die Gesundheit ihres Freundes wissen wollte? Da es keinen Anlaß gab, sich derlei zu merken, tat ich es auch nicht.

Das Bewußtsein, das ich während der Séancen entwickelte, war äußerst wenig neugierig. Zwar wußte ich, daß sich «Michael» manchmal, wenn ich für andere etwas übertrug, auf eine gewisse voyeuristische Spannung freute, die er beim Hören der Fragen empfinden würde. Sie trat aber nie ein. Der Kanal war unempfänglich für Klatsch und Tratsch. Alles war einfach so, wie es war. Es gab beim Channelling nur eine einzige Anstrengung: erklären zu müssen, was man sah, und es gab nur eine einzige Regung: Mitgefühl.

Als ich zu übermitteln begann, fragte ich mich, ob es mir wohl leichtfallen würde, und ich vermutete, es werde ein ähnliches Gefühl sein wie beim Schreiben. Da ich einen großen Teil meines Lebens mit Schreiben verbracht habe, ist mir dieses Gefühl vertraut.

Judith, eine Psychiaterin aus meinem Bekanntenkreis, sagte: «Es überrascht mich überhaupt nicht, daß du als Übermittler aufgetreten bist. Das mußt du schließlich beim Schreiben auch tun. Aber wen oder was überträgst du? Hast du dir die Frage schon mal gestellt?»

«Wen oder was?»

«Na ja», sagte Judith, «handelt es sich um eine Wesenheit, einen Geist, einen Teil von dir selbst, oder was?»

«Keine Ahnung», sagte ich. Mir war die Frage nie in den Sinn gekommen. Ich rief Gary an. «Was übertrage ich?»

«Ich bringe dir bei, dein höheres Ich zu übertragen», sagte Gary.

«Und was ist das?»

«Ich nenne es einfach das höhere Ich. Es scheint ein weiser Teil deiner selbst zu sein, mehr weiß ich darüber nicht.»

Ich wollte mehr wissen und rief meinen Freund Stephen an. «Nun», sagte er, «was du tust, würde man in verschiedenen historischen Epochen unterschiedlich bezeichnen und auf unterschiedliche Art erklären, aber daß du es tust, überrascht mich nicht.»

Während der ersten Wochen, in denen ich als Übermittler fungierte, war ich schrecklich aufgeregt. Ich übertrug für Anne-Marie, für Menschen in meinem Büro, für andere Bekannte. Ich versuchte es unter unterschiedlichen körperlichen Bedingungen: mit offenen Augen, auf und ab gehend, unter der Dusche. Es machte mir Spaß, das alles auszuprobieren.

Nur eine größere Enttäuschung erlebte ich. Obwohl ich die Fähigkeit besaß, für andere Menschen zu übertragen, die mir Fragen stellten, brachte ich es für mich selbst nicht fertig. Das war enttäuschend. Es kam mir vor, als sei mir ein wunderbares Erbe zugefallen, mit dem ich aber für mich selbst nichts anfangen konnte. Schließlich sagte Lisa aus meinem Büro: «Sag mir, was du wissen willst, und ich stell die Fragen für dich.»

Das kam mir zwar sonderbar vor, funktionierte aber ausgezeichnet. Der Übertragungskanal redete über Michael und gab allerlei nützliche Antworten. Hier ist eine Teilmitschrift einer Séance:

F: Warum kann Michael kein Haus finden?

A: Er hält seine Möglichkeiten für begrenzt, empfindet Hoffnungslosigkeit, meint, nicht bekommen zu können, was er möchte. Man muß sich das so vorstellen, als wenn bei einem Auto der Tank leergesaugt würde. Er verbraucht seine Energie damit, daß er glaubt, er könne etwas Besseres bekommen.

F: Was also soll er tun?

A: Er muß alles grundlegend ändern. Er blockiert sich so lange, bis er sich der Frage schließlich doch stellen muß. Er hat keine Wahl, daher wäre es besser, wenn er sich ihr gleich stellte.

F: Worin liegen seine Schwierigkeiten beim Überarbeiten von Manuskripten?

A: Er macht sich zu viele Sorgen; von jedem Gedanken, den er ausdrückt, nimmt er an, daß man ihn früher oder später gegen ihn verwenden wird. Das entspricht seinen Erlebnissen aus der Kindheit, obwohl es sich für ihn im Erwachsenenleben nicht wiederholt hat.

F: Muß er seine Manuskripte häufig überarbeiten?

A: Nötig ist es nicht, aber die Veränderungen sind nützlich. Er sollte diese Arbeit zügig erledigen und nicht Unnötiges ändern, sich nicht unter Druck setzen. Er sollte tun, was ihm wirklich notwendig erscheint, und über alles Unerhebliche hinweggehen.

So also sprach ich über mich selbst. Als ich die Ergebnisse der Séance zum erstenmal las, war ich überrascht und zugleich ein wenig verärgert. Die übermittelten Angaben schienen mir zwar zu stimmen – aber wieso war ich nicht so klug, wenn ich schon so klug daherredete?

Auf diese Frage habe ich bis heute keine Antwort.

Im Laufe der Zeit verlor sich das Neuartige des Channelling. Es war ganz wie bei einem neuen Auto: eine Weile fährt man es ganz begeistert, eines Tages dann ist es einfach ein Kraftfahrzeug, ein Verkehrsmittel, das uns von einem Ort zum anderen bringt. Ich übertrug weniger häufig; ich sprach kaum noch darüber.

Doch nach wie vor verstand ich herzlich wenig von dem Phänomen, über das ich unbedingt mehr wissen wollte. Was geschah dabei? Worum handelte es sich bei diesem starren, ruhigen, empfindungslosen Zustand, der alle Antworten parat hatte?

Um diesen Zustand – oder diese Zustände oder was es sonst war – besser zu verstehen, begann ich wieder mit Gary zu arbeiten. Wir beschäftigten uns nahezu jede Woche mit der Sache und probierten dies und jenes aus. Durch Fragen angeleitete Phantasiebilder, Astralreisen, Erinnerungen an ein früheres Leben.

Mitunter hatte ich gewaltige Erfahrungen, vergleichbar mit der Art von Trancezuständen, wie Drogen sie hervorrufen. Manchmal kam dabei lediglich eine recht hübsche Meditation heraus. Bei anderen Gelegenheiten wieder dachte ich: Du warst zu lange in Kalifornien, Michael. Früher warst du ein ordentlicher Arzt, und jetzt bist du so einer, der auf dem Sofa liegt, sich Kristalle auflegen läßt und glaubt, daß das was zu bedeuten hat. Dabei ist das doch alles bloß sinnloser Wischi-Waschi-Hippie-Humbug, New Age-Unfug, Karma-Kokolores, Mumpitz zum Thema Zeitalter der Fische. Laß die Finger davon, Junge, solange es noch nicht zu spät dafür ist. Laß die Finger davon, bevor du anfängst, das Zeug auch noch zu glauben.

Aber es war wirklich faszinierend. Immer wieder überlegte ich, daß Zweifel und Mutlosigkeit wahrscheinlich ganz normale Regungen waren, wenn man den Schritt von der Klippe herab tat, sich in einen Erfahrungsbereich begab, den nicht die Gesellschaft insgesamt gestaltete, billigte und guthieß.

Skepsis war mir ohnehin eine vertraute Haltung. Wie sich zeigte, betrafen meine stärksten Zweifel die Möglichkeit früherer Existenzen.

Eines Tages schlug mir Gary eine Rückführung in ein früheres Leben vor. Ich stimmte zu. Das hatte ich noch nie probiert. Es war gerade Mode, sich damit zu beschäftigen, und ich konnte es ruhig hinter mich bringen. Also versuchte ich, mir ein früheres Leben zu vergegenwärtigen.

Mit Hilfe von Tonbändern und Meditation versetzte mich Gary in einen anderen Zustand. Als ich tief versunken war, sagte er: «Jetzt laß einfach Bilder an dir vorüberziehen, etwas, was du in einem anderen Leben gesehen oder gefühlt hast.»

Ein anderes Leben. Das klang wie der Titel einer Seifenoper im Fernsehen. Du lieber Himmel, dachte ich. Ob ich dabei ernst bleiben kann?

«Laß es einfach auf dich wirken», sagte Gary.

Urplötzlich sah ich das Kolosseum in Rom vor mir. Aber es waren nicht die zerbröselnden konzentrischen Ringe, die auf Abbildungen gewöhnlich zu sehen sind. Ich befand mich unterhalb des Kolosseums, in den gewundenen Gängen und winzigen dunklen Räumen, in denen sich einst die Gladiatoren aufgehalten hatten.

Ich war ein Gladiator.

«Was siehst du?» fragte Gary.

«Ich bin in Rom.»

Ich nahm die Gerüche der Arena wahr – Blut, Sand und Ausscheidungen von Tieren. Über mir hörte ich das Gebrüll der Masse, das Stampfen von Füßen. Ich spürte in meiner winzigen, bedrückenden Zelle die Hitze des Tages, während ich wartete.

Etwa um diese Zeit meldete sich eine leise Stimme in meinem Kopf und sagte: *Klar, Michael, genau wie Kirk Douglas in* Spartakus. *Wie oft hast du den Film eigentlich gesehen? Laß mich bloß damit zufrieden.*

Gary fragte: «Wo in Rom?»

«Im Kolosseum.»

«Wie ist es?»

«Ich fühle mich sehr stark.»

Ich spürte meinen Körper, meine außerordentliche Kraft. Verblüfft merkte ich, daß ich meine Größe genoß und stolz darauf war. Keineswegs schämte ich mich dafür, wie im wirklichen Leben. Hier im Kolosseum brauchte ich diesen Körper, war ich auf ihn angewiesen. Er war aber auch anders: hart, muskelbepackt, dunkelhäutig. Und noch etwas spürte ich – eine angespannte, krankmachende Unruhe. Adrenalin durchströmte mich.

«Ich muß Menschen töten. Bevor sie mich töten.»

«Wie kommst du dir dabei vor?»

«Das ist unerheblich. Ich muß es tun, sonst werde ich getötet. Ich muß schneller sein als die anderen. Es ist meine Arbeit.»

Die Stimme in meinem Kopf sagte: *Klar, Michael, für dich genau das richtige Gedankenspiel. Eine ideale Möglichkeit, dein zurückgezogenes und stets verteidigungsbereites Wesen zu erklären. Das ist kein früheres Leben, sondern einfach deine Phantasievorstellung. Sie paßt zu dir wie ein Freudscher Handschuh.*

Gary fragte: «Kennst du die Leute, gegen die du da antreten sollst?»

«Ich will nicht wissen, wer sie sind. Vielleicht muß ich sie umbringen.»

«Hast du Angst zu sterben?»

«Nein.»

Überrascht stellte ich fest, daß das stimmte. Wohl spürte ich eine starke Anspannung, aber keine Angst. Beim Gedanken an die Möglichkeit, selbst getötet zu werden, empfand ich eine Art Leere. Meine Fähigkeit, solche Bilder heraufzubeschwören, schien nicht besonders hoch entwickelt zu sein.

«Wie viele Menschen hast du schon getötet?»

«Es... es spielt keine Rolle.»

Auch mit Bezug auf die Vergangenheit war da nichts als Leere. Keine Erinnerung an frühere Kämpfe in der Arena. Nicht ein einziger Gedanke an Früheres. Es gab weder Zukunft noch Vergangenheit. Ich saß einfach in meiner Zelle und wartete darauf, zum Kampf aufgerufen zu werden. Hörte die Menge. Ein Aufschrei: Irgend etwas mußte geschehen sein. Warten.

«Es klingt nicht nach einem besonders angenehmen Leben.»

Am liebsten hätte ich Gary den Schädel eingeschlagen. Warum konnte er nicht aufhören? Welchen Sinn hatte diese psychologische Tiefenbohrerei? Ich hatte eine einfache und schlichte Aufgabe zu erledigen. Sein Gerede schwächte mich nur. Es gab für mich keine Wahl. Töten oder getötet werden. Alles andere war Blödsinn.

«Hast du Frauen?»

«Manchmal.»

Sie stellten den Kämpfern Frauen zur Verfügung. Prostituierte. Harte Frauen. Bisweilen kamen auch reiche Damen, um sich zu amüsieren.

«Was empfindest du Frauen gegenüber?»

«Nichts.»

Es gab nichts zu empfinden. Gary verstand nicht. Er sprach aus einer anderen, einer verweichlichten Welt. Hier in Rom spürte ich nichts als meine Größe, meine Kraft und die Gewißheit, daß ich siegen würde. Sonst gab es nichts zu fühlen. Für anderes war kein Platz.

«Keine Gefühle zu haben, ist sicher nicht angenehm.»

«Mir fehlt nichts.»

«Das hab ich auch nicht gesagt.»

«Warum hältst du nicht die Klappe?» fragte ich.

«Seit wann bist du Gladiator?» fragte Gary.

«Schon mein ganzes Leben.»

Früher war ich Sklave in Tunesien gewesen. Man hatte mich nach Rom geschickt und als Gladiator verkauft, als ich so unmäßig wuchs. Ich hatte viele Kämpfe gewonnen. Ich war neunzehn. So lange lebte ich schon.

Erneut meldete sich die Stimme: *Du kannst es mit so vielen Einzelheiten ausschmücken, wie du willst, Michael, es ist und bleibt ein Spiel deiner Phantasie. Mit einem früheren Leben hat das nichts zu tun.*

«Was wird mit dir geschehen?» fragte Gary.

«Ich werde sterben.»

«Wie?»

«Ein Löwe.»

«Und was empfindest du diesem Tod gegenüber?»

«Nichts.»

Das stimmte. Es war ein Kampf, Müdigkeit, ein Fehler, nichts weiter. Da gab es nichts zu empfinden. Es war einfach eine Wechselbeziehung zwischen Tieren. Zwei Tiere trafen aufeinander.

«Was hältst du von deinem Leben als Gladiator?»

Gary langweilte mich. Er war dumm, verweichlicht, verstand nicht, worum es ging. Manchmal kamen solche Leute, setzten sich vor dem Kampf zu uns, sahen uns an, wollten spüren, wie es war, seine Zeit mit einem Mann zu verbringen, der vielleicht bald starb. Von uns wurde erwartet, daß wir uns mit ihnen unterhielten. Ich tat das nie. «Ich rede nicht mehr mit dir», sagte ich.

Wir beendeten die Séance.

Als ich aufwachte, fragte mich Gary, was ich von der Séance hielte. Ich sagte, sie komme mir wie ein Gedankenspiel vor, das jeder problemlos liefern könne, der im Lateinunterricht aufgepaßt hat. Ich hatte vier Jahre lang Latein gelernt.

«Ich fand es ziemlich echt», sagte Gary.

«Gary, ich bin Schriftsteller. Ich lebe von solchen Gedankenspielen. Das war kein früheres Leben.»

Klar, einen gewissen Wert mochte diese Gladiatoren-Phantasie haben – als Ausdruck dafür, wie ich mich häufig fühlte. Mir kam von Zeit zu Zeit durchaus der Gedanke, andere Menschen bedeuteten für mich eine Gefahr, ich müsse alles Mitgefühl ihnen gegenüber unterdrücken, weil ich mich im Kampf mit ihnen sah und imstande sein mußte, sie bedenkenlos zu töten, zumindest im übertragenen Sinne. Diese Art psychologischer Rüstung hatte mit einem persönlichen Problem zu tun, über das ich mir durchaus klar war. Es überraschte mich nicht, daß es diese Gestalt annahm.

Ich glaubte nicht daran, daß es sich um ein früheres Leben handelte.

«Ich weiß nicht. Es wirkte alles ziemlich glaubwürdig», sagte Gary. «Ein- oder zweimal hatte ich den Eindruck, du würdest mich gleich schlagen.»

Ich versicherte ihm, daß es sich meiner festen Überzeugung nach um eine bloße Phantasie handelte.

Dieser Ansicht bin ich auch heute noch. Die Art Beleg für Hellseherei oder Telepathie, die ich gesehen habe – Phänomene, die mich dazu veranlaßten, diese Erscheinungen vorbehaltlos als wirklich zu akzeptieren –, ist mir mit Bezug auf frühere Existenzen nicht untergekommen. Vielleicht gibt es so etwas, aber ich habe es nie erlebt. Kein Ereignis in meinem Leben kann mich zu der Ansicht bekehren, daß ich schon früher gelebt habe.

Oder, um es anders auszudrücken: Sollte es uns wirklich möglich sein, in die Gestalt eines längst Verstorbenen zu schlüpfen, bedeutet das keineswegs zwangsläufig, daß wir uns damit frühere Inkarnationen unseres Selbst vor Augen rufen. Es gibt andere Erklärungen dafür.

□□□

Eines Tages schlug Gary vor, ich solle eine Astralreise unternehmen. «Warum nicht?» sagte ich. Ich war zu allem bereit, solange es nicht um weitere frühere Existenzen ging.

Natürlich waren Astralreisen gleichfalls eine Modeerscheinung, aber Erlebnisse, bei denen man das Gefühl hat, seinen Körper zu verlassen, waren mir vertrauter. Derlei kannte ich seit Kindertagen. Einmal hatte ich rein zufällig entdeckt, daß ich mein Bewußtsein aus meinem Körper «auslagern» und im Schlafzimmer umhervagabundieren lassen konnte. Der angenehmste Aufenthaltsort schien eine

Ecke oben an der Zimmerdecke zu sein, von wo aus ich auf mich selbst hinabsehen konnte. Aber ich war auch imstande, mein Bewußtsein hinauszuschicken und es im Hof umherschweifen zu lassen, oder auch im Haus, vorausgesetzt, es war mir nicht peinlich, daß ich damit anderen nachschnüffelte.

Als Kind dachte ich mir nichts weiter dabei. Es war einfach eine Möglichkeit, die Zeit bis zum Einschlafen totzuschlagen, wenn man noch nicht müde war. Ich nahm an, daß jeder diese Fähigkeit besaß. Wenn es mir in Museen zu langweilig wurde, vergnügte ich mich manchmal damit, daß ich zu raten versuchte, was sich im Nebenraum befand – aber auch das kam mir nicht besonders ungewöhnlich vor.

Während meines Medizinstudiums war ich einen Sommer lang im Ausbildungskrankenhaus der Columbia Medical School in einem Raum des Schlaftrakts untergebracht, der als einziges Möbelstück ein Bett enthielt. Wenn ich spätabends dort lag, begab ich mich an die Zimmerdecke und sah auf mich herunter. Inzwischen war ich alt genug, um zu wissen, daß so etwas als auffälliges Verhalten galt. Ich kannte herabsetzende Begriffe dafür wie «dissoziativer Zustand» und «Schizophrenie», also unterließ ich es lieber.

Jedenfalls beunruhigte mich die Vorstellung einer Astralreise nicht sonderlich, also unternahm ich mit Gary den Versuch. Letztlich handelt es sich dabei um nichts als eine andere Art angeleiteter Meditation, die einen veränderten Bewußtseinszustand hervorrufen soll. Ich sah, wie sich meine Chakras in leuchtendem Schimmer wie weiße Spiralen drehten. Dann sah ich, wie ich mich durch mein drittes Chakra verließ und auf die Astralebene hinauf begab. Sie erschien mir als dunstiger, gelber Ort.

So weit, so gut. Ich begann zu verstehen, warum sich Menschen den Himmel häufig als dunstig oder wolkig vorstellen. Auf dieser dunstigen Astralebene war es angenehm. Es war friedvoll, dort zu stehen, in all dem gelben Dunst. Ich fühlte mich blendend.

«Siehst du da jemanden?» fragte Gary.

Ich blickte mich um. Niemand zu sehen.

«Nein.»

«Bleib noch einen Moment. Vielleicht kommt ja jemand.»

Dann sah ich meine Großmutter, die während meines Medizinstudiums gestorben war. Sie winkte mir zu, und ich winkte zurück.

Ich war nicht überrascht, sie da oben zu sehen, empfand aber kein besonderes Bedürfnis, mit ihr zu reden.

Ich wartete einfach weiter. Die Astralebene war eine ziemlich öde Gegend. Es gab da keine Palmen, keine Stühle oder sonst etwas, worauf man sich setzen konnte. Es war einfach ein Ort. Ein dunstiger, gelber Ort.

«Siehst du sonst noch jemanden?» fragte Gary.

Das war nicht der Fall. Dann: «Ja. Meinen Vater.»

Ich war ganz aufgeregt. Wir beide hatten uns nicht besonders gut verstanden. Jetzt, während ich verletzlich war, mich in einem veränderten Bewußtseinszustand befand, zeigte er sich. Ich fragte mich, was er tun, was geschehen würde. Er kam auf mich zu. Er sah genauso aus wie immer, nur durchscheinend und dunstig, wie alles andere dort oben. Ich wollte kein langes Gespräch mit ihm führen. Ich war ziemlich nervös.

Unvermittelt umarmte er mich.

Im Augenblick jener Umarmung sah und spürte ich alles in der Beziehung meines Vaters zu mir, alle Gefühle, die er gehabt hatte, und ich merkte, warum er mit mir nicht besonders gut zurechtgekommen war. Ich empfand alles, was ich selbst empfunden hatte, merkte, warum ich ihn falsch verstanden hatte, und spürte die Liebe, die zwischen uns war, wie auch die Verwirrung und die Mißverständnisse, die sie überlagert hatten. Ich sah alles, was er für mich getan und auf welche Weise er mir geholfen hatte. Mit einemmal erkannte ich jeden Aspekt unserer Beziehung, so, wie man mit einem Blick einen kleinen Gegenstand erfassen kann, den man in der Hand hält. Es war ein Augenblick mitfühlenden Annehmens und Liebens.

Ich brach in Tränen aus.

«Was passiert jetzt?»

«Er umarmt mich.»

«Was spürst du?»

«Es ist… vorbei», sagte ich.

Damit meinte ich, daß dieses unglaublich machtvolle Erlebnis bereits im Bruchteil einer Sekunde vergangen war, vollständig geschehen und abgelaufen. In dem Augenblick, als mich Gary fragte und ich in Tränen ausbrach, war es vorüber. Mein Vater war fort. Wir hatten kein Wort miteinander gewechselt. Es war nicht nötig, etwas zu sagen. Die Sache war beendet.

«Ich bin fertig», sagte ich und schlug die Augen auf. Mit einem Schlag war ich aus dem Zustand der Trance herausgesprungen.

Ich konnte es Gary nicht recht erklären – eigentlich niemandem –, doch zum Teil hing mein Staunen über dies Erlebnis damit zusammen, wie rasch es geschehen war. Wie die meisten Menschen, die therapiert worden sind, hatte ich gewisse Erwartungen, was die Geschwindigkeit betraf, mit der psychologische Einsichten erfolgen. Man kämpft. Alles geschieht nach und nach. Jahre können vergehen, ohne daß sich viel ändert. Man fragt sich, ob dabei überhaupt etwas bewirkt wird, fragt sich, ob man aufhören, es sein lassen soll. Man bemüht sich, man kämpft, und man erkennt mit großer Mühe dies und jenes.

Doch wie stand es mit dieser Erfahrung? Rascher, als ich den Mund öffnen konnte, war mir etwas Ungewöhnliches und Tiefgreifendes widerfahren, und ich wußte, daß es Bestand haben würde. Die Schwierigkeiten der Beziehung zu meinem Vater waren mit einem Schlag aus der Welt geschafft. Ich hatte nicht einmal genug Zeit gehabt zu weinen. Jetzt, da alles vorüber war, wären es nachträgliche Tränen gewesen. Ich hatte nicht das Bedürfnis zu weinen. Das Erlebnis war vorbei.

Das brachte mich zu der Frage, ob meine Vorstellungen über die Geschwindigkeit, mit der psychologische Veränderungen normalerweise ablaufen, möglicherweise falsch waren. Vielleicht wären wir imstande, binnen Sekunden bedeutende Veränderungen zu bewirken, wenn wir nur wüßten, auf welchem Wege. Vielleicht brauchen die Veränderungen nur deshalb soviel Zeit, weil wir die Sache verkehrt angehen. Oder vielleicht, weil wir von vornherein damit rechnen, daß sie so lange dauern.

NEUGUINEA

Ich befinde mich in einem grasgedeckten Haus in Tari, einer fernen Provinz im Hochland Neuguineas. Um das offene Feuer hockt ein halbes Dutzend muskulöser Männer, die nichts am Leib tragen als Basttröcke. Um den Hals hängen ihnen Nashornvogelschnäbel, ihre

Nasenscheidewand ist von Pflöcken durchbohrt, und ihre Gesichter sind bunt bemalt. Draußen höre ich den Schlag der ledrigen Schwingen, mit dem sich Flughunde durch die Nacht bewegen. Ich werde noch die nächsten vier Tage hierbleiben, und meine Freundin Anne-Marie erkundigt sich nach Rose, der Frau, der dies Haus gehört.

Während wir zu Abend essen, zupft Rose im Schein des Feuers am blutigen Stumpf ihres Zeigefingers herum. Anne-Marie möchte wissen, ob Rose sich verletzt hat.

«Nein», erklärt unser australischer Führer Nemo. «Sie hat sich den Finger abgeschnitten.»

Anne-Marie ist entsetzt. «Sie hat sich selbst den Finger abgeschnitten?»

«Ja. Sie war wütend.»

«Weshalb?»

«Es ist wegen Hebrews neuer Frau. Wissen Sie, Rose ist seine zweite Frau, und als er ihr gesagt hat, er würde eine dritte nehmen, ist sie wütend geworden und hat sich den Finger abgeschnitten. Aus Protest.»

Hebrew, ihr Mann, sitzt am Feuer. Anne-Marie fragt, was er dabei empfunden habe.

«Mir das nicht gefällt», sagt Hebrew auf Pidgin-Englisch. Er bedient sich dieser Verkehrssprache, damit wir ihn verstehen.

«Rose besser diesen Unsinn bleiben lassen oder ich mich scheiden», sagt er und bekräftigt seine Worte, indem er sich mit der Faust auf den Oberschenkel schlägt.

«Wollen Sie den Finger sehen?» fragt Nemo. «Sie hat ihn noch. Wenn Sie wollen, können Sie ihn sehen.»

«Vielleicht nach dem Essen», sagt Anne-Marie.

Rose schmollt und säubert den Stumpf ihres Fingers.

«Ich hab ihr gesagt, daß sie nicht daran herumzupfen soll», sagt Nemo, «aber sie wird schon wissen, was sie tut.»

Während ich mir das ansehe, kann ich an nichts anderes denken als an die Teppichböden in den Aufzügen des Hotels Shangri-La in Singapur.

Die vergangene Nacht haben wir im Shangri-La zugebracht. Es ist ein sehr schönes Hotel-Hochhaus, und weil so viele Reisende, die nach Singapur kommen, die internationale Datumsgrenze überquert haben, werden sie jeweils an den Wochentag erinnert. Man

betritt den Aufzug und liest auf dem Fußboden: WIR WÜN-
SCHEN IHNEN EINEN SCHÖNEN TAG – HEUTE IST
SAMSTAG, oder welcher Tag gerade an der Reihe ist. Diese Boden-
beläge werden täglich ausgewechselt.

Jetzt, lediglich vierundzwanzig Stunden später, sitzen wir also in
einem grasgedeckten Haus mitten in Neuguinea, von bemalten Männern umgeben. Ein kleines Mädchen von drei oder vier Jahren, Roses
und Hebrews Töchterchen, sieht mich ernsthaft an.

«Wie alt ist Ihre Tochter, Hebrew?»

«Acht», sagt Hebrew.

Er irrt sich ganz offenkundig. «Der hat keine Ahnung, wie alt die
Kleine ist», erklärt Nemo. «Von den Burschen hier kennt keiner sein
eigenes Alter. Es spielt für sie keine Rolle.»

Aus irgendeinem Grund verblüfft mich das mehr als die Baströcke
und die bemalten Gesichter. Die Leute wissen nicht, wie alt sie sind?
In der Hotelhalle des Shangri-La ist eine ganze Wand mit Digitaluh-
ren bedeckt, auf denen man die Ortszeit von Städten überall auf der
Welt ablesen kann. Im Shangri-La kann man vierundzwanzig Stunden am Tag Fernschreiben abschicken oder sich eine Sekretärin mieten. Hier wissen die Leute weder, wie spät es ist, noch wie alt sie sind.
Es ist ihnen unwichtig. Nur mit Mühe kann ich mir eine Welt vorstellen, in der den Menschen ihr Alter unwichtig ist.

Ohnehin hatte ich keine Welt wie diese hier erwartet. Ich hatte
einige Tage in einem Eingeborenendorf verbringen wollen. Dabei
hatte ich mir einen Halbkreis von Hütten im Dschungel vorgestellt,
von denen eine mir zur Verfügung stehen würde. Die Besucherhütte.
Ich hatte damit gerechnet, mitten im Dorf zu sitzen. Aber das Haus
hier steht allein. Wenn ich hinausgehe, sehe ich kein anderes Bau-
werk, nur die umliegenden Felder. Sie gehören Rose, und auf ihnen
wird *kai-kai* angebaut, Gemüse. Offensichtlich gibt es gar kein Dorf.
Nemo erklärt, daß für die Leute aus Tari der Begriff «Dorf» die ganze
Nachbarschaft umfaßt, all die anderen ähnlich isoliert stehenden
Häuser in einem Gebiet von mehreren Quadratkilometern.

Bei den Tari liegt sogar jedes Haus und Feld hinter riesigen, fast
fünf Meter hoch aufgeworfenen Erdwällen verborgen. Wer eine
Straße entlangfährt, sieht zu beiden Seiten nichts als diese Erdwälle.
Da die Vegetation über der Straße ein geschlossenes Dach bildet,
kommt man sich vor wie in einem Tunnel.

Dies Erdwall-System dient der Verteidigung; es soll Überraschungsangriffen vorbeugen. Da sich die Eingeborenen Neuguineas beständig im Kriegszustand befinden, sind sie jederzeit auf Überfälle eingestellt. Wie die Sizilianer leben sie in einer Atmosphäre fortwährender Vendetta.

Vor unserer Ankunft hatten wir uns ein wenig um unsere Sicherheit gesorgt. Nemo beruhigte uns: wir brauchten uns keine Gedanken zu machen. Getötet werde entsprechend der Zugehörigkeit zu Stämmen und Familienverbänden; da wir als Außenstehende keinem von beiden angehörten, könne uns nichts geschehen, sofern wir nicht zufällig zwischen die Fronten gerieten. Ich kann mir nicht recht vorstellen, daß die freundlichen Männer von Tari so schnell mit dem Abschlachten von Menschen bei der Hand sein sollen.

Anne-Marie und ich ziehen uns in den Nebenraum zurück und kriechen in unsere Schlafsäcke. Im Licht einer Kerosin-Lampe betrachte ich das wunderschöne Gras-Flechtmuster der Wände. Quietschend rennen Mäuse in den Wänden umher. Von draußen hören wir den Schwingenschlag verschiedener Arten von Flughunden. In den Nachbarräumen wird gestritten, weinen Säuglinge. Flöhe hüpfen im Schlafsack umher, beißen, geraten mir in die Nase.

Schließlich gelingt es mir einzuschlafen. Mein letzter Gedanke ist: Was habe ich hier eigentlich verloren?

Nach Grönland ist Neuguinea die größte Insel der Erde. Ihre Landmasse entspricht etwa der Fläche Schwedens. Drei Millionen Menschen leben dort. Da Neuguinea gebirgig ist, gibt es dort eine Vielzahl recht unterschiedlicher Kulturen, denn durch Gebirgszüge voneinander getrennte Sippen entwickeln ihre eigenen Gebräuche und Sprachen. Siebentausend Sprachen und Dialekte existieren hier; allerdings gilt Pidgin-Englisch als Verkehrssprache.

Eigentlich gibt es auf Neuguinea drei vollständig voneinander getrennte Landschaftszonen. Da ist einmal die Küstenzone. Sie ähnelt den nahegelegenen pazifischen Inseln wie Neukaledonien und Neubritannien sehr. Im Norden liegt ein ebenes heißes Dschungelgebiet, wo sich das Leben um die Wasserläufe konzentriert, vor allen um den Sepik und dessen Zuflüsse. Doch die Mehrheit der Bevölkerung wohnt im gebirgigen Inneren des Hochlands von Neuguinea; und erst seit den dreißiger Jahren unseres Jahrhunderts ist die Existenz dieser Menschen bekannt. Obwohl im seither vergangenen halben Jahrhundert viel geschehen ist, sind Teile des Landes nach wie vor abgelegen. Dort geht das Leben der Stämme mehr oder weniger so weiter wie eh und je.

Ich wollte mich unter diesen Eingeborenen aufhalten, miterleben, wie der Mensch Tausende von Jahren vor der Heraufkunft dessen lebte, was wir Zivilisation nennen, und so bin ich um die halbe Welt gereist, befinde mich jetzt in einem grasgedeckten Haus in einer Bergprovinz und versuche zu schlafen, während mir Flöhe in die Nase springen.

□□□

Ich bin mit ziemlich romantischen Vorstellungen nach Neuguinea gekommen.

Da ist zunächst die Romantik des Anthropologen: Ich werde mit diesen malerisch wirkenden Eingeborenen reden und ihre Lebensweise kennenlernen. Viele von ihnen sprechen englisch – für einen Anthropologen, der wenig Zeit hat, ein unschätzbarer Vorzug. Doch rasch komme ich dahinter, daß mir jeder etwas anderes berichtet. Das fällt vor allem auf, wenn es um jenen Gegenstand geht, der meinem Herzen am nächsten steht, nämlich mich. Wenn es beispielsweise an einem anderen Ort, sagen wir Mount Hagen, zu einer Auseinandersetzung kommt und einer von Hebrews Verwandten einen Angehörigen eines anderen Stammes tötet, könnten die Verwandten des Toten herkommen und nach Hebrew Ausschau halten, um es ihm heimzuzahlen. Bin unter solchen Umständen ich, der unschuldige Besucher, in Gefahr? Die meisten sagen nein. Manche zucken die Schultern. Andere sagen ja: Wenn der Trupp Hebrew nicht finden kann, werden seine Frau oder seine Kinder umgebracht, und wenn die auch nicht aufzufinden sind, könnten sich die Männer entschließen, mich zu töten.

Natürlich interessiert es mich zu erfahren, welche von diesen Antworten stimmt. Aber das herauszubekommen, gelingt mir nicht. Ich kann nicht einmal feststellen, ob Hebrew von einer Auseinandersetzung in Mount Hagen überhaupt erfahren würde. Immerhin liegt der Ort jenseits einer wilden Bergkette, mehr als hundertfünfzig Kilometer entfernt. Auf welche Weise würde er davon Kenntnis erhalten?

Hebrew lacht: «Keine Sorge. Das krieg ich mit.»

Es erweist sich, daß die Mitglieder der Sippen untereinander heiraten, so daß es in jedem Dorf Spione gibt, die ihre Familie von geplanten Vorhaben informieren. Da überdies ein Kind sowohl der Sippe des Vaters wie auch jener der Mutter angehört, ist ein Tari schließlich unter Umständen in sieben oder acht solcher Sippen eingebunden. So kommt es, daß jeder Treue in alle möglichen Richtungen schuldet, was äußerst verwirrend ist.

Dann gibt es die romantische Vorstellung des zu Besuch weilenden Weltweisen Bwana Michael in seinen Khakihemden mit den Achselklappen. Er fotografiert die farbenfrohen Stammesrituale mit seiner zuverlässigen Nikon. Insbesondere interessiert mich ihre Art, Krieg zu führen. Das geschieht auf herkömmliche Weise – mittels Äxten sowie Pfeil und Bogen. Von neuzeitlichen Waffen, beispielsweise Gewehren, wollen die Männer nichts wissen, weil die Polizei dann feststellen könnte, wer jemanden getötet hat. Aber ich kann mir nicht vorstellen, daß Pfeil und Bogen tatsächlich gefährlich sein sollen, wirklich töten können.

Hebrew und seine Freunde lachen mich aus. Eines Morgens zeigen sie mir ihre Pfeile, ungefiederte gerade Holzstücke, mit im Feuer gehärteten Spitzen. Damit kann man vielleicht einen Vogel vom Himmel holen – aber einen Menschen töten? Hebrew stellt einen Bambusstab von etwa zehn Zentimetern Durchmesser mitten auf eine freie Fläche und fordert mich auf, aus gut vierzig Metern Entfernung auf dies schmale Ziel zu schießen. Aber ich bin ungeschickt; die Pfeile fliegen in alle möglichen Richtungen.

Hebrew spannt den Bogen. Sein hölzerner Pfeil saust vollständig durch den harten Bambus hindurch. Ich bin verblüfft: mit Leichtigkeit würde ein solches Geschoß einen menschlichen Körper durchbohren. Auch die anderen Männer schießen. Jeder trifft aus gut vierzig Metern Abstand das schmale Ziel.

Dann ist da die romantische Vorstellung des in einer natürlichen Umwelt lebenden primitiven Menschen. Sich kurze Zeit unter Rousseaus edlen Wilden aufhalten. Der unverdorbene Mensch im Naturzustand, unbelastet vom ganzen Ballast der materialistischen Zivilisation. Unglücklicherweise leben Hebrew und seine Frau in beständiger Fehde miteinander. Ihr Säugling brüllt. Die kleineren Kinder scheinen unglücklich zu sein, bemühen sich, allen aus dem Weg zu gehen.

Eines Tages taucht die Angetraute Nummer drei in der Hütte auf. Sie ist mit einem Baseballschläger bewaffnet. Ihre Ankunft bedeutet eine Herausforderung; Rose greift die Neue sogleich mit einem Küchenmesser an. Freunde und Verwandte stürzen sich auf die beiden ineinander verkrallten Frauen, um sie zu trennen. Schreie und wechselseitige Beschimpfungen erfüllen den Raum. Man entwindet Rose das Messer; der dritten Frau wird der Baseballschläger abgenommen, sie selbst wird zum Aufbruch gedrängt. Doch davon will sie nichts wissen. Es ist eine unschöne Szene, und wir Besucher bilden das Publikum. Nemo schlägt uns vor, für eine Weile fortzugehen, bis sich alles ein wenig abgekühlt hat. Wir steigen in den Land Cruiser. Rose wirft sich mit ihrem Säugling auf den anfahrenden Wagen. Wir halten an, steigen aus, das Gezänk geht weiter.

Einem Menschen mit neuzeitlichen Vorstellungen kommt es so vor, als dauere all das Stunden, die Beteiligten scheinen hingegen keine Eile zu haben. Es gibt keinen Grund, einen Streit rasch beizulegen. Es gibt keinen Grund, ihn überhaupt beizulegen. Es gibt keinen Grund, nicht den ganzen Tag vor dem Land Cruiser zu verbringen und sich über dies und jenes in den Haaren zu liegen.

Schließlich bricht die dritte Frau, die den ganzen Streit vom Zaun gebrochen hat, auf und nimmt ihr Schlaginstrument mit. Rose beruhigt sich. Wir fahren ab, hinaus in die Landschaft.

Ach ja – die romantischen Vorstellungen von der unverfälschten Natur. Unglücklicherweise ist alles auf Neuguinea in festen Händen. Jeglicher Grund und Boden, alle Bäume, alle Tiere. Wer etwas davon berührt oder mitnimmt, kann dafür getötet werden. Wegen der hohen Erdwälle sieht die Landschaft etwa so aus wie die Maginot-Linie. Nirgends kann der Blick frei schweifen, nirgends gibt es unberührte Flächen. Man befindet sich in einem Kriegsgebiet, und obwohl die Menschen freundlich sind, bewegt man sich, wo man geht und steht, in einer Atmosphäre ständigen Argwohns.

Eine Wanderung zum Wasserfall wird uns den rechten Eindruck vermitteln. Es gibt einen wunderschönen Wasserfall, den wir unbedingt sehen müssen. Wir fahren zu einem Bauerngehöft, verbringen eine halbe Stunde damit, den Bauern aufzutreiben, weil wir ihn bitten wollen, daß er uns die Überquerung seines Landes gestattet. Kein Gedanke daran, ohne eine solche Erlaubnis über ein Stück Land zu gehen. Wenn wir den Mann nicht finden, müssen wir umkehren.

Wir sehen ein hölzernes Hinweisschild mit einer gemalten roten Hand und der Aufschrift ITAMBU NOGAT ROT. Als ich frage, was das bedeutet, wirft mir Hebrew einen befremdeten Blick zu: Kann dieser Weiße denn keinen einfachen englischen Satz lesen? (Die Aufschrift bedeutet: «It Taboo Not Got Right» – «Es tabu haben kein Recht» – mit anderen Worten: «Zutritt verboten».)

Schließlich stöbern wir den Bauern auf, bekommen seine Erlaubnis und machen uns zum Wasserfall auf. Schon im nächsten Augenblick geht es einen steilen bewaldeten Hang hinab. Ich strauchle, rutsche und stolpere den schlammigen Urwaldpfad bergab. Hebrew weist auf Sehenswürdigkeiten hin, den Pandanusbaum und etwas, das «plenty-nut» heißt und einer Kokosnuß ähnelt. Die *cuscus* oder Opossums schätzen sie als ganz besondere Delikatesse. Dann gibt es noch die «Lippenstiftpflanze». Aus den Samenkörnern in ihrer behaarten roten Kapsel wird die rote Farbe zum Bemalen der Krieger gewonnen.

Ich bin dankbar für all diese Unterbrechungen, für jeden Vorwand, Atem schöpfen und das Gleichgewicht wiedererlangen zu können. Wir gehen etwa eine Stunde bergab, doch wie Hebrew sagt: «Runter leicht. Rauf schwer.» Schließlich höre ich das Dröhnen des Wasserfalls. Nach einer weiteren Viertelstunde ist das Laub triefnaß, der Boden besteht aus saugendem Schlamm. Wir sinken bis zu den Knien ein. Der Pfad führt immer noch senkrecht bergab.

Schließlich stehen wir am Fuß eines unglaublich mächtigen Wasserfalls. Wegen des dichten Schleiers aus Wassertröpfchen, der vor ihm aufsteigt, können wir ihn gar nicht richtig sehen. Wir lassen uns über riesige Felsblöcke gleiten, um ganz nach unten zu gelangen, unfähig, uns über dem Dröhnen miteinander zu verständigen. Das hat mit beschaulicher Natur nichts zu tun. Das ist rohe Gewalt. Es ist, als stünde man bei einem Rockkonzert zu nahe an den Lautsprechern. Ich fühle mich unbehaglich und bin von Kopf bis Fuß durchnäßt. Wir kehren um.

Der Rückweg nach oben dauert eine Stunde. Der Schlamm zerrt an meinen Füßen. Sie sind schwer. Wir müssen häufig stehenbleiben, um die Blutegel abzunehmen. Ich taumele zum Wagen zurück und lasse mich erschöpft auf den Sitz sinken.

«Ziemlich senkrechtes Land.» Diese Bemerkung Nemos scheint mir stark untertrieben. «Kein Wunder, daß die Burschen so eine Bombenkondition haben.»

Wir fahren zurück, weil wir uns das gemeinschaftliche Singen nicht entgehen lassen wollen.

Dieser Gemeinschaftsgesang ist etwas, was die meisten Menschen mit Neuguinea in Verbindung bringen. Krieger bemalen sich mit kunstvollen Mustern, setzen ihren altüberlieferten Kopfputz auf, tanzen und singen miteinander. Die Tari-Männer wirken äußerst dekorativ: Sie bemalen ihre Gesichter leuchtend gelb und tragen einen über alle Maßen kunstvollen Kopfschmuck, zu dem Immortellen und Paradiesvogel-Federn gehören. Während sie sich zurechtmachen, sammelt sich eine große Menge von Menschen aus der Umgebung an. Über den Zuschauern liegt Erwartung. Bald wird das gemeinschaftliche Singen beginnen.

Doch der Tanz ist seltsam enttäuschend. Die Männer bilden Ketten und stampfen unter Sprechgesang etwa eine halbe Minute umher. Dann hören sie auf, unterhalten sich, rauchen, lachen. Ein oder zwei Minuten später singen sie erneut ein wenig. Danach hören sie wieder auf. Dann singen sie wieder. Das Ganze wirkt mit seinen unvermittelten Anfängen und Abbrüchen halbherzig und verblüfft Besucher aus dem Westen, die es gewöhnt sind, daß ein Auftritt mindestens an die drei Minuten dauert, also etwa so lang ist wie das Lied einer Popgruppe. Aber so ist das hier nun mal, und die Begeisterung der Menge zeigt, daß durchaus alles seine Ordnung hat. Ich mache Fotos. Inzwischen kenne ich viele der Männer, aber mit ihrer Bemalung und in ihrem Kostüm geben sie sich völlig anders als sonst und nehmen wilde Posen ein.

Als das Singen vorüber ist, nehmen sie den Kopfschmuck ab, wikkeln ihn in Plastik und nehmen ihn wieder mit nach Hause. Ein solcher Kopfschmuck ist überaus wertvoll und wird äußerst pfleglich behandelt. Die Farbe lassen die Männer auf ihren Gesichtern. An jenem Abend sind sie, während sie lachend und rauchend um das Feuer sitzen, alle miteinander rot und gelb. Ihren Körper zu schmücken, bereitet ihnen großes Vergnügen. Tagsüber verziert Hebrew sein Haar bisweilen mit kleinen grünen Blättern. Nachts setzt er sich Glühwürmchen hinein, so daß sein Kopf blinkt und wie ein Weihnachtsbaum leuchtet.

Die Körperbemalung hat einen tieferen Sinn: sie soll die Krieger unkenntlich machen. Tötet ein Krieger im Kampf einen Angehörigen der Gegenpartei, fällt es dem Feind wegen der Bemalung vielleicht schwer, festzustellen, auf wessen Konto die Tat geht. In der Praxis weiß das aber jeder – ein weiterer Widerspruch, der zu schwierig ist, als daß ihn ein Anthropologe, der wenig Zeit hat, auflösen könnte.

Aber ich würde gern Zeuge eines Stammeskrieges werden. Ich habe lediglich anthropologische Berichte über diese Kämpfe gelesen, die den ganzen Tag dauern und nach einem bestimmten Ritual ablaufen. Am frühen Morgen treffen beide Seiten an einer freien Fläche aufeinander und beginnen damit, einander zu umtanzen und Schmähungen auszustoßen. Später fliegen einige Speere und Pfeile durch die Luft. Im Laufe des Tages wird die Auseinandersetzung immer ernsthafter, bis schließlich jemand getötet oder schwer verletzt wird. Dann gehen alle nach Hause.

Bei einem Kampf dürfen Zuschauer anwesend sein. Sie können sich sogar unter den Kriegern bewegen und Schnappschüsse machen. Ich sage, daß ich gern einem solchen Kampf beiwohnen würde.

Einer der Männer, er fährt mit einem Bus Touristen durch das Land, sagte mir, er sei eines Tages auf einen Stammeskrieg gestoßen, und alle Touristen – es waren Italiener – seien ausgestiegen, um zu fotografieren. Während sie ihre Aufnahmen machten, habe einer der Krieger einen anderen mit einer Axt enthauptet. Vor den Augen der Touristen!

Doch die Besucher bekamen das gar nicht mit. Sie hatten nur Augen für das Gepränge, die bunten Kostüme. Sie sahen nicht, wie der Kopf abgeschlagen wurde, das Blut spritzte und der Körper zuckte.

Aber der Fahrer hatte es gesehen. «Ich seh so was nicht gern», sagte er. «Es ist zu wirklich.»

Abends, als alle um das Feuer sitzen, wendet sich die Unterhaltung dem Thema Schlangen zu. Nemo beschreibt die Giftschlangen Australiens. Die Tari-Männer hören zu. Einer von ihnen sagt, er habe einmal einen Film über Schlangen gesehen.

Er wird sehr aufgeregt, während er über den Helden des Films berichtet, der Hindy hieß. Dieser hatte Angst vor Schlangen und stieß in besagtem Film auf einen Raum voller Schlangen, die zischelnd und sich windend den ganzen Boden bedeckten. Tausende von Schlangen, widerlichen Schlangen. Um seine Furcht zu besiegen, mußte Hindy den Raum betreten, und das tat er auch! Er kämpfte mit den Schlangen, bis er sie alle getötet hatte. Er blieb Sieger! Der Tari-Mann sagt, er würde einen solchen Raum nie betreten, aber Hindy habe es getan. Die Schlangen seien wirklich aufregend gewesen!

Ich frage den Mann, ob er sich noch an etwas anderes aus dem Film erinnern könne. Er sagt, nein, es sei bei der Geschichte um einen Mann und Schlangen gegangen, die übrige Handlung des Films habe lediglich darauf hingeführt.

So war das also. Die italienischen Touristen machten Fotos und bekamen buchstäblich nichts davon mit, daß ein Mann enthauptet wurde, und der Stammesangehörige aus Neuguinea sah den Film *Jäger des verlorenen Schatzes* und glaubte, es handele sich dabei um einen Mann und seine Schlangen. Je länger ich unter den Menschen auf Neuguinea blieb, desto tiefer schien mir die Kluft zwischen ihrer und unserer Kultur zu sein. Im Tausch für meine verlorenen romantischen Illusionen bekam ich nicht etwa Klarheit, sondern Verwirrung. Außerdem wurde ich unzählige Male von Flöhen gebissen.

Schließlich verließ ich das Hochland und fuhr zum Sepik. An den Ufern des Flusses hingen dichte Wolken von Moskitos in der feuchten Luft. Die Eingeborenen dort sahen gänzlich anders aus als die Tari und verhielten sich auch anders. Die Menschen vom Sepik kämpfen nicht mit Waffen. Sie töten einander mittels Zauberei.

Schließlich fuhr ich an die Küste. An meinem letzten Tag auf Neuguinea tauchte ich zu einem versunkenen B 24-Bomber. Das Wrack, ein Überbleibsel aus dem Zweiten Weltkrieg, war mit Korallen bewachsen und wirkte sehr schön, doch am meisten überraschten mich die Ausmaße. In den vierziger Jahren hatte die B 24 als großes Flugzeug gegolten. Die Maschine war richtig klein. Sie dort auf dem Meeresboden liegen zu sehen, war eine eindrucksvolle Erinnerung daran, wie sehr sich die Welt verändert hat und wie rasch die Veränderung weitergeht. Als ich wieder hochkam, fragte ich nach dem Flugzeug. Ob jemand seine Geschichte kenne, wie es dort hingekommen sei, warum es abgestürzt war? Niemand wußte etwas. Es gab nur Geschichten, Theorien und Mutmaßungen.

LÖFFELVERBIEGEN

Im Frühjahr 1985 wurde ich zur Teilnahme an einer privaten Gesellschaft eingeladen, bei der man durch die Konzentration geistiger Kräfte Löffel verbiegen wollte. Ein Luftfahrtingenieur namens Jack Houck, der sich seit einiger Zeit für diese Erscheinung interessierte, veranstaltete von Zeit zu Zeit solche Zusammenkünfte. Man nannte mir eine Adresse im südlichen Kalifornien und bat mich, ein halbes Dutzend Löffel und Gabeln mitzubringen, die ich nicht mehr brauchte; sie sollten im Verlauf des Abends verbogen werden.

Das Haus sah aus wie viele andere kalifornische Vorstadthäuser auch. Etwa hundert Menschen waren anwesend, meist Eltern mit kleinen Kindern. Die Atmosphäre war festlich, aber auch ein wenig chaotisch, weil überall Kinder herumwuselten. Alle waren bester Stimmung. Schließlich wollten wir ja Löffel verbiegen!

Wir warfen die mitgebrachten Besteckteile auf den Fußboden in der Mitte des Raumes, wo sie einen großen Metallhaufen bildeten. Dann schüttete Jack Houck einen Karton voll Besteck dazu und erklärte, was wir zu tun hatten. Seiner Erfahrung nach, sagte er, müsse man, um Löffel zu verbiegen, eine Atmosphäre der Anspannung und der emotionalen Erregung schaffen. Er ermunterte uns, laut und aufgeregt zu sein.

Jeder solle sich einfach einen Löffel von dem Haufen nehmen und ihn fragen: «Willst du dich für mich verbiegen?» Wer nicht den Eindruck habe, daß der Löffel ihm den Gefallen tun werde, solle ihn zurückwerfen und einen anderen aussuchen. Wer aber bei dem von ihm ausersehenen Löffel ein positives Gefühl habe, solle ihn senkrecht halten und laut rufen: «Bieg dich! Bieg dich!» Nachdem man ihn durch kräftiges Anbrüllen eingeschüchtert habe, solle man ihn sacht zwischen den Fingern reiben, dann werde er sich schon bald verbiegen.

So Jack Houcks Anweisung.

Die Anwesenden sahen ihn mit unverhohlenem Zweifel an.

Es begann: Hundert Leute suchten sich Löffel aus, fragten sie: «Willst du dich für mich verbiegen?» und warfen sie auf den Haufen zurück, wenn sie dabei kein gutes Gefühl hatten. Dann hörte ich um mich herum laute Rufe: «Bieg dich! Bieg dich!» Viele lachten. Es war aber auch schwer, sich nicht ziemlich albern vorzukommen, wenn man da seinen Löffel hochhielt und ihn anbrüllte.

Ich saß auf dem Boden neben Judith und Anne-Marie. Sie waren mit dem Anschreien ihrer Löffel fertig und rieben sie jetzt hingebungsvoll zwischen den Fingern, ohne daß etwas geschah. Auch ich rieb einen Löffel – mit demselben Ergebnis. Ich kam mir ziemlich dämlich vor. Während wir rieben, breitete sich unter uns eine gewisse Mutlosigkeit aus.

Anne-Marie sagte, weiter ihren Löffel reibend: «Ich glaub nicht, daß das funktioniert. Es ist lachhaft. Ich kann mir auch gar nicht vorstellen, wie das klappen soll.»

Ich sah auf ihre Hände. Ihr Löffel verbog sich.

«Sieh nur, Anne-Marie...»

Sie lachte. Ihr Löffel war wie Gummi. Es gelang ihr ohne Mühe, einen Knoten hineinzuschlingen.

Mit einemmal begann sich auch Judiths Löffel zu verbiegen. Sie konnte sogar den unteren Teil, die Laffe, umknicken. Überall um mich herum verbogen sich Löffel. Nur meiner blieb steif und fest. Er wurde nicht einmal warm, obwohl ich ihn eifrigst rieb.

Ich fühlte Ärger in mir aufsteigen. Was soll's, dachte ich, dann eben mit Gewalt. Ich versuchte es. Der Stiel war natürlich leicht zu verbiegen, aber die Laffe ließ sich nicht erweichen. Meine Finger schmerzten von dem Versuch. Ich entspannte mich. Vielleicht würde es bei mir nicht nach Wunsch verlaufen. Jack hatte ja gesagt, daß es manchen Menschen nicht gegeben sei, Löffel zu verbiegen. Vielleicht gehörte ich zu dieser bedauernswerten Minderheit.

«Herzlichen Glückwunsch», sagte mit einemmal Judith zu mir.

«Was?»

«Herzlichen Glückwunsch.»

Ich senkte den Blick. Mein Löffel hatte begonnen, sich zu verbiegen, ohne daß ich es gemerkt hatte. Das Material war richtig geschmeidig, wie weicher Kunststoff. Es war nicht einmal besonders heiß, nur ein wenig warm. Ohne weiteres gelang es mir, lediglich mit Hilfe meiner Fingerspitzen, die Laffe in der Mitte zu knicken. Dazu war keinerlei Druck erforderlich, ein bloßes Führen mit den Fingerspitzen genügte.

Ich legte den verbogenen Löffel beiseite und probierte es mit einer Gabel. Nach wenigen Augenblicken des Reibens verdrehte sie sich wie eine Brezel. Es war kinderleicht. Ich verbog noch mehrere Löffel und Gabeln.

Dann begann mich die Sache zu langweilen. Ich hörte mit dem Löffelverbiegen auf und holte mir Kaffee und einen Keks. Inzwischen interessierte mich das Keksangebot weit mehr als alles andere.

Das Löffelverbiegen ist natürlich schon seit langem umstritten. Uri Geller, ein Zauberkünstler aus Israel, der sich rühmt, psychische Kräfte zu besitzen, verbiegt häufig Löffel; andere hingegen, beispielsweise James Randi, behaupten, dahinter stecke keineswegs ein außersinnliches Phänomen, sondern ein Trick.

Aber ich hatte einen Löffel verbogen und *wußte*, daß es sich dabei nicht um einen Trick handelte. Ich sah mich im Raum um: Kinder von vielleicht acht oder neun Jahren verbogen kräftige Metallstäbe. Sie wollten niemanden hinters Licht führen. Es waren einfach Kinder, die sich amüsierten. Sie durften an einem Freitagabend länger aufbleiben als sonst, weil sie mit den Großen aus waren, und vergnügten sich mit dieser albernen Biegerei.

Soviel zum Thema Querelen zwischen Zauberkünstlern, dachte ich. Offenkundig mußte es für das Löffelverbiegen irgendeine simple Erklärung geben, denn Hunderte von Menschen aus allen Bevölkerungskreisen taten es. Es war schwer, daran etwas Geheimnisvolles zu sehen: man reibt einfach eine Weile lang den Löffel, bald wird er weich und verbiegt sich. Fertig.

Das einzige, was man zum Löffelverbiegen brauchte, schien mir eine Art konzentrierter Unaufmerksamkeit zu sein. Man mußte versuchen, den Löffel zu verbiegen, und dann diese Absicht vergessen. Vielleicht mit jemandem reden, während man daran rieb. Oder einfach den Blick im Zimmer umherschweifen lassen. Die Aufmerksamkeit auf etwas anderes richten. Dann bestand eine gewisse

Wahrscheinlichkeit, daß sich der Löffel verbog. Wer ihn aufmerksam im Auge behielt und sich Sorgen machte, ob es auch gelingen würde, dem gelang es möglicherweise nicht. Man mußte diese Unaufmerksamkeit lernen. Aber das war ganz leicht – nicht schwerer, als wenn man beispielsweise lernt, im Kopf genau fünf Sekunden abzuzählen. Man übt das ein paarmal, dann kann man es.

Wieso verbiegen sich Löffel? Jack Houck hatte seine Theorien darüber, aber ich hatte längst beschlossen, mich auf das Phänomen als solches zu konzentrieren und mir nicht den Kopf über Theorien zu zerbrechen. So kommt es, daß ich nicht weiß, warum sich Löffel verbiegen. Jedenfalls schien es mir klar, daß nahezu jeder dazu imstande war. Warum also das ganze Aufsehen?

Etwa eine Stunde vor Mitternacht löste sich die Gesellschaft auf. Judith, Anne-Marie und ich gingen nach Hause und nahmen unsere verbogenen Löffel mit. Am nächsten Tag versuchte ich, einen meiner Löffel in seine ursprüngliche Form zurückzubiegen. Ich brachte das nicht fertig, aber ich gab mir auch keine besondere Mühe damit. Ich zeigte einigen Bekannten, nicht besonders vielen, meine verbogenen Löffel. Das Ganze kam mir ziemlich banal vor.

Ein Jahr später erwähnte ich einem Professor vom Massachusetts Institute of Technology gegenüber, daß ich Löffel verbogen hätte. Eine Weile runzelte er schweigend die Brauen. «Das geht», sagte er. «Aber es ist ein Trick dabei.»

«Wahrscheinlich», sagte ich. «Nur kenn ich den nicht.»

«Sie haben *persönlich* Löffel verbogen?»

«Ja.»

Dann wollte er alles ganz genau wissen. Woher ich die Löffel gehabt hätte? Woher ich wisse, daß sie nicht präpariert gewesen seien? Ob mir jemand geholfen habe, die Löffel zu verbiegen? Ob mich jemand berührt habe, während ich sie verbog, oder mir einen bereits verbogenen Löffel in die Hand geschmuggelt habe? ... So ging das eine ganze Weile. Ich versuchte zu erklären, welche Atmosphäre an jenem Abend in dem Raum geherrscht hatte und wie unmöglich man jemanden hätte täuschen können.

«Sie glauben also, daß sich Löffel verbiegen lassen?»

«Ja.»

«Sind Sie den Gründen dafür nachgegangen, warum sich Löffel verbiegen lassen?»

«Nein», sagte ich.

«Sie meinen, Sie haben dieses ungewöhnliche Phänomen erlebt und keinen Versuch unternommen, es zu erklären?»

«Genau», sagte ich.

«Das ist wirklich sonderbar», sagte er. «Das sieht mir wie ein krankhaftes Bestreiten dessen aus, was Sie da erlebt haben. Da haben Sie dies unfaßbare Erlebnis und unternehmen nichts, um es näher zu erforschen?»

«Ich verstehe nicht, was daran krankhaft sein soll», sagte ich. «Ich kümmere mich bei vielem, was in der Welt geschieht, nicht um die Gründe. Beispielsweise weiß ich, daß ein Draht heiß wird und bricht, wenn ich ihn rasch biege – aber ich weiß nicht genau, warum das geschieht. Ich glaube nicht, daß es meine Aufgabe ist, mich hinzusetzen und das rauszukriegen. Was die Sache mit dem Löffelverbiegen angeht, war der Raum gesteckt voll mit Menschen, die dasselbe taten, und es kam allen ganz und gar gewöhnlich vor. Eigentlich eher langweilig.»

Tatsächlich scheint mir dieser Eindruck der Langeweile häufig mit «außersinnlichen» Phänomenen einherzugehen. Zuerst findet man das Ereignis aufregend und geheimnisvoll, dann aber wird es rasch so alltäglich, daß es die Aufmerksamkeit nicht länger zu fesseln vermag. Ich finde es deshalb wenig einleuchtend, solche Erscheinungen als übernatürlich oder paranormal zu bezeichnen. An ihnen ist ganz und gar nichts Ungewöhnliches. Im Gegenteil, sie sind völlig normal. Wir haben einfach vergessen, daß wir zu derlei fähig sind. In dem Augenblick, da wir es tun, erkennen wir, worum es dabei wirklich geht, und wir denken: Na und? Löffelbiegen ist wie Wäschewaschen oder Radfahren. Überhaupt nichts Besonderes. Man sollte nicht so viel Aufhebens davon machen.

DIE WELT DER AUREN

Alle religiösen Lehren meiner Jugend beeindruckten mich, weil sie so unbegreiflich waren. Bei uns zu Hause konnte man über alles reden – lediglich religiöse Fragen waren über jede Diskussion erhaben. So war die Erzählung von Joseph und seinem bunten Rock keine Erzählung, sondern ein Glaubenssatz. Ähnlich stand es mit der Jungfrauengeburt, die mir schon in jungen Jahren Schwierigkeiten machte. Sie galt weder als Fabel noch als Metapher; Jesus, hieß es, sei tatsächlich auf diese Weise zur Welt gekommen.

Möglich war all das, weil es so lange her war. Weil bestimmte Dinge in der Antike vorgefallen waren, hatte alles, was man im Kindergottesdienst lernte, als wahr zu gelten, ganz gleich, wie widersinnig es sein mochte. Daß sich das Rote Meer teilte, Wasser zu Blut wurde, der Dornbusch in Flammen stand, ohne zu verbrennen ... so etwas geschah heutzutage nicht mehr. Nicht mal in New York!

Es dauerte viele Jahre, bis ich von schwangeren Nonnen und hurenden Päpsten erfuhr – Tatsachen, die dafür sorgten, daß die Thematik für mich nur noch verwickelter wurde –, von den komplexen Darstellungen des Alten und des Neuen Testaments als historischen Dokumenten; von der Anthropologie der nomadischen Hirtenstämme im Mittleren Osten und so weiter. Inzwischen hatte ich außerdem entdeckt, daß viele Menschen, unter ihnen meine eigenen Eltern, diese religiösen Geschichten keineswegs für bare Münze nahmen, sie nicht im entferntesten für buchstäblich wahr hielten.

Jedenfalls bemühte ich mich in jener Zeit einfach um Verständnis, und da mir die Berichte unglaubhaft schienen, schaute ich mir bildliche Darstellungen religiöser Themen an.

Unglücklicherweise waren die ebenso verwirrend. In den Büchern der Sonntagsschule trugen alle Leute Bademäntel, doch konnte ich mir nur schwer eine Welt vorstellen, in der jeder so herumlief.

Was ich an religiöser Kunst der Erwachsenen in Museen sah, machte mich fast krank. Man erkannte überdeutlich, wie da alle Gefühle in den Dienst einer Sache gestellt wurden, die in meinen Augen deutlich wahnhafte Züge trug. Wie beispielsweise die Heiligen blutüberströmt und den Leib von Pfeilen durchbohrt lächelnd den Blick zum Himmel hoben – wenn die nicht verrückt waren, wer war es dann?

Selbst neuzeitliche Künstler verursachten mir Unbehagen. Chagalls schwebende Rabbiner zeigten genau, was ich gegenüber der Religion empfand – alles war entwurzelt, trieb frei umher, drehte sich um die eigene Achse und verursachte einem Übelkeit, weil man nicht wußte, was oben und was unten war. Ich verstand nicht, warum die schwebenden Leute und Tiere lächelten, statt ihren Zustand entsetzlich zu finden, so wie die Menschen, die im Film *Das zauberhafte Land* in den Wirbelsturm geraten.

Verwirrt, unfähig zu verstehen, zog ich mich schließlich in eine radikal skeptische Haltung allem gegenüber zurück, was mit Religion und religiösen Bildern zu tun hatte. Damit hing zusammen, daß ich nach einer Weile aufhörte, mir Gedanken über das zu machen, was mich als Kind bei der Betrachtung religiöser Bilder am meisten verblüfft hatte – die über manchen Leuten erstrahlenden Heiligenscheine. Die gelben Kreise hinter den Köpfen.

Was ist das?

Ein Heiligenschein.

Was ist ein Heiligenschein?

Den haben sehr fromme Menschen. Ein Lichtkranz.

Haben den fromme Menschen auch heute?

Nein, nicht mehr.

Aber früher?

Nun, Maler haben sich das so vorgestellt.

Heißt das, fromme Leute hatten eigentlich gar keinen Heiligenschein, aber Maler haben sich das eingebildet?

Nun, damit wollen die Maler uns zeigen, daß die Menschen auf dem Bild sehr fromm sind.

Ach so.

Erklärungen dieser Art befriedigten mich in keiner Weise. Zum einen gab es durchaus unterschiedliche Heiligenscheine. In manchen Fällen bildeten sie einen Kranz über dem Kopf, dann wieder waren sie ein orangefarbener Schimmer, der aus dem Kopf herauskam. Manchmal hatte nur einer auf dem Bild einen Heiligenschein, beispielsweise Jesus, dann wieder hatten alle einen.

Zum anderen tat kein Mensch auf diesen Bildern, was meiner Ansicht nach jeder normale Mensch getan hätte – nämlich auf den Heiligenschein zeigen und sagen: «Mensch, guck mal, der hat 'nen großen gelben Ring um den Kopf!» Die anderen Gestalten auf den Bildern nahmen überhaupt keine Kenntnis von dem Heiligenschein. Vielleicht konnten sie ihn ja nicht sehen.

Dann gab es noch Bilder, die Jesus ohne jeden Heiligenschein zeigten. Bei manchen Malern fanden sich Heiligenscheine, bei anderen nicht. Die neueren Künstler malten keine. Das schien mir aufschlußreich. Ein Heiligenschein war einfach ein künstlerisches Ausdrucksmittel. Er gehörte zu einer bestimmten Art zu malen. Heiligenscheine hatten mit der Wirklichkeit nichts zu tun. Früher mochten die Leute solchen Quatsch geglaubt haben, Menschen der Neuzeit waren darüber hinaus. Gelbes Licht, das aus dem Kopf kommt! Die bloße Vorstellung war völlig überdreht.

Ich sagte es niemandem, aber ich hielt insgeheim Ausschau nach Heiligenscheinen. Ich nahm an, daß unser Pfarrer, Mr. van Zanten, möglicherweise fromm genug war, einen zu besitzen. Während des Gottesdienstes spähte ich zu ihm hin. Offenbar doch nicht. Zumindest konnte ich nie einen Heiligenschein sehen. Ich betrachtete in der Zeitschrift *Life* Aufnahmen, die den Papst zeigten, aber auch er hatte nie einen Heiligenschein. Vielleicht ließen sich Heiligenscheine auf Fotos nicht erkennen.

Manchmal sah ich mir meine Freunde an, und wenn die Bedingungen günstig waren, konnte ich vor einem einheitlichen Hintergrund, wie zum Beispiel dem blauen Himmel, etwas Weißliches um ihren Kopf herum erkennen. Aber das mußte irgendeine optische Täuschung sein, die auf zu angestrengtes Hinsehen zurückging.

Ich kannte andere optische Täuschungen, wie beispielsweise die Flecken, die man sah, wenn man die Augen schloß und fest auf die Augäpfel drückte. Oder wie der Eindruck, die Finger seien doppelt so lang und in Längsrichtung gelblich gestreift, wenn man vor einem dunklen Hintergrund auf seine Hände sah und die Augen zusammenkniff. Diese Täuschung schien darauf zurückzugehen, daß sich die Wimpern vor die Augen legten.

Jedenfalls sah ich nie einen Heiligenschein und gab am Ende auf.

Manchmal überlegte ich auch noch als Erwachsener, was es mit den Heiligenscheinen auf sich hatte. Sie nahmen in der religiösen Kunst einen so herausragenden Platz ein – war es wirklich denkbar, daß es sich dabei um nichts als eine willkürliche Konvention handelte? Falls ja, wieso waren die Künstler ausgerechnet darauf verfallen? Warum ein Kreis und nicht ein Stern oder ein Halbmond? Warum statt Gelb keine leuchtendere Farbe: Rot, Blau oder Grün? Warum wurden Heiligenscheine so gemalt, wie man sie kennt, und nicht anders?

Auf die einfachste Erklärung verfiel ich nicht: daß die Maler Heiligenscheine gemalt haben könnten, weil alle Menschen einen besaßen und jeder, der sie sehen wollte, das auch konnte.

Der einzige Unterschied besteht darin, daß wir heute nicht mehr von einem Heiligenschein sprechen, sondern von einer Aura.

Ich wollte wissen, wie eine Aura aussieht. Ich hatte den Eindruck, daß es an der Zeit sei, das auszuprobieren. In den letzten Jahren war ich zu der Ansicht gelangt, daß die meisten Tätigkeiten, wie geheimnisvoll auch immer sie sein mögen, irgendwie mit Übung zusammenhängen. Vielleicht konnte ich lernen, eine Aura zu sehen, wenn ich fleißig übte.

Ich hatte gehört, Carolyn Conger sei eine gute Lehrerin für so etwas, und so nahm ich im Frühjahr 1986 mit acht anderen an einem zweiwöchigen Seminar in einem hochgelegenen Wüstengebiet Kaliforniens teil.

Carolyns unauffälliges Holzhaus stand am Fuß eines eineinhalb Kilometer hohen kahlen Berges. Sie war sehr warmherzig. «Sicher bist du Michael», sagte sie und umarmte mich. Ihre Wärme und ihre praktische, schlichte Art fielen mir als erstes auf.

«Ich hab für dich das große Bett vorgesehen», teilte sie mir mit. «Warum hast du mir nicht gesagt, daß du so eine lange Latte bist? Das hättest du ruhig tun können.»

«Ich hab's vergessen», sagte ich. «Aber du weißt so was ja sowieso.» Carolyn war für ihre außersinnliche Begabung berühmt.

«Glaubst du das *wirklich*?» fragte sie und lachte.

Ich brachte das Gepäck in mein Zimmer, hopste prüfend auf dem Bett herum und sah zum Fenster hinaus. Als ich wieder nach unten kam, stand ein Kojote gleich vor dem Wohnzimmerfenster. Ein schönes Geschöpf, grau, weiß und braun.

«Sieh mal», sagte ich und dachte: Das ist ein Fingerzeig. Ein großartiger Fingerzeig.

«Ja», sagte Carolyn. «Die Tiere kommen um die Tageszeit immer hier vorbei. Ich geb ihnen zu fressen.»

Also kein Fingerzeig, dachte ich. Auch gut.

Ich wurde den anderen Gruppenmitgliedern vorgestellt. Die meisten waren zwischen dreißig und Mitte Vierzig, Menschen aus praktischen Berufen: ein Geschäftsmann aus Washington, eine Programmiererin aus Georgetown, ein Elektronikingenieur aus Los Angeles, je eine Hausfrau aus Oklahoma und Seattle. Eine dreiundsiebzigjährige frühere Schauspielerin aus San Francisco war die älteste von uns allen. Niemand war so dynamisch wie sie.

Carolyns Haus war behaglich, obwohl keine Bilder an den Wänden hingen. Sie sagte, sie sehe an den Menschen so viel, daß Bilder sie nur ablenkten.

Offenbar hatte sie ihre Einfühlungsgabe von Geburt an. Schon als Kind hatte sie Auren gesehen und ihre Schwester gefragt, was mit den schönen, leuchtenden, bunten Gewändern sei, die um alle Menschen herum waren. Ihre Schwester hatte gesagt, sie sehe nichts Buntes um die Menschen herum. Als Carolyn Bilder malte, auf denen Bäume von leuchtenden Auren umgeben waren, sagte ihre Lehrerin: «Aller Anfang ist schwer. Versuch's noch mal.» Aber allmählich begriff sie, daß sie eine ungewöhnliche Wahrnehmungsfähigkeit besaß, die anderen nicht zu Gebote stand.

Carolyn hatte in Psychologie promoviert und an verschiedenen Projekten an der Universität von Kalifornien in Los Angeles mitgearbeitet. Sie hatte Freude an technischen Dingen, unter anderem an Computern und elektronischen Spielereien. An ihr war nichts Ätherisches oder Feenhaftes.

Über das, was für die Arbeit im Seminar vorgesehen war, äußerte sie sich vage. «Sofern jemand unbedingt etwas Bestimmtes tun möchte», erklärte sie, «sollte er oder sie mir das sagen.»

Ich sagte: «Ich möchte gern Auren sehen.»

«Das kann ich mir denken», sagte sie lachend.

Jeden Morgen um sechs kam ein Zen-Mönch und meditierte eine Stunde lang mit uns. Anschließend gab es Frühstück, danach fand eine Vormittagssitzung mit Carolyn statt. Nach dem Mittagessen unternahmen die meisten einen Spaziergang in den Bergen oder legten sich hin. Abendessen gab es um sechs, danach fand eine Abendsitzung statt. Der Ablauf war also ähnlich wie bei Brughs Seminar; die beiden waren übrigens miteinander befreundet.

Nach der ersten Abendsitzung sagte Carolyn: «Gehen wir nach draußen.» Wir traten auf ihre Veranda. Es war gegen zehn Uhr, am Himmel stand der Vollmond.

«Seht euch die Berge an.»

Wir schauten auf die eineinhalb Kilometer hohen Berge hinter dem Haus.

«Seht ihr was?»

Ich sah Berge.

«Sonst nichts?»

«Was zum Beispiel?»

«Irgendeine Aktivität? Lichter?»

Ich sah hin. Ich erkannte kahle Berge, nackten Fels im Mondlicht.

«Was siehst du?» fragte ich.

Sie lachte. «Ach, unheimlich viel. Eine ganze Menge Energie auf den Bergen.»

Ich sah weiter hin, konnte aber nichts erkennen. Als ich angestrengt hinsah, bemerkte ich etwas, das mir wie Glühwürmchen vorkam. Kleine weiße Lichtpünktchen. Sehr blaß.

«Ich seh kleine Lichtblitze.»

«Was noch?»

Sonst sah ich nichts.

«Explosionen? Herrliche Explosionen?» Ihre Stimme klang verträumt.

Nein, ich sah keine Explosionen. Schließlich betrachtete ich ja einen verdammten Berg. Allmählich wurde ich skeptisch. Ich wollte mich zu nichts überreden lassen. Das sagte ich ihr auch.

«Du mußt dich einfach entspannen.»

Ich fühlte mich völlig entspannt.

Ich ließ den Blick über den Bergrücken wandern. Dann sah ich eine Art orangefarbenes Pulverwölkchen. Ich schaute genauer hin – es war fort.

«Ich hab ein orangefarbenes Wölkchen gesehen.»

«Was noch?»

«War da ein orangefarbenes Wölkchen?»

«Das ist Energie. Sonst noch was?»

Ich sah hin. Ich erkannte einige streifige waagerechte Linien. Etwas streifiges Weißes, das sich die Berge entlangzog.

«Ja», sagte Carolyn. «Ich sag Schlangen dazu. An den Kanten entlang?»

«Ja, an den Kanten entlang.»

Sie nickte. «Gewöhnlich sehe ich drei verschiedene Sachen», erläuterte sie. «Ich sehe weiße Lichtpünktchen, Explosionen und das, was ich Schlangen nenne.»

«Willst du damit sagen, daß das alles da oben passiert?» fragte ich.

«Siehst du es denn nicht?»

«Nun, es könnte eine optische Täuschung sein.»

«Was für eine Art optische Täuschung?»

Ich zuckte die Schultern. «Was weiß ich. Vielleicht Licht vom Mond, vielleicht spielt sich irgendwas auf der Netzhaut ab und man bildet sich ein, diese Blitze und so zu sehen.»

«Nun, dann komm mal, wenn kein Mondschein ist, und sieh, ob es immer noch da ist.»

«Ist es das denn?»

«Das mußt du schon allein rauskriegen.»

Dann wandte sie sich um und sah zu den Wacholderbüschen in ihrem Garten hinüber. «Sieh mal die Büsche da.»

Ich folgte der Aufforderung. Um die Ränder der Büsche herum sah ich ein bläulich-grünes Leuchten. An manchen Stellen war es stärker.

«Das ist die Aura», sagte Carolyn.

«Haben denn auch Pflanzen eine?»

«Klar.»

«Und was bedeutet das?» fragte ich.

«Ich hab nicht die blasseste Ahnung», sagte sie.

Carolyn war mit Hypothesen zurückhaltend, zögerte, ein Gedankengebäude zu errichten, das Erfahrungen festschrieb und fertige Erklärungen lieferte. Da sie Seminare leitete, bei denen Menschen häufig ungewöhnliche Erlebnisse hatten – Erlebnisse, für die sie Erklärungen wünschten –, verstand sie es geschickt, Fragen an den zurückzugeben, der sie stellte.

Enthalten Kristalle Energie? «Wenn du es glaubst, ist das für dich richtig», war ihre Antwort.

Ist tägliche Meditation etwas Gutes? «Wenn du das glaubst, ist es für dich richtig.»

Gibt es so etwas wie Zauberei? «Wenn du das glaubst, ist es für dich richtig.»

Aber sie gab nicht alles zurück. Man mußte sie aufmerksam beobachten, um zu sehen, wie sie ihre Antworten abstufte. Es gab da feine Unterschiede.

Ob sie glaube, daß im Inneren einer Pyramide Lebensmittel nicht verderben? «Ich weiß nicht. Manche Menschen glauben oder glaubten das.»

Ob sie an Astrologie glaube? «Ich lese gern Horoskope in der Zeitung.»

Ob sie an das Bermuda-Dreieck glaube? «Nun...»

Ob sie an Vampire glaube? «Natürlich nicht», gab sie lachend zurück.

Aber im allgemeinen war sie zurückhaltend mit Äußerungen darüber, was bestimmte Dinge bedeuteten. Jemand fragte sie nach der Bedeutung der Farben in den Auren.

«Ich weiß nicht, was die Farben bedeuten», sagte sie. «Es gibt unterschiedliche Ansichten dazu, aber ich weiß es nicht. Ich nehme an, daß die Menschen die Farben unterschiedlich wahrnehmen, wie sie auch Krankheitszustände unterschiedlich wahrnehmen.»

Eines Abends dämpfte sie das Licht im Raum, holte ein schwarzes Tuch hervor und hängte es über eine Tür. Dann bat sie einen der Männer, sein Hemd auszuziehen und sich vor das Tuch zu stellen. Sie fragte: «Was seht ihr?»

Sogleich begannen alle in der Gruppe zu reden. «Seine Aura ist rosa.»

«Sie pulsiert.»

«Links stärker als rechts.»

«Er hat viel Energie in den Händen.»

Carolyn nickte, zufrieden mit ihren gelehrigen Schülern. Sie sah zu mir hin. «Nun, was ist mit dir? Was siehst du?»

«Nichts», sagte ich. Es stimmte; ich sah nichts. Und je mehr andere sahen, je angestrengter ich die Augen zusammenkniff, das Gesicht verzog und mir Mühe gab, desto hoffnungsloser schien mir die Sache. Es war zum Haare ausraufen, wenn man hörte, was die anderen angeblich so sahen.

«Sein Herz-Chakra ist äußerst aktiv.»

«Um sein Handgelenk liegt ein leuchtend rotes Band.»

«An seinen Knien kommt es zu kleinen Entladungen.»

Alle sahen das. Nur ich nicht.

«Entspann dich einfach», sagte Carolyn. «Du mußt dich entspannen. Du darfst es nicht so wichtig nehmen.»

Ich begann, es nicht so wichtig zu nehmen. Die ganze Sache war blöd. Ich wollte keine Auren sehen. Es lohnte sich nicht. Wem lag schon an Auren? Was sollte das? Ohnehin war das alles bloß Einbildung; all diese Leute bildeten sich was ein, und ich war viel vernünftiger, weil ich dabei nicht mitmachte.

Ich sah beiseite und rieb mir die Augen. Ich geb auf, dachte ich. Dann schaute ich noch einmal hin.

Ich sah einen Mann vor einem schwarzen Tuch stehen. Um ihn herum lag eine schimmernde weiße Wolke, die sich bis etwa fünfzehn Zentimeter um seinen Körperumriß erstreckte. Am besten konnte ich sie in der Nähe der Schultern und des Kopfes sehen, aber sie war auch überall sonst zu erkennen. Sie dehnte sich langsam aus und zog sich wieder zusammen, als atme er. Aber die Bewegung verlief nicht synchron zu seinem Atem, sie hatte ihren eigenen Rhythmus.

«Ach du großer Gott», sagte ich.

Carolyn lachte.

Sie bat einen anderen Mann, sich hinzustellen. Er sah vollständig anders aus. Zwar umgab ihn eine Wolke, aber sie pulsierte rasch, zog sich zusammen, dehnte sich aus, zog sich zusammen, dehnte sich aus. Von der Haut dieses Mannes gingen allerlei elektrische Entladungen aus. Lange Funken stiegen von seiner Stirn in den Raum. Um seinen Hals lag ein rosarotes Band. Seine Hände glühten, als habe er sie in Phosphor getaucht.

«Ich kann es nicht glauben.»

«Glaub's nur», sagte Carolyn.

Die anderen beschrieben, was sie sahen. «John pulsiert viel rascher; seine Hände sind ganz heiß; er hat einen roten Ring um den Hals, und alles mögliche steigt von seiner Stirn auf.»

Sie sahen dasselbe wie ich.

Ich dachte: *Prima! Ich kann Auren sehen!*

Und schlagartig sah ich nichts mehr. Lediglich John stand da vorn, ohne Hemd.

Aber jetzt, da ich der Sache auf die Spur gekommen war, hatte ich eine Vorstellung davon, was man fühlen, in welchem Zustand man sich befinden muß. Ich entspannte mich. Ich holte den Zustand

Schritt für Schritt zurück. Ich merkte allmählich, daß eine gewisse Art von Unaufmerksamkeit erforderlich war, ungefähr so, wie wenn man mit einer Tasse Kaffee durch einen Raum geht. Wer angestrengt auf den Kaffee sieht, verschüttet ihn. Wer überhaupt nicht darauf achtet, verschüttet ihn ebenfalls. Man muß zwar an den Kaffee denken, darf sich aber keine Sorgen darum machen, dann kann man ihn sonstwohin tragen. So ähnlich war das.

Man mußte die Sache mit Gleichmut angehen.

Erneut sah ich die Aura. Jetzt trat wieder das erste Versuchskaninchen, George, vor das schwarze Tuch. Nach wie vor pulsierte er langsam, weit langsamer als John. Ich hielt den Blick fest auf sein Gesicht gerichtet. Während ich hinsah, verfärbte es sich grau, seine Züge wurden unsichtbar.

Ich fragte Carolyn danach.

«Ja», sagte sie. «Das liegt daran, daß seine Aura dreidimensional ist. Wenn du den vor dem Gesicht liegenden Teil siehst, verschwimmen seine Züge.»

Es war ganz offenkundig dasselbe, was ich vor einigen Jahren bei meiner gemeinsamen Meditation mit Linda erlebt hatte. Hier eröffnete sich ein Zusammenhang. Wir betrachteten das Schauspiel, das sich uns bot, noch eine Weile, dann machte Carolyn wieder Licht.

Um sie herum konnte ich Energie sehen. Sogar im hellen Licht ließ sich deutlich erkennen, was für eine starke Ausstrahlung Carolyn hatte. Um ihren Kopf herum sah ich gewaltige leuchtend grüne Gebilde, wie Federwölkchen. Hinreißend! Unglaublich!

Aber kaum hatte ich mich in diese Wahrnehmung hineingesteigert, da sah ich schon nichts mehr. Ich mußte mich entspannen und wieder von vorn beginnen.

Die ganze Nacht ging ich herum und überall sah ich Auren. Ich ging hinaus und blickte zu dem Berg hinüber. Er war aktiv, zeigte mir Funken, Schlangen und orangefarbene Explosionswölkchen. Ich blickte auf die Bäume. Sie leuchteten. Ich kehrte ins Haus zurück. Alle leuchteten. Es war hinreißend. Kein Wunder, daß Carolyn keine Bilder an ihren Wänden hatte. Diese Energie war weit fesselnder.

Am nächsten Morgen hatte ich meine Fähigkeit, Auren zu sehen, akzeptiert. Das wäre erledigt. Und jetzt? Ich war sicher, daß etwas Wunderbares folgen würde. Ich war in Hochstimmung. Den ganzen Tag über wanderte ich allein in den Bergen umher. Ich freute mich auf ein wundervolles Erlebnis, etwas wirklich Erleuchtendes und Spektakuläres.

Ich sah ein paar Kaninchen. Sie hüpften davon.

Das war alles.

Carolyn ließ uns eine Meditationsübung machen. «Jeder in dieser Gruppe besitzt die Fähigkeit, andere zu lieben. Ich möchte, daß ihr rausgeht und euch selbst liebt. Setzt euch unter einen Wacholderbusch in der Wüste, meditiert und liebt euch selbst, sofern ihr dazu imstande seid.»

Mir war bekannt, daß das normalerweise eine schwierige Meditation ist, aber ich war vorbereitet. Voll Zuversicht ging ich in die Wüste hinaus, suchte mir einen Wacholderbusch, setzte mich darunter und begann zu meditieren. Dann fiel mir ein, daß es im Sand Ameisen oder dergleichen geben könnte. Ich rutschte unruhig herum. Möglicherweise hielten sich in der Nähe dieses Wacholderbusches ja auch Schlangen auf. Vielleicht war es besser, nachzusehen.

Diese Gedanken störten meine Meditation. Ich konnte mich nicht konzentrieren und kam schließlich zu dem Ergebnis, daß es nicht der richtige Baum sei. Also suchte ich mir einen anderen. Er war ebenfalls nicht der richtige.

Ich zog weiter in die Wüste. Offensichtlich brauchte ich für diese schwierige Meditationsübung Einsamkeit. Ich setzte mich unter einen Busch und entspannte mich. Wieder sah ich ein Kaninchen. Es hüpfte davon. Aber mir war klar, daß es sich noch in der Nähe aufhielt. Sobald ich mit der Meditation begann, würde es zurückgehüpft kommen, und mit meiner Konzentration wäre es aus. Ich zog abermals um.

Ich suchte mir einen neuen Busch. Ich setzte mich, aber der Busch war auf der einen Seite verdorrt und bot keinen Schatten gegen die Sonne. Es war zu heiß, um dort zu sitzen und zu meditieren. Ich hielt es für besser, eine andere Stelle aufzusuchen.

Doch dann dachte ich: Das ist doch albern. Bleib hier und tu, was du zu tun hast.

Also blieb ich. Ich versuchte zu meditieren. Es ging nicht. Ich war unfähig, mich zu konzentrieren. Schließlich gab ich auf und beschloß, mich an einem anderen Tag selbst zu lieben.

Zwei Tage lang fasteten und schwiegen wir. Wir sollten während dieser Zeit niemandem in die Augen sehen oder auf irgendeine Weise die Anwesenheit anderer zur Kenntnis nehmen.

Das fiel mir unglaublich schwer. Ich konnte mich nicht mit einem anderen Menschen in einem Raum – beispielsweise der Küche – aufhalten, ohne seine Gegenwart zur Kenntnis zu nehmen. Es war mir nicht möglich, so zu tun, als sei der Betreffende nicht da. Ich sah darin eine ungeheuerliche Kränkung.

Das Fasten fiel mir nicht schwer und auch nicht das Schweigen. Aber das mit dem Übersehen kam mir unbarmherzig vor. Nicht nur tat ich mich äußerst schwer damit, andere so zu behandeln, ich war auch zutiefst gekränkt, wenn man mich nicht zur Kenntnis nahm. Wie konnten die anderen nur? Es schmerzte, übersehen zu werden.

Ich pfiff auf die Anweisung und versuchte, den Blick anderer auf mich zu lenken. Ich nickte und lächelte ihnen zu. Aber kein einziger von ihnen sah mich an. Den ganzen ersten Tag hindurch fühlte ich mich elend.

Schließlich gewöhnte ich mich daran.

Die meisten Teilnehmer an jenem Seminar waren sympathisch, einzelne aber konnte ich nicht ausstehen. Sie gingen mir einfach auf die Nerven. Eine Frau war stets trübsinnig, bekümmert und in Tränen aufgelöst. Ich hielt es nicht aus, sie immer so niedergeschlagen zu sehen, wie sie mit ihren Papiertaschentüchern herumzog und hineinschniefte. Warum riß sie sich nicht zusammen und machte etwas aus ihrem Leben?

Ein Mann beklagte sich ständig. Er jammerte über alles und jedes – nicht nur über Dinge, die er während des Seminars erlebte, sondern auch über sein bisheriges Dasein. Wie schlecht man ihn behandelt habe. Wie oft ihm Unrecht geschehen sei. Ich konnte sein weinerliches Getue nicht mit anhören.

In der zweiten Woche begann mir meine Abneigung gegen diese Menschen lästig zu werden. Ich wollte mich von ihr befreien und ging in die Wüste hinaus, um zu überlegen, warum mich das so ärgerte. Schließlich hatten auch andere ihre Eigenheiten, und bei denen schien mir das nichts auszumachen. Was war an diesen beiden anders?

Wahrscheinlich riefen sie mir Eigenschaften ins Gedächtnis, die ich an mir selbst nicht ausstehen konnte. Doch sosehr ich mich auch bemühte, ich stellte keinen Zusammenhang zwischen ihnen und mir fest. Weder weinte ich beständig, noch beklagte ich mich unausgesetzt. Oder?

Andererseits hätte ich, um meine Abneigung zu überwinden, ihr Weinen und Klagen akzeptieren müssen. Das aber brachte ich nicht fertig.

Ich wurde zusehends kritischer. Mir begann dies und jenes aufzufallen, das mir an dem Seminar nicht gefiel. Beispielsweise der Sprachgebrauch.

Es gibt einen richtigen Seminar-Jargon. Da wird über eine Schwierigkeit nicht nachgedacht, sondern man setzt sich mit einem Problem auseinander. Man sagt einem anderen nicht etwas, sondern kommuniziert mit ihm. Ein Mann hat nicht etwa eine Freundin, sondern eine Beziehung. Man erörtert Fragen nicht – sie werden ausdiskutiert.

Ich begann, mich wegen dieses Jargons in der Gruppe zu beklagen. Ich erklärte, wer sich um höhere spirituelle Erfahrungen bemühe, solle dazu keinen spezialisierten Jargon verwenden. Dieser Jargon definiere diese Menschen als Gruppe, gestatte ihnen ein Gefühl der Selbstzufriedenheit und Exklusivität und versperre ganz allgemein den Zugang zu einer unmittelbaren Erfahrung. Niemand wollte davon etwas hören.

Bald darauf merkte ich, daß man sich mir gegenüber gleichgültig verhielt. Keinem dieser Menschen und auch sonst niemandem lag etwas an mir. Nahezu zwei Tage lang war ich niedergeschlagen.

Dann merkte ich, daß ich keine Vorbehalte mehr gegen irgendeinen der Seminarteilnehmer hatte. Es waren großartige Menschen, einer wie der andere. Ich mochte sie alle. Nicht einmal gegen den Jargon hatte ich etwas einzuwenden.

Ich machte in jeder Hinsicht Fortschritte – nur in einem Punkt kam ich nicht vom Fleck. Obwohl ich von Anfang an die meisten Nächte in der Wüste verbracht hatte, hatte ich es nie fertiggebracht, meine alberne Angst vor wilden Tieren zu überwinden.

Einige Jahre zuvor war ich zu der festen Überzeugung gelangt, daß ich vor Tieren keine Angst hätte. Doch jeden Abend, wenn ich mich in der Nähe von Carolyns Haus in meinem Schlafsack zusammenrollte, setzten die Gedanken ein.

Zuerst Skorpione. Ich war besorgt wegen der Skorpione. Zwar hatte ich bisher keine gesehen, wußte aber, daß es dort welche gab. Dann Klapperschlangen. Was, wenn eine Schlange in meinen Schlafsack kroch? Gerade weil es draußen für Schlangen noch zu kalt war, konnten sie in meinen angenehm warmen Schlafsack kriechen.

Was würde ich eigentlich tun, wenn ich in meinem Schlafsack auf eine Schlange stieß? Wohin würde sie kriechen? Würde sie sich am Fußende des Schlafsacks zusammenrollen?

Wenn ich genug über Klapperschlangen zusammenphantasiert hatte, hörte ich die Kojoten heulen und begann, mir Gedanken über sie zu machen.

Die tun dir bestimmt nichts, denke ich.

Meinst du? Was glaubst du wohl, wie du in diesem Schlafsack aussiehst? Wie eine riesige Salami, jawohl. Ein schmackhafter Sack voll Fleisch. Genau das richtige für einen Kojoten.

Ich glaube nicht, daß die mir was tun.

Bist du da sicher? Vielleicht doch. Vor allem, wenn sie die Tollwut haben. Ein tollwütiges Tier ist unberechenbar. Es verliert jede Angst vor dem Menschen. Es kommt stracks auf einen zu. Schnapp...

Ich glaube nicht, daß hier Tollwut herrscht.

Nein? Wenn du gebissen wirst, mußt du dir eine Spritze geben lassen; und du weißt ja, wie du die verabscheust.

Ach was, eine Spritze ist nur eine Spritze.

Es tut aber weh. Außerdem weißt du, daß sie nicht immer so wirken, wie man das gern hätte. Du könntest trotzdem sterben. Und... was, wenn du gebissen wirst und es nicht merkst?

Ich würde es bestimmt merken.

Meinst du? Vampirfledermäuse haben rasiermesserscharfe Zähne und beißen zwischen den Zehen zu. Du wirst nicht mal wach, wenn sie dir das Blut aussaugen.

Hier gibt es keine Vampirfledermäuse. Können wir jetzt vielleicht einfach schlafen?

Nein. Hier ist es nicht sicher.

So ging mein Dialog mit mir selbst weiter. Jeden Abend dauerte es eine halbe Stunde, bis ich mich soweit beruhigt hatte, daß ich einschlafen konnte. Und in den folgenden Nächten wurde es nicht besser. In der letzten Nacht des Seminars erwachte ich um Mitternacht und hörte die Kojoten am Nebenhaus den Abfall fressen. Knochen splitterten. Kiefer mahlten.

Du bist der nächste.

Hör mal, können wir nicht einfach schlafen? Weißt du noch, wie das mit dem Elefanten in Kenia war? Weißt du noch, wie lächerlich du dir da vorgekommen bist?

Das war damals. Jetzt ist jetzt.

Knochen splitterten.

Überleg nur, wie behaglich es im Haus wär...

Ich geh da nicht rein.

Ein hübsches bequemes Bett...

Ich geh nicht ins Haus.

Das tust du nur deshalb nicht, weil du allen erzählt hast, daß du keine Angst vor Tieren hast. In Wirklichkeit bist du völlig hysterisch. Du hast keine Ahnung, wer du wirklich bist. Gib's nur zu: Du hast hier draußen Angst.

Ich geh nicht ins Haus.

Na schön. Wie du willst. Die Kojoten haben bestimmt noch Hunger, wenn sie mit dem Abfall fertig sind...

Ich geh nicht ins Haus.

Und ich blieb eisern. Aber der Kampf hörte nicht auf. Die Stimmen in meinem Kopf führten den Dialog beständig weiter. Und ich dachte: Hab ich diesen Kampf denn nicht schon geführt? Kann ich nicht einfach einschlafen? Die Antwort hieß nein.

Und schließlich schrie ich mitten in der Nacht mit lauter Stimme: «Also gut, verdammt noch mal, ich geb es zu: *Ich hab Angst vor Tieren!*»

Und du hast keine Ahnung, wer du bist...

«Und ich hab keine Ahnung, wer ich bin!»

Danach fiel ich in tiefen Schlaf.

Als ich nach Hause zurückkehrte, sah ich alle Leute aufmerksam an. Ich wollte erkennen, ob ich nach wie vor fähig war, Auren zu sehen. Das war der Fall. Es macht Spaß. Wenn es bei einer Abendgesellschaft langweilig wird, muß man einfach anderer Leute Auren angucken.

Aber das war meiner Ansicht nach nicht das Wichtigste, was ich bei jenem Seminar gelernt habe. Das Wichtigste schien mir zu sein, daß ich zwar viel über mich erfahren hatte, aber nach wie vor zugeben mußte – so, wie ich es in die Wüste hinausgeschrien hatte –, daß ich keine Ahnung hatte, wer ich war.

FREMDE WESENHEIT

Im Frühjahr 1986 arbeitete ich nach wie vor mit Gary, dem Mann, der mich mit dem Channelling vertraut gemacht hatte. Ich fuhr fort, gemeinsam mit ihm veränderte Bewußtseinszustände zu erforschen.

Ich bemühte mich, über das, was geschah, kein Urteil abzugeben, sondern alles als Erlebnis hinzunehmen, ob Stadien früheren Lebens, gelenkte Meditation oder Astralreise. Ich machte einfach mit, weil mich das alles fesselte.

In diese allgemeine Grundstimmung hinein – eine interessante Sache, viele Zweifel und keine Ahnung, was das zu bedeuten hatte – sagte Gary nach einer Séance: «Bei unserer Arbeit hab ich heute um dich rum eine Wesenheit gespürt.»

«Eine was?»

«Eine Wesenheit. Eine dunkle Kraft.»

«Eine Wesenheit», wiederholte ich. Ich erfaßte das alles sehr langsam. Mir war nicht klar, was er damit sagen wollte.

«Ich glaub, sie stört unsere Arbeit», sagte Gary.

«Wer?»

«Die Wesenheit. Es ist ein Er. Er ist mit dir verbunden. Spürst du was davon?»

«Nein», sagte ich, allmählich irritiert. Gary klang, als sei mit mir etwas nicht in Ordnung. Eine mit mir verbundene Wesenheit. «Was ist das überhaupt, eine Wesenheit?»

«Nun, es könnte eine vom Körper getrennte Seele sein, eine vagabundierende Seele.»

«Eine vagabundierende Seele?»

«Ja. Möglicherweise hast du die zu einer früheren Zeit deines Lebens aufgenommen, vielleicht, als du krank warst oder irgendwann viel getrunken oder Drogen genommen hast. Wer schwach ist, dem kann sich so was ans Feld heften und als blinder Passagier mitreisen. Das hängt einem dann manchmal über Jahre hinweg an. Vielleicht ist es auch ein von dir selbst hervorgebrachtes Gedankenkonstrukt. Ich weiß es wirklich nicht. Aber es ist da.»

Jetzt verstand ich ihn.

«Du willst sagen, daß ich besessen bin.»

«Nun, das ist sehr bildhaft ausgedrückt.»

Das genügte. Ich war außer mir.

«Was heißt bildhaft?» fragte ich aufgebracht. «Du meinst, ich hab irgendeinen Dämon in mir oder so was? Du meinst, ich brauch 'nen Exorzisten?»

«Wäre das so schlimm?» fragte Gary gelassen.

«Ja!» brüllte ich. «Ja! Entsetzlich! Was soll ich denn bloß machen?»

«Ich bin nicht sicher», sagte Gary. «Ich muß erst ein paar Leute fragen.»

«Was willst du die fragen?»

«Ich kenn ein paar Leute, die mit so was Erfahrung haben.»

«Leute, die bei einer Teufelsaustreibung zugeschaut haben?»

«Ja. Einen. Laß uns morgen darüber reden.»

«Was sagst du mir da? Gary, hör zu. Ich hab 'nen Beruf, muß schreiben, brauch mein inneres Gleichgewicht. Du kannst doch nicht einfach Leuten erzählen, sie seien von irgendwelchen Wesenheiten besessen, und laß uns morgen darüber reden!» Jetzt war ich richtig in Fahrt.

«Sieh mal», sagte er fest. «Mir gefällt das auch nicht. Wir werden morgen darüber reden. Aber ich bin ziemlich sicher, daß sich in deinem Umfeld eine Wesenheit aufhält. Zerbrich dir einfach nicht den Kopf darüber. Es ist nicht das Ende der Welt.»

Es ist nicht das Ende der Welt.

Ich war wütend. Ich war abgelenkt. Am folgenden Tag war ich immer noch abgelenkt. Ich war außerstande zu schreiben. Ich tobte innerlich vor Wut. Ich rief Gary an.

«Wie fühlst du dich?» fragte er.

«Was glaubst du wohl», fauchte ich. «Grauenhaft.»

«Na schön», sagte er. «Komm um fünf rüber; wir machen dann eine Séance.»

«In Ordnung.»

«Hör mal», sagte er. «Ich hab noch jemand dazu eingeladen. Eine Psychologin, falls dir das recht ist.»

«Schon gut.»

«Bist du sicher? Sie kommt nur, wenn es dir wirklich recht ist.»

«Es ist in Ordnung», sagte ich.

Um fünf suchte ich Gary in seiner Wohnung auf. Sie war nicht wiederzuerkennen. Die Vorhänge waren zugezogen. Überall standen brennende Kerzen. Auf dem Sofa waren Bilder der verschiedensten Heiligen aufgereiht, von Jesus Christus bis Muktananda. Auf allen Tischen lagen Kristalle. In der Mitte des Raumes stand der Massagetisch, mit einem weißen Laken bedeckt.

Sieh mal an, dachte ich. *Ein richtiger Exorzismus.*

Ich wurde einer kleinen hübschen Frau mit kurzem Haar vorgestellt. Sie hieß Beth. Obwohl sie sehr ruhig wirkte, spürte man im Raum eine gewisse angespannte Stimmung. Gary wirkte nervös.

Auch ich war nervös. Ich beschwerte mich, daß er mir diese Sache mit der Wesenheit angehängt hatte, stellte klar, für wie albern ich das alles hielt. Eine Wesenheit, also ehrlich!

Sie hörten zu, und dann sagte Beth mit ihrer ruhigen Stimme: «Und wenn er recht hätte?»

Ich war platt: sie stimmte ihm zu.

«Glauben *Sie* etwa auch daran?»

«Ich spüre etwas um Sie herum», erwiderte sie.

«Na schön», sagte ich. Es reichte.

«Wenn du fertig bist, könntest du dich auf den Tisch legen», schlug Gary vor.

Ich legte mich auf den Tisch. Jetzt war ich ziemlich unruhig. Immer wieder sah ich die melodramatischen Bilder mit Max von Sydow und Linda Blair vor meinem inneren Auge.

Ein anderer Teil meines Ichs war hingegen erregt. Eine Teufelsaustreibung! Mal sehen, was da passierte.

Was passierte, war, daß Gary sagte: «Ich beschäftige mich jetzt erst mal 'ne Weile mit Beth. Entspann dich einfach.»

Ich blieb mit geschlossenen Augen auf dem Tisch liegen und entspannte mich. Ich hörte, wie Gary Beth half, sich auf ein Sofa zu legen, und sie dann in einen veränderten Bewußtseinszustand hinüberführte. Er sprach mit ihr und spielte Bänder mit allerlei eigenartigen Tönen. Es dauerte eine Weile; er führte sie tief hinab.

Schließlich hörte ich seine Stimme ganz nah an meinem Ohr. «Bist du soweit?»

«Ja», sagte ich. Inzwischen war ich entsetzlich nervös. Ein Teil von mir sagte: Das ist doch verrückt. Eine Teufelsaustreibung! Du weißt überhaupt nicht, was passiert. Aber ich war entschlossen, die Sache durchzustehen.

«Okay», sagte Gary und führte mich ähnlich wie Beth in einen veränderten Bewußtseinszustand. Ich stellte mir vor, daß ich Licht sah, entspannte mich, stellte mir vor, wie ich mein Ich aus meiner Mitte entfernte. Gewöhnlich nahm das nur einige Minuten in Anspruch, diesmal aber schien es sich endlos hinzuziehen; er wollte auch mich tief hinabführen.

Schließlich sagte Gary: «So, Michael, jetzt stell dir vor, daß dein Körper vollständig von Licht umgeben ist, so viel Licht, daß sich alles Dunkle davor abzeichnet.»

Das tat ich.

«So, Michael. Siehst du jetzt irgendwas Dunkles um deinen Körper herum?»

Ich versuchte zu sehen. Zu meiner Überraschung sah ich die Karikatur eines Dämons mit Flügeln, wie ihn Walt Disney hätte zeichnen können, ähnlich wie der Teufel aus *Fantasia*. Diesen Teufel sah ich unmittelbar vor mir. Außerdem sah ich in der Nähe meiner Füße eine Art großes Insekt, ähnlich einer Ameise, sowie hinter meiner linken Schulter ein etwa sechzig Zentimeter hohes Männchen mit einem Hut auf dem Kopf.

«Siehst du was?» fragte Gary.

Ich kam mir albern vor. Das Hauptbild war eine Teufelskarikatur. Ich dachte nicht daran, zu berichten, daß ich einen Walt Disney-Teufel sah.

«Nein», sagte ich.

Gary durchquerte den Raum. «Beth, hast du inzwischen was?»

Dann hörte ich Beths Stimme schläfrig und wie in Trance antworten: «Drei Wesenheiten sind um ihn. Ein großes Geschöpf, ein Insekt und ein kleiner Mann.»

Ach du großer Gott, dachte ich.

Ich hatte nichts gesagt. Ich lag mit geschlossenen Augen auf einem Tisch. Beth lag mit geschlossenen Augen auf einer Couch im anderen Teil des Raumes. Ich hatte sie noch nie gesehen. Es gab für uns keine Möglichkeit der Verständigung. Dennoch sah sie, was ich sah. Wie war das möglich?

Gary trat wieder neben mich und sagte: «Hast du gehört, was Beth gesagt hat?»

«Ja.»

«Hast du eine Reaktion?»

«Ja», sagte ich. Ich gab zu, daß sie recht hatte. Ich beschrieb die drei dunklen Wesenheiten. Inzwischen begannen sich Nacken und Schulter auf meiner linken Körperseite schmerzhaft zu verkrampfen. Ich erinnerte mich an das erste Mal, als ich das gespürt hatte: es war im Sommer 1968 gewesen, während meines Medizinstudiums, auf der Rückfahrt von Florida nach Massachusetts. Ich war mit meiner Frau einige Wochen in Florida gewesen, um zu tauchen und ein Buch zu überarbeiten, das ich *Andromeda* nennen wollte, falls es je fertig würde. Mit der Arbeit war ich flott vorangekommen, doch als ich in meinem blauen Volvo heimfuhr, hatten Hals und Schulter links quälend zu schmerzen begonnen. Dieser Schmerz hatte etwa fünf Monate angehalten und dann allmählich nachgelassen. Ich hatte die Sache als Verkrampfung durch Maschineschreiben oder Autofahren angesehen.

«Laß uns mal mit dem kleinen Mann reden», sagte Gary.

Ich versuchte es. Er war nicht bereit, etwas zu sagen, aber ich spürte, daß sich unter dem Sonnenhut ein zorniger alter Bursche verbarg. Ich konnte ihn nicht richtig sehen, weil er hinter meiner Schulter stand, wohl aber sah ich, daß er eine Angel in der Hand hielt.

Gary stellte ihm selbst einige Fragen, aber damit kamen wir nicht so recht weiter. Der kleine Mann blieb stumm.

Gary bat Beth um Vorschläge.

«Sprich mit dem Wesen vorn», sagte sie.

«Aber das ist doch ein Walt Disney-Teufel», sagte ich, «eine Karikatur.»

«In der Gestalt zeigt er sich», sagte sie, «weil er von Ihnen so gesehen werden möchte.»

Gary fragte: «Kannst du mit ihm reden?»

Ich probierte es. Ich sah das Wesen als eine Art Fledermaus mit leuchtenden leeren Augenhöhlen. Aber ich konnte mit ihm reden.

«Frag es, wie lange es schon bei dir ist.»

Lange. Viele Jahre.

«Frag es, woher es kommt.»

Ich hab es gemacht.

«Wann?»

Als ich vier war.

«Warum?»

Um mich zu schützen.

«Wovor?»

Meinem Vater.

«Was ist mit deinem Vater?»

Mein Vater will mich umbringen.

Ich stehe vor dem Haus, erkenne eine geschwungene kiesbestreute Auffahrt, sehe mein Dreirad. Mein Gesichtsfeld ist niedrig. Den Kies sehe ich etwa in Höhe des Dreiradlenkers. Das schmale Haus hinter mir hat zwei Stockwerke. Es ist Frühling. Die Sonne scheint. Ich sehe viele grüne Bäume. Hinter der Auffahrt liegt die Straße. Gegenüber erhebt sich eine Felswand aus gelblichem Gestein, vielleicht dreißig Meter hoch.

Mein Vater ist vor nicht allzu langer Zeit von der Marine zurückgekehrt. Er und ich wollen die Felswand besteigen. Wir verabschieden uns von meiner Mutter, überqueren die Straße und beginnen zu klettern. Ich bin vorn. Mein Vater ist hinter mir, damit er mich auffangen kann, wenn ich falle.

Wir beginnen hinaufzusteigen, und ich habe keine Angst. Bald aber sind wir hoch oben, die Felswand ist steil. Einen leichten Weg hinauf gibt es nicht. Ich weiß nicht, wohin ich als nächstes meine Hände und Füße setzen soll. Ich bekomme Angst. Als ich zu meinem Vater hinuntersehe, der hinter mir ist, merke ich, daß auch er Angst hat. Es ist wohl schwieriger, als er angenommen hatte. Ich bin bei ihm nicht sicher. Wenn ich falle, kann er mich nicht auffangen.

Er hat mich belogen. Ich habe große Angst. Das Gestein ist scharf und schneidet mir in die Finger. Es ist bröckelig, löst sich in Stücken unter meinen Händen.

Wir kommen weiter voran. Irgendwie schaffen wir es bis oben. Wir haben Taschentücher mitgenommen, um meiner Mutter im Haus tief unter uns zuwinken zu können. Das tun wir, dann gehen wir auf einem anderen Weg zurück, einem sich sanft senkenden, der zwischen Nadelbäumen hindurchführt. Mein Vater ist neben mir. Mein Herz klopft vor Angst, während ich neben ihm gehe.

Mount Ivy im Staat New York, 1946.

Gary fragte: «Du hast das Wesen gemacht, um dich vor deinem Vater zu schützen?»

Mein Vater war in der Marine gewesen. Er war heimgekehrt, aber meine Mutter zog mich ihm vor. Das nahm er mir übel. Er wollte mich aus dem Weg haben. Er wollte, daß ich von der Felswand stürzte und starb.

Er haßte mich.

«Und hat dich das Wesen beschützt?»

Ja.

Gary fragte: «Hast du es deswegen all die Jahre bei dir behalten?»

Ich bin dreizehn. Inzwischen bin ich größer als mein Vater, aber schrecklich dürr. Wir spielen im Hof hinter dem Haus Korbball. Er setzt mir dabei hart zu, stößt mich. Oft stürze ich dabei zu Boden. Manchmal würde ich am liebsten weinen.

Roselyn, im Staat New York, 1955.

«Und hat dich das Wesen auch auf andere Weise beschützt?»

Ja.

Ich bin in der Schule. Mit meinen dreizehn Jahren bin ich genau zwei Meter groß und wiege nicht mal sechzig Kilo. Ich sehe aus wie ein Gerippe. Dreißig Zentimeter bin ich im letzten Jahr gewachsen. Niemand in der Schule ist größer als ich, nicht einmal die Lehrer. Alle lachen mich aus. Die älteren Jungen verfolgen mich manchmal auf dem Heimweg, stoßen mich zu Boden, setzen sich auf mich und lachen mich aus.

Aber jedesmal, wenn das geschieht, jedesmal, wenn man mich demütigt, jedesmal, wenn man mich auslacht, schiebe ich das weg.

Es ist, als komme eine unsichtbare Wand herunter. Die übrige Welt verdüstert sich, ich kann die lachenden Stimmen kaum hören, wohl aber ein Flüstern im Ohr. Es sagt: Das sind Dummköpfe. Ich bin klug, und ich werde es ihnen allen zeigen. Das sind Dummköpfe. Jeder, der mich auslacht, ist ein Dummkopf.

«Dann hat dich also das von dir erfundene Wesen vor Schmerzen bewahrt?»

Ja.

«Vor dem Schmerz, der damit zusammenhing, daß du so aufgewachsen bist.»

Ja.

«Und später?»

Im College. Es gab mir die Möglichkeit, Leute nicht zur Kenntnis zu nehmen. Ich sah sie einfach an, dachte: Du bist ein richtiges Arschloch, konnte sie zum Schweigen bringen und erreichen, daß sie mich zufrieden ließen.

«Und später?»

Das Medizinstudium. Es wurde weniger. Im Laufe der Zeit immer weniger.

«Und jetzt? Tut das Wesen zur Zeit irgendwas für dich?»

Nein.

Ich stelle das mit einiger Überraschung fest. Die Bilder, die ich jetzt sehe, sind Episoden, in denen ich auf Schranken, Hindernisse stoße, die Schwierigkeit, meine eigenen Verteidigungsmechanismen zu überwinden. Meine eigene Schroffheit.

«Du bist also bereit, das Wesen aufzugeben?»

«Ja.»

«Beth, was meinst du zu dem, was er sagt?»

«Ich glaube nicht, daß Michael bereit ist, es aufzugeben.»

«Ich auch nicht», sagt Gary.

Ich höre sie mit sonderbarer Teilnahmslosigkeit. Ich fühle mich äußerst apathisch, schwebe, treibe mit der Flut aus Bildern und Gemütsbewegungen dahin.

Erneut Gary: «Du hast den Eindruck, daß dir das Wesen zur Zeit nicht hilft. Wir wollen ganz sicher sein. Hilft es dir vielleicht beim Schreiben?»

Nein.

In der Hinsicht bin ich mir ganz sicher. Das Wesen ist in einer

302

geradezu besessenen Weise auf Schutz und Abwehr bedacht. Davon will ich mich befreien.

«Beth?»

«Das stimmt.»

«Tut das Wesen irgendwas bei deiner anderen Arbeit, Filme oder Fernsehen?»

Darüber muß ich nachdenken. Die Arbeit mit anderen Menschen geht einem bisweilen an die Nieren, sie können sehr anstrengend sein. Manchmal werden dabei meine Gefühle verletzt, und die Stimme flüstert mir Trostworte zu.

«Ja, aber ich kann ohne es leben.»

«Beth?»

«Ja. Das kann er.»

«Hat das Wesen irgendeine Funktion in der Beziehung zu Anne-Marie?»

Ich weiß, daß das der Fall ist: «Es verschafft mir Ruhe.»

Wenn wir bisweilen unterschiedlicher Meinung sind, wenn ich mich zu Unrecht angegriffen fühle, wenn ich glaube, daß meine Gefühle nicht berücksichtigt werden, errichte ich einen Schutzwall und ziehe mich dahinter zurück. Entweder gehe ich schmollend aus dem Haus, oder ich setze mich ins Wohnzimmer und schweige grimmig. In beiden Fällen bin ich in Sicherheit, werde beschützt, kann vom Kampf ausruhen, geborgen in meinem Wissen: Was können Frauen schon tun. Sie sind alle gleich. Sie alle leben das aus, was ihnen ihr Vater angetan hat, und du, zufällig das letzte Glied in der Kette, kriegst alles ab. Du bist ihnen egal, sie sind *dir* noch nie im Leben begegnet. Sie benutzen dich einfach.

Und so weiter. Aufgehoben im Gefühl rechtschaffener Empörung und angenehmer Wut.

«Bist du bereit, das aufzugeben?»

«Ich weiß nicht.»

Diese Zuflucht, meine Wut, ist ein Ort, der mir gehört. Gäbe ich sie auf, befände ich mich ziemlich häufig *da draußen*. Das wäre unter Umständen nicht besonders angenehm.

Mir fallen andere Situationen ein. Die Male, da ich ein Kompliment machen wollte, aber damit einen psychologischen Vorteil aufzugeben fürchtete; die Male, da ich sagen wollte, daß ich gekränkt war, statt wütend zu werden; die Male, als ich den Zorn herauslassen wollte, statt ihn tagelang wie eine kugelsichere Weste mit mir herumzutragen; die Male, als ich statt einer Beschwerde einen Wunsch ausdrücken wollte.

Ich merke, daß es möglicherweise besser wäre, es fallenzulassen.

«Ich hab es satt, so zu leben. Ja: ich geb es auf.»

«Beth?»

«Ich habe nach wie vor nicht das Gefühl, daß er wirklich dazu bereit ist.»

«Ich auch nicht», sagt Gary.

Ich fühle mich immer noch neutral. Ich bin ausgeglichen, im Einklang mit mir selbst, treibe dahin. Ich will ihnen glauben.

Gary sagt: «Dies Wesen war für dich während eines großen Teils deines Lebens sehr wichtig.»

«Ja.»

«Ich möchte, daß du ihm für alles dankst, was es für dich getan hat.»

«In Ordnung.»

Das tue ich, im stillen.

«Laut.»

«In Ordnung.»

Ich zögere. Es kommt mir etwas kindisch vor, daß ich mit einer Walt Disney-Teufelskarikatur reden soll, während andere mir dabei zuhören. Ich stelle mir vor, daß ich diesem Wesen ganz förmlich danke. Ein steifer, korrekter Ausdruck meines Dankes.

Mit einemmal öffnet sich mein Mund, und ich höre eine Stimme voll Wärme sagen: «Ich möchte dir aufrichtig für alles danken, was du getan hat. Du warst in vielen schwierigen Situationen treu. Das weiß ich wirklich zu würdigen. Ohne dich hätte ich all das nie bewältigt, hätte es nicht geschafft. Ohne dich wäre ich gestorben. Du hast mich wirklich beschützt und Großartiges für mich geleistet.»

Ich bin entsetzt, daß ich das sage, aber ich sehe einen Gast vor mir, der viele Jahre in meinem Haus gelebt hat, einen Verwandten. Ich habe ein schlechtes Gewissen, weil ich ihn jetzt hinauswerfen muß. Ich versuche, meinen ehrlich empfundenen Dank auszudrücken, gleichzeitig aber schmeichle ich ihn damit auch ein bißchen zur Tür hinaus.

«Du wirst mir wirklich fehlen», sage ich, «doch es ist an der Zeit, daß sich unsere Wege trennen. Du gehst deinen, und ich geh meinen. Alles Gute muß einmal ein Ende haben, aber du sollst wissen, daß ich dich nie vergessen werde, und auch nicht, was du für mich getan hast.»

Jetzt weine ich. Ich hänge an diesem alten Geschöpf, diesem getreuen alten Diener. Es ist mir nicht recht, seine Gefühle zu verletzen. Er wirkt einsam und verloren, aber ich sehe, daß er den Abschied hinnimmt. Ich bin überrascht zu sehen, wie sehr ich ihn liebe, wie tief es mich betrübt, daß wir scheiden müssen.

Ich verabschiede mich.

«Beth?»

«Ich habe den Eindruck, daß er soweit ist.»

«Ich auch.» Gary beugt sich näher über mich. «Michael, wir werden jetzt die Wesenheit entfernen.»

«Was muß ich tun?»

«Nichts. Beth wird es mit mir zusammen tun, auf der Astralebene.»

Ich fühle mich ein wenig ausgeschlossen, tue aber, was man mir sagt, da ich nach wie vor in einem passiven Gemütszustand bin.

Gary geht zu Beth hinüber. Er tuschelt mit Beth. Er hilft ihr, auf die Astralebene zu gelangen. Ich kann nicht richtig hören, was sie sagen; ihre Stimmen sind gedämpft. Außerdem bin ich mit meinen eigenen Gefühlen beschäftigt. Ich weine. Ich bin betrübt wegen des Abschieds.

Nach einer Weile höre ich Beth sagen: «Er kommt noch nicht.»

Ich spüre sofort, daß sie recht hat.

Die Wesenheit befindet sich nach wie vor in meiner Nähe.

Ich werde helfen müssen.

Ich stelle mir vor, daß ich an der Tür eines Bauernhauses stehe. Die Wesenheit steht vor der Tür mit dem Fliegengitter. Die Stunde des Abschieds hat geschlagen. Ich wende der Wesenheit den Rücken zu, um ihr das Fortgehen zu erleichtern. Ich weiß, daß ich sie nie wieder sehen werde. Ich breche in Tränen aus. Aber ich drehe mich nicht um, will nicht sehen, ob sie noch da ist.

«Er kommt nicht.»

Ich wende mich nach wie vor nicht um. Ich spüre, daß die Wesenheit schließlich aufgeben und davongehen wird, wenn ich ihr weiterhin den Rücken zukehre.

«Nein. Noch nicht.»

Ich möchte helfen. Nach wie vor muß zwischen mir und der Wesenheit eine Verbindung bestehen, obwohl ich sie nicht sehen kann. Ich stelle mir eine große Schere vor und schneide mit ihr um meinen ganzen Körper herum durch die Luft, durchtrenne alle schattenhaften Verbindungen. Ich schneide heftig.

«Er kommt nicht.»

Vielleicht strenge ich mich zu sehr an. Vielleicht sollte ich die Dinge sich selbst überlassen. Soll sie es doch tun.

Ich kann sie sehen, auf ihrer Astralebene, im dunstigen gelben Licht, ein wenig über mir. Es ist, als stünden wir an einem Steilhang, sie ein wenig höher als ich, von dem gelben Dunst umgeben. Ich kann sie dort stehen sehen, und dann kann ich mit einemmal die Wesenheit deutlich erkennen.

Das Wesen ist winzig; es reicht ihr kaum bis zur Hüfte. Es hebt hoffnungsvoll den Blick zu ihr empor.

Es ist doch nur ein kleines Kind.

Ich spüre einen heftigen Gefühlsausbruch. Trauer erfaßt mich um dies winzige Wesen, dem Bild seines winzigen Schöpfers nachempfunden, um dies furchtsame verlorene Kind, das jetzt davongehen muß, und ich fühle Trauer um mich selbst, Betrübnis, daß ich weiterziehen muß. Im Augenblick dieses Ausbruchs von Betrübnis schießt das kleine Kind davon, weit in die Ferne.

Mit ausdrucksloser Stimme sagt Beth: «Er ist fort.»

Beth kommt aus der Versunkenheit heraus, und ich auch. Wir sitzen benommen herum; Gary bringt Gläser mit Wasser. Ich sehe auf die Uhr. Es hat dreieinhalb Stunden gedauert. Viel gibt es nicht zu sagen. Alle drei sind wir erschöpft. Gary sagt: «Keine Sorge, der ist weg. Er kommt nicht wieder», und er mahnt mich, auf dem Heimweg vorsichtig zu fahren.

Ich kehre heim und erzähle es Anne-Marie. Sie ist voll Mitgefühl. Sonst sage ich es niemandem. Wie vielen Menschen kann man schon sagen, daß man sich einen Teufel hat austreiben lassen?

Ohnehin ist die eigentliche Frage: Was ist dabei herausgekommen? In den ersten Tagen nicht viel. Dann hatte ich Streit mit Anne-Marie. Es begann auf die übliche Weise, wurde aber bald anders. Ich ging unruhig in der Küche hin und her, überlegte, was ich tun konnte. Es war, als hätte unsere Wohnung einen Raum weniger. Dieser besondere Raum war nicht mehr da. Ich mußte bleiben, wo ich war, und mit Anne-Marie zurechtkommen. Auch spätere Meinungsverschiedenheiten verliefen anders als zuvor, und nach einer Weile begann ich zu begreifen, daß eine dauerhafte Veränderung eingetreten war.

Außerdem fiel mir auf, daß ich mehrere Wochen hindurch gewöhnliche und alltägliche Schmerzen des Lebens besonders intensiv spürte – die kleinen Zurückweisungen, die nur einen Augenblick lang dauern, wenn sich Menschen abwenden, die winzigen Unaufrichtigkeiten, die alltäglichen Kränkungen. Noch nie hatte ich mich so verletzt gefühlt. Doch gleichzeitig merkte ich, daß viele Menschen freundlicher waren als früher. Alles in allem hatte ich schon nach wenigen Wochen den Eindruck, es wieder mit den anderen aufnehmen zu können.

Einige Monate später sprach ich mit Lu, einer Psychologin, die ich von Zeit zu Zeit sehe. Zögernd berichtete ich mein Erlebnis, unsicher, wie sie darauf reagieren würde.

Sie sagte: «Das ist interessant. So was hab ich in letzter Zeit häufiger gehört.»

«Tatsächlich?» fragte ich.

«Aber ja. Wesenheiten sind momentan groß in Mode.»

Ich mußte lachen.

UNMITTELBARE ERFAHRUNG

Damit, daß ich – wie zögernd und flüchtig auch immer – der Möglichkeit Raum gab, eine Wesenheit könne existieren, hatte ich mich ziemlich weit von den herkömmlichen rationalen naturwissenschaftlichen Grundsätzen entfernt, nach denen ich ausgebildet worden war. Offen gestanden beunruhigte mich der Gedanke ein wenig, wie weit ich auf diesem Weg gegangen war. Ich beschloß zusammenzufassen, welche Folgerungen ich im Lauf der Jahre aus all diesen Erlebnissen gezogen hatte, nahm ein Blatt Papier zur Hand und schrieb sie nieder.

Überrascht stellte ich fest, daß es gar nicht besonders viele waren.

1. Das Bewußtsein verfügt über ungeahnte Dimensionen. Die Vielfalt von Bewußtseinsarten ist erheblich größer und widersprüchlicher, als ich gedacht hatte. Davon, daß irgendeinem dieser Bewußtseinszustände eine metaphysische Bedeutung zukommt, bin ich ebensowenig überzeugt wie davon, daß mir eine wirkliche Wesenheit anhaftete. Die Existenz solcher Wesenheiten scheint mir keineswegs sicher, doch räume ich ein, daß auf irgendeiner Stufe der Unterschied zwischen wirklicher und metaphorischer Wesenheit äußerst gering sein mag. Ich darf nicht außer acht lassen, wie ungeheuer mächtig das Bewußtsein selbst ist: In allen Kulturen kann es geschehen, daß Menschen allein durch die Kraft des Glaubens verkrüppeln, erblinden oder gar sterben.

Für mich bedeuten all die verschiedenen Zustände des Bewußtseins eine Landschaft des Geistes, ähnlich der realen Landschaft unseres Planeten. Diese Landschaft des Bewußtseins näher zu erforschen, scheint mir lohnend. Mir ist klar, daß es sich bei der Erkundung dieser verschiedenen Zustände um ein persönliches Interesse handelt, das nicht jeder teilt.

Ich glaube allerdings, daß solche Erkundungen von mehr als nur privatem Wert sind, und denke, daß die Untersuchung der verschiedenen Erscheinungsformen, in denen sich das Bewußtsein äußert, künftig auf Gebieten wie Krankenbehandlung, Gesundheitserhaltung oder Förderung schöpferischer Kräfte immer mehr praktische Bedeutung erlangen wird.

In dem Maße, wie man den praktischen Wert eines veränderten Bewußtseins anerkennt, werden Mittel, um solche Veränderungen herbeizuführen, zunehmend gebräuchlich und selbstverständlich werden. Die Vorstellung von Bewußtseinsveränderungen insgesamt wird nichts Exotisches oder Drohendes mehr haben.

2. Zumindest einzelne der als ‹außersinnlich› bezeichneten Phänomene sind wirklich. Solche Erscheinungen teilt man im allgemeinen ein in Telepathie (die Verbindung zwischen zwei Wesen auf rein gedanklicher Ebene), Hellsehen (die Wahrnehmung aus der Ferne), Präkognition (die Wahrnehmung von Ereignissen, bevor

sie stattfinden) sowie Psychokinese (die Beeinflussung von Gegenständen oder Ereignissen ausschließlich durch Gedanken). Sie decken ein recht großes Spektrum von Behauptungen und einander mehr oder weniger deutlich überschneidenden Phänomenen ab.

Ich bin zu dem Ergebnis gekommen, daß manche Menschen über die Gabe verfügen, auf eine gegenwärtig nicht erklärbare Weise über vergangene und künftige Ereignisse informiert zu sein. Was mich betrifft, geht der überzeugendste Nachweis einer solchen Fähigkeit auf recht banale Annahmen zurück.

Ich vermute, daß jeder über irgendwelche Fähigkeiten verfügt, die auf der Kraft der Psyche beruhen, so wie jedem irgendeine Art sportlicher oder künstlerischer Fähigkeit gegeben ist. Manche Menschen besitzen besondere Veranlagungen; andere haben ein spezielles Interesse, das sie dazu veranlaßt, ihre Fähigkeiten zu entwickeln. Das Phänomen selbst aber ist alltäglich und weit verbreitet.

Ich habe keine Vorstellung von den Grenzen der Fähigkeiten, die auf psychischer Kraft beruhen. Beispielsweise weiß ich nicht, ob jemand einen Gegenstand einfach dadurch bewegen kann, daß er an ihn denkt. Ich weiß nicht einmal, mit welchen Mitteln man eine solche Vorstellung faßbar machen könnte, da mir keine Theorie zur allgemeinen Erklärung psychischer Phänomene zur Verfügung steht.

3. Es gibt im Zusammenhang mit dem menschlichen Körper Energien, die bisher noch nicht erklärt sind. Sie sind spür- und sichtbar, und sie stehen in Beziehung zum Heilen, zur Krankheit und zur Gesundheit. Zwar wird die Existenz dieser Körperenergien in einigen theoretischen Systemen, beispielsweise dem indischen Yoga und der chinesischen Akupunktur, in aller Form anerkannt, jedoch nicht in den Systemen der westlichen Schulmedizin.

Ich vermute, daß sich das in naher Zukunft ändern wird; wenn es soweit ist, wird die Medizin sich wieder auf traditionelle Heilmethoden besinnen, die den Kranken nicht nur als Symptomträger, sondern vor allem als Menschen sieht – etwas, das gegenwärtig im Gegensatz zur Wissenschaft als «Heilkunst» gilt.

So sah die Summe meiner Schlußfolgerungen aus. Das Ganze unterscheidet sich nicht besonders von dem, was Carl Gustav Jung oder William James geglaubt haben. Es unterscheidet sich allerdings von den Glaubenssätzen gewisser unvorsichtiger, nicht besonders selbstkritischer Naturwissenschaftler, die auf das rein Physische fixiert sind. Solche Wissenschaftler standen übrigens seinerzeit auch mit Jung und James auf Kriegsfuß.

Dann stellte ich eine Liste der Dinge zusammen, an die ich nicht glaube. Sie war weit länger. Weder glaube ich an Levitation noch an fliegende Untertassen oder sonstige Ufos, weder an das Bermuda-Dreieck, aus früheren Zeiten stammende Landeplätze von Astronauten in Peru, Außerirdische, Handlesekunst, Zahlenmagie, Astrologie, Seelenheilen, Erinnerungen an eine frühere Existenz, Biorhythmen, noch an den Zufall oder daran, daß Pyramiden besondere Kräfte innewohnen.

Abschließend trug ich in einer Liste Annahmen zusammen, zu denen ich keine Meinung habe, sei es, weil es keine Belege dafür oder dagegen gibt, sei es, weil mir die Angelegenheit im wesentlichen eine Sache des Glaubens zu sein scheint. Dazu gehören die Reinkarnation, die Seelenwanderung, das Ungeheuer von Loch Ness, die Macht von Kristallen, außerdem Wesenheiten, Poltergeister und Geister ganz allgemein.

Beim Blick auf meine Listen aber kam ich zu dem Ergebnis, daß sie das Wesentliche nicht erfaßten. Der eigentliche Sinn meiner Reisen lag nicht in Erkenntnissen über die weite Welt, sondern in dem, was ich über mich selbst erfahren hatte.

Der Rückblick auf meine Reisen zeigt mir einen nahezu besessenen Wunsch nach Erfahrungen, mit deren Hilfe ich das Bewußtsein meiner selbst zu steigern vermochte. Ich brauchte – ich weiß nicht, warum – neue Erfahrungen, um mich immer wieder wachzurütteln.

In gewissem Sinne nehme ich an, daß die Suche nach neuen Erfahrungen so etwas wie Appetit ist, eine Sache, bei der man auf den Geschmack kommt. In meinem Fall geschah das bereits in jungen Jahren. Von meinen Eltern hatte ich gelernt, in neuen Erfahrungen nichts Furchteinflößendes zu sehen, sondern etwas, das Freude macht und Kräfte weckt. Es handelt sich also um ein erlerntes Verhalten.

In einem anderen Sinne sehe ich meine Reisen als Mittel an, Probleme zu lösen, die in meinem Leben auftreten. Immer, wenn mein Leben nicht so lief, wie ich es mir vorgestellt hatte, bestieg ich ein Flugzeug und reiste in die Ferne. Nicht, um mich diesen Schwierigkeiten zu entziehen, sondern eher, um sie im richtigen Zusammenhang zu sehen. Dabei stellte ich fest, daß diese Methode funktionierte. Ich kehrte mit einem neugewonnenen Gefühl der Ausgeglichenheit in mein Leben zurück, konnte mich dem zuwenden, was zu tun war, dem Leerlauf Einhalt gebieten, wußte, was ich tun wollte und auf welche Weise es zu tun war. Ich war konzentriert und erzielte Ergebnisse.

Das hatte ausnahmslos etwas damit zu tun, daß ich fortgegangen war und über mich selbst etwas in Erfahrung gebracht hatte.

Meiner Ansicht nach hat es die neuzeitliche Welt dem Menschen erschwert, Wissen über sich selbst zu erlangen. Immer mehr Menschen leben in riesigen Stadtgebieten, umgeben von anderen Menschen und inmitten von Gegenständen, die aus der Hand des Menschen stammen. Die natürliche Welt als Quelle für die Wißbegier des Menschen über sich selbst gerät zusehends aus dem Blickfeld.

Überdies sind wir im Verlauf der letzten hundert Jahre zunehmend zum Leben in einer fremdbestimmten Welt übergegangen, in der elektronische Medien herrschen. Sie haben ein Tempo in unser Dasein gebracht, das dem Wesen des Menschen in jeder Beziehung fremd ist. Es ist atemberaubend, sich in einer Welt aus Zehn-Sekunden-Spots aufzuhalten, die uns – einer wie der andere – auffordern, etwas zu kaufen, zu tun, zu denken.

Ich vermute außerdem, daß uns dieser beständige Ansturm auf eine gewisse ungesunde Weise gefügig gemacht hat. Abgeschnitten von allem, nicht nur von unmittelbarer Erfahrung, sondern auch von dem, was wir fühlen und empfinden, sind wir nur allzu leicht bereit, Standpunkte zu übernehmen, die man uns vorsetzt, Betrachtungsweisen, die nicht die unseren sind. Beispielsweise erwarb ich im Jahre 1972 in den Hügeln von Los Angeles ein Anwesen. Ich zog ein und war einige Monate lang unendlich glücklich.

Eines Tages berichtete ich einem Freund, daß ich das Haus gekauft hatte. Er sagte: «Dann machen dir die Schlangen da oben wohl nichts aus.»

«Was für Schlangen?» fragte ich.

«Klapperschlangen. Von denen wimmelt es da.»

«Hör auf», sagte ich, «erzähl keinen Quatsch.»

«Es ist mein Ernst. Hast du noch keine gesehen?»

«Natürlich nicht.»

«Jedenfalls gibt es welche. Hast du ein Stück Land um dein Haus?»

«Ja, einen knappen halben Hektar. Am Hang.»

«Dann sind da unter Garantie welche. Warte nur. Die kommen raus, wenn es trocken wird, so im September, Oktober. Du wirst es sehen.»

Zutiefst niedergeschlagen kehrte ich in mein wunderschönes Haus zurück. Ich konnte mich über nichts mehr freuen; ich hielt nur noch Ausschau nach Schlangen. Da ich befürchtete, die Reptilien könnten sich in mein Badezimmer schleichen, schloß ich jeden Abend die Türen ab, um sie aus dem Haus zu halten. Ich mied das Schwimmbecken, vor allem in der Hitze des Tages, weil sich die Schlangen, wie ich vermutete, dann auf meiner Veranda sonnten und vielleicht zum Trinken an den Pool kamen. Nie setzte ich außerhalb der Wege einen Fuß auf mein Grundstück, weil ich fest davon überzeugt war, daß in den Büschen Schlangen hockten. Ich benutzte ausschließlich den kurzen Plattenweg von der Garage zum Haus und spähte vorsichtig um jede Ecke. Allmählich wurde mir der Aufenthalt draußen grundsätzlich verleidet. Ich war zum Gefangenen in meinem eigenen Haus geworden. Mein gesamtes Verhalten und meinen Gemütszustand hatte ich auf bloßes Hörensagen hin geändert. Zwar hatte ich nach wie vor nicht eine Schlange zu Gesicht bekommen, aber ich hatte Angst.

Schließlich sah ich eines Tages, wie mein Gärtner furchtlos durch das Unterholz am Rande des Grundstücks stapfte. Ich fragte ihn: «Gibt es hier denn keine Klapperschlangen?»

«Klar», sagte er. «Vor allem im September, Oktober.»

«Haben Sie keine Angst?»

«Wissen Sie», sagte er, «ich arbeite seit fünf Jahren hier und hab in der ganzen Zeit nur eine einzige Klapperschlange gesehen. Warum soll ich mir da Sorgen machen?»

«Was haben Sie mit der Schlange gemacht?»

«Sie umgebracht.»

«Wie?»

«Ich hab 'ne Schaufel geholt und sie totgeschlagen. War doch bloß 'ne Klapperschlange.»

«Und das ist die einzige, die Sie gesehen haben?»

«Ja.»

«Eine in fünf Jahren.»

«Ja.»

Ich holte ein Handtuch aus dem Haus und setzte mich für den Rest des Tages ans Schwimmbecken. Ich fühlte mich rundum wohl. Eine Schlange alle sechs Jahre – nun, man konnte das im Hinterkopf behalten, aber es war kein Grund, jede Minute seines Lebens die Wachtürme besetzt zu halten.

So hatte ich, immer noch, ohne je eine Schlange gesehen zu haben, einen anderen Blickwinkel gewonnen und mein Verhalten und meine Haltung erneut geändert. Zwar war ich jetzt etwas vorsichtiger als zu Anfang, aber durchaus entspannt.

Als mein Gärtner ging, sagte er: «Sie dürfen sicher sein, daß es auf Ihrem Grundstück nicht viele Schlangen gibt.»

«Wieso?»

«Weil es sonst hier nicht so von Taschenratten wimmeln würde.»

Seit Wochen hatte ich versucht, diese Tiere loszuwerden, die sich meinen Rasen zur Heimstatt erkoren hatten. Sie sahen niedlich aus, hatten aber auf dem ganzen Grundstück ein kompliziertes Tunnelsystem angelegt und damit etwas, das einst feste Erde gewesen war, in eine Art Schwamm verwandelt. Es kam vor, daß ich bis zu den Knöcheln in meinem Rasen versank, und ich sah vor meinem geistigen Auge, wie eines Tages das ganze Haus absackte, weil diese Schädlinge einen unterirdischen Gang zuviel gegraben hatten. Kein Wunder, daß ich Gift auslegte, Fallen aufstellte und mit einer Luftpistole auf die Viecher schoß, sobald ich eins zu sehen bekam. Alles ohne jeden Erfolg. Jeden Morgen durchzogen frische Gänge meinen Rasen. Es war zum Verzweifeln. Mein Grundstück war das reinste Taschenratten-Reservat.

Dann begriff ich, daß mein Kampf mit den Taschenratten ein Ende hätte, sofern sich um das Haus herum einige weitere Klapperschlangen ansiedelten. Ich wünschte mir mehr Klapperschlangen. Gab es irgend etwas, das ich tun konnte, um sie in die Nähe meines Hauses zu locken? Vielleicht sollte ich Leckerbissen für sie auslegen oder ihnen Schüsselchen mit Wasser hinstellen? Was störte die

Schlangen an meinem Grundstück, daß sie abwanderten und mich den Taschenratten auf Gedeih und Verderb auslieferten?

Ich hatte also wieder einen veränderten Blickwinkel. Jetzt fehlten mir die Schlangen sogar; ich hätte liebend gern mehr davon gehabt. All diese Veränderungen hatte ich mitgemacht – und nach wie vor keine einzige Schlange gesehen. Ich konnte nicht von mir sagen, daß ich aufeinanderfolgende Phasen der Ruhe, der panischen Angst und der Sehnsucht durchlebt hätte, weil ich eine Lebenserfahrung gemacht hatte, die mich so werden ließ. Ich hatte zufällig neue Informationen bekommen, aber mit mir war nichts *geschehen*.

Ich empfand nur deshalb anders, weil ich meinen Blickwinkel verändert hatte. Mit jeder Veränderung des Blickwinkels ging eine vollständige Änderung meiner Einstellung, meines körperlichen Befindens, meines Verhaltens und meiner Regungen einher. All das wurde sofort und vollständig durch jeden neuen Blickwinkel modifiziert, den ich einnahm.

Doch in keinem Fall handelte es sich dabei um ein Ergebnis unmittelbarer Erfahrung.

Ein Mensch, der nicht an unmittelbare Erfahrungen gewöhnt ist, kann dazu gelangen, daß er sie fürchtet. Wir sind erst bereit, ein Buch zu lesen oder eine Ausstellung in einem Museum zu besuchen, wenn wir die Besprechungen darüber gelesen haben, damit wir wissen, was wir denken müssen. Wir büßen das Vertrauen in die Kraft unserer eigenen Wahrnehmung ein. Wir wollen den Sinn einer Erfahrung wissen, bevor wir sie machen.

Wir fürchten uns vor der unmittelbaren Erfahrung und geben uns die größte Mühe, ihr aus dem Weg zu gehen.

Ich merkte, daß ich gern reiste, weil ich damit aus den eingefahrenen Gleisen und den gewohnten Verhaltensmustern herauskam. Je mehr ich reiste, desto besser organisierte ich mein Leben. Ich nahm immer mehr Dinge mit, die ich auf meinen Reisen gern um mich hatte. Natürlich Bücher, dann auch meinen Walkman und Kassetten, die ich gern hörte. Bald schon kamen Notizbücher und Farbstifte zum Zeichnen hinzu, später ein tragbarer Computer zum Schreiben. Als nächstes folgten Zeitschriften als Lektüre für den Flug, und ein Pullover für den Fall, daß es im Flugzeug kalt wurde. Und Feuchtigkeitscreme für trockene Haut.

Schon bald büßte das Reisen viel von seinem Reiz ein, weil ich jetzt mit all dem Krempel ins Flugzeug stieg, den ich meiner Ansicht nach unbedingt mitnehmen mußte. Statt den alten eingefahrenen Gleisen zu entfliehen, hatte ich mir neue geschaffen.

So entschied ich eines Tages, ich würde mit leeren Händen ins Flugzeug steigen. Ich nahm nichts mit, um mich zu unterhalten, nichts, um mich vor der Langeweile zu bewahren. Ich betrat die Maschine im Zustand der Panik – ich war von allen mir vertrauten Gegenständen entblößt! Was sollte ich nur tun?

Es zeigte sich, daß ich mich keineswegs langweilte. Ich las die Zeitschriften, die ich im Flugzeug fand. Ich unterhielt mich mit anderen Fluggästen. Ich sah zum Fenster hinaus, machte mir Gedanken über dies und jenes.

Offenbar brauchte ich nichts von all dem, was ich für nötig gehalten hatte. Eigentlich fühlte ich mich ohne diesen Ballast viel lebendiger.

Zu den schwierigsten Merkmalen unmittelbarer Erfahrung gehört, daß sie durch keinerlei Theorien oder Erwartungen gefiltert wird. Es ist schwer, etwas zu beobachten, ohne eine Theorie parat zu haben, die es erklären soll. Theorien aber haben den Haken, daß sie, wie Einstein sagte, nicht nur erklären, was beobachtet wird, sondern auch festlegen, was sich beobachten *läßt*. Wir gehen dazu über, auf unsere Theorien gestützte Erwartungen zu entwickeln, und häufig treten diese Erwartungen zwischen uns und das Erlebnis.

Claridge's Hotel in London ist berühmt dafür, daß es seinen Gästen jeden Wunsch von den Augen abliest. Hat jemand gern allabendlich Mineralwasser an seinem Bett stehen, merkt sich das Bedienungspersonal diesen Wunsch, und fortan findet man jeden Abend seine Flasche Mineralwasser dort. Möchte man sie gern halb leer haben, ist sie halb leer. Und da das Personal aus Engländern besteht, ist keine Schrulle zu exzentrisch, als daß man ihr nicht nachkäme.

Ich wohnte im Jahre 1978 mehrere Wochen im Claridge's, während ich ein Drehbuch verfaßte. Ich tippte, zerschnitt die Blätter und klebte die Stücke zusammen. Aber ich konnte keinen vernünftigen Klebeband-Abroller bekommen; ich hatte nur eine Schere und eine Rolle Klebeband. Natürlich fiel jedesmal, wenn ich ein Stück davon abschnitt, das freie Ende auf die Rolle zurück, und ich mußte fürchterlich mit den Fingernägeln kratzen und fummeln, um es loszubekommen, wenn ich ein weiteres Stück abschneiden wollte. Schließlich verfiel ich darauf, lange Streifen Klebeband abzuschneiden und sie locker von den Knöpfen der Schubladen zu beiden Seiten meines Schreibtisches herabhängen zu lassen. Jetzt mußte ich nur zwischen den Knöpfen schneiden und hatte ein Stück Klebeband. Dies Verfahren wendete ich mehrere Wochen lang an.

Im folgenden Jahr stieg ich erneut im Claridge's ab. Das mir zugewiesene Zimmer war hübsch, wies aber eine Besonderheit auf: irgend jemand hatte am Schreibtisch in der Ecke mehrere Reihen Klebeband über die Knöpfe der Schubladen gezogen.

Sie hatten sich daran erinnert! Ich fühlte mich geschmeichelt, mußte allerdings grinsen, als ich mir vorstellte, was das Personal gedacht haben mochte. Keine Ahnung, warum, aber der Bursche klebt immer seine Schreibtisch-Schubladen zu. Also müssen wir dafür sorgen, daß sie zu sind, wenn er kommt, damit sich dieser Mr. Crichton wohl fühlt.

Das ist das Kreuz mit Theorien. Die ursprüngliche Beobachtung war nicht falsch – wohl aber die daraus gezogene Schlußfolgerung.

Es kostet eine gewaltige Anstrengung, alle Theorien zu vermeiden und einfach zu sehen – einfach unmittelbar zu erleben. Doch eine Weile kann ein bißchen Freiheit der Erfahrung guttun, bevor wir darangehen, sie aufs neue in eine Zwangsjacke aus Begriffen zu stecken.

Manchmal ist es besser, einfach dazusitzen und zuzusehen.

Es ist überraschend, was man dabei alles lernen kann.

Ich bin davon überzeugt, daß sich die in diesem Buch berichteten Erfahrungen von jedem nachvollziehen lassen, der das versuchen möchte.

Ich bin nach Afrika gereist. Auch Sie können das tun. Vielleicht fällt es Ihnen schwer, die dafür nötige Zeit oder das erforderliche Geld aufzubringen, aber jedem fällt dies oder jenes schwer. Es ist meine feste Überzeugung, daß Sie reisen können, wohin Sie wollen, wenn das Ihr Herzenswunsch ist.

Entsprechendes gilt für die Erkundungsreisen in unser Inneres. Niemand braucht mir zu glauben, was ich über Chakras, heilende Energie oder Auren berichte. Wer will, kann es selbst erkunden.

Verlassen Sie sich nicht auf das, was ich sage, seien Sie so skeptisch, wie Sie wollen.

Kommen Sie selbst dahinter.

Ich habe viele naturwissenschaftlich ausgebildete Freunde, die mich belustigt gewähren lassen. Sie mögen mich trotz der Ansichten, die ich vertrete. Aber ich habe gelernt, mit ihnen nicht mehr darüber zu debattieren. Auf jemanden, der nicht bereit ist, diese Dinge selbst zu erleben, wirken schon so alltägliche Phänomene wie das Meditieren absonderlich und wie Phantastereien. Von meinem Standpunkt aus unterscheiden sich diese Naturwissenschaftsgläubigen nicht von den Stammeskriegern aus Neuguinea, die nicht bereit sind zu glauben, daß in den Metallvögeln am Himmel Menschen sitzen. Wie kann man sich mit ihnen auseinandersetzen? Solange sie nicht bereit sind, zum Flughafen zu gehen und sich mit eigenen Augen ein Bild zu machen, ist eine wirkliche Diskussion nicht möglich.

Und natürlich ist sie nicht mehr nötig, wenn sie zum Flughafen gehen.

Also heißt die Schlußfolgerung: Selbst erfahren.

Es gibt viele Menschen, die jedem von uns bei diesen Erkundungen des Inneren zu helfen vermögen. Man könnte sie als Angestellte eines Reisebüros ansehen, das sich auf innere Reisen spezialisiert hat. Viele bieten Pauschalreisen an, die einen Tag, ein Wochenende oder zwei Wochen dauern. Wie bei Reisebüro-Angestellten auch, sind manche von ihnen auf äußere Wirkung bedacht und verhalten sich auffallend, andere hingegen sind eher unscheinbar; die einen locken Prominente und Medienstars an, die anderen Angehörige von Heilberufen und wieder andere kranke Menschen. Manche sind Betrüger, die nicht halten, was sie versprechen, andere sind unzuverlässig. Manche sind anstrengend und zelebrieren ständig irgendeinen Kult, andere sind offen und frei. Die einen betonen den Intellekt, andere die Empfindungen, manche gehen rational vor, manche sind religiös geprägt.

Auf diesem Gebiet gibt es eine Vielzahl möglicher Reisen. Man kann sogar zum Dauer-Seminarteilnehmer werden, der eine Veranstaltung nach der anderen besucht und sich so lange für den *ganzheitlich entfalteten Menschen* trainiert, bis allen um ihn herum schlecht wird.

Vielleicht möchte jetzt der eine oder die andere wissen, wie man es anstellt, geeignete Gruppen oder Seminare zu finden. Wer sich umsieht, wird fündig. Falls es nicht das richtige ist, muß man eben weitersuchen, bis man gefunden hat, wonach einem der Sinn steht. Ich würde niemandem eine bestimmte Person empfehlen, und auch kein bestimmtes Thema. Aber ich will gern sagen, welche Vorbehalte ich gegenüber inneren Reisen habe:

1. Vorsicht bei jedem, der auch nur ansatzweise durchblicken läßt, daß er die Lösungen weiß. Die wirklichen Helden des Wilden Westens waren diejenigen, die es möglichst vermieden, den Colt zu ziehen. Dasselbe gilt für die wirklichen Gurus. Ohnehin kennt niemand außer uns selbst die für uns richtige Lösung.

2. Vorsicht bei jedem, der eine Gefolgschaft aus Jüngern oder dergleichen hat. Meist hängt die persönliche Entwicklung nur für kurze Zeit mit einer bestimmten Gruppe zusammen.

3. Vorsicht bei jedem, der den Eindruck erweckt, als habe er es auf Geld abgesehen.

4. Erwarten Sie Ergebnisse. Niemandem wird die Erleuchtung über Nacht zuteil, aber wer keine Ergebnisse bekommt, sollte seine Vorgehensweise ändern. Keine Angst vor dem Experiment – niemand außer uns kennt die für uns richtige Lösung.

5. Vertrauen Sie Ihren Instinkten. Wer den Eindruck hat, daß etwas für ihn gut ist, soll sich von niemandem entmutigen lassen. Hat man ein ungutes Gefühl, sollte man die Finger von der Sache lassen.

Im Laufe der Zeit habe ich gelernt, all diese Dinge ziemlich einfach zu sehen. Der Mensch setzt Veränderungen einen natürlichen Widerstand entgegen. Jeder von uns macht sich Verhaltensmuster und Gewohnheiten zu eigen, die unser Leben schließlich in ein so starres Korsett zwingen, daß wir uns nur schwer davon befreien können. Rilke hat dieses Problem einleuchtend beschrieben:

> Der Sommer war so wie dein Haus,
> drin weißt du alles stehn –
> jetzt mußt du in dein Herz hinaus

wie in die Ebene gehn.
Die große Einsamkeit beginnt,
die Tage werden taub,
aus deinen Sinnen nimmt der Wind
die Welt wie welkes Laub.

INHALT